SÜDAFRIKA

abenteuer und reisen

INHALT

Allgemeine Informationen

Einführung	S. 6
Landeskunde	S. 16
Im Fokus: Nelson Mandela und der ANC	S. 20
Geschichte	S. 22
Geschichte in Zahlen	S. 24
Essen und Trinken	S. 26
Restaurant-Tipps	S. 28

Stilvoll speisen lässt es sich überall in Südafrika.

Feste und Feiern	S. 30
Veranstaltungskalender	S. 31
Aktivitäten	S. 32
Die schönsten Strände	S. 34
Praktische Hinweise von A – Z	S. 202
Routenvorschläge	S. 212
Register	S. 219
Impressum	S. 221

Hotelkategorisierung:
★★★ Sehr komfortables, luxuriöses Haus mit exzellentem Service. Ab 400 Rand pro Person im Doppelzimmer.
★★ Komfortables Hotel oder Resort der Mittelklasse mit Restaurant und sehr gutem Service. Ab 200 Rand pro Person im Doppelzimmer.
★ Bequeme, saubere Unterkunft mit ordentlicher Ausstattung bei gutem Preis-Leistungs-Verhältnis. Bis 200 Rand pro Person im Doppelzimmer.

Restaurantkategorisierung:
☆☆☆ Sehr gutes Restaurant oder Feinschmeckerlokal; exzellent in Service und Flair; Hauptspeise ab 70 Rand.
☆☆ Gutes Restaurant mit schmackhafter Küche und angenehmem Flair; Hauptspeise ab 40 Rand.
☆ Einfaches, aber empfehlenswertes Lokal; Hauptspeise bis 40 Rand.

Das lebensfrohe Kapstadt liegt am Fuß des Tafelbergs.

Kapstadt	S. 38
Im Fokus: Waterfront	S. 49
Empfehlenswerte Cafés und Bars	S. 53
Im Fokus: Top-Weingüter bei Kapstadt	S. 55
Östlich von Kapstadt	S. 60
Im Fokus: Weingüter rund um Stellenbosch	S. 65
Im Fokus: Matjiesfontein	S. 69
Im Fokus: Cape Agulhas	S. 71

Im Frühjahr überzieht ein Blumenmeer das Namaqualand.

Westen/Norden	S. 72
Im Fokus: Die San – ein Volk stirbt aus	S. 76
Im Fokus: Weinrouten	S. 79
Im Fokus: Wildblumenblüte im Namaqualand	S. 80
Garden Route	S. 84
Im Fokus: Karoo National Park	S. 88
Im Fokus: Routen-Tipps	S. 91
Im Fokus: Wander-Tipps	S. 95
Im Fokus: Der Strauß – ein komischer Vogel	S. 97

INHALT

Unterwegs in Südafrika

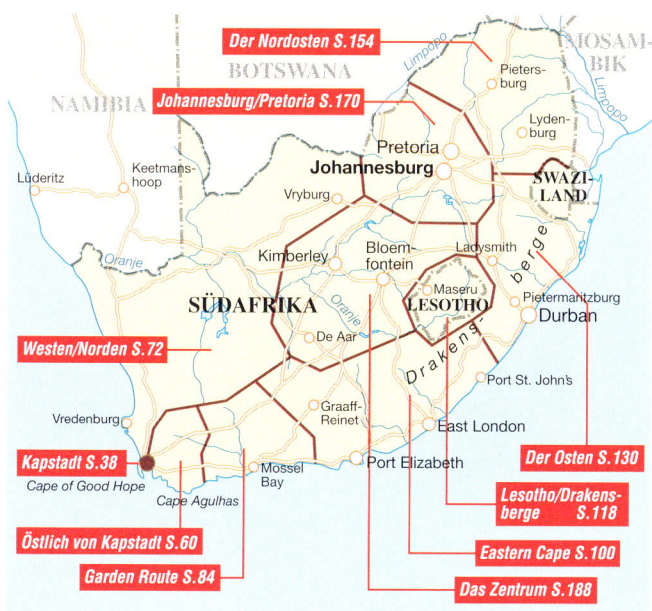

Eastern Cape	S. 100
Im Fokus: Siedlergeschichte	S. 111
Lesotho/Drakensberge	S. 118
Der Osten	S. 130
Im Fokus: Rettung für die Nashörner	S. 134
Routen-Tipp: Midlands Meander	S. 139
Kulturveranstaltungen	S. 140
Im Fokus: Itala Game Reserve	S. 145
Maputaland	S. 147
Swaziland	S. 150

Der Nordosten	S. 154
Naturschutz: Das Jumbo-Problem	S. 157
Krüger-Nationalpark	S. 165
Geführte Touren	S. 168

Begegnung mit dem Gepard im Krüger-Nationalpark.

Johannesburg/Pretoria	S. 170
Im Fokus: Ausflugs-Tipps für Johannesburg	S. 180
Das Zentrum	S. 188
Persönlichkeit: Cecil John Rodes	S. 191
Im Fokus: De Beers, Oppenheimer und der Diamantenhandel	S. 193

Traditionen der Zulus werden im Shakaland lebendig.

Zwischen den Bergketten um Kapstadt erstrecken sich Weinberge, so weit das Auge reicht. Darin eingebettet liegen weiße Dörfer im kapholländischen Stil.

Willkommen in Südafrika!

Einführung

Ein Herz, aber immer weniger Platz für Tiere: Wo sich die Fauna einst in ihren Lebensräumen ungestört entfalten konnte, haben die Siedler längst die besten Regionen okkupiert. Auch „große Tiere" wie Elefanten (1), Leoparden (2), Löwen (3) oder Nilpferde (4) mussten in die Naturparks zurückweichen. Der berühmteste davon ist der Krüger-Nationalpark.

Im Land der Zulus lebt man noch alten Traditionen und pflegt überkommene Gebräuche. Die Getreidevorräte werden beispielsweise in Speichern auf Pfählen aufbewahrt wie hier in der Nähe von Ulunu.

Im St.-Lucia-See mischen sich Süß- und Salzwasser (1). Typische Xhosa-Rundhütten (2). Farbenfrohe Flora bei

Einführung

Die Welt in einem Land

Dank der reichlichen Wasservorkommen leben etwa 9 Mio. Menschen, meist aus dem Volk der Zulu, in der Provinz KwaZulu-Natal (4).

Südafrika – ein Land mit beeindruckender Vielfalt, faszinierenden Kontrasten und rauen Widersprüchen. Es scheint, als würde sich die Welt mit all ihren Sonnen- und Schattenseiten in diesem einzigen Land widerspiegeln, in einem Land, wo Lebewesen und Naturräume vom unendlichen Reichtum der Schöpfung zeugen. Bei den Landschaften spannt sich der Bogen von subtropischen Regionen bis hin zu kargen Hochgebirgen, von endlosen Buschsavannen und sandig-karstigen Wüsten bis hin zu üppig-dichten Wäldern und feuchten Sümpfen. Nicht zu vergessen die beiden Weltmeere: Atlantischer Ozean und Indischer Ozean! An den Küsten findet man traumhafte Strände, romantische Häfen und Orte mit historischer Patina, aber auch brodelnde Großstädte mit himmelstürmender Skyline und urbanem Leben.

Südafrika lockte die frühen Siedler zunächst mit seinen schier unerschöpflichen Weiten. Außerdem versprachen die riesigen Herden an Elefanten Elfenbein in Hülle und Fülle. So drängten die Buren und die Briten gleichermaßen durch ihre Landnahme einheimische Völker ab, um dann später gegeneinander um die Vorherrschaft zu kämpfen.

Dabei wusste man zu Zeiten dieser Auseinandersetzungen an der Wende vom 18. zum 19. Jahrhundert noch nichts von den hochkarätigen Schätzen, die versteckt unter der Erde ruhten. 1866 wurde der erste Diamant gefunden, zwanzig Jahre später Gold nahe des heutigen Krüger-Nationalparks. Allmählich wuchs so die Erkenntnis, dass das Land auf einer un-

Einführung

terirdische Schatztruhe saß, aus der heute auch noch Mangan und Platin in großem Stil, aber auch Steinkohle und Uran entnommen werden.

Aber auch oberirdisch birgt das Land geradezu paradiesische Schätze in Form der spektakulären Flora und Fauna. Trotz großen Schadens durch die ersten Jäger und Siedler präsentiert sich eine Tier- und Pflanzenwelt von erstaunlicher Vielfalt. In den Nationalparks und Naturreservaten, wo gerade die Arche Noah ihre tierische Besatzung von Bord geschickt zu haben scheint, kümmert man sich vorbildlich um den Erhalt der Natur.

Die vielen Facetten Südafrikas spiegeln sich aber auch in seinen Völkern und ihren Kulturen wider. Hautnah begegnet man der schwarzafrikanischen Kultur etwa bei Port Elizabeth, wo Xhosa meist in traditionellen Rundhütten leben, oder im Nordosten, wo sich die Venda ihre Bräuche erhalten haben. Auch im Land der Zulu, in der Provinz KwaZulu-Natal, sieht man wieder „Kraals" – mit strohgedeckten Hütten und Platz für Vieh hinter Dornenhecken. In Durban wiederum glaubt man in Indien zu sein, wenn Frauen in farbigen Saris verzierte Hindutempel betreten. Städte wie Pietermaritzburg dagegen sind „very british", und in Swellendam oder Stellenbosch fühlt man sich in die Zeit der holländischen Siedler zurückversetzt.

Doch die „ganze Welt in einem Land" ist keine heile Welt. Wohl gehören seit der Wahl von Nelson Mandela 1994 zum ersten schwarzen Präsidenten die düsteren Zeiten der Apartheid offiziell der Vergangenheit an, doch viele Probleme sind geblieben, neue kamen hinzu. Südafrika hat nicht nur die höchste Aidsrate der Welt, sondern auch eine enorme Arbeitslosigkeit; gar manche Township-Slums haben elektrisches Licht bekommen, aber sie sind nicht kleiner geworden. Und jahrtausendealte Völker wie die San sind gar vom Aussterben bedroht.

Nelson Mandela hat Brücken über die Abgründe des Hasses zwischen Weißen und Schwarzen geschlagen. Sein Nachfolger Thabo Mbeki aber beklagt sich über zu viel Versöhnung und bevorzugt seine schwarzen Landsleute, wobei auch hier wieder vor allem die Mittel- und Oberschicht profitiert, während das Leben in den Townships so trist ist wie eh und je. Die Weißen sind zwar eine Minderheit, aber sie schaffen noch immer die meisten Arbeitsplätze und verfügen über ein Know-how, das wohl erst in Generationen an die farbige Mehrheit übergeht. Es gilt, weiterhin am gemeinsamen Haus zu bauen – aber das ist in Südafrika noch schwieriger als in Europa.

Der Weg zu einer Gesellschaft, in der die Schätze Südafrikas gerecht verteilt werden, erscheint lang. Immerhin, die eindrucksvollen Naturschönheiten und der Tourismus bringen Geld und schaffen neue Arbeitsplätze. Die Zukunft des Landes liegt in und bei seinen Menschen. Diese Potenzial kann aber erst ausgeschöpft werden, wenn auch die schwarze und farbige Bevölkerungsmehrheit, die bis 1994 gezielt benachteiligt wurde, in den Genuss von Bildung und Ausbildung kommt. Das Land am Kap sieht also noch gar manches Problem auf sich zukommen, doch der Name „Kap der Guten Hoffnung" hatte noch nie so viel Symbolkraft besessen wie heute.

Straßenhändler in Johannesburg (1). Flohmarkt am Green Market Square in Kapstadt (2).

Auch die Ananas gedeiht unter der Sonne Südafrikas (1).

16

Landeskunde

Von der Wüste zum Regenwald

Kein anderes Land auf dem afrikanischen Kontinent ist so vielfältig wie Südafrika – und glänzt auch noch mit einer sehr guten Infrastruktur.

Die Kap-Halbinsel und ihr Bergland bieten ideale Voraussetzungen für den Weinanbau (2).

Bizarre Felsformationen verleihen dem Reservat Kagga Kamma in den Swartbergen ein urtümliches Gepräge (3).

Südafrika liegt etwa zwischen dem 22. und 35. Grad südlicher Breite. Seit die Homelands nach den ersten freien Wahlen von 1994 integriert wurden, umfasst Südafrika heute folgende neun Provinzen mit einer Gesamtfläche von 1,224 Mio. Quadratkilometern: West-Kap (am Indischen und Atlantischen Ozean, Hauptstadt Kapstadt), Ost-Kap (zentrale Südküste um Port Elizabeth mit Hinterland), Nord-Kap (die größte Provinz, Hauptstadt Kimberley), Nord-West (Hauptstadt Makifeng), Freistaat (früher Oranje-Freistaat, Hauptstadt Bloemfontein), Gauteng (wirtschaftlich die bedeutendste Provinz mit Johannesburg als Hauptstadt), Nord-Provinz (Hauptstadt Pietersburg), Mpumalanga (früher Ost-Transvaal, Hauptstadt Nelspruit) und Kwa-Zulu-Natal (Provinzhauptstadt wird entweder Pietermaritzburg oder Ulundi).

Die zentrale Hochebene, das **Hochveld**, liegt auf 1200 bis 1800 Metern Höhe und nimmt den größten Teil des Landes ein. Im Norden geht es in das wüstenhafte Kalahari-Becken über, im Süden und Osten fällt es oft steil ab – am markantesten in Form der berühmten **Drakensberge** mit dem 3377 Meter hohen „Champagne Castle" als höchster Erhebung. Sowohl am Atlantik als auch am Indischen Ozean sind dem Hochveld nur schmale Küstenebenen vorgelagert.

Fast die Hälfte der Nordgrenze wird von zwei großen Flüssen markiert: Im Nordwesten trennt der Unterlauf des **Oranje** Südafrika von Namibia, im Nordosten bildet der **Limpopo** einen Teil

17

Landeskunde

der Grenze zu Botswana und Zimbabwe. Der südwestliche Teil von Mosambik grenzt weitgehend an den berühmten Krüger-Nationalpark.

In Südafrika existieren rund zehn Prozent aller Pflanzen, acht Prozent aller Vogelarten und fast sechs Prozent aller Säugetierarten der Erde. Das sind fast 300 verschiedene **Säugetiere**. Aber dieser Reichtum ist nur noch ein Rest von oft riesigen Herden, die im Lauf der Zeit von Siedlern und Jägern reduziert wurden. Der Kaplöwe und das Quagga, eine Zebra-Art, wurden ganz ausgerottet. Heute gelten die Nationalparks Südafrikas und ihr Naturschutz als vorbildlich. Die Provinz KwaZulu-Natal ist nicht nur innerhalb des Landes, sondern auch weltweit führend im „Naturmanagement". Noch vor 20 Jahren standen die Nashörner hier kurz vor der totalen Ausrot-

Im Norden der Provinz KwaZulu-Natal liegt die einzige breite Küstenebene Südafrikas.

Südafrika in Zahlen und Fakten

Fläche: 1.224.000 km²
Größte Ost-West-Ausdehnung: 1500 km
Größte Nord-Süd-Ausdehnung: 1100 km
Höchster Berg: Thabana Ntlenyana (3482 m)
Längster Fluss: Oranje mit ca. 2000 km
Bruttosozialprodukt: 3310 $ pro Einw. (1998)
Bevölkerung: 43 Mio, davon 76 % Schwarze (Zulu, Xhosa, Sotho, Tswana, Swazi, Ndebele, Venda), 12,8 % Weiße, 8,5 % Mischlinge, 2,6 % Asiaten
Hauptstädte: Kapstadt (Parlamentshauptstadt), Pretoria (Verwaltungs- und Regierungshauptstadt), Bloemfontain (Justizhauptstadt)
Amtssprachen: Afrikaans und Englisch, daneben 9 weitere Sprachen, darunter auch Zulu
Staatsform: parlamentarische Demokratie
Regierungschef: Thabo Mbeki

tung, heute werden sie vom Doppel-Naturpark Hluhluwe/Umfolozi aus in andere Regionen und Länder „exportiert".

Die tropische Wasserlandschaft des Maputalandes an der Küste von KwaZulu-Natal ist

Landeskunde

Brutstätte von Pelikanen und Flamingos. Dort leben allein über 400 verschiedene **Vogelarten**. Die **Korallen** des Indischen Ozeans bilden ein weit verzweigtes Ökosystem mit Langusten und Skorpionfischen, aber auch Haien.

In der Wüste des Richtersveld im Nordwesten gedeihen die meisten **Sukkulenten** – wasserspeichernde Pflanzen wie z. B. Köcherbäume und „Lebende Steine". Affenbrotbäume beherrschen die Grassavanne im Nordosten von Trans-

Landeskunde

vaal. Selbst in der trockenen Kalahari des äußersten Nordwestens herrscht eine ungeahnte Vielfalt an Tieren und Pflanzen, die sich allesamt dem unwirtlichen Klima angepasst haben; hier leben die größten Löwen des Kontinents und viele nachtaktive Tiere.

Mit rund 24.000 verschiedenen **Blütenpflanzen** (davon 730 unterschiedlichen Baumarten) bricht Südafrika alle Rekorde. Die Superlative gelten vor allem für das Kapland: Auf weniger als 18.000 Quadratkilometer wachsen 8000 Pflanzenarten! Die Vegetationsmischung am Kap nennt man in Südafrika „Fynbos" (Feinbusch). Sie besteht aus Proteen (Nationalblume des Landes), 600 verschiedenen Erikas und Geophyten (Zwiebel- und Knollengewächse). Viele Arten der Kap-Flora sind nach Europa gebracht worden wie zum Beispiel Geranien, Lilien und Gladiolen. Jacarandabäume, die die Hauptstadt Pretoria alljährlich im Oktober mit einem rosabläulichen Blütenschleier überziehen, wurden ihrerseits im letzten Jahrhundert aus Südamerika eingeführt, ebenso wie Bougainvillea, Hibiskus und Azaleen.

Im Fokus

Nelson Mandela und der ANC

Heute kennt ihn jeder – den ehemaligen Präsidenten und Führer des ANC, Nelson Mandela. Seine Gefangenschaft, seine Rehabilitation und dann seine Wahl zum Staatsoberhaupt, nachdem er mit Frederik de Klerk zu einer Ausgleichspolitik zwischen Schwarzen und Weißen gekommen war, machten ihn weltweit zum angesehensten und berühmtesten Südafrikaner. Der Friedensnobelpreis war der Lohn seines persönlichen Engagements und seiner nationalen Versöhnungspolitik. Dem ging ein langer politischer Befreiungskampf voraus, der vor allem durch den ANC (African National Congress) getragen wurde. Gegründet wurde er 1912 von schwarzen Intellektuellen in Bloemfontein, um den Widerstand gegen Rassismus und ethnische Rivalitäten zu stärken. Bis zum Zweiten Weltkrieg begnügte sich der ANC mit Protesten gegen die offizielle südafrikanische Politik. Erst nachdem die weiße politische Führung keinerlei Zugeständnisse machte, radikalisierte er sich und unterstützte Streiks, Demonstrationen und später den Kampf im Untergrund. Anlass war das Blutbad von Sharpeville 1960, bei dem Polizisten 69 Demonstranten erschossen. Das anschließende Verbot des ANC und die Verschärfung der Rassengesetze, in deren Folge die ANC-Führer verhaftet wurden, brachten Nelson Mandela an die Spitze der Organisation. 1963 wurde auch er verhaftet und zu einer 30-jährigen Haftstrafe verurteilt. Doch erst die Schülerdemonstration von Soweto im Jahr 1976, bei der Polizisten wahllos in die Menge schossen und dabei viele Kinder töteten, führte zur politischen Isolation Südafrikas und zur Unterstützung des ANC durch die internationale Staatengemeinschaft. De Klerk schaffte Anfang der 90er Jahre die politische Wende: Er ließ den ANC wieder zu, befreite Mandela und leitete mit ihm gemeinsam eine neue antirassistische Politik ein. Aus den Wahlen 1994 ging der ANC mit 66 Prozent als stärkste politische Kraft des Landes hervor. Nelson Mandela wurde Präsident und das weltweit geachtete „moralische Gewissen" der Nation.

Mandela erhielt 1993 mit de Klerk den Friedensnobelpreis.

Landeskunde

Knapp 70 Prozent der insgesamt etwa 38 Mio. Südafrikaner sind **Schwarze**. Sie gehören neun Bantu-Völkern mit vielen offiziellen Sprachen und Stämmen an. Allein das größte südafrikanische Volk, die Zulus (9,2 Mio. Menschen, fast ein Drittel der Schwarzen), ist in über 200 Stämme aufgeteilt. Zahlenmäßig folgen die Xhosa (7,5 Mio.), die zwischen Port Elizabeth und Durban leben. Die Nord- und Süd-Sotho machen über 6 Mio. der Bevölkerung aus, die Tswana 3 Mio.,

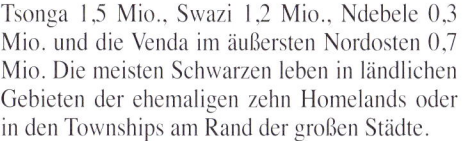
Kinderarbeit ist – wie hier in Lesotho – noch weit verbreitet.

Tsonga 1,5 Mio., Swazi 1,2 Mio., Ndebele 0,3 Mio. und die Venda im äußersten Nordosten 0,7 Mio. Die meisten Schwarzen leben in ländlichen Gebieten der ehemaligen zehn Homelands oder in den Townships am Rand der großen Städte.

Rund 4 Mio. Südafrikaner sind **Farbige** oder Mischlinge („Coloureds"). Sie leben vor allem in der Kap-Provinz und in Kapstadt. Zu ihnen werden auch rund 200.000 Kap-Malaien gezählt – Nachkommen von **Asiaten**, die vor 350 Jahren als Sklaven ans Kap verschleppt wurden. Ungefähr 1 Mio. **Deutschstämmige** leben in Südafrika, daneben aber auch Franzosen, Italiener, Chinesen und andere Nationalitäten. Die Vorfahren der rund 1 Mio. **Inder** arbeiteten ab 1860 auf den Zuckerrohrplantagen von Natal. Die Nachfolger der einstigen Kulis beherrschen einen großen Teil des Handels; ihr Zentrum ist Durban.

Nur in wenigen Ländern der Erde ist die Kluft zwischen Arm und Reich so groß wie in Südafrika: 1994 fehlten den Schwarzen 3 Mio. Wohnungen, 50.000 Klassenzimmer, 1000 Kliniken und noch vieles mehr. Das Programm RDP (Reconstruction and Development Program) soll hier Abhilfe schaffen, seine Prioritäten sind Beschäftigung, neue Wohnungen, Landreform, Trinkwasser, Kliniken und Gesundheitsberatung – die Ziele (z. B. bis 1999 1 Mio. neuer Wohnungen) konnten allerdings bisher nicht realisiert werden.

Aids grassiert vor allem im südlichen Afrika (23 Mio. Infizierte). Südafrika hat die höchste Aidsrate der Welt: 24 Prozent von etwa 28 Mio. Schwarzen. Täglich kommen 1700 neu Infizierte hinzu. Die Zahl der Waisen und Halbwaisen wird sich innerhalb von 4 Jahren bis zum Jahr 2004 auf 1,5 Mio. Kinder verdreifachen – von denen viele selbst das Virus von Geburt an in sich tragen.

In Südafrika leben gerade 5 Prozent der gesamtafrikanischen Bevölkerung, aber das Land produziert 50 Prozent aller industriellen Erzeugnisse des Kontinents. Die **Goldfunde** führten vor allem im Großraum Johannesburg zu einer extremen Wirtschafts- und Bevölkerungskonzentration. Südafrika verfügt über 53 Prozent der weltweiten Goldreserven und über 80 Prozent der Platinvorräte. Hauptenergieträger ist die Steinkohle; **Erdöl** wurde nur in geringen Mengen (offshore) gefunden. Wichtigster Wirtschaftssektor ist die verarbeitende **Industrie**, gefolgt von Dienstleistungen, Handel und dem Bergbau.

Südafrikas Anteil an der Goldproduktion ist zugunsten anderer Mineralien wie Platin, Chrom und Vanadium zurückgegangen. Die wirtschaftliche Dominanz der Bodenschätze ist zugleich ein Fluch: Der Weltmarkt diktiert die Preise, und eine eigene Industrie wurde dadurch – vor allem aber durch die lange Isolation während der Apartheid – erst spät aufgebaut. Die wirtschaftliche Zukunft liegt in der stärkeren Betonung von verarbeitender Industrie und Hightech, für die sich das Land durch Bildungs- und Modernisierungsmaßnahmen rüstet.

Le Petit Journal

SUPPLÉMENT ILLUSTRÉ

Huit pages : CINQ centimes

Le Petit Journal — CHAQUE JOUR 5 CENTIMES
Le Supplément illustré — CHAQUE SEMAINE 5 CENTIMES

ABONNEMENTS

	SIX MOIS	UN AN
SEINE ET SEINE-ET-OISE	2 fr.	3 fr. 50
DÉPARTEMENTS	2 fr.	4 fr.
ÉTRANGER	2.50	5 fr.

Dixième année — DIMANCHE 29 OCTOBRE 1899 — Numéro 4

ÉVÉNEMENTS DU TRANSVAAL
Les premiers prisonniers anglais

Geschichte

Der lange Treck

Nach Jahrhunderten weißer Herrschaft und Apartheidpolitik begann in den 90er Jahren des 20. Jh. eine neues Kapitel südafrikanischer Geschichte.

Die Geschichte reicht in Südafrika bis in die Morgendämmerung der Menschheit zurück. Fossile Funde beweisen, dass hier bereits vor 2 bis 3 Mio. Jahren Hominiden lebten. Erste Spuren des modernen Menschen, des Homo Sapiens – rund 80.000 Jahre alte Gebeine –, wurden an der Südküste zwischen Kapstadt und Port Elizabeth gefunden. Als die ältesten bekannten Bewohner des südlichen Afrika gelten die **San** („Buschmänner"), deren früheste Felsmalereien auf etwa 28.000 v. Chr. datiert werden, und die mit ihnen eng verwandten **Khoikhoi** („Hottentotten"). Die beiden Völker werden unter dem Begriff Khoisaniden zusammengefasst.

Die große, eine Vielzahl von Untergruppen umfassende Ethnie der **Bantu** – zu ihnen gehören beispielsweise die Xhosa, Zulu, Swazi und Ndebele – drang ab etwa 1000 v. Chr. nach Süden vor. Ihre ältesten Siedlungsspuren stammen aus dem 2. bis 5. Jahrhundert n. Chr. Diese Ur-Südafrikaner lebten in kleinen Gruppen, ihren Lebensunterhalt sicherten sie sich mit Viehherden und dem Anbau von Getreide und Gemüse.

Das von weißen Europäern diktierte Kapitel des Landes begann 1652 mit der Landung des Holländers **Jan van Riebeeck** am Fuß des Tafelberges. Schnell waren die Europäer von der Schönheit und Fruchtbarkeit des Landes begeistert. Der Landhunger der Siedler aus der Alten Welt – Holländer, Hugenotten und Deutsche – führte bald zum „Großen Treck" der Buren (niederländisch „boeren" für „freie Bürger") und zu grausamen Kriegen zwischen landnehmenden Buren, eroberungshungrigen Briten und bereits ansässigen Zulus.

Nach Festigung der Burenherrschaft 1838 wurde die „getrennte Entwicklung der Rassen" zum politischen Programm. Der „Land Act" untersagte Schwarzen dann in den 20er Jahren des 20. Jahrhunderts Landkauf oder -besitz; weitere „Acts" kamen in den 50er Jahre hinzu. Schwarze durften keiner Gewerkschaft angehören, nicht wählen und erst recht nicht demonstrieren. Sie stellten zwar rund 70 Prozent der Bevölkerung, aber sie lebten auf weniger als einem Fünftel der Landesfläche ...

Ein Dokument der Vergangenheit: Apartheid selbst auf der Parkbank.

◀ *Als erste Burenstaaten wurden Transvaal und der Oranje-Freistaat von den Briten unabhängig.*

Geschichte in Zahlen

Etwa 35.000 v. Chr.
Abspaltung der San („Buschmänner") von den Ur-Afrikanern.

Ab 1000
Bantu-Völker wandern aus dem Norden ein.

1488
Der Portugiese Bartolomeu Diaz umschifft das Kap und landet in der Mossel Bay.

1652
Der Holländer Jan van Riebeeck gründet am Kap eine Versorgungsstation für die „Holländisch-Ostindische Kompanie"; in der Folgezeit beginnt der Aufstieg Kapstadts.

18. Jh.
Die holländischen Siedler – „Buren" genannt – breiten ihr Siedlungsgebiet von Kapstadt nach Osten aus; bis 1799 kommt es zu drei Kriegen zwischen Buren und Xhosa.

1795
Britische Kriegsschiffe erzwingen die Kapitulation der Holländer am Kap. Sieben Jahre später muss Großbritannien nach dem Frieden von Amiens die Kap-Kolonie an Holland zurückgeben.

1806
Zweite Eroberung der holländischen Kap-Kolonie durch die britischen Truppen.

1828
Der blutrünstige Zulu-König Shaka wird von seinem Halbbruder Dingane ermordet, der ihm auf den Thron nachfolgt. Mit großer Grausamkeit hatte Shaka in den 12 Jahren zuvor andere Nguni-Stämme unterworfen.

1835 – 1854
In zwei Wanderungsbewegungen suchen 16.000 Buren mit Ochsenwagen der britischen Bevormundung am Kap zu entkommen. Sie siedeln in Natal und Transvaal.

16. 12. 1838
Am „Blood River" kommt es zur Schlacht zwischen den Holländern, den so genannten „Voortrekkern", und den Zulus. Die Buren töten über 3000 Zulus mit Feuerwaffen; unter ihnen selbst gibt es kein einziges Opfer. Das monströse „Voortrekker-Monument" bei Pretoria wurde zur Erinnerung und als „Heldendenkmal" errichtet.

1880 – 1881
Erster Krieg zwischen Buren und Engländern. Paul „Ohm" Krüger führt die Buren zum Sieg und wird Präsident von Transvaal, das aber unter britischer Hoheit verbleibt.

1899 – 1902
Zweiter Burenkrieg mit über 20.000 Toten auf englischer Seite. Trotzdem werden die Buren geschlagen, ihre Siedlungen weitgehend vernichtet. Krüger bemüht sich in Europa um Unterstützung, stirbt jedoch 1904 im Exil in der Schweiz.

1910
Die Buren-Republiken Transvaal und Oranje-Freistaat sowie die britischen Kolonien Natal und Kap bilden die Südafrikanische Union. Louis Botha, Premier von Transvaal, wird erster Premierminister.

1950 – 1953
Die Apartheid wird durch Erlasse (Acts) weiter festgeschrieben: getrennte Lebenswelten durch den „Population Registration Act", separate Wohngebiete durch den „Group Areas Act". Außerdem kommt es zu vielen Zwangsumsiedlungen. Schwarzen wird zudem das Wahlrecht entzogen, und schwarze Gewerkschaften werden verboten.

1960
Am 21. März erschießt die Polizei 69 Schwarze, die in Sharpeville gegen die Passgesetze demonstrieren.

1976
Am 16. Juni kommt es zu Schülerprotesten in Soweto gegen Afrikaans als Unterrichtssprache. Die Polizei erschießt zwei Kinder. Der daraufhin beginnende landesweite Widerstand fordert über 600 Tote.

Nobelpreisträger Desmond Tutu.

Geschichte

1984
Friedensnobelpreis für den schwarzen Erzbischof Desmond Tutu. Coloureds und Asiaten erhalten das Wahlrecht, nicht aber die schwarze Bevölkerungsmehrheit. Dies führt zu blutigen Unruhen. In den Folgejahren kommt es zu einer allgemeinen Verschärfung der staatlichen Repressionen.

1990
Am 2. Februar kündigt Präsident F. W. de Klerk die Freilassung von Nelson Mandela an. Der Ausnahmezustand wird beendet, verbotene Parteien werden wieder zugelassen. Der ANC verzichtet im Protokoll von Pretoria auf den bewaffneten Kampf.

1993
Präsident de Klerk und Nelson Mandela erhalten in Oslo den Friedensnobelpreis. Die weltweiten Sanktionen gegen Südafrika werden anschließend aufgehoben.

26. – 28. April 1994
Erste freie und allgemeine Wahlen. Mandelas „African National Congress" (ANC) gewinnt die Wahl mit 62,6 Prozent. Am 10. Mai wird Nelson Mandela als erster schwarzer Präsident Südafrikas vereidigt. Der „Regierung der nationalen Einheit" gehören ANC, NP und IFP an.

1996
Im Mai einigen sich der ANC unter Nelson Mandela und die NP auf eine neue Verfassung. Am 30. Juni erkennt die NP der Buren (National Party) endlich die Realitäten an und geht nach 48 Jahren in die Opposition.

1999
Am 16. Juni 1999 wird Thabo Mbeki neuer Regierungschef.

Die ödesten Gebiete wurden zu „autonomen" Homelands erklärt: Venda im Nordosten, Transkei und Ciskei zwischen Durban und Port Elizabeth sowie Bophuthatswana („Bop") westlich von Johannesburg. Die internationale Staatengemeinschaft hat diese „Kunststaaten" nie anerkannt. Alle Schwarzen mussten sich dort registrieren lassen – egal, ob Rechtsanwalt oder Minenarbeiter.

Ab 1985 lockerte der erzkonservative Burenpräsident P. W. Botha einige Verbote – aufgrund diplomatischen Drucks und wirtschaftlicher Sanktionen. Die Trennung in getrennte Busse

Frederik Willem de Klerk läutete das Ende der Apartheid ein und ebnete den Weg für Nelson Mandela.

und Parkbänke für Schwarze und Weiße gehörten daraufhin der Vergangenheit an. Schwarze durften Grundbesitz erwerben, „gemischtrassige" Ehen wurden erlaubt. Die Dämmerung eines neuen Morgens erhellte das Land.

Doch erst unter dem neuen Präsidenten Frederik Willem de Klerk ging die Sonne auf. De Klerk erkannte, dass Südafrika nur durch konsequentes Miteinander eine Zukunft haben kann. Er kündigte am 2. Februar 1990 zur Parlamentseröffnung die Freilassung von Nelson Mandela an; Oppositionsparteien wurden wieder zugelassen. „Fair, frei, fröhlich", beschrieben Reporter 1994 die ersten freien Wahlen des Landes.

Trotz 27 Jahren Haft rief Mandela zur Versöhnung auf. Bischof Desmond Tutu: „Gott scheint den Afrikanern die bemerkenswerte Gabe verliehen zu haben, Unrecht vergeben zu können." Am 2. Mai 1994 konnte der 76-jährige Nelson Mandela den Sieg seiner Partei, des ANC, verkünden. Fünf Jahre später wurde der bisherige Vizepräsident Thabo Mbeki in seinem Amt als zweiter schwarzer Präsident des Landes bestätigt.

Essen und Trinken

Liebhaber von Meeresfrüchten werden in den Küstenregionen verwöhnt, wie hier mit frischen Austern in Knysna an der Garden Route (1).

Essen und Trinken

Viel mehr als nur Burenwurst

Auch wer nicht scharf ist auf Burenwurst, wird in Südafrika satt. Wie wär's mit einer saftigen Kudu-Keule, einem würzigen Krokodil-Rippchen oder einem fettarmen Straußen-Steak?

Das Nobelhotel „Grande Roche" in Paarl serviert das Frühstück auch in den Weinbergen und tischt abends fast 300 verschiedene Spitzenweine auf (2).

Strandpicknick im Mpenjati Nature Reserve in KwaZulu-Natal (3).

Die Essgewohnheiten der weißen Südafrikaner erinnern noch an die „guten, alten Pioniertage", als Eintopfgerichte, „Potjies", und gebratenes, gepökeltes und getrocknetes Fleisch an der Tagesordnung waren. Denn wenn die Voortrekker mit ihren Ochsenwagen in unbekannte Fernen zogen, mussten sie Fleisch konservieren – in Streifen geschnitten und gesalzen, hielt es sich als **Dörrfleisch** monatelang. Und an der Tradition dieser „Biltong" halten viele Südafrikaner noch heute fest. Die „Schnittchen" sehen aus wie vertrocknetes Holz und sind oft ebenso hart. Meist stammen sie vom Strauß oder Kudu.

Am Wochenende lädt man sich gern gegenseitig zum **Braai**, zum Grillen, ein und vertilgt dann Unmengen von Fleisch und von der schneckenartig geringelten **Boerewors**, der Burenwurst. Die größte Aufmerksamkeit des Gastgebers gilt dabei allerdings der Sorge, dass der Biervorrat nicht reichen könnte ...!

In Wildreservaten findet man häufig „Game", **Wild**, auf der Karte. Das Fleisch von der Im-

Essen und Trinken

Seit einiger Zeit wird in Südafrika „französischer Käse" hergestellt.

pala-Antilope oder vom Kudu ist äußerst schmackhaft; aber auch saftige Krokodil Rippchen oder Filets vom Schwanzteil werden in vielen Restaurants ebenso selbstverständlich angeboten wie das rote und magere Fleisch vom Vogel Strauß.

Eingewanderte Kap-Malaien und Inder haben die südafrikanische Küche um weitere exotische Akzente bereichert. Besonders in Kapstadt stehen **Gerichte aus Südostasien** auf den Speisekarten. Dazu gehören vor allem „Sosaties", Fleischspieße, und „Bobotie", ein Auflauf mit Lammhack und Curry, sowie verschiedene „Bredie", Eintopfgerichte.

Restaurant-Tipps

Kapstadt
☆☆ **Africa Café**
213 Lower Main Road
Observatory
Tel. 021/47 95 53.
Hier gibt's eine breite Palette von Gerichten aus dem gesamten afrikanischen Kontinent (siehe auch S. 53).
Tgl. Abendessen außer So.

Stellenbosch
☆☆ **Oude Libertas**
Stellenbosch Farmer's Winery
Adam Tas Road
Tel. 021/808 74 29.
Internationale Küche mit sehr gutem Preis-Leistungs-Verhältnis. Der Weinkeller zählt 7000 Flaschen. Legere Atmosphäre. (Siehe S. 66.)
Lunch tgl. außer Sa/So., Dinner tgl. außer So.

☆☆ **Brasserie**
14 Akademie Street
Tel. 021/876 26 51.
Im Hotel „Ballon Rouge" (siehe S. 68) hat das intime und farbenfrohe Restaurant „Brasserie" seine Tische aufgestellt. Man speist günstig und vorzüglich: Wild, Fisch, hausgemachte Pasta. Die Weinkarte gewinnt laufend Preise. Zum Dinner sollte man sich anmelden.

Paarl
☆☆☆ **Grande Roche**
5 Plantasie Street
Tel. 021/863 27 27
Fax 021/863 22 20
Mail:
reserve@granderoche.co.za
Web: www.granderoche.com
Zu dem vornehmen Hotel (siehe S. 66) gehört auch ein exzellentes Restaurant.

Port Elizabeth
☆☆ **Le Med**
66 Parliament Street
Tel. 041/585 87 11.
Die angesagte Seafood-Adresse in zentraler Lage in P. E., mediterrane Küche (siehe S. 106).

Dinner im Voraus reservieren! Mo geschlossen.

Durban
☆☆☆ **Royal Grill**
Royal Hotel, Smith Street
Tel. 031/304 03 31.
Das exklusiv-vornehme Spitzenrestaurant gehört zu den besten in Südafrika (siehe S. 141).
Lunch Mo – Fr., Dinner Mo – Sa.

☆☆☆ **Harvey's**
77 Goble Road, Morningside
Tel. 031/23 90 64.
Das Restaurant im legeren Bistro-Stil gehört seit Jahren zu den besten in Südafrika (siehe S. 141).
Lunch Di – Fr, Dinner Mo – Sa.

Pretoria
☆☆ **Die Werf**
Olympus Drive, Plott 66,
Ferie Glen
Tel. 012/991 18 09
Rustikal, hervorragende südafrikanische Küche. (Siehe S. 184.)

Essen und Trinken

Durban ist unbestritten das Mekka der indischen **Currys** – mit Fisch, Huhn, Lamm, Rind oder Eiern. Man sollte sein Curry „mild" bestellen – dann ist es für den durchschnittlichen Gaumen meist gerade noch erträglich. Zu den Currys wird meist „Chutney", eine süßsaure Obstsauce, gereicht. Auch Kokosraspel sorgen für Abkühlung im Gaumen. Auf dem Indian Market und in vielen Spezialgeschäften kann man die entsprechenden Gewürze kaufen und bekommt meist die Rezepte gleich mitgeliefert.

Die britischen Einwanderer haben Roastbeef und vor allem das umfangreiche „English breakfast" eingeführt, das in allen größeren Hotels serviert wird. In Townships wie Soweto findet man mittlerweile auch Restaurants, die Touristen mit der schwarzen „Alltagsküche" vertraut machen wie etwa mit „Uputhu and Vleis" – Maisbrei mit Fleisch. In Township-Bars gibt es zum Knabbern gegrillte Hühnerbeine, „Walkietalkies" genannt.

Freunde von **Fisch** und **Meeresfrüchten** feiern an den Küsten des Landes ihre kulinarischen Aha-Erlebnisse. An der Garden Route in Knysna beispielsweise züchtet man Austern. Sie können direkt in der Farm am kleinen Hafen genossen werden. Die Westküste um Langebaan ist für den wohlschmeckenden Fisch „Snouk" und den edlen „Crayfish" – kein Fisch, sondern eine Riesenlanguste – bekannt. Zur Fangsaison zieht in der nahen Lambert's Bay Ende November das Crayfish-Festival hungrige Besucher an. „Linefish" wiederum bezeichnet keine bestimmte Fischart, sondern den fangfrischen Fisch direkt von der Angel. In Mpumalanga, dem ehemaligen Ost-Transvaal, und in den Drakensbergen kommen „Trouts", Forellen, direkt aus dem kristallklaren Wildwasserbach auf den Tisch.

Zum Nachtisch greifen die Südafrikaner gern zum **Obst**, das überall frisch und äußerst preiswert erhältlich ist: Trauben, Birnen und Äpfel vom Kap, Papaya („Paw Paw") und Bananen, Ananas, Mangos von der subtropischen Ostküste, um nur einige Sorten zu nennen.

Bei den **Getränken** hat sich Mineralwasser bisher kaum durchgesetzt, weil das Leitungswasser meist von guter Qualität ist. Flaschenwasser ist etwa ebenso teuer wie das Bier, das auch in leichten Versionen erhältlich ist. Der meist dünne Kaffee schreckt selbst in guten Hotels und Restaurants den Genießer ab, und Tee wird fast nur in Form aufgebrühter Teebeutel serviert. Beliebt ist auch der **Rooibos-Tee** (siehe S. 75), der am Westkap um Citrusdal aus den Blättern vom Rotbusch gewonnen wird.

In der Region um Stellenbosch und Paarl liegen viele bekannte Weingüter.

Ein unbedingtes Muss für jeden Besucher ist Südafrikanischer **Wein**. Er gehört inzwischen zu den weltbesten Tropfen, kostet aber im Restaurant, im Gegensatz etwa zu Deutschland, nur das Doppelte des ohnehin günstigen Ladenpreises. Eine gute Flasche Rot- oder Weißwein zum Essen kann man schon für umgerechnet 6 Euro haben. Südafrikanischer Sekt, z. T. aus Flaschengärung, überzeugt ebenso wie Sherry und Brandy. Der Amarula-Likör wird aus den gelben Früchten des wildwachsenden Marulabaumes destilliert.

Seit einigen Jahren sichern strenge Qualitätskontrollen das Image südafrikanischer Rebenprodukte. Sie finden zwar jenseits von Afrika immer mehr Freunde – verwöhnen aber in erster Linie die Gaumen und Kehlen der Menschen vor Ort.

Feste und Feiern

Riten und Festivals

So verschieden wie die Kulturen, so vielfältig sind die Feste. Zulu oder Xhosa besinnen sich auf ihre alten Stammesriten, Hindus tanzen zu Ehren ihrer Götter, und die Weißen amüsieren sich bei Grill- und Weinfesten.

Traditionelle Feste sind am interessantesten, aber auch in Südafrika ist dies nicht einfach per Telefon oder Mail zu bestellen – außer touristischer Folklore, wie im „Shakaland" von KwaZulu-Natal oder in Lesedi westlich von Johannesburg. Dort sieht man dann „Stammestänze" und Zulu-„Krieger", die nach den Shows wieder in ihre Jeans schlüpfen.

Die Xhosa in der ehemaligen Transkei zwischen East London und Port Shepstone achten noch auf ihre Traditionen und feiern beispielsweise die Beschneidung ihrer Knaben nach Stammesriten. Im Nordosten des Landes gehört bei den Venda der Schlangentanz zu den wichtigsten Festen – die Tanzenden ahmen dabei die Bewegungen einer Schlage nach. Die große indische Gemeinschaft bei Durban dagegen feiert Feste, die auch für Europäer meist leicht zugänglich sind. Kavadi ist ein bedeutendes Hindi-Festival jeweils Ende Januar und Ende April zu Ehren des Gottes Muruga, zuständig für Glück und Gesundheit: Gläubige gehen über glühende Kohlen, durchbohren sich die Wangen oder ziehen einen Wagen an Angelhaken, die in ihrem Rücken stecken. Oder Ratra Yathra: fünf Tage lang wird Ende Dezember zu Ehren von Vishnu eine große Stoff-Stupa durch die Straßen getragen, Verkaufsstände sind geöffnet, es gibt leckeres Essen, man tanzt und feiert.

Die Europäer wiederum feiern ihre Feste eher so, wie sie fallen. Tradition bei den Buren hat das „Braai" – ein Grillabend mit viel Bier, Brandy und Geselligkeit. Kulturelle Veranstaltungen finden am laufenden Band statt, sportliche Ereignisse ebenso – ob internationale Golfturniere, Marathon zwischen den Meeren oder Flugartistik am Himmel. Einige Messen gehören zu den bekanntesten der Welt. Alle örtlichen Tourist Offices informieren gern über Veranstaltungen und Feste der Region, und in Kapstadt gibt es sogar eine Monatszeitschrift: Die „Cape Review" informiert über alles, was so am Kap läuft, auch auf einer Website.

Der Riedtanz wird zu Ehren des Königs von Swaziland veranstaltet.

Feste und Feiern

Veranstaltungskalender

1. – 17. Januar
Cape Coon-Karneval
Kunterbunter Straßenkarneval der Mischlinge – Kapstadt, wie es singt und lacht.
Tel. 021/426 42 60
Web: www.cape-town.org

Februar/März
Kap-Schau
Größte Verbraucher- und Vergnügungsmesse in Kapstadt mit unzähligen Veranstaltungen. Dauer: 10 Tage, Beginn um den 23. Februar.
Tel. 021/426 42 60
Web: www.cape-town.org

April
Rand Easter Show
Größte Verbrauchermesse der Welt – nirgendwo finden sich mehr Produkte unter einem Dach. 12 km westlich von Johannesburg.
Tel. 011/3 27 20 00
Web: www.gauteng.net

Weinfest in Paarl
Großes Fest am Ende der Weinernte – natürlich mit Weinproben, aber auch Ballonfahrten und Clowns. In der ersten Aprilwoche.
Tel. 021/872 38 29
Web: www.paarlonline.com

Mai
Luftfahrtschau am Indischen Ozean
Größte Veranstaltung dieser Art: Flugakrobatik, Fallschirmspringen. Ende Mai in Margate, KwaZulu-Natal.
Tel. 031/304 71 44
Web: www.tourism.kzn.org

Juni
Comrades Marathon
Rund 15.000 Läufer quälen sich Anfang Juni über die 90-km-Strecke von Pietermaritzburg nach Durban.
Tel. 031/304 71 44
Web: www.tourism.kzn.org

Juli
National Arts Festival
Ob Malerei, Theater, Tanz oder Jazz – Künstler von Rang und Namen treffen sich in Grahamstown zwischen East London und Port Elizabeth zum größten Kunstfestival.
Tel. 046/622 32 41
Web: www.grahamstown.de

Oyster Festival, Knysna
Anfang Juli. Hier kann man nicht nur Austern schlürfen und Wein trinken. Unter dem Namen Oyster Festival laufen vor allem sportliche Veranstaltungen: der Knysna Forest Marathon und das Knysna-Radrennen.
Tel. 044/382 55 10
Web: www.knysna.info.co.za

August/September
Wildblumenblüte im Namaqualand
Alljährlich verwandelt sich die steinige Halbwüste des Nord-Kaps in ein Blütenmeer. In dieser Zeit finden auch zahlreiche Festivals und Blumenshows statt. Information („Flower Hotline"): Tel. 021/083/910 10 28
Web: www.cape-town.org

Meeres-Festival
In der ersten Septemberwoche im Hafenort Saldanha, West Coast. Crayfish (der lokale kleine Hummer) und Folklore.
Tel./Fax 022/433 10 72
Web: www.capewestcoast.org

Fest der Wale
Zwischen Juni und November kommen viele Glatt- und Buckelwale in Küstennähe entlang der Garden Route zum Flirten und Kalben. Beliebt: die Bucht von Hermanus (100 km östlich von Kapstadt). Der Ort feiert alljährlich in der letzten Septemberwoche ein Wal-Festival mit einer Wildblumenschau und Weinproben.
Tel. 028/312 26 29
Web: www.hermanus.co.za/info

Oktober
Jacarandablüte in Pretoria
Im südafrikanischen Frühling verwandelt sich Pretoria in ein malvenfarbenes Blütenmeer – Zeit für Straßenfeste, Jazz, Modenschauen und eine Antiquitätenmesse. Ab Mitte Oktober.
Tel. 012/337 43 37
Web: www.pretoria.co.za

Rosenfestival in Bloemfontein
Zu Beginn des Sommers blühen in Bloemfontein Millionen von Rosen – ein Grund, um in der zweiten Oktoberhälfte drei Tage ausgiebig zu feiern.
Tel. 051/447 13 62
Mail: transgariep@intekom.co.za

Dezember
Rothmans Regatta
Die größte Segelregatta Südafrikas – von Kapstadt zur 150 km nördlich gelegenen Saldanha Bay an der Westküste.
Tel. 021/426 42 60
Web: www.cape-town.org

Aktivitäten

Aktiv durch den Süden Afrikas: Auf Trails (1, Mpumalanga), mit dem Jeep über Safaripisten (2, Sabi Sand Reserve) oder mit dem Bike entlang wilder Küsten (3, Eastern Cape).

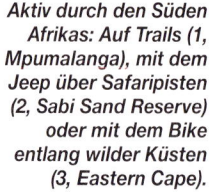

Aktivitäten

Vom Riff zum Hochgebirge

Für Aktive gilt: kein Südafrika ohne Safari. Ob mit dem Jeep über staubige Pisten, zu Fuß durch die Naturparks oder mit dem Boot entlang der Flüsse – abenteuerlicher geht es nicht!

Rund 3000 Kilometer Küste bieten fast unbegrenzte Möglichkeiten für jegliche Art von **Wassersport**. Im subtropischen Norden von KwaZulu-Natal herrscht das ganze Jahr über mit durchschnittlich 24 Grad Wassertemperatur Badesaison; an der Garden Route und am Kap von Oktober bis April. Wer es lieber einsam mag, der findet an der Wild Coast zwischen Port Edward und East London sowie um Port Elizabeth die unberührtesten **Strände**. Die Furcht vor Haien ist unbegründet, denn dort, wo sie sich tummeln, wie in der Nähe von Durban, sind die Strände mit Netzen gesichert.

Zum **Surfen** findet man westlich vom Kap und östlich bis nach Port Elizabeth und East London wahrhaft paradiesische Bedingungen. Hauptsaison ist zwischen Oktober und April (mit Flauten im Dezember). Von leichtem Wellengang für Anfänger wie bei Port Elizabeth bis zu meterhohen Wellen für den Surfkönner wie in der St. Francis Bay oder in Nordhoek bei Kapstadt bietet die südafrikanische Küste alles, was ein Surferherz höher schlagen lässt.

Im Greater St. Lucia Wetland Park warten in der Sodwana Bay herrliche Korallengärten auf

Aktivitäten

Die schönsten Strände

Kap-Halbinsel

Gleich südlich von Muizenberg beginnt der Sandstrand von **St. James** – bekannt für die bunten (privaten) Umkleidekabinen und geschützt vor den Böen des „South Easter".

Fish Hoek, größter Ort an der Ostküste der Kap-Halbinsel, wird umgeben von rauen Bergen. Die Strände sind lang, breit, feinsandig und entsprechend beliebt.

Die Schnellbahn von Kapstadt fährt bis Simon's Town. Der beste Strand liegt im **Boulders Beach Coastal Park**, er ist nicht nur windgeschützt, sondern auch attraktiv durch bizarre Felsen und Höhlen sowie Pinguine, die einem oft den Strand streitig machen.

Kommetjie, Atlantikküste: Das Wasser in der geschützten Bucht ist immer um einige Grad wärmer als sonst an der Atlantikseite. **Long Beach** lieben die Surfer, und nach Süden zum Leuchtturm oder entlang von Strand und Nehrung nach Nordhoek (12 km) bieten sich reizvolle Wanderungen.

Zwischen Kapstadt und Port Elizabeth

Knysna wird von zwei Bergen überragt und umschlossen, die sich fast senkrecht aus dem Meer erheben: den Heads of Knysna mit einem Naturreservat. Östlich der Lagune erstrecken sich kilometerlange Traumstrände.

37 km östlich von Knysna liegt der Badeort **Plettenberg Bay** an einer weit geschwungenen Bucht mit scheinbar endlosem Sandstrand. Zwischen Mai und September schwimmen auch hier viele Wale zum Teil sehr nah an die Küste heran.

Schöne Strände beginnen südlich der City (via Humewood und Beach Road). Am feinsandigen **King's Beach** badete schon 1948 König George VI. Der Mc Arthur Pool Complex bietet Süß- und Seewasserschwimmbecken.

Rund um Port Elizabeth fühlen sich auch Surfer pudelwohl. Hobie Beach in der geschützten Algoa Bay eignet sich sehr gut für Anfänger. **Sylvic Bay** bietet den Freaks echte Herausforderungen: zwei Buchten, eine mit Flachwasser, die andere mit tosender Brandung – Südafrikas Antwort auf die Karibik und dadurch nicht nur für Surfer reizvoll.

St. Francis Bay: Die weite Bucht rund 100 km westlich von Port Elizabeth ist ein Paradies auch für Surfer. Im Juli und August finden hier Surfmeisterschaften statt.

Wild Coast

Die „Wilde Küste" zwischen East London und Port Shepstone trägt ihren Namen mit Recht: nicht nur aufgrund rauer Felsen an oft kleinen Sandbuchten, sondern auch wegen unberechenbarer Meeresströmungen. Schöne Sandstrände findet man an der **Coffee Bay** und weiter östlich bei **Port St. Johns**.

Zwischen Durban und Maputaland

Die Küste nördlich von Durban ist nicht nicht so bebaut – und verbaut – wie südlich von Durban, obgleich Orte wie Umhlanga Rocks mit großen Hotelklötzen auch nicht unbedingt zur Verschönerung beitragen. Aber hier und bei **Ballito** erstrecken sich die schönsten Strände.

Das „Kosi Nature System" besteht aus rund 8000 ha und vier Frischwasserseen. Südlich schließt sich **Rocktail Bay** mit endlos weiten Sandstränden an – ein Paradies zum Schnorcheln und Angeln. Aktivitäten: Fischen, Schnorcheln am Inland-Korallenriff, Kanutouren, Wandern.

Entlang der Wild Coast finden sich noch viele unberührte Strände.

Taucher und Schnorchler. Anfänger kommen im kristallklaren Wasser des kleinen Inland-Riffs von Kosi Bay hoch im Norden voll auf ihre Kosten. Die beste Zeit ist zwischen Mai und Juli. Rund 70 Kilometer südlich von Durban am Aliwal Shoal bei Greenpoint sollten sich nur erfahrene Taucher in das Riff wagen: vor allem der Meeresströmungen und der Haie wegen. Ebenfalls weiter im Süden lassen die Protea Banks wohl nur die Experten aufhorchen, die Attraktion dort ist Hai-Tauchen. Vor dem Kap liegen

Hunderte von Schiffswracks auf Grund, und vor Port Elizabeth wurde die „Harlem" extra für Taucher im seichten Wasser versenkt, so dass ein künstliches Korallenriff entstehen konnte.

Oranje und Tugela River bieten sich für Raftingtouren und Kajaktrips an.

Im **Schlauchboot** oder **Kajak** kann man dem Lauf des Oranje oder Tugela River folgen, meist auf Touren, die sich auch Ungeübte zutrauen können. Besonders der Unterlauf des Oranje an der Grenze zu Namibia wird von einer wilden Bergkulisse umrahmt. Auch das Weinland am Kap ist auf romantischen Wasserwegen zu „erpaddeln". Viele Veranstalter bieten dort Touren mit Zeltübernachtung.

Brandungs- und **Meeresangler** zieht es ans Kap (Hout Bay) und, 2000 Kilometer östlich davon, ans Cap Vidal, nördlich von St. Lucia. Wer von starken Booten aus angelt, braucht schon professionelles Gerät, fischt dafür aber in rekordverdächtigen Gewässern: In diesen Gründen wurden schon Marlins von 90 Kilogramm und über 300 Kilogramm schwere Haie aus dem Wasser gezogen. Nach Forellen, Barben und Karpfen hingegen werfen Enthusiasten in den Drakensbergen, am Vaal und in Ost-Transvaal/Mpumalanga ihre Köder aus, .

Die besten Internetadressen

Bergsteigen
www.saclimb.co.za
Mit Routen, Shops für Ausrüstung und zahlreichen Links, die auch zu Fachzeitschriften führen.

Extremsport
www.extremesports.com
Wer sich für Bungee Jumping oder Triathlon interessiert, der findet auf diese Site diverse Angebote und Informationen.

Jagen
www.sahunt.co.za
News, Fakten und Konditionen für Jäger in Südafrika mit vielen weiterführenden Links.

Surfen
www.wavescape.co.za
Die besten Surfplätze, Chats, Wetterkonditionen und vieles mehr.

Tauchen
www.omegadiving.com
Alles über Tauchschulen und Ausrüstung.

www.scubacity.co.za
Infos über die besten Tauchgebiete sowie alles, was man zum Tauchen an Ausrüstung braucht.

Tennis
www.satennis.co.za
Site der südafrikanischen Tennis Association.

Wandern
www.linx.co.za/trails/info
Sehr informative Website der Hiking Federation of South Africa. Alles Wichtige für Wanderer.

Aktivitäten

Südafrikaner zeigen sich sehr naturverbunden und betätigen sich gern sportlich: Nicht nur nutzen sie selbst eifrig die Nature Trails, auch Jogging steht bei ihnen ganz hoch im Kurs. So kann es schon mal passieren, dass einem beim Autofahren auch abends junge Schwarze am Rand der Fernstraße entgegenfedern.

Südafrika sollte man aber nicht nur aus dem Autofenster erleben. In Naturreservaten wurde eine Vielzahl von Trails – **Wanderpfaden** – angelegt, die vom Indischen Ozean bis hinauf in die Gipfel der Drakensberge führen. Sie dauern je nach Weg nur eine Stunde oder mehr als eine Woche. Wissen sollte man, dass pro Trail und Tag meist nur wenige Wanderer zugelassen sind. Deshalb gilt es, sich unbedingt rechtzeitig anzumelden – mindestens sechs Monate vorher.

Das Geflecht der schier unzähligen Naturpfade wird unter dem National Hiking Way System (NHWS) zusammengefasst. Vom Untrainierten bis hin zum Ultrasportler ist für jeden und in jedem Landesteil etwas dabei. In allen Nationalparks und Naturreservaten findet man Broschüren, in denen die Trails beschrieben werden. Seit kurzem existieren auch im Krüger-Nationalpark geführte Wildniswanderungen (siehe S. 168). Man übernachtet in Buschhütten und kann auch schon mal von Löwengebrüll aus dem Schlaf gerissen werden. Bergwanderern bieten sich in den Drakensbergen ungeahnte Möglichkeiten. Sie können zum Beispiel vom Sani Pass (2895 m) in rund sechs Stunden den höchsten Berg des südlichen Afrika besteigen: den Thabana Ntlenyana (3482 m) im Königreich Lesotho.

Wer nicht zu Fuß, sondern lieber auf dem Rücken der **Pferde** die südafrikanische Natur erleben möchte, kann sich fast überall preiswert einen Vierbeiner mieten, erfreuen sich doch inzwischen Pferderitte und längere „Pferdesafaris" zunehmender Beliebtheit. Spätestens beim abendlichen Lagerfeuer kommt Wildweststimmung auf. Besonders am Kap, an der Garden Route und in KwaZulu-Natal kann man sich fast überall in den Sattel schwingen und vom Pferderücken aus das Land genießen. Countrylodges und -hotels besitzen oft ihren eigenen Pferdestall.

Auch Fahrrad- und **Mountainbike-Touren** sind ganz groß im Kommen. Viele Hotels und Countrylodges vermieten kostenlos Räder an ihre Gäste, einige Veranstalter haben sich auf Rad- und Mountainbike-Trips spezialisiert. Kein Wunder, denn Gegenden wie die Garden Route, das Kapland und die Drakensberge bieten unzählige Routen für Radenthusiasten.

Die britische Tradition macht sich vor allem beim **Golfsport** bemerkbar. Über 400 Golfplätze bieten eine seltene Synthese aus guten Spielbedingungen und herrlicher Landschaftskulisse. Viele der besseren Hotels bieten 18-Loch-Golfplätze, dazu Kurse und Material. In Sun City wird alljährlich das exklusive „Million Dollar Tournament" mit internationalen Golfstars ausgetragen. Bei diesem Wettbewerb sonnen sich Krokodile faul am 13. Loch. Antilopen und Affen hingegen sind im „Sabi Golf Club" beim Krüger-Nationalpark Zaungäste. Andere Plätze liegen ebenfalls in traumhafte Landschaft gebettet: z. B. „Milnerton" mit einem fantastischen Panorama, beim „Wild Coast Hotel" schweift der Blick über Dünen und Meer.

Auf dem Rücken der Pferde durch KwaZulu-Natal, entlang der Garden Route oder über das Kap.

Man muss beileibe keinen Pilotenschein besitzen, um Südafrika aus der Vogelperspektive zu sehen. Von der Victoria & Alfred Waterfront in Kapstadt starten Helikopter zu Rundflügen über den Tafelberg und zum Kap. Im Weinland und in den Magaliesbergen westlich von Johannesburg werden Fahrten im **Heißluftballon** angeboten. Auch **Fallschirmspringen** ist in den meisten Provinzen des Landes möglich – für mutige Anfänger auch zusammen mit erfahrenen Springern im „Zweierpack".

Alle **Drachenflieger**, **Paraglider** und **Ultralight-Enthusiasten** müssen Mitglied im südafrikanischen Aeroclub sein. Eine zeitlich kurz befristete Mitgliedschaft stellt jedoch auch für Privatpiloten kein Problem dar. Der Luftraum über Südafrika ist noch weitgehend offen, so dass man mit den Blicken eines Adlers unvergessliche Bilder von der herrlichen Landschaft Südafrikas erhaschen kann.

Wichtige Adressen für Sportler

Golf

Unter Golfern gilt Südafrika mit Recht als eine Top-Destination. Die über 400 Golfplätze sind so vielfältig und vielgestaltig wie Südafrikas Landschaften. Die besten Plätze finden sich an der Kap-Halbinsel und am Indischen Ozean bei Durban. Der Zugang zu Clubs ist einfach.
South African Golf Association
Johannesburg
Tel. 011/442 37 23
Fax 011/442 37 53
Mail: sagolf@global.co.za

Fliegen

Südafrika ist ein Traumland für Flugbegeisterte. Wer einen Pilotenschein hat, kann sich in verschiedenen Aeroclubs eine kleine Maschine mieten. Das kostet in Südafrika nicht nur viel weniger als bei uns – der Luftraum ist zudem noch frei und bietet grandiose Ausblicke. Das gilt auch für Helikopterrundflüge (vor allem in Kapstadt) und Ballonfahrten. In vielen Orten haben sich Clubs für Ultralight-Flugzeuge etabliert.
Aero Club of South Africa
Johannesburg
Tel. 011/805 03 66
Fax 011/805 27 65
Mail: aeroclub@zanet.co.za
Web: www.flying.co.za

Kanufahren, Rafting

Kanufahren im idyllischen Weinland bei Paarl oder auf dem Oranje River vor der Kulisse wild gezackter Berge, ob beschaulich oder etwas wilder als White Water Rafting – es bieten sich alle Möglichkeiten. Der führende Anbieter landesweit:
Felix Unite Kapstadt
Tel. 021/683 64 33
Fax 021/683 64 85
Web: www.felixunite.co.za

Weltstadt zwischen den Meeren

Kapstadt

Der aus Sandstein und Schiefer geschichtete Tafelberg begrenzt die Kap-Halbinsel nach Norden.

Kapstadt ist das lebensfrohe Aushängeschild des neuen Südafrika, umgeben von herrlicher Natur. Die Kap-Halbinsel wird umspült von den Wellen des Atlantiks und des Indischen Ozeans.

Kapstadt

Kapstadt	46
Verkehr	46
Sehenswürdigkeiten	46
Museen	48
Unterkunft	50
Restaurants	51
Kap-Halbinsel	54
Ostküste	56
Kap der Guten Hoffnung	57
Westküste	58
Im Fokus:	
Waterfront	49

Ein strahlend blauer Himmel wölbt sich über **Kapstadt ✪✪✪**. Nur der Tafelberg hat sich wieder sein „Tischtuch" übergezogen – eine hartnäckige, breite Wolke hüllt den Gipfel in milchiges Weiß. Die Watte zieht über das graue Urgestein und wallt unmerklich westwärts. Vielen Kapstädtern gilt das als untrügliches Zeichen für einen der häufigen Wetterwechsel: Die driftende Feuchtigkeit wird festgehalten, schnell kann es regnen. Aber selbst im südafrikanischen Winter, wenn am Kap die meisten Niederschläge fallen, ist Dauerregen selten.

Im südlichen Sommer weht fast ständig trockener Wind aus Südosten: Zwischen Dezember und März wird einem da schon mal die Mütze vom Kopf geweht. Der Wind heult dann abends zwischen den Hochhäusern der City, lässt die bunten Fahnen am Hafen flattern und knattern. Dann plötzlich Windstille, Aufatmen – aber nicht lange: bald zieht feuchte Wärme in die Stadt. Eben hat man noch über den Wind geschimpft, nun wird er sehnsüchtig erwartet: „Kap-Doktor" nennen ihn die Kapstädter – er bläst Hitze, Smog und schlechte Laune hinweg. Ohne den Tafelberg wäre Kapstadt zumindest optisch eine ziemlich normale Hafenstadt – von ihrer ganz besonderen Geschichte und den Bauwerken einmal abgesehen. Der Berg teilt die Stadt und grenzt sie von der Kap-Halbinsel ab. In vier Minuten ist man mit einer der neuen Schweizer Gondeln auf dem Berg. Sie dreht sich während der schnellen Auffahrt (bis zu 10 m pro Sekunde) einmal um ihre eigene Achse. Mit jeder Minute ändert sich die Perspektive, wird der Horizont weiter, die Stadt kleiner. An klaren Tagen reicht der Blick von hier aus über weite Teile der Kap-Halbinsel.

Der **Tafelberg ✪✪✪** besteht aus Schiefer und Sandstein, ist rund 600 Millionen Jahre alt und war einst ungefähr fünf Mal so hoch wie heute. In den höheren Regionen wachsen etwa 1400 Kap-Pflanzenarten, die zusammen das so genannte „fünfte Florenreich" bilden. „Fynbos" – übersetzt in etwa „Feinbusch" – wird diese artenreiche, mediterrane Kap-Macchia genannt. Allein schon die Zahl der verschiedenen, hier wachsenden Erikagewächse und der artischockenähnlichen Proteen – die Protea ist die Nationalblume Südafrikas – geht in die Hunderte.

Das Vergnügungsviertel Waterfront erstreckt sich um die Innenhäfen.

Kapstadt-City, **Adderley Street**: Blumenverkäuferinnen haben gerade Proteen im Angebot – hier sind sie so billig wie bei uns Astern im Herbst. Man bekommt auch als Nichtkäufer noch ein Lächeln. Anders als Johannesburg ist Kapstadt eine lebensfrohe und kosmopolitische Stadt. Und die einzige in Schwarzafrika, in der Weiße, Asiaten und Mischlinge (die so genannten „Coloureds") fast 90 Prozent der Bevölkerung von etwa einer Million ausmachen. In der City haben Obsthändler neben Hochhäusern ihre Waren ausgelegt; Geschäftsleute essen gegrillte „Boerewoers", und Blumenfrauen verwandeln den eher strengen **Trafalgar Place** in ein Blütenmeer. „Mother City" nennen die Einheimischen liebevoll ihre Stadt. Auch während der Zeit der Benachteiligung der farbigen Bevölkerung wurde mehr gelacht als anderswo, bestimmten Toleranz und Heiterkeit den Alltag.

Leuchtende Farbenpracht auf dem Blumenmarkt in der Adderley Street.

Ganz aus dem Häuschen gerät Kapstadt alljährlich in der ersten Woche des Januars: Dann feiert die Bevölkerungsmehrheit der Coloureds mit knallbunten Kostümen, Hüten und Gesichtsbemalung ihren Karneval, der so bunt ist wie das Leben am Kap.

Hier, in Kapstadt, begann „alles", hier nahm die südafrikanische Geschichte mit all ihren verhängnisvollen Ereignissen ihren Lauf. Portugals berühmter Entdecker und Seefahrer Bartolomeu Diaz ging 1488 östlich der **Mossel Bay** an Land. Er suchte den Seeweg nach Indien, aber seine erschöpfte und von Skorbut geplagte Besatzung verweigerte weitere Dienste. Auf dem Rückweg taufte er die gefährlichen Felsen „Kap der Stürme", doch daraus wurde bald „Kap der Guten Hoffnung". Zehn Jahre später segelte Vasco da

Highlights

Kapstadt ✪✪✪
Die majestätische Landschaft und wundervolle Strände machen es zu einer der schönsten Städte der Welt (Seite 46).

Tafelberg ✪✪✪
Der 1087 m hohe Berg ist das Wahrzeichen von Kapstadt (Seite 43).

Kap-Halbinsel ✪✪✪
Ihre Küsten werden gesäumt von kilometerlangen Stränden, den krönenden Abschluss setzt das Kap der Guten Hoffnung (Seite 54).

City Hall
Das eindrucksvolle Rathaus ist eine Mischung aus britisch-edwardischem Stil und italienischer Renaissance (Seite 46).

Houses of Parliament
In dem klassizistischen Gebäude tagt im südafrikanischen Sommer das Parlament (Seite 48).

Green Market Square
Auf dem einstigen Sklavenmarkt pulsiert heute buntes Leben (Seite 48).

Two Oceans Aquarium
Die Tiere aus dem Atlantik und dem Indischen Ozean sind ein Publikumsmagnet (Seite 49).

Kirstenbosch
Der Botanische Garten wird auch „der Stolz des Tafelbergs" genannt (Seite 54).

Weingüter
Die Weine von den Hängen rund um Kapstadt sind von internationalem Rang (Seite 55).

Kapstadt

Gama endlich nach Indien. Die Gegend am Kap interessierte noch niemanden, zumal 1510 der portugiesische Vizekönig von Indien bei einem Landausflug samt Begleitern in der Nähe des heutigen Kapstadt getötet wurde. 1620 schon wäre das Kap fast britisch geworden – da präsentierte Kapitän Fitz Herbert den „Eingeborenen" mutig die Flagge seiner Majestät und nannte den heutigen **Signal Hill** nach dem damaligen König „King James His Mount". Doch der war eher über den Alleingang des Seemannes verärgert und hatte kein Interesse. Erst 1652 siedelten hier Europäer unter Jan van Riebeeck. Im Auftrag der „Holländisch-Ostindischen Seefahrts-Compagnie" legte er große Gemüsegärten an: Die Seeleute sollten hier auf ihrem langen Weg nach Indien nicht nur Wasser, sondern auch Vitamine bunkern: „Gasthaus der Meere" wurde der Ort am südlichen Ende der Welt deshalb schon bald genannt.

Der Park im Herzen Kapstadts heißt denn auch **Company's Garden**. Diese Keimzelle Südafrikas ist heute eine Oase der Entspannung. Hier flanieren Liebespaare, Rentner füttern halbzahme Eichhörnchen und träge Tauben, auf Parkbänken lässt es sich trefflich dösen oder in die milde Sonne blinzeln. Der Kap-Gouverneur und Diamantenmillionär **Cecil John Rhodes** zeigt hier lebensgroß in Bronze unerschütterlich mit erhobener Hand gen Norden. „Euer Hinterland liegt dort" ist im Sockel eingraviert – Symbol für die weiße Eroberung Afrikas, Erinnerung auch an den Wunschtraum des Briten, den Einfluss bis nach Kairo auszudehnen. Die Eisenbahn vom Kap nach Kairo musste für den 1902 verstorbenen Rhodes allerdings ein Traum bleiben.

Gleich drei besuchenswerte Museen säumen den Park und verkürzen im südafrikanischen Winter so manche plötzliche Regenstunde: Das **South African Museum** wurde schon 1825 gegründet und birgt eine bedeutende naturgeschichtliche Sammlung. Hier kann der Interessierte auch mehr über die untergegangene Kultur der Buschmänner (San) erfahren, die als erste von Europäern aus ihrer angestammten Heimat verdrängt wurden. Die **South African National Gallery** nebenan gilt als beste Kunstsammlung des Landes. Gegenüber informiert das **Jewish Museum** (Jüdisches Museum) mit alten Fotografien, Kultgegenständen und privaten Erinnerungsstücken über das Leben der jüdischen Einwanderer seit der Mitte des 19. Jahrhunderts – untergebracht in der 1862 errichteten und damit ältesten Synagoge des Landes.

Auf dem weiteren Gang entlang der Government Street in Richtung Hafen dominiert das ehrwürdige **Parlamentsgebäude** im klassizistischen Stil die Straße mit ihren Eichenbäumen – ein repräsentatives „White House". Hier wird im Sommer sechs Monate lang Politik gemacht – die anderen sechs Monate dann in Pretoria. Regierung und Parlament ziehen zweimal jährlich um. Bürgerinitiativen und Plakate fordern bisher vergeblich: „Die Regierung ganz nach Kapstadt!"

Neben der Nationalbibliothek steht die **St. George's Cathedral**, die von der Anglikanischen Gemeinde erbaut und 1901 vollendet wurde – lange Zeit Sitz des sozial streitbaren und engagierten Erzbischofs Desmond Tutu. Gar nicht so weit davon verläuft die **Long Street**, wohl die am meisten fotografierte Straße von Kapstadt. Am unteren Ende ist

Die lang gestreckte Long Street verläuft parallel zum Company's Garden.

sie optisch durch die moderne Stadtentwicklung zerstört; weiter oben aber trifft man noch auf die alte Straße mit ihren viktorianischen Häusern, Kirchen und Geschäften – das „Quartier Latin" der Hafenstadt. Man kann in dämmrigen Läden nach alten Büchern stöbern; Antiquitätenläden sind vollgestopft mit alten Zapfsäulen, Schaufensterpuppen, Porzellan, Gewehren, Lampen und Nippes. Die schön restaurierten Häuser besitzen schmiedeeiserne, weiße Balkone und leuchten in Cremegelb, Rosé und Hellblau.

Farblich noch schräger zeigt sich das **Bo-Kaap Malay Quarter** am Fuß des Signal Hill, auf dem noch immer um 12 Uhr ein Kanonenschuss gezündet wird. Hier folgt der Besucher steilen Gassen und stolpert über buckliges Kopfsteinpflaster; zwischen den kleinen Häusern ragt manchmal das Minarett einer bescheidenen Moschee auf, von der aus fünfmal täglich zum Gebet gerufen wird. Die meisten Häuser wurden in den letzten zwei Jahrzehnten des 19. Jahrhunderts errichtet. Längst lebt das Gros der rund 40.000 Kap-Malaien in anderen Stadtteilen, aber schon aufgrund ihrer gemeinsamen Zugehörigkeit zum Islam bilden sie eine enge, doch offene und tolerante Gemeinschaft. Noch vor den Indern wurden ihre Vorfahren ab der zweiten Hälfte des 17. Jahrhunderts als billige Arbeitskräfte ans Kap gebracht. Die meisten stammten allerdings nicht – wie der Name suggeriert – aus dem heutigen Malaysia, sondern kamen aus Java, Indien und Ostafrika. Im Telefonbuch von Kapstadt stehen lange Zeilen mit „February", „April" oder „September" – die Namen vieler Kap-Malaien: Im betreffenden Monat wurde nämlich einer ihrer Vorfahren an den neuen Besitzer verkauft.

Der Greenmarket Square, eine beliebte Freiluftbühne für Straßenmusikanten.

Ausflug
Tafelberg ✪✪✪

1087 m hoch ist das Wahrzeichen von Kapstadt und mehr als ein Berg: ein Massiv mit tief eingeschnittenen Schluchten und turmhohen Felsenklippen an den Flanken, Heimat von 1400 Pflanzenarten. Vom Nordteil blickt man auf die City, den Signal Hill im Westen und den Lion's Head im Osten. Westlich umrahmen die wild-bizarren Berge der Twelve Apostles den Tafelberg. Der Südwesten des grauen Riesen thront über Hout Bay, der Blick reicht dort bis Simon's Town.

Wer nicht oben war, ist selber schuld – bis zur Installation der neuen Schweizer Gondeln war es oft das unberechenbare Wetter: Bei starkem Wind fuhr die alte Seilbahn (1929) nicht nach oben. 1994 feierte man den 10-millionsten Passagier und noch mehr die Tatsache, dass es nie einen Unfall gab. Seit Oktober 1997 kann man sich auch bei Wind in 4 Minuten – bis 10 m pro Sekunde – nach oben „fliegen" lassen – jede der runden Gondeln fasst 60 Passagiere und dreht sich einmal um die eigene Achse. Restaurant und Bistro „oben" wurden gleich mit modernisiert.

Man muss sich nun nicht mehr in Warteschlangen einreihen, aber findet in der Hochsaison (Nov./Dez.) tagsüber an der oberen Bergstation kaum noch einen Parkplatz. In dieser Zeit sollte man entweder mit dem Taxi oder einem Shuttle-Bus anreisen: vom Kloof Nek an der Talstation mit mehr Parkplätzen oder von der City aus (Waterfront und Adderley Street).
Tafelberg Road
Tel. 021/424 81 81
Web: www.tablemountain.co.za
Tgl. 7.30/8 – 19.30/22 Uhr je nach Saison.

Kapstadt

Abends kann man lange einen Parkplatz an der **Victoria & Alfred Waterfront** suchen. Das Hafenviertel ist alles in einem: Kapstadts gute Stube und ein Mekka für Shopping, Wining & Dining bis spät in die Nacht; ein Ort mit Museen, alten Schiffen, Ausflugsbooten und „so nebenbei" noch ein „normaler" Hafen mit Seeleuten und großen Pötten, die gerade im Trockendock überholt werden.

1988 hätte der damals öde Hafen gerade noch die düstere Kulisse für einen Krimi abgegeben. Dann begann die „Victoria & Alfred Waterfront Co." massiv zu investieren. Alte Gebäude wurden restauriert, andere hinzugefügt – so die zentrale **Victoria Wharf**, ein großer Komplex mit Geschäften, Kneipen und Restaurants. Dennoch wurde die Waterfront kein steriler Ort, sondern blieb ein aktiver Hafen, wo der Fischgeruch über den Hafenbecken hängt, die neben Vergnügung und Einkauf auch Kulturelles wie das **Dock Road Theatre**, Museen und Kinos zu bieten haben. Namensgebend waren Queen Victoria und ihr Sohn Albert. Er durfte als 16-jähriger im Jahr 1860 die Hafenbauarbeiten offiziell eröffnen. 1995 ließen sich wieder hochkarätige Royals in Kapstadt blicken – fast auf den Tag genau 200 Jahre nach der britischen Eroberung: Queen Elizabeth II. war seit der Feier ihres 21. Geburtstags in der **City Hall** von Kapstadt nicht mehr in Südafrika gewesen; wegen der Ächtung der Apartheidpolitik hatte es dazwischen keinen weiteren Besuch gegeben. Prinz Philip schloss an alte Traditionen an: Wie Albert 135 Jahre zuvor gab er mit einer symbolischen Sprengung den Startschuss für den letzten Bauabschnitt des Hafens. In der Folgezeit entstand durch gigantische Baggerarbeiten und anschließende Überflutung neben dem riesigen Aquarium ein Jachthafen.

Das **Two Oceans Aquarium** hat Weltrang. Das größte der 31 Becken ist 30 Meter lang und fasst zwei Millionen Liter Meerwasser. Der staunende Besucher steht vor einer 10 Meter hohen Scheibe und kann im Glastunnel trockenen Fußes zwischen Haien, Rochen und Barrakudas herumspazieren. Den Betreibern geht es vor allem darum, Verständnis für die Vielfalt der Meeresfauna und -flora zu wecken und komplexe Zusammenhänge aufzuzeigen. Die „Ökosystemausstellung" ist eine Mikrowelt aus Flüssen, Bergen und künstlichen Gezeiten; im „Kelp-Tank" lässt sich der Artenreichtum des Kelp bestaunen, einer Meereszone, in der sich nur einige Meter unter der Wasseroberfläche ganze Wälder unterschiedlichster Pflanzen und Organismen bilden.

Two Oceans Aquarium: In mehr als 30 Becken tummelt sich die Meeresfauna.

Wer über den Rhodes Drive (M 3) nach Südosten fährt, um die Sehenswürdigkeiten der Kap-Halbinsel zu besuchen, kommt an der **Universität** vorbei, die – vor der Kulisse des Tafelberges gelegen – den Ruf besitzt, die Alma mater mit der schönsten Aussicht weltweit zu sein. 1918 gegründet, herrschte hier immer ein liberaler Geist – ganz im Gegensatz zum nahen **Stellenbosch**, dem „Oxford der Buren". Nicht weit davon sind in den **National Botanic Gardens of Kirstenbosch** am Osthang des Tafelbergs alle Pflanzenarten des Kaps und viele von Südafrika zu bestaunen.

Weiter südlich, nur 19 Kilometer von der City entfernt, erreicht man **Groot Constantia,** das älteste Weingut des Landes. Hier residierte Hollands Gouverneur Simon van der Steel von 1699 bis 1712. Das prächtige Haus mit seinen Giebeln im kapholländischen Stil ist so erhalten, als sei der Gouverneur noch anwesend. Mehr noch als durch Gemälde und Möbel, die in einem kleinen Museum untergebracht sind, hat er sich durch das erste Weingut des Landes verewigt. Weine aus Constantia waren bereits im 18. Jahrhundert an europäischen Fürstenhöfen gefragt.

Zwischen der Stadt und dem Indischen Ozeans erstrecken sich die **Cape Flats** mit Townships und Squatter Camps. Abgedrängt und zum großen Teil chancenlos wie zur Zeit der Apartheid leben dort die Schwarzen. Wer keine gute Bildung und Ausbildung genießen konnte – und wer hatte schon die Möglichkeit –, der findet auch heute keinen Job. Im nahen Mitchell's Plain wurden nahe der **False Bay** – in der „Falschen Bucht" liefen früher zahlreiche Schiffe auf Grund – schon ab 1973 Reihenhäuser für eine Viertelmillion Farbiger erbaut.

Einen schöneren Anblick bietet der Badeort **Muizenberg** im benachbarten Kalk Bay mit seinen farbenfrohen, gut erhaltenen Umkleidekabinen (die freilich in privatem Besitz sind). Dieses viktorianische Relikt kommt nicht von ungefähr: 1795 landeten die Briten in Muizenberg und wären gleich geblieben, wenn sie – eine störende Episode für die Krone – nach dem Frieden von Amiens (1802) die neue Eroberung nicht an Holland hätten zurückgeben müssen. Aber schon 1806 dampften wieder britische Fregatten heran und zementierten die Vergrößerung des Empire. Zumindest hielt sich dank des britischen Fairplay hier das Wahlrecht für Schwarze noch bis 1936, während sie nach Gründung der Südafrikanischen Union 1910 anderenorts schon nicht mehr wählen durften.

Schöne, kleine Badeorte und Strände säumen die Weiterfahrt auf der **Kap-Halbinsel** ✪✪✪, darunter **Fish Hoek** und **Simon's Town**. Hier befand sich ab 1806 ein Stützpunkt der britischen Marine, der erst 1957 an Südafrika übergeben wurde. Südlich davon schließt sich der Strand von **Boulders** an. Bald hinter dem Mini-Kap des Millers Point beginnt das Naturschutzgebiet **Cape Pen**insula **National Park** mit Nadelgewächsen, Heide und Proteen – besonders schön zur Blütezeit im September und Oktober. Den südlichsten Parkplatz des Kontinents beherrschen freche Paviane. Sie plündern Mülltonnen, sitzen mit verschränkten Armen auf Motorhauben und warten nur auf die Gelegenheit eines offenen Autofensters. Von hier fährt seit 1996 eine moderne Elektrobahn Besucher zum Leuchtturm am Ende der Welt. Der legendäre Bus „Flying Dutchman" hat seitdem ausgedient.

Das Meer blinkt wie blankes Metall. Und an Eisberge mag denken, wer sich während der Rückreise nach Kapstadt in den Atlantik wagt – auch im Sommer bietet dieser kaum mehr als 17 Grad. Nach dem Fischerdorf **Kommetjie** umfährt man in weitem Bogen Salzpfannen und gelangt hinter Nordhoek an der rauen Küste zum **Chapman's Peak Drive**. Diese zehn Kilometer bilden nicht nur die spektakulärste Küstenstraße des Landes, sondern eine der aufregendsten Routen weltweit: 1922 in den Fels gesprengt, windet sie sich bis zu 160 Meter über dem Meer die Küste entlang und bietet unvergessliche Ausblicke. Die Bergkette der **Twelve Apostles** wird abends von der sinkenden Sonne rötlich bestrahlt. Da verzichtet man gern auf einen Drink im schicken Hotel „The Bay" und lässt die Villen der Reichen von Camps Bay unter sich: Auf dem **Signal Hill** angelangt, präsentiert sich Kapstadt wieder als Gesamtkunstwerk vor dem roten Streifen zwischen Meer und Abendhimmel.

Der Chapman's Peak Drive südlich von Hout Bay bietet herrliche Ausblicke.

Kapstadt ✪✪✪

Ohne den dominierenden Tafelberg wäre Kapstadt fast eine ganz normale Hafenstadt in Südafrika – allerdings mit der ältesten Geschichte. Sie begann mit einer Versorgungsstation und Gemüsegärten für holländische Segelschiffe Mitte des 17. Jh. und anschließender Kolonisierung des Landes. Obwohl in Kapstadt nicht immer die Sonne scheint, sind die „Capetonians" fast immer gut gelaunt. Kapstadt ist ebenso heiter wie kosmopolitisch: Menschen aller Religionen, Hautfarben und Ansichten leben hier harmonisch zusammen. Nicht nur an der Waterfront pulsiert das Leben. Gleich hinter den Toren der Stadt erklimmen viele Wege die Höhen des Tafelbergs – und Straßen führen entlang der Kap-Halbinsel zwischen zwei Ozeanen.

Internet

Die besten Kapstadt-Sites

Nirgendwo in Südafrika ändern sich die Dinge schneller als in Kapstadt – und an unzähligen Stellen ist meist gleichzeitig etwas los. Gute Websites helfen bei der Planung.

Die offizielle Kapstadt-Web
(www.cape-town.org)
Diese Seite ist leider unübersichtlich und braucht oft lange zum Laden. Nach Ankunft sollte man sich lieber die monatlich erscheinende Cape Review kaufen – und vorher deren Site ansehen.

Cape Review
www.capereview.co.za
Exzellente Site mit der aktuellen Ausgabe des „Cape Review": Kultur, Reise, Shopping, Food, Sport etc.

Independent Online
www.iol.co.za
Südafrikanische Nachrichten von der größten Zeitungskette des Landes (liiert mit dem Londoner „Independent"), mit Links zum „Cape Argus", Kapstadts nachmittags erscheinender Tageszeitung.

Verkehr

Der Cape Town International Airport, 22 km südöstlich der City gelegen, ist über die N 2 zu erreichen. Die Busgesellschaft Intercape bietet von hier zwischen 8.30 und 18.30 Uhr einen stündlichen Bus-Shuttle zur Central Station (in der Adderley Street). Weitere Transportunternehmen finden sich im Domestic Terminal. Die Fahrt mit dem Taxi nach Kapstadt kostet je nach Ziel 100 bis 150 Rand. In Kapstadt fahren neben den normalen Stadtbussen auch Touristenbusse zur Waterfront. Linomtha Shuttles (Tel. 021/934 21 70) verkehrt im Sommer von der Tourist Information (Burg/Castle Street) stündlich zur Lower Cable Station (Tafelberg) und nach Kirstenbosch. Rikkis heißen die offenen Kleinbusse für Besucher, die man für Stadttouren (bis zum Kap und in das Weinland) auch für rund 80 Rand pro Stunde günstig chartern kann (Tel. 021/423 48 88).

Sehenswürdigkeiten

Kapstadts „gute Stube" entstand rund um den Park Company's Garden aus Gemüsegärten, die Kap-Pionier Jan van Riebeeck nach seiner Ankunft 1652 für Schiffsbesatzungen dort anlegen ließ. Am großen Kreisverkehr (Heerengracht/Adderley Street) ist er mit seiner Frau Maria in einem großen Denkmal verewigt. Von der zentralen Adderley Street im neuen Business-Center von Kapstadt gelangt man zur Strand Street und von dort zur Grand Parade – auf diesem Platz findet jeweils am Mittwoch und Samstag ein bunter Flohmarkt statt. Hier ist ein guter Ausgangspunkt für einen Rundgang durch das historische Kapstadt.

Tafelberg ✪✪✪
Tafelberg Road
Tel. 021/424 81 81
Web: www.tablemountain.co.za
Tgl. 7.30/8 – 19.30/22 Uhr je nach Saison. (Siehe S. 43.)

Castle of Good Hope
Dieses älteste Gebäude des Landes neben der Grand Parade entstand zwischen 1666 und 1679. Das fünfeckige Castle ersetzte Jan van Riebeecks altes, kleines Fort aus Holz und Lehm und diente zunächst holländischen, dann den britischen Gouverneuren bis ins 19. Jh. als Residenz. Nach fast 10-jähriger Renovierung ist das Castle jetzt wieder hergestellt. Innen laden zwei sehr gute Restaurants zum Essen ein (siehe S. 52), während nebenan zwei Sammlungen (Good Hope Gallery und William Fehr Collection mit Gemälden und Möbeln) künstlerische Genüsse bieten.
Tgl. 9 – 16 Uhr, Führungen tgl. 11, 12 und 14 Uhr.

City Hall
Das eindrucksvolle Rathaus an der Darling Street wurde 1905 fertig ge-

Kapstadt

stellt – in einer Mischung aus britisch-edwardischem Stil (Fassade) und italienischer Renaissance. Hier residiert auch das Cape Town Symphony Orchestra; die City Hall beherbergt die Stadtbibliothek und das District Six Museum – in Erinnerung an das Farbigenviertel, das in der Zeit der Apartheid vernichtet wurde und deren Bewohner man vertrieben hatte.

Long Street
Die Straße ist in der Tat recht lang, sie verläuft parallel zum Company's Garden und grenzt an den Green Market Square. Hier verlief einst die Westgrenze der Stadt. Muslime bauten hier Moscheen, in den 60er Jahren kamen Kneipen hinzu, dann siedelten sich Künstler an – alle und alles in friedlicher Koexistenz. Hier findet man Antiquitätengeschäfte, Antiqua-

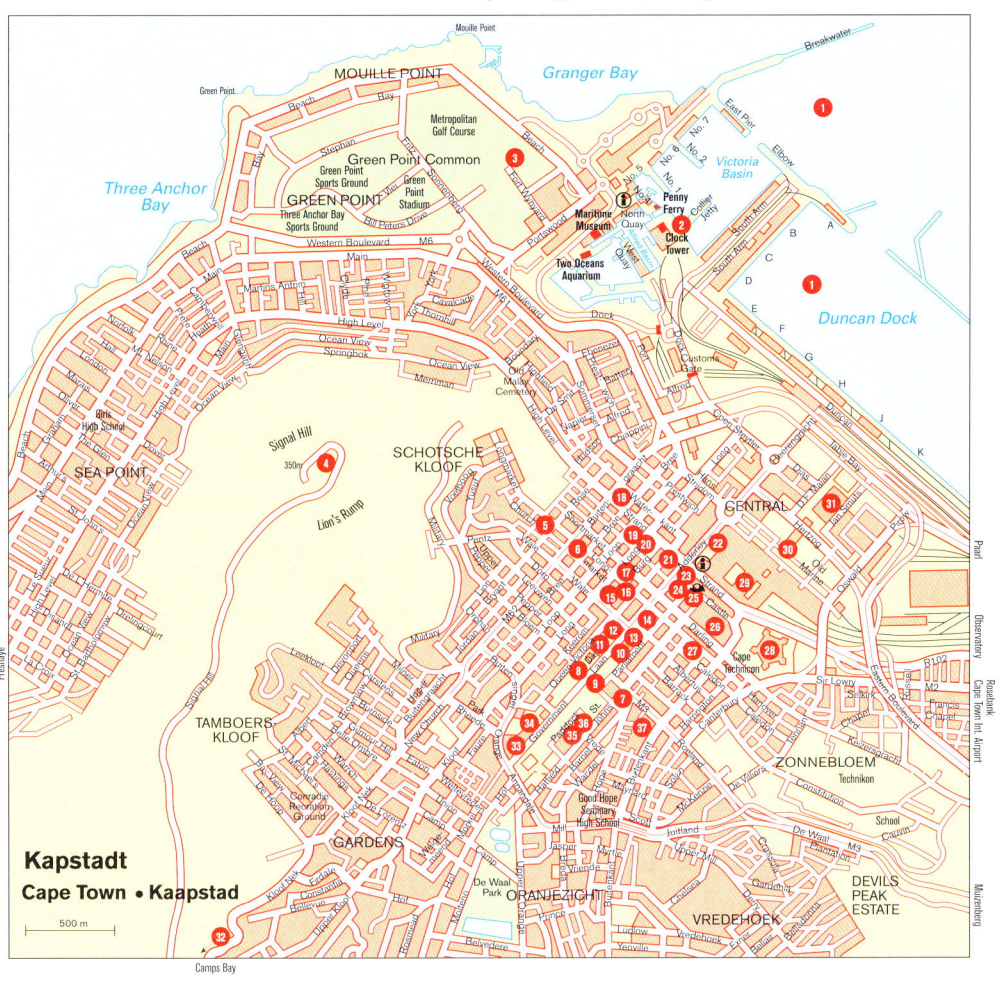

1 Table Bay Harbour
2 Victoria and Albert Waterfront
3 Fort Wynyard
4 Signal Hill
5 Bo-Kaap Malay Quarter
6 St. Stephen's Church
7 St. Mary's Cathedral
8 Company's Garden
9 Tynhuys
10 Houses of Parliament
11 South African Library
12 St. George's Cathedral
13 Cultural History Museum
14 Groote Kerk
15 South African Association of Art
16 Old Town House
17 Green Market Square
18 Lutheran Church
19 Sendinggesting Museum
20 Koopmans de Wet House
21 St. George's Street
22 SATS Travel Bureau
23 Golden Acre Centre
24 Trafalgar Place, Flower Market
25 General Post Office
26 Grand Parade
27 City Hall
28 Castle of Good Hope
29 Railway Station
30 Civic Centre
31 Nico Malan Opera House and Theatre
32 Cable Way
33 Bertram House Museum
34 South African Museum
35 Jewish Museum
36 South African National Gallery
37 Rust en Vreugd

47

Kapstadt

Einkaufen

Green Market Square

Auf dem ältesten Marktplatz des Landes (1710) mit historischem Kopfsteinpflaster vibriert das Leben. Einst ein Sklaven-, dann Gemüsemarkt (deshalb der Name Green Market), begann hier vor 20 Jahren ein kleiner Flohmarkt. Mittlerweile gibt es täglich Hunderte von Verkaufsständen – mit afrikanischen Stoffen, Steinen, Bildern, Masken, Körben und Schmuck. Straßenmusiker und Artisten geben sich ein Stelldichein. In der Umgebung (Short- und Longmarket Street) finden sich viele Kunstgeschäfte, Cafés und Restaurants. An der Westseite erhebt sich das **Old Town House** (1775), das eine Gemäldesammlung beherbergt.

riate, Cafés, Restaurants und vieles mehr in oft prächtigen, farbig gestrichenen viktorianischen Häusern.

Groote Kerk

Die Niederländisch-Reformierte Kirche (1836) ist das dritte Gotteshaus an dieser Stelle und steht auf dem Fundament der ersten Kirche Südafrikas von 1678. Der Glockenturm stammt aus dem Jahr 1703. Sehenswert ist die mit Schnitzereien verzierte Kanzel des holländischen Bildhauers Anton Anreith.

Houses of Parliament

Hier im eindrucksvollen, schneeweißen klassizistischen Gebäude mit den großen Säulen tagte das Parlament erstmals 1814. Im südafrikanischen Sommer wird das Land nicht von Pretoria, sondern von Kapstadt aus regiert – seit Gründung der Südafrikanischen Union 1910. Während der Saison kann man Parlamentsdebatten besuchen (jeweils Mi ab 15 Uhr), ansonsten werden einstündige Führungen veranstaltet (Mo – Fr ab 11 und 14 Uhr, Tel. 021/4 03 25 37).

Company's Garden

Vom Parlamentsgebäude aus führt die Government Road durch den lang gestreckten Park, die Keimzelle und grüne Lunge der Stadt. Spazierwege führen vorbei an exotischen Bäumen und Pflanzen und zu Rosengärten. Am südlichen Teil des Parks befinden sich das South African Museum, das Jewish Museum und die South African National Gallery (siehe S. 51).

Bo-Kaap Malay Quarter

Nicht weit vom Parlament, zwischen der Buitengracht Street und dem Signal Hill leben zahlreiche Muslime in kleinen, bunt angemalten Häusern. Schmale Straßen mit Kopfsteinpflaster führen hangaufwärts. Von hier blickt man auf das moderne Kapstadt. Dieses Viertel entstand 1780. Die Bewohner des Bo-Kaap werden Kap-Malaien genannt, aber weniger als ein Prozent ihrer Vorfahren kam bis zur Aufhebung der Sklaverei am Kap (1838) aus Malaysia.

Signal Hill

Noch immer wird hier täglich (außer Sonntags) um Punkt 12 Uhr aus einer 200 Jahre alten Kanone ein Schuss abgefeuert. Anders als der 669 m hohe Nachbarberg Lions's Head ist der 350 m hohe Signal Hill bis oben mit dem Auto zu befahren. Von dort bietet sich auch abends eine grandiose Aussicht – was viele Verliebte zu schätzen wissen.

National Botanic Gardens of Kirstenbosch

Rhodes Avenue, Rondebosch
Tel. 021/762 91 20
Web: www.nbi.ac.za
April – August 8 – 16 Uhr, September – März 8 – 17 Uhr.
Siehe S. 54.

Museen

South African Museum
Siehe S. 51.

South African National Gallery
Siehe S. 51.

Bo-Kaap Museum
71 Whale Street

Company's Garden wurde einst als Gemüsegarten angelegt.

Kapstadt

Im Fokus

Waterfront

Wer nicht am Hafen war, hat Kapstadt nicht gesehen. Das einstmals düstere Hafenviertel zieht als „Waterfront" seit Beginn der 90er Jahre immer mehr Besucher an. Im Einkaufs- und Ausgehparadies fahren Fischerboote und „dicke Pötte" ein und aus, werden Schiffe auf dem Trockendock überholt.

Vom Hauptbahnhof in der Adderley Street aus verkehren Shuttle-Busse täglich zwischen 6.30 und 22 Uhr alle 10 Minuten zum Breakwater Boulevard an der Waterfront, von der Beach Road in Sea Point alle 20 Minuten. Wer mit dem eigenen Fahrzeug anreist, findet mehrere große Parkplätze und Parkhäuser.

Sehenswürdigkeiten

Two Oceans Aquarium
Dock Road
Tel. 021/418 38 23
Mail: aquarium@twoocean.co.za
Web: www.aquarium.co.za
Eine der absoluten Waterfront-Attraktionen, mit der Unterwasserwelt am Kap – eben der Two Oceans. Spektakulär sind die transparenten Tunnels, in denen man quer durch riesige Haifischbecken geht. In der Halle des Indischen Ozeans tummeln sich tropische Fische in allen Regenbogenfarben. Die Halle „Story of Water" zeigt einen Flussverlauf von der Quelle bis zur Mündung, im Kelp Forest taucht man förmlich ein in einen Unterwasserdschungel. Seit 1999 wurden auch „international creatures" eingeführt – zum Beispiel anderthalb Meter lange Riesenmuränen aus Singapur.
Tgl. 9.30 – 18 Uhr.

„Sit-in" an der Waterfront.

IMAX-Kino und Cyberworld
Das Imax Cinema im BMW-Pavillon verfügt über einen fünf Stockwerke hohen, gigantischen Bildschirm und zeigt Naturdokumentationen (Tel. 021/419 73 64).
Mo – So 9 – 23 (Sommer), 11 – 21 Uhr (Winter).
Im neuen Cyberworld (Dock Road, Pump House) kann man mit Spezialhelmen auf einen 6-minütigen 3D-Trip gehen.
So – Do 9 – 23, Fr und Sa 9 – 24 Uhr.

Ausflug

Robben Island
Seit 1999 als ein Teil des UNESCO-Weltkulturerbes ausgewiesen, war die flache, oft windgepeitschte Insel vor Kapstadt 18 Jahre lang „Heimat" von Nelson Mandela und anderer Gegner der Apartheid. Schon ab 1658 diente die Insel als Verbannungsort. Wichtigster Teil des Besuches sind das 1996 geschlossene Hochsicherheitsgefängnis und die Kalksteinbrüche, wo Mandela sich durch das gleißende Licht einen Augenschaden zuzog. Zwei Stunden vor Mitternacht des Jahreswechsels von 1999 zu 2000 übergab Mandela seinem Nachfolger Thabo Mbeki in seiner ehemaligen Zelle Nr. 466/64 eine brennende Kerze: „Ein Symbol dafür, dass die Flamme der Freiheit von niemandem ausgelöscht werden kann."
Eine Tour dauert rund dreieinhalb Stunden, die Fahrtdauer beträgt in einem der modernen Katamarane 25 Minuten (Tel. 021/419 13 00, Abfahrt am Quai 5, Victoria Basin).

Einkaufen/Restaurants

In der großen Victoria Wharf Shopping Mall sind mehr als 200 Geschäfte und Dutzende von „Esstempeln" untergebracht; weitere Läden findet man in der Alfred Mall. Afrikanisches (viel Kitsch!) ersteht man entweder im Red Shed Craft Shop ode auf dem Craft Market (siehe auch S. 54).
An der Waterfront werden auch alle kulinarischen Genüsse geboten (siehe auch S. 52).
Im Two Oceans Aquarium finden am Sonntag oft klassische Konzerte statt, Free Jazz dagegen am Market Square und im „Green Dolphin" (tgl. ab 20.30, auch gutes Seafood, Tel. 021/421 74 71).
Auch im „Quai 4" und im „Pumphouse" wird oft Livemusik geboten. An der Waterfront-Info erhält man eine Liste aller Shops, Restaurants und Kneipen.

Information

Waterfront Visitor Centre
Dock Road, Market Square
Tel. 021/418 23 69
Fax 021/425 21 65
Mail: info@waterfront.co.za
Web: www.waterfront.co.za

Kapstadt

Aktivität

Tafelberg per pedes

Über 300 Wege führen hinauf auf das Massiv. Der beste Aufstieg beginnt im Kirstenbosch Botanical Garden und führt durch den Felseinschnitt der **Nursery Ravine**; von dort geht's im Zickzack auf Stufen nach oben; 3 Std. sollte man einplanen und gute Kondition mitbringen. Achtung: Das Wetter kann sich schnell (zum Schlechten) ändern, die berühmte Wolkendecke, das „Tischtuch", jede Sicht nehmen. Zur Ausrüstung gehören deshalb nicht nur Sonnencreme, sondern auch warme Kleidung und Regenschutz. Für alle Fälle: Die Bergrettung erreicht man unter der Handynummer 112. Als Anfänger sollte man ohnehin mit einem erfahrenen Guide unterwegs sein. Die Karte „Approved Paths on Table Mountain" gibt's im Shop von Kirstenbosch und in Buchgeschäften.
Die Cape Town School of Mountaineering bietet Kletterkurse und begleitete Bergtouren Tel. 021/671 96 04.

Urplötzlich schlägt oft am Tafelberg das Wetter um – neblig wabernd verhüllt dann die berühmte „Tischdecke" die Sicht.

Tel. 021/424 38 46.
Das äußerlich unscheinbare Haus aus dem Jahr 1763 nahe der Buitengracht und am Beginn des farbenfrohen Viertels Bo-Kaap liefert einen guten Eindruck, wie eine wohlhabende Muslimfamilie im 19. Jh. hier lebte. Es zeigt auch Möbel und andere Gegenstände von Abu Bakr Effendi, einem türkischen Religionsführer, der 1862 zur Schlichtung von Streitigkeiten zwischen verfeindeten Muslimfraktionen ans Kap kam.
Mo – Sa 9.30 – 16.30 Uhr.

Unterkunft

★★★ **The Vineyard Hotel**
Colinton Road/Protea Road
Newlands (Abfahrt von der M 3 nach Muizenberg)
Tel. 021/683 30 44
Fax 021/683 33 65
Mail: hotel@vineyard.co.za
Web: www.wineyard.co.za
Jüngst renoviertes Hotel mit 160 Zimmern im Süden von Kapstadt. Das Zentrum der Anlage ist ein Herrenhaus aus dem Jahr 1799. Im „Courtyard Restaurant" speist man ungezwungen zwischen exotischen Pflanzen, das klassische Restaurant „Au Jardin" bietet französische Küche.

★★★ **The Ports Wood**
Ports Wood Road
V & A Waterfront

Tel. 021/418 32 81
Fax 021/419 75 70
Mail: hrportsw@legacyhotels.co.za
Das mit 94 Zimmern eher kleinere, feine Hotel ganz im nautischen Look liegt gleich hinter dem Alfred Basin. Es bietet sich von hier aus zwar kein Blick auf das Hafenbecken, trotzdem gute Leistung fürs Geld. Das intime „Quarterdeck Restaurant" in einem restaurierten alten Gerichtsgebäude kombiniert gepflegte Eleganz mit rustikalem Ambiente. Nebenan liegt das wesentlich größere Schwesterhotel „Commodore" mit Sauna und Fitnessraum.

★★ **Table Mountain Lodge**
10 a Tamboerskloof Road
Tel. 021/423 00 42
Fax 021/423 49 83
Mail: tml@iafrica.com
Web: www.tablemountainlodge.co.za
Eine Villa im kapholländischen Stil aus dem Jahr 1885 mit 8 komfortablen, individuell im klassischen Stil dekorierten, eleganten Zimmern. Überall stehen frische Blumen; man kann sich am Pool, auf der Terrasse oder im Kräutergarten entspannen. Südlich der City, in der Nähe des Tafelberges.

★★ **Harbour View Cottages**
1 Loader Street, Waterkant
Tel. 021/409 25 00
Fax 021/418 60 82

Mail: reservations@hvc.co.za
Web: www.waterfrontvillas.co.za
Historische Dorfatmosphäre mit Blick auf den Hafen: 30 restaurierte Cottages im alten Waterkant-Viertel. Jedes Häuschen hat seinen eigenen Charakter; einige verfügen sogar über einen Whirlpool oder den eigenen Pool vor der Tür – romantisch, originell und dabei noch preiswert.

★★ Ikhaya Guest Lodge

Dunkley Square, Wandel Street
Tel. 021/461 88 80
Fax 021/461 88 89
Mail: ikhaya@iafrica.com
Der Name kommt aus der Xhosa-Sprache und bedeutet „Heim" – und das ist es auch: ein angenehmes, außergewöhnliches, kleines Hotel mit sehr geschmackvollem afrikanischen Touch. Das beginnt schon an der Rezeption aus Natursteinen und – wie auch in den Zimmern – der Decke aus Ästen. Im ruhigen Künstlerviertel Gardens nahe der City, mit Cafés und Restaurants ganz in der Nähe.

★★ Maison Fontainbleau

6 Av. Fontainbleau
Tel. 021/439 24 62.
Hoch über Cape Point (Abzweigung vom Ocean View Drive): ein neues Gästehaus – eher Minihotel – mit 4 Zimmern. Frischer, moderner Stil. Nicht überladen, mit ebenso sparsam eingesetzter moderner Kunst. An warmen Tagen frühstückt man bevorzugt am Pool.

★★ Welgelee Guest House

Dressage Closs, off Spaanschemat River Road, Constantia
Tel./Fax 021/794 73 97.
Großes Herrenhaus im kapholländischen Stil, umgeben von einem weitläufigen Garten. 9 geräumige Zimmer und Pool. Die berühmten Weingüter sind ganz in der Nähe. Die Besitzer Barbara und Peter Buchanan sprechen deutsch.

★ Breakwater Lodge

Portswood Road, Waterfront
Tel. 021/406 19 11
Fax 021/406 10 70
Mail: brkwater@forteskinghotels.co.za
Hotel in einem ehemaligen Gefängnis; neuer Seitentrakt. Von dem weiß gekalkten Gebäude im Look einer Burg aus ist die Victoria & Alfred Waterfront mit ihren zahlreichen Geschäften und Restaurants in 5 Minuten zu erreichen. Die Zimmer sind einfach, aber wohnlich. Von den meisten Räumen bietet sich ein besserer Blick auf den Hafen als in den neueren, teuren Hotels.

★ Train Lodge

Monument Station, Old Marine Drive/Oswald Pirow Street (Zentrum)
Tel. 021/418 48 90
Fax 021/418 58 48
Mail: train@trainlodge.co.za
Web: www.trainlodge.co.za
Seit 1999 ein Erfolg: 208 Betten in 8 renovierten Eisenbahnwaggons aus Old Rhodesia (50er Jahre), Bar und Restaurant in weiteren Wagen, zusätzlich Pool, Lounge, Waschservice. Kaum zu glauben: pro Person ab etwa 25 DM!

Restaurants

Die Auswahl fällt schwer. Ein jährliches aktualisiertes Schlemmerkompendium ist Tony Jackman's „Western Cape on a Plate" (in Buchhandlungen und der Kette CNA erhältlich). Weitere Hinweise zu Restaurants in und um Kapstadt findet man auch auf den Seiten 53 und 55.

☆☆☆ Beluga

The Foundry, Prestwich Street (hinter dem Hotel „Victoria Junction")
Tel. 021/418 29 48
www.beluga.co.za
Rote Backsteinziegel (einer alten Schmiede), dunkelbraunes Teak, blütenweiße Tischdecken, Holzlam-

Kapstadt

Museen

South African Museum

25 Queen Victoria Street
Tel. 021/424 33 30
Web: www.museums.org.za/sam.htm
Das „Flaggschiff" der südafrikanischen Museen. Neben Archäologie und Dinosaurierfunden Informationen über südafrikanische Völker und ihre Kunst, vor allem über die San und ihre fast untergegangene Kultur. Mit Planetarium, Restaurant und Shop. Wechselnde Ausstellungen und Veranstaltungen. Tgl. 10 – 17 Uhr. Mittwochs ist der Eintritt kostenlos.

South African National Gallery

Gallery Lane/ Government Avenue
Tel. 021/45 16 28.
Ein breites Ausstellungsspektrum zeigt die Kunst der Buschmänner, die Kunst anderer Völker, aber auch klassische Malerei bis zur Township Art. Wechselnde Ausstellungen, Workshops, Konzerte; schönes Café. Nebenan befindet sich das **Jewish Museum**, in einer Synagoge aus dem Jahr 1863.
Di – So 10 – 17 Uhr.

Kapstadt

Insider News

Tiefe Einblicke

Führungen, teilweise unter besonderen Aspekten, vermitteln einen anderen Blick auf Kapstadt. Einige Empfehlungen:

Topless Tour
Tel. 021/418 58 88. 2-stündige Fahrt im offenen Doppeldecker. Start an der Waterfront (Vaughan Johnson's Wine Shop) jede Stunde von 9.40 – 14.40 Uhr. Man kann auch jeweils zusteigen. Die Tour führt bis zum Signal Hill und Camps Bay.

City Walking Tour
Tel. 021/426 42 60. 2-stündige Tour per pedes von Cape Town Tourism (siehe S. 54). Mo – Fr 10 und 14, Sa 10 Uhr.

AfriCultural Tours
Tel. 021/423 33 21. Die andere Seite: Besuch von Felsbildern der San und Kontakte zu Musikern und Tänzern. Nachts: „Vibey Jazz Tour".

Day Trippers
Tel. 021/5 31 32 74. Für Sportliche: Radtouren in der Cape Peninsula National Park mit Trekking zum Cape Point oder ins Weinland.

In Kapstadt sind die Sommer warm und trocken und bescheren mitunter auch Hitzegrade.

pen mit japanischem Touch: top und dennoch leger. Kleine, erlesene Karte, auch vegetarische Küche. Und, Nomen est Omen, auch Beluga-Kaviar. Reservierung im Voraus dringend notwendig.
Abends täglich geöffnet.

☆☆☆ Bukhara
33 Church Street
Tel. 021/424 00 00.
Zentral gelegen, beliebt und exzellent: Das große Restaurant mit rustikalen dunklen Stühlen wurde mit importiertem indischen Schieferboden ausgelegt und bietet beste nordindische Küche: zum Beispiel Tandoori Prawns oder Chicken Chili Kebab.
Tgl. außer So Mittag geöffnet.

☆☆ Kaapse Tafel Restaurant
90 Queen Victoria Street (gegenüber dem South African Museum/Planetarium)
Tel. 021/423 16 51.
Eines der wenigen Restaurants mit kapmalaiischer Küche. Cremefarbene Wände, ungezwungene Atmosphäre. Ideal zum Mittagessen.
So geschlossen, Mo nur abends.

☆☆ Victoria & Alfred Café
Waterfront, Pierhead
Tel. 021/419 66 77.
Café ist ein unpassender Name für dieses ungezwungene, dennoch stilvolle Restaurant im ersten Tophotel, das an der Waterfront gebaut wurde. Man sitzt in Korbsesseln direkt am Hafen. Kleine, erlesene Karte mit einem Touch von Nouvelle Cuisine. „Wine of the month", oft von unbekannten Weingütern, auch als Glas.
Tgl. geöffnet.

☆☆ Blue Plate
35 Kloof Street, Gardens
Tel. 021/24 15 15.
In einem schön renovierten Haus aus dem Jahr 1879 mit den alten Holzfußböden; innen gehobene Bistro-Atmosphäre mit etwas kolonialer Romantik und Deckenventilatoren. Exzellente und nicht teure internationale Küche. Spezialität: Thai-Küche.
Mo – Sa abends, Fr auch mittags.

☆☆ De Waterblommetje
Castle, Sir Lowry Rd./Darling Street
Tel. 021/461 48 95.
Im September 2000 von einem jungen, kreativen Team eröffnet, das im Castle schon das Restaurant „De Goeweneur" betreibt. Das neue Restaurant ist in einem Raum der Festung zwischen den dicken Mauern, Schießscharten und mit Blick auf die Stadt untergebracht. Im edlen Kolonialambiente genießt man südafrikanische Spezialitäten wie etwa den Waterblommetje-Bredie, ein Eintopf mit gekochten Seerosen.
Dinner Di – Sa, Reservierung erforderlich.

Empfehlenswerte Cafés und Bars

Insider News

Top-Cafés und Bars in Kapstadt verbinden das Beste der alten und neuen Welt. Einige gelten auch als Adressen für kreative Küche und eignen sich daher auch für das Dinner am Abend. Uptown und downtown haben sich seit 1994 rund 50 Cafés etabliert, die längst fester Bestandteil der Kapstädter Szene geworden sind. Ruhetage sind dabei meist unbekannt.

Café Balducci
V & A Waterfront
Victoria
Wharf Shopping Centre
Tel. 021/421 60 02.
Very trendy & Yuppie, schickes Milano-Style-Café und Trattoria zu normalen Preisen. Hier kann man sich auf zivilisierte Art nach einem teueren Shopping-Trip erholen. Selbst ein Cappuccino wird mit Grandezza serviert. Auch zum Abendessen eine gute Adresse.

East City Café
72 Barrack Street
Tel. 021/461 99 88.
In einer historischen Straße. Teakholzboden und runde Tische, Art-déco-Lampen: New York der 20er Jahre. Dazu gehören natürlich auch Tageszeitungen.

Long Street Café
259 Long Street
Tel. 021/424 24 64.
In der „In-Straße" von Kapstadt gelegen. Innen hohe Räume mit Deckenventilatoren und runden Holztischen: eine Mischung zwischen Wiener Kaffeehaus und Hemingway's. Spezialiäten zum Lunch: Antipasti, Käse.

Beluga Café
The Foundry
Prestwich Street
(hinter dem Hotel „Victoria Junction")
Tel. 021/418 29 48.
15 Minuten zu Fuß von der Waterfront (siehe auch Restaurant „Beluga" auf S. 51). Pariser Bistrostühle im Hof der alten Fabrik, innen moderne Kunst und eine Fotogalerie in kolonialem Ambiente. Perfekter Service.
So mittags geschlossen, ab 10 Uhr geöffnet.

Café Paradiso
110 Kloof Street
Tel. 021/423 86 53.
Exzellente mediterrane Küche. Innen wie eine unaufgeräumte toskanische Villa, außen Holztische mit Blick auf die Gondeln am Tafelberg. Viele Weine auch glasweise. Top: Meze-Buffet, zum Beispiel Humus und Ratatouille mit Pita-Brot. Auch zum Abendessen eine gute Adresse. Täglich geöffnet.

Fresh
100 Shortmarket Street
Heritage Square
Tel. 021/23 48 89.
Modern eingerichetes Restaurant im Innenhof eines historischen Gebäudeensembles. Die Bar ist angeblich die längste in Kapstadt. Salate und leichte Küche wird täglich mittags und abends serviert, am Samstag finden „Evening Concert Menus" statt.

Afrikanische Küche

☆☆ **Africa Café**
213 Lower Main Road, Observatory
Tel. 021/47 95 53.
Das einzige Restaurant in Kapstadt mit gesamtafrikanischer Küche: Gerichte von Marokko, Äthiopien über Kenia bis Madagaskar.
Tgl. Abendessen außer So.

☆☆ **Marco's African Place**
15 Rose Street, Bo-Kaap
Tel. 021/423 45 12.
Am historischen Bo-Kaap. In dunklen Erdfarben und afrikanischen Stoffen dekoriert; man glaubt, an Kenias Küste zu sein. Wildgerichte, Curries, aber auch Vegetarisches und Biere aus Afrika. Kein Ruhetag.

☆ **Masande-Xhosa-Restaurant**
Beim Airport Cape Town
Exit Nyanga, 2. Kreuzung
Abzweig nach Crossroads
5 Klipfontein Road
Tel. 021/371 71 73.
Die Lage nahe des Flughafens macht einen Besuch des Restaurants gleich nach der Ankunft oder vor dem Abflug empfehlenswert. Die Xhosa-Frauen von Masande servieren dort im strohgedeckten Haus zum Beispiel Inyaam Nepapa Nomfino (Hirsebrei, Fleisch und Gemüse). Dazu trinkt man am besten ein Umqomboti (afrikanisches Bier).
Tgl. Mittagessen 12 – 14 Uhr, Anmeldung im Voraus ist empfohlen.

Kapstadt

Ausflug

National Botanic Gardens of Kirstenbosch

Kirstenbosch wurde 1895 gegründet und 1913 eröffnet. Er ist nicht nur einer der größten Botanischen Gärten, sondern auch einer der schönsten. Auf 528 Hektar erlebt man, vor allem im Frühjahr ab September, ein wahres Feuerwerk seltener Pflanzen (über 6000 Arten!) und exotischer Blüten. Man sieht hier Zykadazeen, die schon vor den Dinosauriern existierten, Gebiete mit Proteen, Erikas und Fynbos. Pfade und Wanderwege führen in romantische Täler und – wer will und kann – über die **Skeleton Gorge** und andere Routen auf den Tafelberg. In der warmen Zeit ist Kirstenbosch ein idealer Ort fürs Picknick auf einer der großen Rasenflächen; beim Eingang ist ein gutes Restaurant. Sonntags finden hier im Sommer Konzerte statt.

Rhodes Avenue
Rondebosch
Tel. 021/762 91 20
Web: www.nbi.ac.za
April – Aug.
8 – 16 Uhr,
Sept. – März
8 – 17 Uhr.

Einkaufen

Neben unzähligen Shops haben sich in Kapstadt auch diverse Flohmärkte etabliert. In Green Point (nähe Waterfront) wird an jedem Sonntag so ziemlich alles angeboten – von alten Türbeschlägen bis zu afrikanischer Kunst. In der zentralen Church Street werden ebenfalls sonntags Antiquitäten, aber auch Trödel verkauft, und auf der Grand Parade sind viele fliegende Händler unterwegs – nicht nur am Sonntag.

Victoria & Alfred Waterfront

Das Einkaufsparadies von Kapstadt mit über 130 Geschäften und Kunsthandwerkern. Das Shopping Center der Alfred Mall beherbergt über 15 Geschäfte (Mo – Sa 9 – 19 Uhr). Die meisten Souvenirgeschäfte sind im Victoria Wharf Shopping Center untergebracht – dem zentralen Komplex mit rund 200 Läden, über 40 Restaurants, Fastfood-Läden und Cafés (Mo – Sa 9 – 21, So 10 – 21 Uhr. Im Red Shed Craft Shop findet man eine Fülle von Stoffen, Schnitzereien, Gemaltes und Getöpfertes, darunter auch Schmuck und Glas (tgl. 9 – 21 Uhr).

Green Market Square

Der Platz mit dem buckligen Kopfsteinpflaster in der City nahe der Longmarket Street ist schon seit 1710 Marktplatz. Hier werden an farbenprächtigen Marktständen Blumen verkauft – und unter Sonnenschirmen so manches andere.
Tgl. außer So.

The Pan African Market

76 Long Street.
Hier findet man alles vom Straußenei über Kende-Decken aus Ghana, von einem Township-Diapanorama bis zum Zebra in Lebensgröße. Afrikaner aus Senegal, Kamerun, Kongo und anderen Ländern verkaufen hier Kunst aus ihrer Heimat – auch traditionelle und preiswerte Masken.
Mo – Fr 9 – 17 Uhr, Sa 9 – 15 Uhr.

Information

Cape Town Tourism

The Pinnacle
Ecke Castle/Burg Street
Tel. 021/426 42 60
Fax 021/426 42 66
Mail: info@cape-town.org
Web: www.cape-town.org
Mit Internet-Café und Shop, unweit vom Green Market Square und der Long Street.
Mo – Fr 8 – 18 Uhr, Sa 8.30 – 14 Uhr, So 9 – 13 Uhr.

Kap-Halbinsel ✪✪✪

Die 52 km lange Landzunge der Kap-Halbinsel ist die magische

Der Greenmarket Square wurde 1710 als Marktplatz angelegt.

Kapstadt

Schnittstelle zweier Weltmeere. Der kalte Benguela-Strom des Atlantiks vermischt sich hier mit dem warmen Agulhas-Strom des Indischen Ozeans. Deshalb trauen sich an der Westseite auch im Sommer nur abgehärtete Schwimmer ins Wasser. Die Wassertemperaturen sind sehr unterschiedlich: Auch im Sommer wird der Atlantik durch kalte Strömungen aus der Antarktis kaum wärmer als 17 Grad, während gegenüber an der False Bay der Indische Ozean mit 22 Grad und mehr zum Baden verführt. Die Westküste lockt mit guten Surfspots (wie Long Beach und Big Bay), aber Strömungen und hohe Wellen können gefährlich werden.

Obwohl das Wasser hier am Indischen Ozean viel wärmer ist, sind wirklich geschmackvolle Gästehäuser und Hotels auf dieser Seite eher rar. An der Strecke um die Halbinsel liegen Naturreservate und kleine Fischerorte. Im Mai 1998 wurde die Kap-Halbinsel als Cape Peninsula National Park unter Naturschutz gestellt.

Tipp für die Rundfahrt: Viele Besucher fahren gegen den Uhrzeigersinn um die Kap-Halbinsel. Doch das ist ein Fehler: Am Nachmittag liegt die Ostküste nämlich im Schatten – und den Sonnenuntergang über dem Meer verpasst man auch. Am besten also morgens die Rundreise über Constantia gen Osten beginnen.

Traditionsreicher Wein vom Kap.

Im Fokus

Top-Weingüter bei Kapstadt

Die Constantia Wine Route beginnt 15 km südlich der City (Straßen M 3 – M 42) und verbindet die ältesten Weingüter des Landes. Sie liegen in malerischer Landschaft und besitzen zum Teil uralte und herrliche kapholländischen Häuser.

Groot Constantia
Gegründet 1685 vom Kap-Pionier Simon van der Steel, wurde sein Weingut Constantia nach seinem Tod 1712 in Groot Constantia, Buitenverwachting und Klein Constantia aufgeteilt. Sein prächtiges Haus, heute Weinmuseum, ist tgl. 10 – 17 Uhr geöffnet. Beste Weine: Gouverneurs Reserve (Flaggschiff), Shiraz Reserve, Chardonnay Reserve. Weinprobe und Verkauf: in der Hauptsaison tgl. 10 – 18, sonst 10 – 17 Uhr. Zwei Restaurants, ideal zum Lunch: „Taverne" mit leichten Mahlzeiten (tgl., Fr u. Sa nur abends, Tel. 021/ 794 11 44). „Jonkershuis", Frühstück, Lunch, High tea, Candlelight-Dinner, 9 (Mo 10 Uhr) bis spät abends; So/Mo abends geschlossen, Tel. 021/784 62 55.

Buitenverwachting
Besitzer sind die Deutschen Christina und Richard Müller. Beste Weine: Christine (Blend mit 80 % Cabernet), Sauvignon Blanc. Weinprobe, Verkauf Mo – Fr 9 – 17, Sa 9 – 13 Uhr. Restaurant: dDas vielfach ausgezeichnete, aber sehr konventionell eingerichtete „Buitenverwachting" serviert Lunch (Di – Fr) und Dinner (Di – Sa, Tel. 021/794 35 22).

Constantia Uitsig
Bester Wein: „Kultwein" Sémillon – am Kap ist diese weiße Traube nur mit einem Prozent der Anbaufläche vertreten. Weinprobe, Verkauf: Mo – Fr 9.30 – 18 Uhr, Sa/So 9.30 – 16 Uhr.
Web: www.constantiauitsig.co.za
Restaurants: „Constantia Uitsig", im alten Herrenhaus, mediterrane Küche vom Feinsten, Tgl. außer Mo Mittag geöffnet, Tel. 021/794 65 00. „La Colombe": französische Küche mit Plat du Jour (Tagesgericht); Lunch tgl. außer Di; Dinner tgl. Leichte Gerichte: „Spaanschemat River Café".

Klein Constantia
Kellermeister Ross Gower wirkt hier seit 15 Jahren – diese Konstante zeigt sich mit gleich mehreren hoch bewerteten Weißweinen. Beste Weine: Vin de Constance: Dessertwein nach dem Verfahren aus dem 17. Jh.; in Replika der historischen Flaschen; Sauvignon Blanc, Rhine Riesling.
Weinprobe, Verkauf:
Mo – Fr 9 – 17, Sa 9 – 13 Uhr.
Web: www.kleinconstantia.com

Fauna

Die Pinguine von Simon's Town

Vor 15 Jahren entdeckte erstmals ein Pinguin-Pärchen (Sphensicus demersus) Boulders Beach bei Simon's Town – eine geschützte Bucht mit Sardinen in Hülle und Fülle. Die 80 cm großen Tiere werden auch Jackass-Pinguine

Jackass-Pinguine.

genannt, „männlicher Esel", weil sie Geräusche wie ein brünstiger Esel von sich geben. Heute kommen etwa 100 Pinguine auf 1 Einwohner: Sie marschieren auf der Straße oder watscheln in eine Bar – was auch nerven kann. Doch sie lassen sich nicht vertreiben und kehren immer wieder an ihren Nistplatz zurück. Testweise wurde ein Pinguin bei P. E. ausgesetzt, 900 km östlich. Bald war er wieder zu Hause. So werden wohl die Vögel Boulders Beach erhalten bleiben ...

Ostküste

(Von Norden nach Süden.)

Kalk Bay

3 km südlich von Muizenberg. Einst wurde hier aus Muschelschalen Kalk gewonnen – daher der Name. Hier kommen mittags bunte Fischerboote in den kleinen Hafen zurück, und Ausflugsboote fahren zur Seal Island mit Robben und Seevögeln. Im Dorf finden sich Galerien, Kunstgeschäfte und Läden mit Antiquitäten.
Am Strand bieten sich gute Bedingungen für Surfer; es gibt ein Gezeitenbecken.

Fish Hoek

Größter Ort an der Ostküste der Kap-Halbinsel und umgeben von rauen Bergen, mit langer Strandpromenade (Jaeger Walk), Restaurants, Cafés und Geschäften. Seit 1818 besteht ein Ausschankverbot für Alkohol, das sich bis heute noch überwiegend gehalten hat. Die Strände sind lang, breit, feinsandig und entsprechend beliebt.

Simon's Town

Die Schnellbahn von Kapstadt fährt bis Simon's Town. Dort bietet die schöne St. George's Street ein geschlossenes Straßenbild mit 21 Häusern aus viktorianischer Zeit. Die Straße nach Süden führt an Badebuchten entlang bis zum Miller's Point. Der beste Strand liegt im Boulder's Beach Coastal Park und ist nicht nur windgeschützt, sondern interessant durch bizarre Felsen und Höhlen sowie Pinguine, die einem oft den Strand streitig machen.

Unterkunft

★★ A Whale Of A Time

11 Echo Road, Fish Hoek
Tel./Fax 021/782 50 40.
3 Zimmer im Haupthaus, 2 im strohgedeckten Steinhaus, direkt am Meer. Von allen Zimmern blickt man auf die False Bay – zwischen Mai und Dezember auch mit Glück auf Wale.

★★ Boulders Beach Guesthouse

4 Boulders Place, Simon's Town
Tel. 021/786 17 58
Fax 021/786 18 25
Mail: boulders@iafrica.com
Web: www.BouldersBeach.co.za
Nur wenige Schritte vom Meer. Die meisten der einfachen, aber stilvollen 13 Zimmer haben Meerblick. Das angeschlossene „Penguin Point Café" bietet gutes Essen vom Frühstück bis zum Dinner.

★ Rosenest

1 Towers Road, Muizenberg
Tel. 021/788 51 37
Fax 021/788 92 54
Mail: lionell@ortstepwc.org.za
3 liebevoll eingerichtete Zimmer im Kolonialstil. Das Haus ist von einem Rosengarten umgeben, François und Lionell sprechen auch deutsch. Preiswert und gut.

Restaurants

☆☆ Bertha's Restaurant

1 Wharf Road, Simon's Town
Hafen von Simon's Town
Tel. 021/786 21 38.
An der Waterfront mit tollem Blick, frische Meeresfrüchte und südafrikanische wie auch internationale Küche. Lunch und Dinner.
Kein Ruhetag.

☆☆ Black Marlin

Miller's Point, 5 km südlich von Simon's Town
Tel. 021/786 16 21.
Beliebtes Seafood-Restaurant direkt am Strand. Auch gute Fleischgerichte, große Auswahl an Kap-Weinen. Tgl. Mittagessen, Dinner nur im Sommer.

☆☆ Bayside

Beach Road, Fish Hoek

Tel. 021/782 33 54.
Tagsüber kann man im Beachcomber Bistro direkt am Meer leichte Gerichte genießen. Abends bietet das benachbarte Restaurant „The Galley" eine große Auswahl an Meeresfrüchten und guten Weinen.

Kap der Guten Hoffnung

Cape Peninsula National Park
Wie ein gespreizter Straußenfuß streckt sich der steil abfallende Felssporn des Kaps in die meist raue See – magische Schnittstelle zweier

Ausflug

Muizenberg

Der Ort Muizenberg, einer der ersten einer Reihe von Badeorten an der False Bay, wurde schon im Jahr 1670 gegründet. In der **Rhodes Cottage** (Main Road), lebte der ehemalige Diamantenmagnat und Premier des britischen Kaplandes Cecil John Rhodes bis zu seinem Tod 1902 (Di – So 10 – 17 Uhr). Gleich hinter dem Ort beginnt das kleine Naturreservat von **Silvermine** (unter anderem sind dort Antilopen in typischer Kap-Flora zu sehen, grandiose Landschaft, Wanderwege). Gouverneur Simon van der Steel hoffte hier einst Silber zu finden, aber es ist nur bei dem Namen geblieben. In **Rondevlei** leben rund 200 Vogelarten am Brackwassersee **Sandvlei**. Bei Muizenberg locken kilometerlange Sandstrände, allerdings weht dort häufig heftiger Wind. Im Süden schließt sich **St. James** an – bekannt für die bunten (privaten) Umkleidekabinen und geschützt vor den Böen des „South Easter".

Kapstadt

Weltmeere und bei Seefahrern als „Kap der Stürme" gefürchtet. Die ganze südliche Kap-Halbinsel ist eine Nature Reserve mit geschützter Fynbos-Flora, die schon in den 30er Jahren unter Naturschutz gestellt wurde. Wanderwege erschließen das 8000 Hektar große Gelände zwischen den Meeren, in dem auch Antilopen, Zebras und Strauße leben. Höhepunkt ist ein Besuch am Cape Point. Vom Parkplatz fährt eine Drahtseilbahn nach oben, aber weiter auf den Felsen geht's nur zu Fuß. Im „Two Oceans Restaurant" kann man sich stärken.
Info: Tel. 021/780 90 10
Web: www.capepoint.co.za

Westküste

(Von Süden nach Westen.)

Kommetjie

Das Wasser in der geschützten Bucht ist immer um einige Grad wärmer als hier an der Atlantikseite. Long Beach ist bei Surfern beliebt, und nach Süden zum Leuchtturm oder entlang von Strand und Nehrung nach Noordhoek (12 km) bieten sich reizvolle Wanderungen.

Chapman's Peak Drive

Die spektakulärste Küstenstraße Südafrikas zwischen Noordhoek und Hout Bay wurde schon 1922 in den Fels gesprengt und nach mehrmonatiger Sperrung (Steinschlag) und Sicherung Anfang 2001 wieder neu eröffnet. Unten brandet der Atlantik, und hinter jeder Kurve bieten sich neue Perspektiven auf die Berge und das Meer.

Hout Bay

Hier wurde früher von den Holländern Holz (hout) geschlagen. Der Ort besitzt den schönsten Hafen der ganzen Kap-Halbinsel – bunte Fischerboote vor rauen Bergen. Zwölf runde Granitberge, die Twelve Apostles, stehen eindrucksvoll auf dem Rückweg nach Kapstadt entlang der Küstenstraße vor dem Tafelberg. Sandy Bay (nordwestlich von Hout Bay) ist ein Mekka für FKK-Anhänger, aber oft windig. Beim Hafen zweigt eine Straße zum World of Birds ab, einem der weltgrößten Vogelparks mit riesigen, begehbaren Volieren (tgl. 9 – 17 Uhr).

Camps Bay

Südlich von Sea Point gleich außerhalb von Kapstadt treffen sich am weiten Strand von Clifton die schönsten Frauen und Männer der Stadt – und jene, die sich dafür halten. Das Meer ist meist kalt – Hauptsache ist, man wird gesehen! Aber die Bucht und die leicht amerikanische Atmosphäre sind prächtig. In Camps Bay haben viele Neureiche ihre Villen; die meisten Hotels und Gästehäuser sind ebenso überteuert wie der (kaum noch vorhandene) Baugrund.

Unterkunft

★★ Sunset Beach Guest House
73 Wireless Road, Kommetjie
Tel. 021/783 42 83
Fax 021/783 42 86
Mail: info@sunsetbeach.co.za
Web: www.sunsetbeach.co.za
Der kleine Fischerort Kommetjie liegt an einer „Felsnase" zwischen dem Kap und Hout Bay. Die weiße, strohgedeckte Lodge liegt direkt am Sandstrand – von jedem der fünf Zimmer blickt man nach dem Aufstehen auf das nahe, blaue Meer. Pferderitte, Angeln und Tauchen. Gutes Abendessen bei Kerzenschein und Kapwein im kleinen Kreis.

★★ Wild Rose Country Lodge
4 Bodrum Close, Crofters Valley, Noordhoek
Tel. 021/785 41 40
Fax 021/785 45 17
Mail: bookings@wildrose.co.za

Hout Bay ist bekannt für gute Langusten.

Über 20.000 Arten von Blütenpflanzen wachsen in Südafrika.

Kapstadt

Vom Cape Point führt ein Wanderweg zum westlich gelegenen Kap der Guten Hoffnung.

Wale

Giganten der Meere

Sie kommen aus den kalten arktischen Gewässern, die ersten im Juni: Buckelwale, Glatt- und Brydewale, 14 bis 18 Meter lang und bis 80 Tonnen schwer. Ihre Walheimat ist dann entlang der südafrikanischen Küste, östlich von Kapstadt bis Plettenberg Bay – und vor allem in der Bucht von Hermanus. Gelegentlich tummeln sich hier in der Walker Bay bis zu 17 Wale – manchmal sieht man nur Wasserfontänen. Sie kommen zum Flirten und vor allem zum Kalben. Das Walbaby wiegt bei der Geburt schon 1 t, ist 6 m lang und trinkt täglich 600 l Muttermilch. Nur alle 3 – 7 Jahre werden Wale trächtig. Ab 1976 wurden die Wale in Südafrika unter Schutz gestellt – fast genau 200 Jahre, nachdem man am Kap begonnen hatte, sie zu jagen und dabei auszurotten. Die Jagd auf Glattwale wurde schon 1935 verboten. Rund 2000 Wale tummeln sich in der Saison bis Dezember vor Südafrikas Küste.

Web: www.wildrose.co.za
Angenehmes, nicht teures Country-Hotel bei Noordhoek, 14 km südlich von Hout Bay; gemütliche Lounge mit hohem, strohgedecktem Dach und Kamin. Jedes der 8 liebevoll eingerichteten Zimmer bietet einen Blick auf die See oder Berge. Pool, Möglichkeit zu Pferderitten, Golfplatz in der Nähe.

★★ Lichtenstein Castle
Harbour Road, Hout Bay
Tel. 021/790 22 13
Fax 021/790 25 93
Mail: info@lichtensteincastle.co.za
Web: www.lichtensteincastle.co.za
Nachbildung eines deutschen Schlosses, 11 Zimmer. Originell, nicht sehr teuer, schöner Blick auf Hout Bay.

★★ Bayview Penthouses
40 Theresa Avenue, Camps Bay
Tel./Fax 021/438 25 30
Mail: info@bayviewpenthouses.co.za
Web: www.bayviewpenthouses.co.za
Hoch an den Hängen der Twelve Apostles gelegen, mit Blick auf die 200 m tiefer liegende See. Je zwei Doppelzimmer und Penthouses, diese mit kompletter Küche. Sehr gutes Preis-Leistungs-Verhältnis.

★★ Villa Surprise
21 First Crescent, Camps Bay
Tel. 021/438 27 29
Fax 021/438 27 09
Mail: surprise@iafrica.com
Web. www.villasurprise.co.za
Das deutsche Ehepaar Eva und Bernd Emmerling hat hier im sonst vornehm-teuren Camps Bay 3 kreative Räume geschaffen – den African, den Blue und den Movie's Room. Erfrischend, auch für die Geldbörse.

Restaurants

☆☆ Godfather
37 The Drive, Camps Bay
Tel. 021/438 07 82.
Fangfrischer Fisch (line fish) und Seafood, was das Herz begehrt, mit Blick auf den Ozean.
Tgl. ab 12 Uhr.

☆☆ Tuscany Beach
41 Victoria Road, Camps Bay
Tel. 021/438 12 13.
Italienisches Ambiente am Meer unter Palmen: elegant, dennoch relaxed und leicht. Attraktive, kulinarische Mischung aus frischen Meeresfrüchten und italienischer Küche mit hausgemachter Pasta.
Tgl. Dinner, Lunch tgl. außer Sa.

☆☆ Papinos Hout Bay
14 Earl Street, Hout Bay
Tel. 021/790 40 77.
Unkompliziert und mit einsehbarer Küche; auch gute Fischgerichte. Nicht weit vom Hafen.
Mo – Sa ab 18 Uhr.

Die Berge, die das wunderbare Weinland rund um Stellenbosch säumen, ragen bis zu 1500 m auf.

Ein Fest für die Sinne

Östlich von Kapstadt

Mittelmeerklima und ideale Böden bilden die Basis für internationale Spitzenweine. Schöne Landschaften und Städteensembles im kapholländischen Stil geben die stimmungsvolle Kulisse für Genießer ab.

Östlich von Kapstadt

W er Kapstadt und die Kap-Halbinsel kennen gelernt hat, die schöne Umgebung mit ihrer Vielfalt an Pflanzen und historischen Bauten, der wird im nur 30 Kilometer östlich entfernten **Stellenbosch** all dies in konzentrierter und ausgesprochen malerischer Form wiederfinden: In ein weites Tal hingebreitet und von Bergen umrahmt, bildet dieses Kleinod der südafrikanischen Städte den Mittelpunkt des umgrenzenden **Weinlandes** ✹✹✹. Es ist ein Aushängeschild der touristischen Werbung. Das nahezu intakte historische Ambiente im kapholländischen Stil, geschützt und erhalten von der Historical Monuments Commission, lädt ein zum Flanieren, wie beispielsweise die **Dorp Street** mit ihren schönen Häusern. Wer daneben die vielen alten Kirchen, einzelne bedeutende Bürgerhäuser wie Burgerhuis, Erfurt House oder Schreuder House, Höfe wie Coetzenburg und La Gratitude oder Museen (Kruithuis, Dorp Museum) sehen will, der sollte in einem der alten Hotels absteigen. Von hier lassen sich problemlos Ausflüge auf der gut beschilderten Weinroute und in die nahen Naturschutzgebiete machen. Dabei fährt man durch eine Landschaft, die schon die Immigranten des 17. Jahrhunderts als ideales Weinanbaugebiet erkannten.

Eines davon liegt weiter nördlich rund um die Stadt **Paarl**, die ihren Namen von den Granitkuppen herleitet, die wie Perlen glänzen, wenn die Sonne morgens auf den feuchten Fels scheint. Hoch am Berg und beim Naturpark setzen zwei futuristisch wirkende Betonnadeln schon von weitem ein Wahrzeichen: das **Taal-Monument**, Denkmal und Museum für die Sprache Afrikaans, die aus dem Idiom der holländischen Einwanderer entstanden ist. Rund sechs Millionen Menschen im Land sprechen sie – mehr Schwarze als Weiße.

Allein die Fläche der Weinkeller der Genossenschaft KWV (Kooperatiewe Wijbouwers Vereeniging) beträgt über 22 Hektar und entspricht damit schon einem kleinen Weingut. Die Kooperative, in der 250 von 4700 Winzern zusammen-geschlossen sind, ist die größte „Weinfabrik" der Welt. Gegründet im Jahr 1918, sollte sie die Weinindustrie stabilisieren. Heute wickelt der Gigant KWV die Hälfte des südafrikanischen Weinexports ab – immerhin fünf Millionen Hektoliter. Allein von 1993 bis 1994 haben sich die Exporte Südafrikas verdoppelt und von 1994 bis 2000 nochmals vervierfacht. Seit dem Ende der Apartheid sind Weine vom Kap nicht mehr geächtet, sondern geachtet.

In **Franschhoek**, der „französischen Ecke" östlich von Stellenbosch, erhielt ab 1688 der junge südafrikanische Weinanbau Basis und Aufschwung – zunächst durch knapp 300 französische Hugenotten. Der romantische Ort besitzt mit ungefähr 1500 Einwohnern und zwei Dutzend Restaurants wohl die größte gastronomische Dichte im Land. Und kein Ort ist französischer. Das englische Pub wirkt wie eine Geschmacksverirrung inmitten von Cafés, Bistros, Restaurants mit Namen wie „Ballon Rouge", „Le Rendezvous", „La Pâtisserie" und „Chez Michel".

Vor dem schlichten Gebäude von **La Cabrière** stehen alte Citroëns; Gänse watscheln über den Weg, trockenes Laub wird aufgewirbelt – das Weingut könnte auch irgendwo in der Champagne liegen, würde da nicht eine Miniaturausgabe der Dolomiten wuchtig und schroff den Horizont begrenzen. Hier produziert Achim von Arnim Sekt in Flaschengärung vom Feinsten und dem Original in der Champagne ebenbürtig. Sechs Sorten des „Pierre Jourdan" gibt es – so benannt nach dem Hugenotten-Gründer.

Achim von Arnim ist Spross deutsch-schwedischer Adeliger – sein namensgleicher berühmter Vorfahre gab zusammen mit Clemens Brentano die Volksliedersammlung „Des Knaben Wunder-

Stellenbosch	64
Sehenswürdigkeiten	64
Paarl	66
Sehenswürdigkeiten	66
Franschhoek	67
Worcester	69
Sehenswürdigkeiten	69
Hermanus	70
Im Fokus:	
Weingüter rund um Stellenbosch	65
Matjiesfontein	69
Cape Agulhas	71

horn" heraus. Der südafrikanische Familienzweig braute bis Anfang des letzten Jahrhunderts in Kapstadt Bier. Seine Frau Hildegard dagegen kommt von der Mosel – und natürlich aus einer Winzerfamilie. „Sonne, Boden, Weinstöcke, Mensch – der Kreis schließt sich wieder", lautet denn auch das poetische Motto der kelternden Adeligen, den Meistern der Flaschengärung. Auf den Tag genau 300 Jahre nach der Ankunft von Pierre Jourdan weihte von Arnim seinen neuen Weinkeller und das Restaurant ein. Im Gewölbe des Restaurants lässt sich edel speisen und natürlich auch gut trinken. Abends ist das Restaurant geschlossen, aber der Platz hinter dem Hugenottendenkmal lohnt auch dann einen Halt: Der Sonnenuntergang verwandelt dann das grüne Tal mit den grauen, gezackten Granitbergen in ein Traumland. Arnims Wahlspruch ist im Dämmerlicht an einer Windrose im Boden gerade noch zu lesen ...

Das Rathaus von Stellenbosch wurde in typisch kapholländischem Stil erbaut.

Noch mehr Wein und Geschichte, aber auch eine karge und zugleich üppige Naturlandschaft bietet die Route von Stellenbosch über **Worcester** und **Robertson** zur alten Stadt **Swellendam**, die das Weingebiete im Osten begrenzt. Wer daneben dem Gesang der Wale lauschen will, der wird sich eher Richtung Küste orientieren und das 120 km südöstlich von Kapstadt gelegene Fischerdorf **Hermanus** ✪✪ besuchen – und sich dort auch den einen oder anderen Tropfen gönnen. Über dem Strand und den **Sir Lowry's Pass** öffnet sich eine weite, oft felsige Bucht; dahinter erheben sich schroffe Hügel. Das ist fast wie in Schottland, aber mit einem großen Unterschied: es gibt weltweit keinen besseren Platz, um Wale zu beobachten.

Rundreise

Die Vier-Pässe-Tour

Nachfolgend beschriebene Route ist etwa 230 km lang und beginnt in Stellenbosch. Sie führt durch atemberaubende Berglandschaften und zu außergewöhnlichen Naturreservaten. 10 km östlich von Stellenbosch überquert man auf der R 310 den **Helshoogte-Pass** („Teufelshöhen") und damit die **Jonkershoek Mountains** und erreicht das Tal von Franschhoek. Der **Franschhoek Pass** wurde 1817 angelegt. Nächster Pass (R 321) ist **Viljoen's Pass**, der zur Nuweberg Forest Station führt, dem Eingang zur **Hottentots-Holland Nature Reserve**. Sie umfasst 42.000 ha wild zerklüfteter Berge und wurde zum Schutz der Fynbos-Vegetation gegründet. In den Waldgebieten leben Klippspringer, Böckchen und Raubvögel. Es existieren keine Straßen, aber diverse Wander-Trails (ab 6 km Länge). Wanderer können in Hütten übernachten. Im Tal von **Grabouw** wachsen die meisten Äpfel des Landes. Von hier aus kann man über den **Sir Lowry's Pass** nach Westen fahren und erreicht nach 30 km Somerset West. Die längere Variante folgt dem unteren Teil der „Acht" ans Meer und folgt über Betty's Bay und Gordon's Bay der Küste. Man umfährt die **Kogelberg Conservation Area**. Das zerklüftete, graue Urgestein reicht fast bis ans Meer; auch in diesem Naturschutzgebiet lässt sich herrlich wandern. Es beherbergt 176 der 600 Erika-Arten Südafrikas, viele Proteen und 50 endemische, also nur hier wachsende Pflanzen. Über Strand führt die Straße nach Somerset West und von dort nach 14 km zurück nach Stellenbosch.

63

Östlich von Kapstadt

Rebsorte

Pinotage

Diese Rebsorte – eine südafrikanische Kreuzung aus Pinot Noir (Spätburgunder) und Cinsaut (Hermitage) – ist nur mit 4,7 % an der Gesamtproduktion beteiligt. Eingeführt 1926, wurde diese robuste und nuancierte Rebe lange ignoriert – erstaunlich für ein Weinkind des Kaps. Pinotage lässt sich individuell ausbauen und wird besonders gut, wenn er mindestens 1 Jahr in Eichenholzfässern reift.
Einer der Edel-Pinotage wird von Beyers Truter gemacht, Winemaker des Edelweingutes Kanonkop, der mit Beyerskloof sein eigenes kleines und feines Weingut gründete. Weitere Pinotage-Spitzenerzeuger in Stellenbosch:
Kanonkop:
Tel. 021/884 46 56.
Uiterwyk:
Tel. 021/881 37 11.
Beyerskloof:
Tel. 021/882 21 35.
Kaapzicht:
Tel. 021/906 16 20.
Saxenburg:
Tel. 021/903 61 13.

Websites über südafrikanischen Wein, Regionen, Winzer sowie für Bestellungen:
www.suedafrika-wein.de
www.kapstadt.de/wein/htm

Stellenbosch

Kap-Gouverneur Simon van der Steel erkannte schon im Jahr 1679 die Fruchtbarkeit im weiten Tals des Eerste River und legte den Grundstein für ein Weinbaugebiet nahe der Stadt. Die zweitälteste Stadt nach Kapstadt wird geschmückt von architektonischen Perlen, sie gilt als die „Weinhauptstadt" des Landes und besitzt außerdem eine traditionsreiche Universität.

Sehenswürdigkeiten

Im Umkreis von einem halben Kilometer versammelt sich mehr gemütliche Historie unter alten Eichenbäumen als anderswo im Land. Vor allem an der Dorp Street sind Häuser im kapholländischen Stil zu sehen. Zum Village Museum in der benachbarten Ryneveld Street gehören vier original möblierte Häuser aus verschiedenen Epochen (Tel. 021/887 29 02, Mo – Sa 9.30 – 17, So 14 – 17 Uhr).
Im Oude Libertas Amphitheatre finden von November bis März Theater- und Musikaufführungen statt. In der Umgebung bieten sich viele Freizeitmöglichkeiten – vom Wandern, Reiten über Golf bis zu Wildwasserfahrten und zum Drachenfliegen.

Unterkunft

Viele Gästehäuser im kapholländischen Stil bieten gute und oft preiswerte Unterkunft, Deshalb kann auch hier nur eine kleine Auswahl mit Empfehlungen veröffentlicht werden.

★★ **Bonne Esperance**
17 Van Riebeeck Street
Fax 021/887 83 28
Mail: bonesper@iafrica.com
15 Zimmer in einem zauberhaften, mit Turm gekrönten Haus aus der Jahrhundertwende mit Garten und Pool; privat geführt.

★★ **River Manor**
6 The Avenue
Tel. 021/887 99 44
Fax 021/887 99 40
Mail: rivermanor@adept.co.za
Web: www.rivermanor.co.za
Ein herrschaftliches, 100 Jahre altes Haus im alten Zentrum von Stellen-

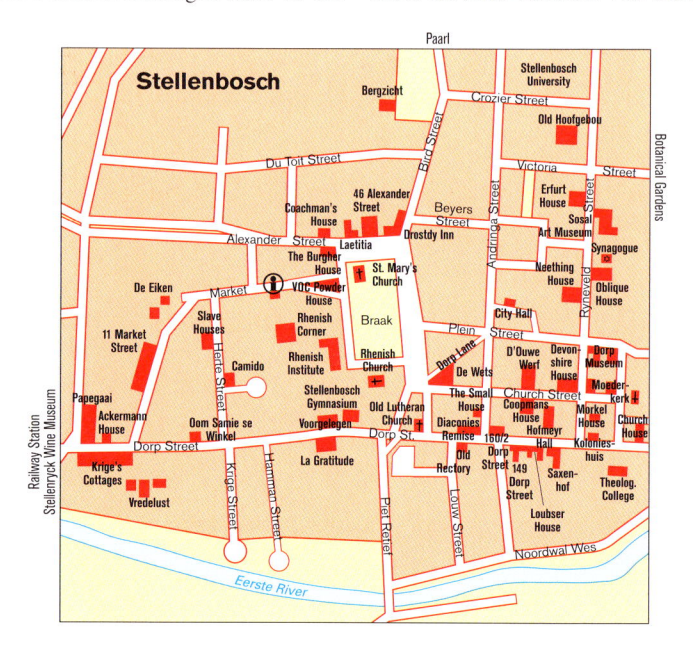

Östlich von Kapstadt

bosch, individuell und klassisch, aber nicht aufdringlich eingerichtete Zimmer. Sehr freundlicher Service, gutes Preis-Leistungs-Verhältnis.

Restaurants

Im Gegensatz zu Franschoek sind wirklich gute Restaurants nicht im Ort, sondern meist auf Weingütern oder in exzellenten Gästehäusern zu finden. Einige Weingüter (siehe S. 66 und 67) offerieren sehr gutes Mittagessen und/oder Picknickkörbe. Hier eine kleine Auswahl von Superrestaurants (jeweils mit Voranmeldung und entsprechender Kleidung):

☆☆☆ **Lord Neethling**
Neethlingshof Estate,
Polkadraai Road, Stellenbosch
Tel. 021/883 89 66.

Im Fokus

Weingüter rund um Stellenbosch

Die Weingüter haben in der Regel wochentags von 8.30 bis 17 und samstags bis 13 Uhr geöffnet. Zu diesen Zeiten können Weine probiert und Besichtigungen durchgeführt werden. Der Kauf oder Versand der guten Tropfen erfolgt über das Weingut oder einen Importeur. Ausgewählt wurden Güter, die exzellente und hoch bewertete Weine produzieren und/oder auch eine sehenswerte Architektur bieten bzw. landschaftlich außergewöhnlich schön liegen. Einige haben auch als Service ein Gourmet-Lunch oder ein Picknick im Angebot. Im Übrigen kann man, will man sich eine genaue Übersicht verschaffen oder über eine Bewertung informieren, zu dem handlichen Buch von John Platter greifen. (Am leichtesten zugänglich ist sein Buch „South African Wines" im Internet unter der Webadresse www.platters.co.za) Die jeweils aufgeführten Weine sind die von John Platter am besten benoteten: von „excellent" bis „outstanding" (bei ihm vier bzw. viereinhalb Sterne). „Superlativ"-Weine, was 5 Sternen entspricht, sind im Folgenden mit dem Hinweis „5*" gekennzeichnet. (Das Gesagte gilt auch für die Güter in Paarl, Franschhoek und Hermanus).

Blaauwklippen
Tel. 021/880 01 33
Web: www.blaawklippen.com
Historisches Weingut, das u. a. schon Cecil John Rhodes gehörte, 1682 gegründet. Einer der schönsten Probierräume (Tasting room) mit historischen Farm-Utensilien. Touren im Pferdewagen, Kinderprogramm (Farmtiere), Gästehäusern, Shop. „Coachman's lunch" unter alten Eichenbäumen. Zinfandel Reserve.

Neil Ellis
Tel. 021/887 06 49
Mail: neilelliswines@iafrica.com
Wein-Zauberer Neil Ellis baut keine Trauben an – wie viele Weinmacher in Kalifornien kauft er sie und geht dann an die Arbeit. Was dabei herauskommt, bringt Weinexperten zum genussvollen Schweigen, z. B. 5* Cabernet Sauvignon Reserve, Pinotage Reserve, Shiraz Reserve. Kein Restaurant.

Hartenberg
Tel. 021/882 25 41
Mail: hartenberg@cybertrade.co.za
Historisches Weingut (gegründet 1692) nördlich von Stellenbosch. Al-fresco-Lunch im Garten, im Winter Suppen und südafrikanische Küche am Kamin. Cabernet Sauvignon, Merlot, Shiraz, Chardonnay Reserve.

Hazendahl
Tel. 021/903 51 12
Mail: hazen@icon.co.za
Gourmet-Lunch im Garten bzw. im Speiseraum des Herrenhauses aus dem 18. Jh. Kleines Museum über russische Kunst Chardonnay, Cabernet Sauvignon-Shiraz.

Zevenwacht
Tel. 021/903 51 23
Web: www.zevenwacht.co.za
Familien-Weingut westlich von Stellenbosch, nur 10 Min. von Kapstadts Flughafen entfernt. Ein altes kapholländisches Gut vor der eindrucksvollen Kulisse schroffer Berge. Übernachtung („Country Inn", preiswerte und romantisch Cottages), 2 Restaurants, Picknickkörbe, eigene Käseherstellung, Kindergarten, Wanderwege. Shiraz, Chenin Blanc.

Östlich von Kapstadt

Weingüter in Paarl

Fairview
Tel. 021/863 24 50
Web:
www.fairview.co.za
Charles Back zaubert auf Fairview ebenfalls ungewöhnlich gute Weine und lässt hier guten Käse produzieren; auf dem Weingut haben Ziegen ihren eigenen „Schlafturm" mit Wendeltreppe. Hoch benotet: Shiraz, Pinotage, Chardonnay.

KWV International
Tel. 021/807 39 00
Web: www.kwv.co.za
Weltgrößter Weinkeller; Kooperative. „Kathedralenkeller". Sehr gute Rot- und Weißweine; viele sind in Europa erhältlich. Führungen in deutscher Sprache, Bistro. Herausragend: 5-Sterne-Cabernet Franc; Shiraz, Pinotage, Merlot, Chardonnay.

Villiera
Tel. 021/882 20 02
Web:
www.villiera@mweb.co.za
Medaillen und Auszeichnungen sind hier reichlich vorhanden; 1997 wurde der Sauvignon Blanc zum besten Weißwein des Jahres gekürt. Im Weinführer von John Platter sind gleich 11 Weine mit 4 Sternen ausgezeichnet – u. a. Merlot, Chenin Blanc und der Sekt Monro Brut.

Teil des Weingutes Neethlingshof. Verschiedene, sparsam dekorierte Räume im 170 Jahre alten Haus, im zugehörigen Restaurant komm kontinentale Küche auf den Tisch. Dazu werden nur eigene Weine serviert, von denen gleich 10 im John Platter Guide mit 4 und 5 Sternen („excellent", „outstanding", „superlative") bewertet wurden, darunter der Rotwein Lord Neethling oder der Weiße Riesling.

☆☆ **Oude Libertas**
Stellenbosch Farmer's Winery
Adam Tas Road
Tel. 021/808 74 29.
Das Interieur: eine höchst gelungene Mischung aus Eleganz und kolonial-rustikalem Ambiente; als „Wandschmuck" dient ein Teil des Weinkellers mit 7000 Flaschen. Internationale Küche, sehr gutes Preis-Leistungs-Verhältnis. Und hier wird nicht auf Kleidungsetikette geachtet.
Lunch tgl. außer Sa/So,
Dinner tgl. außer So.

Information

Tourism & Information Bureau Stellenbosch
36 Market Street
Tel. 021/883 35 84
Fax 021/883 80 17
Mail: eikestad@iafrica.com
Mo – Fr 8 – 17.30, Sa 9 – 17 Uhr.

Das „Allerheiligste" der KWV, der führenden Winzergenossenschaft Südafrikas, ist der „Cathedral Cellar".

Paarl

Etwas weiter vom kühlenden Meer als Stellenbosch entfernt und mit weniger schützenden Bergen umgeben, ist der Weinanbau im malerischen Berg-River-Tal auf regelmäßige Bewässerung angewiesen. Lange heiße Sommer und feuchte Winter sind aber ideal für guten Wein. Paarl besitzt die größte Kellerei der Welt und gilt als Wiege der Sprache Afrikaans.

Sehenswürdigkeiten

An der Main Street stehen viele sehenswerte Häuser und die schöne, strohgedeckte „Strooidakkerk" (Strohdachhäuser) aus dem Jahr 1805. Mit stattlichen 11 km ist die Main Street die längste Hauptstraße des Landes. Am Südhang des Paarl Mountain, einer riesigen Granitkuppe, erhebt sich das nadelförmig-futuristische Afrikaans Language Monument. Es wurde 1975 zur Erinnerung an die burische Volksbewegung errichtet, die 1875 begann und 1925 zur Anerkennung von Afrikaans als zweiter Staatssprache führte.

Unterkunft

★★★ **Grande Roche**
5 Plantasie Street
Tel. 021/863 27 27
Fax 021/863 22 20

Östlich von Kapstadt

„Grande Roche": Panoramahäppchen.

Mail: reserve@granderoche.co.za
Web: www.granderoche.com
Nobelhotel auf einem Weingut; exzellentes Restaurant (☆☆☆) mit 300 südafrikanischen Weinen. Luxus in natürlicher Atmosphäre und ohne „steifes Rückgrat".

★★ Pontac Manor
16 Zion Street
Tel. 021/872 04 45
Fax 021/872 04 60
Mail: pontac@iafrica.com
Web: www.pontac.com
Das Hotel in einem Herrenhaus (1723) unter alten Bäumen hat 16 großzügige Zimmer mit edlem afrikanischen Touch. Restaurant, Pool.

Restaurants

Auch in, vor allem um Paarl lockt eine große Auswahl von Restaurants; viele befinden sich auf Weingütern.

☆☆☆ Laborie
Taillefer Street
(Nebenstraße zur Main Street)
Tel. 021/807 30 95.
Traditionelle Kap-Küche; hervorragende Fischgerichte in eleganter Atmosphäre. Das Weingut gehört zum Giganten KWV. Verkauf aller Weine der Genossenschaft (140 Sorten). Di – Sa Lunch und Dinner, So – Mo nur Lunch.

☆☆ Il Casale
Ashanti Winery, Klein Drakenstein, Paarl
Tel. 021/862 62 88.
Mediterrane und südafrikanische Küche in einem „Upmarket"-Weingut, das auch in der Toskana stehen könnte.
Tgl. Lunch und Dinner.

Information

Tourism Bureau Paarl
216 Main Street
Tel. 021/872 38 29
Fax 021/872 93 76
Mail: paarl@cis.co.za
Web: www.paarlonline.com
Mo – Fr 9 – 17.30, Sa 9 – 13, So 10-13 Uhr.

Franschhoek

Von ihren Landsleuten wegen des Glaubens verfolgt, erwählten französische Hugenotten 1688 diese schöne Ecke (Afrikaans „Hoek") zur neuen Heimat. Klima und Böden waren ideal für die Landwirtschaft und später den Weinbau. Hier lässt es sich wirklich leben wie Gott in Frankreich. Das Hugenotten-Denkmal erinnert an die Gründer, gediegene Häuser und alte Weingüter prägen das Bild. Nirgendwo im Land ist mehr Genuss und Stil pro Quadratkilometer zu finden als hier.

Unterkunft

★★ La Petite Ferme
Pass Road
Tel. 021/876 30 16.
Ein kleines Gästehaus? Eher ein höchst angenehmes Minihotel mit 3 Cottages, jeweils Kamin und eigenem Pool auf dem Weingut gleichen Namens. Innen dominiert Eleganz in Weiß – all das bei moderaten Preisen. Intimes, preisgekröntes Restaurant (nur Mittagessen). Eine mild geräucherte Forelle, dazu einen hauseige-

Weingüter in Franschhoek

Bellingham
Tel. 021/874 10 11
Mail: exports@dgb.co.za
Altes (1693) und sehr großes Weingut (110 ha). Vor allem sehr gute Weißweine (glockenförmige Flaschen). Pionier französischen Weinanbaustils (z. B. Premier Grand Cru – ein Blend aus Sauvignon Blanc und Kap-Riesling). Die Hits: Cabernet Franc, Pinotage, Cabernet Sauvignon.

Cabrière Estate
Tel. 021/876 26 30
Mail: cabriere@iafrica.com
Kellertour jeweils Sa ab 11 Uhr mit Besitzer Achim von Arnim (siehe S. 62). Sehr gute – viele Kenner sagen, die besten – Perlweine Südafrikas und ebenbürtiger Pinot Noir. Traumhaft ist der Sekt Belle Rosé.

Mont Rochelle
Tel. 021/876 30 00
Mail: montrochelle@wine.co.za
Mehr als nur „Wein". Tgl. um 11 und 12.30 Uhr Führungen, Pferderittte, Sundowner Trails. Gute Cabernet Sauvignons, Chardonnay aus dem Eichenfass, Sauvignon Blanc.

67

Östlich von Kapstadt

Insider News

Besuch im kleinsten Weingut des Landes

Der alte Ort **Tulbagh** knapp 60 km nördlich von Worcester wird romantisch von drei Bergketten umrahmt. Die bekanntesten Weingüter hier sind Twee Jonge Gezellen (zwei Junggesellen) und Drosty Wines. Die Badener Klaus und Uschi Schindler haben hier Lemberg, das kleinste Weingut Südafrikas, gekauft und ein strohgedecktes Gästehaus angebaut, ideal für 2 – 4 Besucher. Man kann sich selbst verpflegen, aber sollte am besten aus der Speisekarte wählen – etwa Springbock-Filet, auf Wunsch mit Spätzle. Nach einem romantischen Frühstück am See kann man Wandern, Radfahren, in der Nähe Golfen oder sich mit Aerobic fit halten. Und abends natürlich den Wein von Lemberg genießen, zum Beispiel den neuen Sensual Red oder hausgemachten Grappa.
Tel. 023/230 06 59
Fax 023/230 96 61
Mail: schindler@lando.co.za
Web: www.kapstadt.de/lemberg

nen Chardonnay mit Melonen- und Pfirsich-Aroma, Blick auf die Berge und das Tal.

★★ L'Auberge Chanteclair
Middagkrans Road
Tel.021/876 36 85
Fax 021/876 27 09
Mail: chanteclair@ct.lia.net
Altes Farmhaus im Tal von Franschhoek, umgeben von Reben und Blumen, überragt von schroffen Bergen und geführt von der Künstlerin Rebecca Weaver. Wenige Zimmer, aber alle im gewachsenen Countrystil. Zwischen April und Oktober wird das Studio von der Franschhoek Art School genutzt.

★ Ballon Rouge
14 Akademie Street
Tel. 021/876 26 51
Fax 021/876 37 43
Mail: info@ballon-rouge.co.za
Web: www.ballon-rouge.co.za
Das rote Dach gehört zu einem liebevoll restaurierten Haus aus viktorianischer Zeit. 5 gemütliche Zimmer, sehr günstiger Preis. Die zweite Überraschung: Unter dem gleichen Dach hat das Restaurant „Brasserie" (☆☆) seine Tische aufgestellt.

Restaurants

☆☆☆ La Couronne
Robertsvlei Road

Es ist wohl das stilvollste Restaurant von Franschhoek und wird noch umgeben von einem Hauch jener Zeit, als es noch Kolonialminister gab. Zweifellos aber ist es das Restaurant mit der prächtigsten Lage auf einem Hügel über dem Ort. An warmen Tagen Al-fresco-Lunch oder Dinner auf der großen Terrasse. Kreative, hinreißend gute Küche.
Kein Ruhetag.

☆☆ Le Quartier Francais
16 Hugenot Road
Tel. 021/876 21 51.
Im kleinen, aber feinen Hotel gleichen Namens. Auch hier ist alles aus einem Guss, aber beileibe nicht steril: Hier speist man in edler mediterraner Atmosphäre wie Gott in Frankreich und zahlt noch nicht einmal viel Geld dafür. Im Frühling und Sommer stehen Tische auch auf der großen Terrasse. Lunch und Dinner. Kein Ruhetag.

Information

Tourisme Franschhoek Valée
68 Hugenot Street
Tel. 021/876 36 03
Fax 021/876 27 68
Mail: info@franschhoek.org.za
Mai – Sept. Mo – Fr 9 – 17, Sa 9.30 – 13.30, So 10 – 13.30 Uhr; Okt. – April Mo – Fr 9 – 18, Sa 9 – 17, So 10 – 17 Uhr.

Der schmucke Weinort Franschhoek ist eine Gründung französischer Hugenotten aus dem 17. Jahrhundert.

Östlich von Kapstadt

Worcester

Die angenehme Kleinstadt – ausgesprochen: „Wuuschter" – mit viel Historie (gegründet 1820) liegt 50 km nordwestlich von Robertson am Zusammenfluss von Breede und Hex River. Auch Worcester steht ganz zu Unrecht im Schatten von Stellenbosch und Paarl, denn hier kann man in Ruhe südafrikanische Geschichte erspüren und dazu noch in der Umgebung Weine verkosten.

Sehenswürdigkeiten

Ou Dorp heißt die historische „City" zwischen der Tulbagh Street im Norden und der Somerset Street im Süden. Die Church Street (südlich der Tulbagh Street) säumen viele alte Giebelhäuser. In verschiedenen historischen Häusern sind gleichzeitig Museen eingerichtet (viktorianisches Beck House, 23 Baring Street, sowie das „Afrikaner Museum" mit Sammlung chirurgischer und zahnmedizinischer „Folterinstrumente" aus dem 19. Jh., nebenan; Heimatmuseum im Stofberg House, 75 Church Street.)

Karoo National Botanical Garden
Knapp 3 km nördlich der Stadt.
Wer keine Zeit zum Besuch der Karoo hat, findet hier auf über 140 ha typische Pflanzen dieser Halbwüste, die im Frühjahr (Sept./Okt.) erblühen. Ein kleiner Teil wurde als Gartenlandschaft angelegt (Blüte im Herbst); Gewächshaus.

Kleinplaisie Farm Museum
Robertson Road
Tel. 023/342 22 25.

Im „Lord Milner Hotel" in Matjiesfontein.

Im Fokus

Matjiesfontein

Der Miniaturort (sprich: „Meikesfontän") liegt so einsam wie vor 100 Jahren etwa 125 nordöstlich von Worcester, an der Bahnlinie vom Kap nach Kimberley. Der kleine Ort hat sich kaum verändert, seitdem der Schotte Jimmy Logan hier 1893 ein Hotel bauen ließ. Seine Erfolgsstory hatte ursprünglich damit begonnen, dass er, mit nur fünf englischen Pfund in der Tasche am Kap gelandet, innerhalb von nur drei Jahren vom Gepäckträger zum Stationsvorsteher des Bahnhofs von Kapstadt aufgestiegen war. Das war anno 1877. Bald wurde Jimmy Logan nach Touws River versetzt, 50 km westlich von Matjiesfontein, wo rußende Züge mit Goldschürfern, Diamantensuchern und Politikern auf ihrem Weg nach Norden vorbeidampften. Da kam Jimmy ein zündender Gedanke: Er eröffnete ein „Bahnhofsbuffet" und schloss damit eine Marktlücke – es gab nämlich noch keine Speisewagen. 1883 zog er im Alter von 26 nach Matjiesfontein. Nun war sein Erfolg nicht mehr aufzuhalten: Hotel, Bank und Post folgten, später kam der Bahnhof hinzu, und die feine Gesellschaft machte hier Halt auf ihrem Weg nach Kimberley. Im Alter von 36 Jahren krönte Logan schließlich seine Karriere, indem er Parlamentsmitglied wurde.

Die Luxuszüge Blue Train und Rovos Rail folgen der alten Tradition und halten hier für eine Besichtigung. Am Bahnsteig leuchten dann noch die elektrischen Laternen, auch wenn es schon seit zwei Stunden hell ist. Trotz der modernen Stromleitungen scheint die alte Zeit nicht fern. Noch immer ist Matjiesfontein ein verlorener Außenposten in der öden Weite der Great Karoo.

★★ Lord Milner Hotel
Logan Road
Tel. 023/551 30 11
Fax 023/551 30 20
Mail: milner2@mweb.co.za
Web: www.matjiesfontein.com
Renoviert und 1970 als Hotel eröffnet. Neben den 14 Zimmern im Hauptgebäude und Garten-Cottages gibt es in Matjiesfontein noch 2 weitere viktorianische Gästehäuser, darunter das „Die Losiehuis" (15 Zimmer), das schon Jimmy Logan als Freimaurerloge diente. Hier kann man ab etwa 20 Euro übernachten. Reservierung: wie für das „Lord Milner Hotel".

69

Östlich von Kapstadt

Weingüter

Hermanus ist nicht nur „Wal-Hauptstadt", auch seine Weine genießen einen hervorragenden Ruf. Die wenigen Weingüter stehen zwar im Schatten von Stellenbosch oder Paarl; Hamilton Russel allerdings hat längst internationale Reputation erlangt.

Hamilton Russel

Hemel-en-Aarde Valley, an der R 320
Tel. 028/312 35 95,
Mail: hrv@hermanus.co.za
Neben exzellenten Weinen auch kalt gepresstes Olivenöl und Honig. „Flaggschiff" ist der meist mit 4 bis 5 Sternen benotete Pinot Noir; ebenso gut der Chardonnay.

Bouchard Finlayson

Hemel-en-Aarde Valley, an der R 320
Tel. 028/312 35 15.
Peter Finlayson gehört zu den Topwinzern des Landes; die Weine haben viele Auszeichnungen erlangt. Nach John Platter sind 6 Weine „excellent" (4*) oder „outstanding" (5*) – u. a. der Pinot Noir Galpin Peak und der Chardonnay Missionvale.

Weitere Weingüter liegen nördlich der Stadt: Bartho Eksteen, Cape Bay, Newton Johnson und Southern Right.

Höchst interessantes Freiluft-Museum mit Farmhäusern aus dem 19. Jh. und Demonstrationen wie Brotbacken, Schmieden und Schnapsbrennen.

Ausflüge

Weinroute nach Swellendam

Hier wird ein Viertel des südafrikanischen Weines produziert; der KWV-Brandy-Keller ist der größte Weinbrandkeller der Welt (S. 65, Führungen Mo – Fr mehrmals tgl., Tel. 0231/202 55). Die Weinroute führt durch sanft gewellte, idyllische Landschaft und zu 24 Kellern; die meisten davon sind Genossenschaften. 50 km südlich von Worcester liegt Robertson im Breede River Valley; von hier führt eine Stichstraße zum alten, idyllischen Ort McGregor (Unterkunft mit sehr gutem Restaurant findet man in der „Old Mill Lodge", Tel. 023/625 18 41, Fax 625 19 41). Nach weiteren 50 km erreicht man die N 2 und Swellendam, nach Kapstadt und Stellenbosch die drittälteste europäische Siedlung Südafrikas. Der sehenswerte Drosty Museum Complex befindet sich in Gebäude des Landguts (Drosty) aus dem Jahr 1747.

Um Robertson (vor allem südlich) liegen 28 Weingüter verstreut; sie stehen jedoch meist im Schatten der Region rund um Stellenbosch. Eines der besten (und größten) Weingüter der Region ist „Graham Beck" (Tel. 023/626 12 14, Web: www.grahambeckwines.co.za), das im Inneren durch modernes Design besticht. Selbst der Garten ist gestylt mit der Skulptur „African Mask". Zum Besten gehören hier Schaumweine (Cuvée 2000 Brut, Brut Blanc de Blancs) und ein herrlicher Dessertwein (Rhona Muscadel). Im neuen „Ableger" bei Franschhoek hat man sich naturgemäß auf Rotweine verlagert, zum Beispiel keltert man einen exzellenten Shiraz.

Information

Tourism Bureau Worcester
23 Baring Street
Tel. 023/348 27 95
Fax 023/347 46 78
Mo – Fr 8 – 16.30, Sa 8.30 – 12.30 Uhr.

Hermanus ✪✪

Der kleine Ort, 120 km südöstlich von Kapstadt, ist sympathisch und hat sich ganz auf die Wale eingestellt: Der Whale crier ruft zwischen Juni und Dezember die „sightings" aus; der rote Londoner Bus ist der Whale Bus; es gibt das Whale's Inn, Moby's Guesthouse – und das Internet-Café heisst Virtual Whale. Auch ohne Wal-Besuche ist Hermanus mit seiner schönen Umgebung einen Besuch wert.

Unterkunft

★★★ The Marine
Marine Drive
Tel. 028/313 10 00
Fax 028/313 01 60
Mail: marine@hermanus.co.za.
100-jähriges Haus am Meer. Exquisit renoviert, Mitglied von Relais & Chateaux. 2 Restaurants, französischer Küchenchef.

★★ Auberge Burgundy
16 Harbour Road
Tel. 028/313 12 01
Fax 028/313 12 04
Mail: auberge@hermanus.co.za
Web: www.hermanus.co.za/accom/auberge
Cremegelbes, 3-stöckiges altes Haus nahe dem Meer. Weiße Fensterläden, frische Blumen, Sessel in Gelb und Blau in jedem Zimmer – man fühlt sich nach Frankreich versetzt.

Restaurant

☆☆ **The Burgundy**
Market Square

Östlich von Kapstadt

Tel. 028/313 12 00.
Das Restaurant ist im ältesten Haus von Hermanus (1875) untergebracht, gegenüber der „Auberge Burgundy". Viele Fischgerichte, hervorragende Qualität und Atmosphäre. Bestseller: Moroccan Fish, gegrillt in Olivenöl mit Chili-Kruste auf Tzatziki-Bett und gartenfrischem Gemüse. Reservierung notwendig.
So abends geschlossen.

Ausflug

Fernkloof Nature Reserve
4 km nördlich von Hermanus (Rotary Way) beginnt das Fernkloof Reserve in reizvoller Hügellandschaft mit schönen Wanderwegen von ungefähr 30 Min. (zum Herbal Garden, dem Gewürzgarten) oder 1 Std. (zum hübschen Assegaaibos-Wasserfall). Natürlich kann man auch längere Ausflüge unternehmen.
Für Übernachtungen steht eine Hütte zur Verfügung (Tel. 028/312 11 22).

Information

Tourism Bureau Hermanus
Main Road/Paterson Road
Tel. 028/312 26 29
Fax 028/313 03 05
Mail: infoburo@hermanus.co.za
Web: www.hermanus.co.za/info
Mo – Sa 9 – 17 Uhr.

Im Fokus

Cape Agulhas

Oft kommt es zu Missverständnissen: Das Kap der Guten Hoffnung südlich von Kapstadt markiert den südwestlichsten Punkt Afrikas, aber keineswegs den südlichsten! Diese Ehre gebührt dem Cape Agulhas rund 200 km östlich von Kapstadt.
Wer dorthin, zum äußersten Süden des Kontinents will, muss weit fahren. Schon der Weg dorthin führt weg vom Massentourismus und durchquert stattdessen sanft gewelltes Farm- und Weideland. Recht unspektakulär präsentiert sich dann das Cape Agulhas selbst (portugiesisch „Agulhas" = Nadeln): bräunliche Felsen verlieren sich hinter einem Leuchtturm im Meer. Aber dies ist nun mal der südlichste bewohnte Ort in Afrika, irgendwo hinter dem Horizont beginnt die Antarktis.
Am 2. März 1999 wurde hier der **Cape Agulhas National Park** proklamiert. In der windgepeitschen Ebene wachsen rund 2000 Pflanzenarten, 100 davon sind endemisch. Mehr als 20.000 Wasservögel leben in den Feuchtgebieten der Agulhas Plain, und in der Saison nähern sich auch hier die Wale dem Strand.
Nahe des südlichsten Punktes des afrikanischen Kontinents, in Struisbai, 6 km vom Kap entfernt, kann man im „Harbour Light Bed & Breakfast" (★, Tel./Fax 028/435 60 53) übernachten und frische Austern, Seezunge und andere Meeresfrüchte genießen. Alternativ kann man auch im neuen, innen sehr gemütlichen „Agulhas Guest House" (★, Tel. 028/435 76 50, Fax 28/435 76 33. Mail: lagulhas@brd.dorea.co.za, Web: www.agulhas.de) absteigen.

34° und 50' – Cape Agulhas markiert den südlichsten Punkt Afrikas.

71

Herbes, karges Paradies

Westen/Norden

Das Volk der San, von den holländischen Einwanderern einst „Buschmänner" genannt, wurde allmählich aus dem Süden Afrikas verdrängt und hat schließlich in der kargen Kalahari-Halbwüste Zuflucht gefunden.

Westen und Norden faszinieren mit herbem Reiz: felsige Küsten am Atlantik, kurze Blütenpracht im Namaqualand und der rötliche Sand in der unberührten Wildnis der Kalahari im äußersten Nordwesten.

Westen/Norden

Oft wallt Nebel hell vom Meer über die raue, felsige **Westküste** ✪✪. Die Bucht von St. Helena erscheint in diesem unwirklichen Licht ebenso isoliert wie Napoleons Verbannungsinsel. Im nächsten Moment aber kann erneut die Sonne scheinen, und der Himmel lässt den kalten Atlantik wieder blau schimmern.

Westküste	77
Clanwilliam	78
Springbok	80
Kalahari	81
Upington	81
Augrabies National Park	83
Kgalagadi Transfrontier Park	83
Im Fokus:	
Die San	76
Weinrouten	79
Wildblumenblüte	80

In **Lambert's Bay**, 290 Kilometer nördlich von Kapstadt, kehren am Nachmittag knallbunte Fischerboote in den kleinen Hafen zurück. Ihre Fracht: längliche, silbrige Fische, die „Snouk". Berge von Snouk überall.

80 Kilometer geradewegs nach Osten beginnt in **Clanwilliam** die Weinroute des Olifants River, der sich silbrig leuchtend durch grüne Wiesen und die aschfahlen Felswände der **Cedarberge** schlängelt. Eine Nebenstraße führt in einen Ort mit dem Namen Algeria. Hier kann man sein Zelt aufschlagen oder in Blockhäusern übernachten. Eine Erdstraße zieht sich durch dichte Nadelwälder hinauf zur Passhöhe – Kanada lässt grüßen. Wanderwege erschließen die Berge und bizarren Felsen, die u. a. dem Maltesischen Kreuz oder einem Krokodilkopf gleichen.

Auf der N 7 erreicht man nach 75 Kilometern das südliche Tor des Namaqualand, **Vanrhynsdorp**, wo das senkrecht abfallende Plateau der **Gifberge** wie eine uneinnehmbare Festung den Weg versperrt. Letzte lila Blüten versprühen ihre Farben vor dem Sommer. Eine Brücke führt über den Salt River – den Fluss ohne Wasser. Welcher Ortsname könnte hier besser passen als „Bitterfontein", „Bittere Quelle"? Nur dornige Büsche und Sukkulenten überleben hier, und selbst die genügsamen Schafe haben es schwer.

Auch weitere 175 Kiometer nördlich, in **Kamieskroon**, ist zehn Monate pro Jahr vegetative Schmalkost angesagt. Allein im südafrikanischen Frühling hält das Leben triumphalen Einzug, wenn nach dem ersten Regen die Wildblüten erblühen und das **Namaqualand** ✪✪ mit einem prächtigen Teppich überziehen – ein begeisterndes Naturschauspiel. Das sonst so ruhige und kleine „Kamieskroon Hotel" mit seinen 24 Zimmern ist dann Wochen vorher ausgebucht, und elegante Damen mit großen Strohhüten sitzen auf der Veranda und knabbern an ihrem Teegebäck. Auch westlich von Kamieskroon explodieren die Farben, und der Hauptort der Region, das 75 Kiometer weiter im Norden gelegene **Springbok**, wird von den knallbunten Klecksen überrannt. In der nahen **Goegap Nature Reserve** äsen Springböcke dann in einer „Flower Power" aus Zartviolett, Orange und Blau.

Die meisten Sukkulentenarten der Erde beherbergt jedoch der mondähnliche **Richtersveld National Park**, 200 km nördlich von Springbok. Die Hälfte davon sind endemisch, einige wurden erst kürzlich entdeckt. Die früher hier ansässigen „Hottentotten" nannten eine der Pflanzen „Halbmensch". Die Legende, die sich darum rankt, erinnert an die zur Salzsäule erstarrende Frau Lots aus der Bibel: Als die „Hottentotten" über den Oranje-Fluss nach Süden abgedrängt wurden, blickten einige sehnsuchtsvoll in ihre alte Heimat zurück – und verwandelten sich in eine Pflanze. Ihr Stamm verjüngt sich stark, oben bilden Blätterrosetten den „Kopf". Ein weiteres Kuriosum: das „Wunder-" oder „8-Tage-Gras", das nach Regen blitzartig aus Samen emporwächst, um dann selbst schleunigst Samenkapseln abzuwerfen.

Das Richtersveld gehört zu den ältesten geologischen Formationen der Erde. Eine Milliarde Jahre alt ist das Grundgestein, 500 Millionen Jahre jünger der Granit darauf, dessen gewaltiger Druck die heute so gesuchten Diamanten hat entstehen lassen. Spezialboote suchen den flachen Meeresgrund der Oranje-Mündung vor Alexander Bay und Port Nolloth nach den wertvollen Steinen ab. Die Küste ist wild, die Männer rau wie in den Pioniertagen.

Nur ein Sprung von 400 Kilometern ist es nach Osten, hin zur Kleinstadt **Upington** am Oranje River – dessen Ufer eine 200 Kilometer lange Oase bilden und dem Land zu seinem größten Weinanbaugebiet verhelfen. Auch Aprikosen, Feigen und Datteln werden geerntet. Die Kooperative für Trockenfrüchte ist die zweitgrößte ihrer Art auf der Welt. Wein und Früchte am Rand der Wüste, bei Niederschlägen von gerade 100 Millimetern im Jahr – der Fluss macht's möglich. Während der Weinlese im Februar herrschen hier am Rand der Kalahari Tagestemperaturen von 45 Grad im Schatten – kein Wunder, dass hier meist süßer Dessertwein produziert wird.

Die größte Sehenswürdigkeit der Region macht westlich von Upington im **Augrabies National Park** ✪ tosend auf sich aufmerksam: die großartigste Granitschlucht des südlichen Afrikas mit den gewaltigen **Augrabies Falls**. „Ort des großen Lärms" nannten die Hottentotten die Wasserfälle. Nach dem Sommerregen, im April und Mai, erreicht der Wasserlauf eine maximale Breite von 150 Metern – am eindrucksvollsten präsentieren sich die Fälle dann am späten Nachmittag.

Aber die Wassermassen waren in den früheren Jahrtausenden wesentlich größer. Heute schwillt der Oranje nur etwa alle zehn Jahre, nach starkem Regen, so sehr an, dass die Fälle sich in einen ohrenbetäubenden Hexenkessel verwandeln. Die letzte Flut kam 1988, und das Brüllen ihres Wassers war noch in zehn Kilometern Entfernung zu hören. Die Hängebrücke über den Fluss wurde weggerissen, das Restcamp war für eine Woche lang von der Außenwelt abgeschnitten und halb unter einer Lehmschicht begraben.

Seit Gründung des Nationalparks 1967 sind 22 Menschen in die Schlucht gefallen – nur zwei haben überlebt. Der Pool unterhalb der Fälle ist so tief, dass Taucher bei 50 Metern aufgeben mussten. Seit 200 Jahren munkelt man schon davon, dass das schwarze Wasser am tiefen Grund einen sagenhaften Diamantenschatz aufgehäuft hätte. Doch als 1934 nach jahrelanger Dürre der Fluss ganz versiegte und der tiefe See fast ausgetrocknet war, dachte allerdings niemand daran, nach den Diamanten zu suchen.

1931 wurde im äußersten Nordwesten Südafrikas, 270 Kilometer

Die mächtig tosenden Augrabies Falls markieren den Südrand der Kalahari.

Getränk
Rooibos-Tee

Um die Jahrhundertwende entdeckten Bewohner der Cedarberge bei **Clanwilliam**, dass man aus den nadelartigen Blättern des Rooibos (Rotbusch) Tee zubereiten kann: Sie zerschnitten und zerstampften die Blätter, um so den Gärungsprozess in Gang zu setzen; danach wurde der „Tee" in der Sonne getrocknet. Heute geschieht dies maschinell. In den 30er Jahren begann man, Rooibos-Plantagen auf den sandigen Böden der Cedarberge anzulegen und gründete 1948 eine Genossenschaft. In den letzten Jahren ist der Bekanntheitsgrad enorm gewachsen. Der Tee hat ein feines, nussiges Aroma und enthält kein Thein sowie kaum Gerbstoffe (Tannin), ist also nicht anregend und magenfreundlich. Durch seinen hohen Gehalt an Mineralien wirkt der „Wundertee" gegen Kopfschmerzen, Schlaflosigkeit, Magenprobleme und fördert das Immunsystem. Äußerlich wird er auch bei Hautreizungen und Ekzemen angewandt. Rooibos-Tee ist bei uns in Reformgeschäften und Dritte-Welt-Shops erhältlich. Die Rooibos-Fabrik bei Clanwilliam kann besichtigt werden (Tel. 027/482 18 44).

Westen/Norden

nördlich von Upington, der **Kalahari Gemsbok National Park** gegründet und den dort lebenden San freies Jagdrecht versprochen. Wenige Jahre später aber vertrieb man die kleinen Jäger und gab ihnen Land außerhalb des Naturschutzgebietes. In den folgenden Jahrzehnten sicherten sich die Mir-Mischlinge das Land und ließen es auf ihren Namen überschreiben. 1999 endlich erhielten die San 550 Hektar Land von der Regierung zurück – als eine Art symbolischer Entschädigung für das angetane Unrecht. Aber die San in der Gegend haben keine Arbeit und sind politisch nicht organisiert, viele dem Alkohol verfallen.

Im Mai 2000 trafen sich die Präsidenten Südafrikas und Botswanas an einem entlegenen Ort: **Twee Rivieren**, direkt an der Grenze beider Länder. Anlass war die Eröffnung des ersten länderübergreifenden Transfrontier oder Peace Parks des ganzen Kontinents: aus dem Kalahari Gemsbok Park Südafrikas und dem Gemsbok Park Botswanas wurde der **Kgalagadi Park** ✪✪.

Er ist die größte zusammenhängende Sandfläche der Erde, sie bedeckt über 800.000 Quadratkilometer. Der neue Megapark umfasst 38.000 Quadratkilometer oft rötlich-sandiger Wildnis mit Oryx-Antilopen, Springböcken und Großkatzen, Löffelhunden, Ameisenbären, possierlichen Erdmännchen, Wüstenfüchsen, Raubvögeln und noch viel mehr Tieren: Diese Wüste lebt also. Man kann im südafrikanischen Teil mit einem ganz normalen Pkw auf Naturstraßen fahren, die den Windungen alter Flussbetten folgen. Doch keine Angst – hier fließt nur etwa zweimal in hundert Jahren Wasser.

Im Fokus

Die San – ein Volk stirbt aus

Die holländischen Einwanderer nannten die San „Bosjemans" – daraus wurde „Buschmänner". Insgesamt leben noch rund 100.000 San im südlichen Afrika. 46.000 leben in Botswana; in Namibia vegetieren 33.000 San, abgedrängt in die fieberverseuchten Feuchtgebiete im Caprivi. Noch 3000 sind im Kriegsland Angola verstreut, je 1000 verteilen sich auf Südafrika, Sambia und Zimbabwe. Einst war die Kalahari mit ihren Sanddünen und großen Antilopenherden ihre Heimat.

Als Jäger und Sammler lebten sie von der Natur und mit der Natur. Über 220 Kräuter kannten sie, ihre Orientierungsfähigkeit war phänomenal. Es gab keine übergeordnete Autorität, sondern nur Sippen und Sprachgruppen – Ausrufezeichen bei den „!Kung" und „!Xo", Striche wie bei den „G/wi" und „G//ana" stehen für Schnalz- und Klicklaute ihrer fremdartigen Sprache. Felsmalereien am Kap, in den Drakensbergen und in Nordwest-Botswana künden von ihren künstlerischen Fähigkeiten.

Kein Wunder, dass die „edlen Wilden" gut erforscht und auch romantisiert wurden. Sie gelten als die wohl am besten dokumentierte Ethnie Afrikas, doch dies löste ihre Probleme nicht: Wegnahme von Land und Evakuierung aus den traditionellen Gebieten, Zerfall der Familienstrukturen durch Abwanderung, Alkoholismus, Gewalt und Prostitution.

Weil der „Buschmann" nichts besaß, war man ihm auch nichts schuldig. Schon um 1860 war das Volk zwischen den vorrückenden Eindringlingen aus Nord und Süd wie zwischen Hammer und Amboss weitgehend zerrieben worden. Flüchtende Volksstämme fanden dann in der Kalahari noch Schwächere: die Buschmänner. Zäune und Reservate parzellierten seit den 30er Jahren des 20. Jahrhunderts die Wildnis, in der die Buschmänner zu verschwinden drohen.

Viel zu spät, im Jahr 1996 erst gegründet, kämpfen heute zwei Organisationen für die San. Ein Kulturdorf nebst handwerklichem Ausbildungscenter wurde in Kapstadt eröffnet. Die Schotterstraße zum neuen Kgalagadi Transfrontier Park schlängelt sich kurvenreich einem alten Flussbett entlang, und gleich rechts hinter dem Zaun beginnt Botswana. In „Welkom" – „Willkommen" – leben rund 200 Menschen. Hier oben ist das Land so trocken, dass man gerade noch ein paar Schafe halten kann. Nicht weit vom Eingang zum Kgalagadi Park kampieren einige San neben leeren Bierdosen und anderem Müll. Die San verschwanden und verschwinden lautlos und ohne Gegenwehr wie in einem „Traum, der uns träumt".

Westen/Norden

Atlantikstimmung: einsame Fischerhütte über dem Strand von Lambert's Bay.

Westküste ✪✪

Die Westküste, geprägt von rustikalen Fischerdörfern und felsigen Buchten, zieht vor allem Naturfreunde an, denn oft bläst hier kühler Wind vom Atlantik heran.

Sehenswürdigkeiten

An der Küste lohnt 100 km nördlich von Capstadt der West Coast National Park. Der Küstenpark erstreckt sich auf beiden Seiten einer 25 km langen Lagune mit vielen Seevögeln, aber auch Antilopen. Von Lambert's Bay aus sind es noch 60 km zur alten Stadt Clanwilliam. Sie eignet sich gut als Standort für Ausflüge in die wildromantischen Cedarberge mit Felsformationen und Wanderwegen. Hoch im Norden lockt das Namaqualand bei Springbok im südafrikanischen Frühling mit üppiger Blütenpracht. Der Oranje River bildet die Grenze nach Namibia, in seiner Meeresmündung werden Diamanten gefunden.
Südlich vom West Coast National Park liegt Yzerfontein an langen Stränden (2 km langer Trail). Langebann, der ruhige Ferienort im Norden des Parks, erwacht nur während der südafrikanischen Sommersaison aus dem Tiefschlaf. Saldanha, im Norden der Bucht, wurde nach dem portugiesischen Seefahrer Antonio de Saldanha benannt. Hier findet sich der tiefste Naturhafen des Landes; aus Sishen (bei Kuruman, an der Nordwestgrenze der Provinz Nord-Kap) wird fast 900 km weit Eisenerz bis hierher transportiert und verladen. Am Hafen steht die größte Fischfabrik des Landes. Im Norden der Halbinsel lohnt Paternoster mit seinem malerischen Fischereihafen einen Besuch; am Ortsrand liegt das Columbine Nature Reserve. Von hier sind es nur noch wenige Kilometer nach St. Helena.

Unterkunft

★★ Protea Hotel Marine
Voortrekker Street
Lambert's Bay
Tel. 027/432 11 26
Fax 027/432 10 36
Mail: marinelb@kingsley.co.za
Schön renoviertes, altes Hotel am Meer mit 50 Komfortzimmern und gutem Restaurant.

★★ Protea Hotel Saldanha Bay
51 Main Road
Saldanha
Tel. 022/714 12 64
Fax 022/714 40 93
Mail: sbph@mweb.co.za
Direkt an der „Waterfront" mit einem eigenem Bootshafen – 58 elegante Zimmer mit Blick auf Hafen und Meer. Zum Hotel gehört ein Restaurant. Viele Möglichkeiten zum Wassersport.

Insider News

Blumen und Kabarett

Während der Blumenblüte im September findet in **Darling**, 85 km nördlich von Kapstadt, die **Darling Wild Flotter Show** statt – eine von vielen der Region. Interessant ist auch ein Besuch in der OL Railway Station von Darling: Hier hat Südafrikas bekanntester Kabarettist Peter-Dirk Uys sein schräges Imperium geschaffen: zwei intime Theater, ein Restaurant und die „Bambi's Berlin Bar".
Berühmt wurde Uys mit der burischen Fantasiefigur „Evita" Bezuidenhout, gespielt von ihm selbst. „Evitas" Äußerungen brachte das Apartheidregime oft in Bedrängnis, das Volk aber zum Lachen. Uys spielt Evita noch immer, und auf seinen Bühnen werden laufend bissige Satirestücke aufgeführt. Die Website ist eine der besten Südafrikas. Informationen und Buchung:
Tel. 022/492 28 51
Fax 022/492 28 31
Mail: evita@iafrica.com
Web: www.evita.co.za

Westen/Norden

Ausflug

Kagga Kamma

Kagga Kamma ist ein privater Wild- und Wildnispark in den **Swartbergen** mit bizarren Felsformationen und einem

San in typischer Pose.

300 m tiefen Canyon, 100 km nordöstlich von Ceres bzw. 200 km von Kapstadt. Hier leben Busch- und Springböcke. Pieter de Waal hat den San („Buschmännern") der Kalahari hier zu neuer Existenz verholfen. Gelegentlich zeigen sie ihre traditionellen Fertigkeiten. Unterkunft in Höhlenzimmern oder Hütten-Chalets. Jeden Mo und Fr auch Flugtransfer ab/an Kapstadt.
★★★ Kagga Kamma
Tel. 021/8 63 83 34
Fax 021/8 63 83 83
Mail: info@kagga kamma.co.za
Web: www. kaggakamma.co.za

★★ Van Meerhof Lodge
10 km südlich von Citrusdahl an der N 7
Tel./Fax 022/921 25 70.
Strohgedeckte Cottages mit schönem Blick am Piekenierskloof, der Passhöhe südlich von Citrusdahl.

Restaurants

Kulinarisch wird's an der Westküste zwischen September und Mai interessant – in der Crayfish-Saison. Crayfish ist aber kein Fisch, sondern ein kleiner (und preiswerter) Hummer. Empfehlenswerte Restaurants, von Süden nach Norden:

☆☆ Evita se Perron
Darling, Darling Station
Tel. 022/492 28 31
Teil des „Satirekomplexes" von Peter-Dirk Uys (siehe S. 77). Dekoriert mit Burenkitsch und Theatersouvenirs; gutes Buffet und Farm Food. Nur am Wochenende/Lunch Sa/So, Dinner Fr – So).

☆☆ Beaches
Yzerfontein, Beach Rd./9th Street
Tel. 022/451 22 00.
Superblick auf Meer und Wellen von Holzdecks direkt am Strand. Selbstgemachte Pasta und Seafood. Lunch Di – So, Dinner Di – Sa.

☆☆ The Farmhouse
Langebaan, 5 Egret Street,
Tel. 022/772 20 62.
Stilvolles Restaurant in einem Haus aus dem Jahr 1860 (auch Gästehaus) mit separater Bar. Gute Fischgerichte und traditionelle südafrikanische Küche
Tgl. geöffnet.

☆ Die Strandloper
Am Strand von Langebaan
Tel. 022/772 24 90.
Gut, preiswert, originell: fangfrische Meeresfrüchte (z. B. Snoek, Crayfish, Muscheln) und typisch südafrikanische Gerichte. Keine Alkohollizenz – man kann sich Bier oder Wein selbst mitbringen.
Tgl. mittags und abends und am Wochenende.

Ausflug

West Coast National Park
Der lang gestreckte Naturpark zwischen Yzerfontein und Langebaan umfasst auch eine Lagune und ist 18.000 ha groß. In den Feuchtgebieten liegen Brutgebiete u. a. von Flamingos, Pelikanen und Kormoranen. Sehr zu empfehlen ist eine 3-stündige Bootstour zur Brutinsel Schaapen (große Brutkolonie von Kormoranen, Albino-Kaninchen) und nach Malgas Island. Hier brüten Zehntausende von Kap-Tölpeln. Mit etwas Glück sieht man auch Pinguine und Seehunde.
Informationen und Buchungen für Tagesausflüge bietet das Touristenbüro in Langebaan; es bestehen keine Unterkunftsmöglichkeiten im Park.

Information

Tourism Bureau Langebaan
Main Street/Park's Board Office
Langebaan
Tel. 022/772 15 15
Fax 022/772 15 31
Mail: lbinfo@mweb.co.za
Mo – Fr 9 – 17, Sa 9 – 12.30, So 9 – 12 Uhr.

Clanwilliam

Die im fruchtbaren Tal des Olifants River gelegene sympathische Kleinstadt etwas abseits der N 7, 220 km nördlich von Kapstadt, wurde Anfang des 19. Jh. gegründet; aus dieser Zeit, aus dem Jahr 1808, stammt der Landdrost's Court (Gerichtsgebäude) und das Old Prison. Clanwilliam ist eine ideale Basis für Ausflüge in die Cedarberge, zur Küste und zu Weingütern der Umgebung.

Westen/Norden

Unterkunft

★★ Strassberger's Hotel
Main Street
Tel. 027/482 11 01
Fax 027/482 26 78.
In einem historischen Haus; geschmackvolle Korbmöbel; preiswert. Mit gutem Restaurant gegenüber und Kaminfeuer in der Lounge.

Ausflug

Calvinia
Wer direkt Richtung Norden nach Upington fährt, kommt über Calvinia. Auch sonst lohnt die alte Siedlung inmitten einer Berglandschaft einen Umweg – am besten über die R 364 und Botterkloof-Pass (150 km nordöstlich von Clanwilliam). Calvinia wurde 1851 an den Südhängen der Hantam-Tafelberge gegründet und ist ein Zentrum der Schafzucht. Am letzten Samstag im August findet das Hantam Meat Festival mit Lammessen statt.

2 km nördlich der Stadt liegt das Akkerendam Nature Reserve mit vielen Wildblumen, Antilopen, Bergzebras, Schakalen und Löffelhunden (2 Wanderwege von 1 und 7 Std.).
Man sollte einen Drink in der Bar des „Holden's Commercial Hotel" nehmen – dort hat der Barmann Cecil Traut die Wände mit rund 2500 gesammelten Krawatten dekoriert.
Einige der alten Gebäude wurden in Gästehäuser umgewandelt; die Übernachtungspreise sind günstig.
Infos: Tel. 027/341 10 80
Fax 027/341 18 52.

Information

Tourism West Coast
Morreesburg (an der N 2, 150 km nördlich von Kapstadt)
Plain Street, Municipal Buildings
Tel./Fax 022/433 10 72
Mail: info@mbury.new.co.za
Mo – Fr 8 – 15.30 Uhr
Web (für die gesamte West Coast):
www.capewestcoast.org

Im Fokus

Malan alles gewonnen: Hier produziert man Rotweine und Port, die zu den besten des Landes gehören. Der Shiraz wurde 1998 als bester Rotwein Südafrikas bewertet. Weinkritiker John Platter: „Geschmack von Zimt, schwarzem Pfeffer, Rauch, unterlagert von Aromen aus Trockenfrüchten, Vanille und Cassis" – viel Geschmack bei 14,4 % Alkohol.

Allesverloren Estate
Riebeeck West
Weinprobe Mo – Fr 8.30 – 17, Sa 8.30 – 12.30 Uhr
Tel. 022/4 61 25 89
Mail: dmalan@mbury.new.co.za
Web: www.allesverloren.co.za

In der Umgebung von Clanwilliam gibt es empfehlenswerte Weinkeller.

Weinrouten

Zwei Weinrouten führen durch hügelige Landschaft zu diversen Kellern – darunter das beste und das am höchsten gelegene Weingut.

Swartland Weinroute

Die Route verläuft von Malmesbury über Mooresburg, Piketberg nach Porterville und ist wie alle Weinrouten ausgeschildert. Zu ihr gehören 10 Weingüter; die meisten sind Kooperativen.
„Star" ist das Weingut Allesverloren – so genannt, nachdem im 19. Jh. alles niederbrannte. Nun ist längst für die Familie

Olifants River Weinroute

Citrusdahl – Clanwilliam und Cedarberge – Vredendal. 10 Weingüter liegen an dieser Route, herausragend nicht nur an Qualität, sondern auch an Höhe. Tipp: David Niewouldt führt den Familienbetrieb Cederberg Wine Cellar und keltert den „Hauswein" Cedarberger, guten Pinotage und exzellenten Chardonnay.

Cederberg Wine Cellar
Dwarsrivier, Cederberge
45 km von Clanwilliam
Weinprobe: Mo – Sa 8 – 12.30/ 14 – 17 Uhr
Tel. 027/482 28 25
Mail: cerderwyn@iafrica.com
Web: www.skybusiness.com/cederbergcellars

Springbok

Die „Hauptstadt" des wüstenhaften Namaqualand, 600 km nördlich von Kapstadt, trägt den Namen einer Antilopenart („Springbok"), der hier einst in großer Zahl vorkam. Springbok wird umgeben von eindrucksvollen Granithügeln und liegt im Zentrum der Kupferproduktion: 10 km östlich an der N 14 erinnert eine Bronzeplatte auf dem Gebiet der Van der Steel's Mine an Kap-Gouverneur Simon van der Steel, der hier 1685 nach Kupfer suchen ließ. 13 km nordwestlich findet man in Nababeep die größte Kupfermine der Region (Tel. 027/713 81 21). Hier gibt es auch ein kleines Hotel, in Springbok Hotels und Gästehäuser.

Im Fokus

Wildblumenblüte im Namaqualand ✹✹

Von etwa Anfang August bis mindestens Ende September verwandelt sich die Halbwüste des Namaqualandes in ein Blütenmeer – zwischen Garies, Kamieskroon und Springbok und westlich davon. Viele Orte organisieren in der ersten Septemberhälfte Blumenshows – etwa Caledon, Clanwilliam und Darling. Sehr schöne Routen zwischen Garies und dem 123 km nördlich gelegenen Springbok erschließen das Naturschauspiel und führen durch eine herbschöne Landschaft – zum Beispiel von Garis hinunter zur Küste nach Groenrviermond.
Zwei empfehlenswerte Naturreservate sind:

Skilpad Flower Reserve
70 km südwestlich von Springbok/18 km nordwestlich von Kamieskroon.
Im September blühen Daisies, Gazanias und Gortevias um die Wette – auf einem 5 km langen Rundweg zu erleben. Tgl. in der Blumensaison 8 – 17 Uhr.
Man sollte von Springbok (oder auf dieser Strecke zurück) in Richtung Hondeklipbaai über die zwei Pässe Messelpad und Wildeperdehoek fahren.

Goegap Nature Reserve
16 km nordöstlich von Springbok an der R 335.
Neben der Blütenpracht sind hier über 200 Sukkulentenarten der Karoo und des Namaqualandes zu sehen – u. a. der bizarre Halfmensboom, der sonst nur im schwer zugänglichen Richtersveld National Park wächst. Zum Reservat gehört der Hester Malan Wild Flower Garden mit einem Steingarten. Außer Vögeln wie etwa Strauße, leben hier auch Zebras, Oryxantilopen und Springböcke. 3 Rundwanderwege (4 – 7 km), 2 Mountainbikerouten, Geländewagentrail (4x4) mit 40 km Länge.
Tgl. während der Blumensaison von 8 – 16 Uhr geöffnet.

Einfache, aber sympathische Unterkünfte, auch privat. Wer zur Blumensaison anreist (August – September) muss reservieren. Info unter „Flower Hotline": Tel. 08 39 10 10 28.
Weitere Informationen über die Websites der beiden Provinzen Western Cape und Northern Cape (nördlich von Vanrhynsdorp):
www.capetourism.org
www.northerncape.org.za

Im Frühjahr wird die Wüste im Namaqualand zum Blumenteppich.

Westen/Norden

Unterkunft

★ Annie's Cottage
King Street/Hospital Street
Springbok
Tel./Fax 027/712 14 51
Mail: anniescottage@intekom.co.za
Z. T. etwas kitschig, aber liebevoll eingerichtete (und preiswerte) 6 Zimmer; Garten mit Pool.

★ Kamieskroon Hotel
Kamieskroon, 69 km südlich von Springbok an der N 7
Tel. 027/672 16 14
Fax 027/672 16 75.
Familienhotel mit Fotokursen während der Blumensaison; guter Standort für einen Besuch der Skilpad Flower Reserve 18 km nordwestlich.

★ Okiep Country Hotel
Okiep, 8 km nördlich von Springbok
Tel. 027/744 10 00
Fax 027/744 11 70
Mail: giulia@mweb.co.za
Web: www.okiep.co.za
Gemütliches, preiswertes Countryhotel; guter Standort während der Blumenblüte im nördlichen Namaqualand. Monate vorher buchen!

Aktivitäten

Richtersveld Experience
Bernie Opperman lebt in Port Nolloth und ist Spezialist für das Richtersveld. Er organisiert Geländewagentouren (auch Fahrzeugverleih) und Bootsfahrten (kein Wildwasser). Bernie hat auch ein Gästehaus in Port Nolloth (Tel./Fax 027/851 80 41).

Information

Tourist Information Center Springbok
Old Church, Namakwa Street
Tel. 027/712 20 11.
Mo – Fr 7.30 – 16.15 Uhr, während der Blumensaison auch am Wochenende 8 – 13 Uhr.

Kalahari

Der weite Weg lohnt sich. In öder Halbwüste rauschen die Augrabies-Falls, der Kgalagadi Transfrontier Park bietet ein unverfälschtes Kalahari-Erlebnis und reicht weit nach Botswana hinein – der erste länderübergreifende Nationalpark Afrikas. Im südafrikanischen Teil folgt man den beiden trockenen Flussbetten Nossob und Auab. Man sieht immer wieder Oryx-Antilopen mit ihren spießförmigen Hörnern, mit Glück auch Geparden, Löwen und Leoparden. Hier leben die meisten Springböcke des Landes, und Erdmännchen halten an der Naturstraße Wache. Upington wird 6-mal wöchentlich von Johannesburg und Kapstadt angeflogen; am Flughafen sind Mietwagen zu erhalten.

Information

Kalahari Tourism Information Centre
Main Street
Kuruman
Tel. 053/712 10 01
Fax 053/712 25 02
Mail: kaldo@mweb.co.za
Mo – Fr 7.30 – 17, Sa 8 – 13 Uhr.

Upington

Die Kleinstadt am Oranje River, 400 km östlich von Springbok, ist das Einkaufszentrum für die umliegenden Obst- und Schaffarmer. Hier leben Buren und Coloureds, Schwarze sind selten. Die Stadt selbst ist langweilig.

Unterkunft

Herrlich übernachten kann man auf der interessanten Insel „Eland" im Oranje-Fluss mit einer 1040 m langen Palmenallee, Pool und Bungalows (Tel. 054/334 02 86).

★★ Molopo Kalahari Lodge
Upington

Ausflug

Cedarberge

Die Berge mit dichten Wäldern, Flüssen, Grotten und bizarren Sandsteinformationen, kaum 200 km von Kapstadt entfernt, sind ein Paradies für Naturfreunde. Ein über 250 km langes Netz von Wanderwegen durchzieht die Bergwelt bis zum **Sneeuberg** (2026 m), vorbei am 20 m hohen **Maltese Cross**. In Höhen zwischen 1000 und 1400 m wächst die Clanwilliam-Zeder (Aufforstung ab 1987) und

In den Cedarbergen.

die ebenso endemische Schnee-Protea. Wupperthal (65 km östlich von Clanwilliam) wurde 1835 von der Rheinischen Mission gegründet; die kleine Hauptstraße mit ihren strohgedeckten Cottages hat sich seither kaum geändert. Hier sind Eselskarren noch das wichtigste Transportmittel.

Ausflüge

Port Nolloth Alexander Bay

44 km nördlich von Springbok liegt Steinkopf, 93 km westlich der kleine Hafenort Port Nolloth. Großartig die Fahrt über den Anenous Pass hinter Steinkopf. In Porth Nolloth wird nach Diamanten gesucht und werden Langusten gefangen. 87 km nördlich an der Oranje-Mündung ebenfalls Diamantensuche; gegenüber beginnt Namibia (Geführte Touren jeweils Do, Tel. 0256/831 13 30). Ab hier Zufahrt zum Richtersveld Park.

Richtersveld National Park

Südafrikas „wildester" Nationalpark im äußersten Nordwesten (nur mit Geländewagen!). Die ansässigen Nama lassen hier ihre Rinder grasen. „Gefaltete" Berge und sandige Täler prägen die Landschaft. Hier wachsen die meisten Sukkulenten der Welt. Im Park: Bergzebras, Antilopen, Steinböcke, Hyänen und Leoparden. Anfahrt über Port Nolloth oder Vioolsdrif. Reservierung über South African National Parks (S. 210).

Tel. 054/511 00 08
Fax 054/511 00 09
Mail: molopo@intekom.co.za
58 km südlich vom Parkeingang des Kgalagadi Park bei Twee Rivieren bietet die Lodge eine preiswerte und schöne Unterkunft in strohgedeckten Rondavels, Pool und Restaurant:

Aktivitäten

Kalahari Adventure Centre
Tel. 054/451 01 77
Fax 054/451 02 18
Mail: info@augrabies.co.za
Web: www.augrabies.co.za
Das Kalahari Adventure Centre organisiert Wildwasserfahrten von einem halben Tag („Augrabies Rush") bis zu mehreren Tagen, Kanutouren und Geländewagenfahrten.

Ausflüge

Spitskop Reserve
13 km nördlich von Upington an der Straße zum Kgalagadi Park.
Oryx, Zebras, verschiedene Antilopenarten. Da es hier keine gefährlichen Tiere gibt, kann man nach Herzenslust joggen oder spazieren gehen. Mitten im Reservat findet man in rustikalen Hütten eine Übernachtungsmöglichkeit; natürlich fehlen auch hier nicht Feuerstelle und der „Braai"-Platz zum Grillen (Tel. 054/332 13 36).

Der Richtersveld National Park wurde benannt nach einem deutschen Missionar, der 1830 in dieses abgelegene Gebiet kam.

Witsands Nature Reserve
Rund 180 km südlich von Upington liegt eine kaum bekannte Landschaft mit fast 100 m hohen, weißen Sanddünen. Man erreicht sie über Groblershoop und die R 64; von hier biegt man einige Kilometer hinter dem Dorf Volop auf die R 383. Die weißen Dünen erstrecken sich auf einer Länge von rund 10 km und kontrastieren deutlich mit dem rötlichen Kalahari-Sand. In der heißen Zeit geben die „Brilsands" oft donnernde Geräusche von sich. Unterkunft findet man im schönen Buschcamp mit strohgedeckten Hütten (Tel. 053/313 10 61).

Kuruman

Der Ort mit ein wenig Wildwest-Atmosphäre ist die erste größere Siedlung 265 km östlich von Upington. Sehenswert die größte Quelle des Landes im Zentrum, gelegen in einem kleinen Park mit See und großen Fischen im kristallklaren Wasser: „The Eye" liefert täglich fast 20 Mio. l bestes Quellwasser.

Moffat Mission

5 km nördlich von Kuruman an der R 31 sieht man schon von weitem große alte Bäume rechts von der Straße: Hier gründete der schottische Missionar Robert Moffat mit seiner Frau Mary schon 1817 eine Missionsstation. Ihre Tochter Mary heiratete hier den später berühmt gewordenen For-

Westen/Norden

Der karge und trockene Kgalagadi Transfrontier Park ist mit 38.000 km² noch größer als der Krüger-Nationalpark.

Fauna

Tierleben in der Kalahari

Am Himmel kreisen Raubvögel. Ein Erdmännchen hält Wache auf einer Akazie. Beim Näherkommen verschwinden er und seine Kollegen in ihren Höhlen. Mit Glück entdeckt man Stachelschweinkot, der an schwarzweiße Mikadostäbchen erinnert. Rund 200 so genannte Kalahari-Löwen leben in der fast wasserlosen Wildnis – von 3 Löwenjungen überlebt hier nur eines. Im Fluss sucht eine Herde Springböcke nach Nahrung. Zwei Oryx stehen auf einer Düne, wegen ihrer bis 120 cm langen Hörner auch Spießböcke genannt – das „Wappentier" des Parks. Sie passen ihre Körpertemperatur der Hitze an und verlieren keine Flüssigkeit durch Schwitzen.

Eine weitere Spezialität der Kalahari sind die „sozialen Webervögel" – eine Spatzenart, die riesige Nester baut. In einem Nest leben bis zu 500 Vögel in „Zweier-Apartments". Im kalten Kalahari-Winter rückt man näher zusammen:Dann teilen sich 4 Vögel eine Schlafkammer.

scher David Livingstone in der Kirche der Mission; Livingstone begann von aus mehrere Expeditionen.

Information

Upington Information Office
Schröder Street
Kalahari Oranje Museum
Tel./Fax 054/332 60 64
Mail: greenkal@mweb.co.za
Mo – Fr 8 – 12.30, 14 – 16.30 Uhr.

Augrabies National Park ✱

300 km nordöstlich von Springbok, 850 km von Kapstadt, 120 km westlich von Upington. Doch der Weg lohnt sich, vor allem zu Beginn des südafrikanischen Winters (April/Mai). Dann stürzen die Augrabies Falls auf 250 m Breite 56 m tief in eine Granitschlucht. Im Sommer steigen hier die Temperaturen auf über 40 Grad im Schatten. Im Nationalpark leben die kleinen Klippspringer sowie andere Antilopenarten, Leoparden und eingeführte Nashörner (tgl. Ausflüge).
Wer Zeit und eine gute Kondition hat, sollte sich auf den 40 km langen Klippspringer Hiking Trail (3 Tage) begeben, der die ersten zwei Tage direkt der Granitschlucht folgt. Der letzte Teil ist auch als Tagestour zu begehen. Aufgrund der Hitze ist der Trail zwischen Mitte Oktober und Ende März geschlossen.

Das schöne Restcamp in unmittelbarer Nähe der Wasserfälle ist ganzjährig geöffnet (Bungalows, Restaurant). Reservierung über das Büro von South African National Parks (siehe S. 210).

Kgalagadi Park ✱✱

Das Staaten übergreifende Naturschutzgebiet besteht aus dem südafrikanischen Kalahari Gemsbok National Park und dem östlich angrenzenden Gemsbok National Park in Botswana. Das Gebiet mit trockenen Flussbetten, Sanddünen und dem orangefarbenen Sand der Kalahari ist damit mit 38.000 km² größer als der Krüger-Nationalpark. Es ist eines der letzten Reservate, in dem Tiere noch in den angestammten Weidegründen leben und, ungestört von Zäunen, den alten Migrationsrouten folgen können. In der heißen Zeit (Februar – Mai) sammelt sich das Wild an den Wasserstellen.
Eine neue Asphaltstraße führt von Upington (Autovermietung am Flughafen) bis 60 km vor den Parkeingang bei Twee Rivieren. Dieses Camp und die beiden anderen Camps in Nossob und Mata Mata im Westen sind oft ausgebucht. Reservierung über das Büro von South African National Parks (siehe S. 210). Zu Unterkunft siehe „Molopo Kalahari Lodge" auf S. 82/83.

83

An der Garden Route, einer der schönsten Regionen Südafrikas, wechseln steile Felsküsten ab mit flachen, menschenleeren Stränden.

Zwischen Bergen und Meer

Garden Route

Der Name „Garden Route" lässt auf Beschaulichkeit schließen, doch überall trifft man auf ungezähmte Natur. An der Felsenküste des Tsitsikamma National Park bricht sich der Indische Ozean.

Garden Route

Mossel Bay	89
George	90
Wilderness/Sedgefield/	
Knysna	91
Plettenberg Bay	93
Tsitsikamma	
National Park	94
Oudtshoorn	96
Große Karoo	98
Beaufort West	98
Im Fokus:	
Routentipps	91
Wander-Tipps	95

Die Lager- und Fabrikhallen von **Mossel Bay**, 350 km östlich von Kapstadt, wirken ebensowenig einladend wie seine Raffinerie-Anlagen. Aber wer hier schon kehrtmacht, begeht einen Fehler. An der Landzunge **The Point** brandet das Meer schäumend an die Felsen, weit reicht der Blick auf die Bucht und einen Teil der bewaldeten Garden Route. Vielleicht ist der Westen der schönste Teil der **Garden Route** ✪✪✪ überhaupt, obgleich sie „offiziell" erst weiter östlich beginnt. Zumindest ist in Mossel Bay die Kirche noch im Dorf geblieben – die Menschen sind bodenständig und nicht steif und oft neureich wie in Plettenberg Bay.

Während 10 km nördlich von Mossel Bay die R 328 nach Norden abbiegt und über den spektakulären **Robinson Pass** ins 80 km entfernte Straußenzuchtzentrum **Oudtshoorn** ✪✪ führt, säumen östlich von Mossel Bay, zwischen Wilderness und Knysna, Seen und Lagunen die Straße – hier macht die Garden Route ihrem Namen alle Ehre. Der **Wilderness National Park** besteht z. B. aus Seen, Inseln, Sumpfland und gewundenen Flüssen. Die Zahl der Wasservögel in diesem Gebiet variiert nach Jahreszeit zwischen 5000 und 25.000. Über 230 Vogelarten wurden gezählt, und 79 der 95 Wasservogelarten leben hier im Gebiet von Wilderness nah am Meer.

Knysna, 120 km östlich von Mossel Bay, wird dominiert von den so genannten „Heads" – zwei Landzungen, die in wuchtigen, abgestumpften Felskegeln enden, zangenförmig die Schaumkronen der Bucht begrenzen und einen natürlichen Hafen mit zwei Inseln schaffen. Dämme verbinden sie mit dem Ufer, auf den flachen Eilanden stehen Ferienhäuser. Unten am „Eastern Head" leuchten die gischtenden Wellen hinter einem kleinen Wald aus krummen Bäumen und brechen sich an bräunlich roten Felsen.

Mit einer Sondererlaubnis erhält man Zugang zum **Featherbed Reserve** auf dem westlichen „Head". In diesem Naturschutzgebiet hoch über dem Meer leben ungefähr 60 der höchst seltenen, gerade 60 cm hohen Blue-Duiker-Antilopen – im ganzen Land gibt es nur 100. Einfacher ist es dagegen, mit dem „Hausboot" von Knysna, dem Katamaran „John Benn" (siehe S. 96), auf eine Lagunenfahrt zu gehen. Und richtig stilvoll gar gestaltet sich der gemütliche Sundowner-Trip mit gecharterter Segeljacht.

Auf schwankenden Planken geht es über die Mündung des Storms River.

Gelegentlich stolpert man in Knysna auch über einen gewissen George Rex (1765 – 1839), dessen herrschaftlicher Lebensstil die Einwohner des Ortes so sehr blendete, dass sie ihn – zu Unrecht – für einen unehelichen Sohn des britischen Königs George III. hielten. Der ominöse Mister Rex sorgte auch dafür, dass Millwood 1825 zur Stadt erhoben wurde und einen Hafen erhielt.

Ein knapp sechs Kilometer langer Wanderweg im Nordosten von Knysna führt durch schönen Wald zu den Resten der alten Goldgräbersiedlung **Millwood**. 1876 wurde hier Gold gefunden, 1887 die „Spitzentemperatur des Fiebers" erreicht. Es gab sechs Hotels, Geschäfte, eine Tanzhalle, Banken und drei Tageszeitungen; 600 Digger schürften nach dem gelben Metall. Doch schon zur Jahrhundertwende war die Goldader ausgebeutet und Millwood eine Geisterstadt.

Im 25 km weiter gelegenen **Plettenberg Bay** schwingt eine herrlich feinsandige Bucht weit am Meer entlang. Wer auf sich hält und das nötige Geld hat, besitzt ein Ferienhaus in der Bucht, die ganz Glücklichen wohnen hier immer. Aber es drängen sich mittlerweile so viele schöne Häuser rund um die Bucht, dass es mit der seligen Exklusivität eigentlich auch schon wieder vorbei ist ...

Um in das Tsitsikamma-Land zu gelangen, empfiehlt sich statt der N 2 die attraktivere Nebenstrecke via R 102, die kurz hinter dem kleinen **The Crags** in das Feriengebiet **Nature's Valley** abbiegt. Die R 102, einer der schönsten Abschnitte der Garden Route, führt kurvenreich durch lichten Wald zum **Bloukrans Pass** und windet sich anschließend wieder hinab in ein Tal mit tropisch dichter Vegetation. Die Straße überquert dann die N 2 und verläuft weitere zehn Kilometer nordwestlich von ihr durch den Küstenurwald mit seinen langen Luftwurzeln und einem rauschenden Bach. Vom De-Vasselot-Campingplatz am Meer zweigen sechs verschiedene Hiking-Trails ab in die Berge – alles Rundtouren, die zwischen zwei und sechs Stunden dauern. 6 Kilometer vor Storms River trifft die Straße wieder auf die N 2.

Storms River ist bekannt für seine malerische Hängebrücke, über die ein Weg in den **Tsitsikamma National Park** führt. Beim Überqueren schaukelt sie beängstigend, aber sie wird von soliden Stahlseilen gehalten. Die heiseren Schreie tief fliegender Möwen werden von der Brandung verschluckt. Dieser Ort allein schon wäre eine Reise nach Südafrika wert. Von dem weiterführenden Weg über Holzplanken durch dichten Wald aus

In Oudtshoorn stammen noch viele Häuser aus der goldenen Zeit der Straußenzucht.

Highlights

Karoo National Park ✪✪
Bizarre Felsen und ungewöhnliche Flora/Fauna (Seite 88).

Oudtshoorn ✪✪
Straußenfedern und Straußenfleisch (Seite 96)

Swartberg-Pass ✪✪
Spektakulärer Übergang von der Großen in die Kleine Karoo (Seite 98).

Mossel Bay
Ein Museum und der wohl ungewöhnlichste Briefkasten der Welt (Seite 89).

Knysna
Grandiose Ausblicke und Traumstrände (Seite 91).

Plettenberg Bay
Ferienort mit 320 Tagen Sonnenschein (Seite 93).

Tsitsikamma National Park
Über die berühmte Hängebrücke über den Storms River ins Naturparadies (Seite 94).

Otter Trail
Traumwanderung (Seite 95).

Garden Route

öffnen sich immer wieder Blicke auf das Meer. Pfade führen zu kleinen, aber wildromantischen Buchten, etwa zur Driftwood Bay. Dort liegt quasi das „urbanes" Zentrum des Nationalparks mit einigen Bungalows am Meer und einem Restaurant. Hier beginnt der berühmte, 42 Kilometer lange Wanderweg des **Otter Trail** (siehe S. 95).

An der N 2 weist 1 km östlich von Storms River ein Schild den Weg zum „Grode Boom" – dem **Big Tree**. Ein romantischer Rundweg führt durch verwunschenen Wald mit Farnen und umgestürzten Bäumen zum unbestrittenen Patriarchen der gesamten Küste: einem gigantischen Yellowwood-Baum mit 37 Metern Höhe und stolzen 800 Jahren auf dem borkigen Buckel. Hier im Wald leben sogar noch Leoparden, auch Buschböcke und die kleinen Duiker-Antilopen, aber im Dickicht erblickt man sie fast nie – ebenso wenig wie Warzenschweine oder Honigdachse. Nicht weit vom „Big Tree" führt eine große Brücke über die Schlucht des Storms River hier am östlichen Ende der Garden Route.

Im Fokus

Karoo National Park ✪✪

Wer auf der N 1 von Bloemfontein nach Kapstadt unterwegs ist, fährt den größten Teil der 1000 Kilometer durch öde Halbwüste. Im zentralen Teil liegt die Große Karoo. Nur wenige Siedlungen säumen die Strecke. Die Steppe eignet sich nur für Schafzucht oder Straußenfarmen. Und hier ein Nationalpark – ist das nichts anderes als geschützte Ödnis? Im Gegenteil: Der Karoo National Park – das 65.000 ha große Schutzgebiet entstand erst 1979 durch den Ankauf von Farmen – ist ein herbes Paradies mit bizarren Felsen, zerrissenen Plateaus und der vielfältigsten Halbwüstenflora der Welt: über 900 Arten von Sukkulenten wachsen hier. Es leben hier sechs verschiedene Schildkrötenarten (die größte Konzentration weltweit) und 61 verschiedene Säugetiere, darunter diverse Antilopenarten, kleine seltene Bergzebras und gerade 30 cm große Löffelhunde (eigentlich Füchse) mit riesigen Ohren (Bat Eared Fox). Unter den 180 Vogelarten gibt es hier viele Kaffernadler (Black Eagle). Ziel ist es, den Nationalpark auf 100.000 ha zu vergrößern und die einstige Tiervielfalt wiederherzustellen. Dazu gehören auch Löwen, Geparden und Wildhunde.

Beherrschender Teil der Großen Karoo sind die **Nuweveld Mountains** (1911 m) mit einem atemberaubenden Blick auf die Ebene. Dieses Erlebnis ist Teil des **Springbok Hiking Trail** mit 27 km Länge. Der kürzere **Fontjeintjieskloof Trail** (11 km, etwa 4 Std.) führt durch eine Schlucht und auf das Plateau. Wer mit dem Geländewagen anreist, kann den rauen 4x4-Trail befahren und in einer Buschhütte übernachten. Das „Karoo Restcamp" dagegen hat komfortable, strohgedeckte Chalets im kapholländischen Stil, wobei Pendeluhren und kupferne Bratpfannen im Restaurant nicht unbedingt jedermanns Geschmack sind. Im „Mountainview Restcamp" gibt es nur Matratzen. Reservierung: National Parks Board (siehe S. 210). Da dieser Park bei Südafrikanern sehr beliebt ist, sollte man möglichst frühzeitig buchen.

Der höchste Gipfel der Nuweveldberge ragt bis zu 1911 m hoch auf.

Garden Route

Allgemeines

Als „Garden Route" bezeichnet man das 200 km lange Teilstück der N 2 zwischen Mossel Bay im Westen und der Mündung des Storms River. Die insgesamt 2000 km lange N 2 führt meist an der Küste des Indischen Ozeans entlang und verbindet Kapstadt und das Swaziland miteinander. Den Namen prägten einst die Seefahrer, die nach Wochen entlang der öden Küste vor dem heutigen Namibia endlich wieder Grün sahen: einem Garten ähnlich. Allerdings zeigt sich diese Landschaft nur selten sanft, sie ist ein anregender Mix aus rauer, dann wieder feinsandiger Küste, aus Urwäldern, Lagunen, angelegten Nadelwäldern und schroffen Bergen. Nur wenige Städte säumen die Garden Route

Information

Allgemeine Information über die Region findet man im Internet unter: www.gardenroute.net.

Mossel Bay

Die Raffinerie am Stadtrand stört leider das Idyll des Ortes. Aber der etwas schläfrige Ort liegt reizvoll an einer Halbinsel; am „ortseigenen" Kap, The Point, steht ein Leuchtturm.

Sehenswürdigkeiten

Bartolomeu Diaz Museum Complex
Größte Attraktion von Mossel Bay ist der Museum Complex mit einer Nachbildung der Karavelle von Bartolomeu Diaz, der 1488 hier ein Landging.(Siehe auf dieser Seite rechts.)

Post Office Tree
Unter dem berühmten Post Office Tree deponierte der portugiesische Seefahrer Pedro de Ataide 1500 seinen Brief in einem Topf – viele glauben, es war ein alter Schuh –, mit der Bitte an ein anderes Segelschiff, ihn doch mit in die Heimat zu nehmen. Heute kann man dort Briefe und Ansichtskarten in einen großen Steinschuh einwerfen – sicherlich der originellste Briefkasten des Landes.

Unterkunft

★★ The Old Post Office Tree Manor
Ecke Church/Market Street
Tel. 044/6 91 37 38
Fax 044/6 91 31 03
Mail: posttree@mb.lia.net
Web: www.oldposttree.co.za
In einem Haus aus dem frühen 19. Jh. beim Museum Complex stehen den Gästen 30 geräumige Zimmer mit einem Touch Karibik zur Verfügung. Von der „Blue Oyster Cocktail Bar" neben dem Pool überblickt man Munro's Bay. Das rustikale „Gannet Restaurant" offeriert eine reichhaltige Auswahl an Meeresfrüchten.

★★ Rein's Nature Reserve
Still Bay
50 km westlich von Mossel Bay (via R 325 nach Gouritzmond)
Tel. 028/735 33 22
Fax 028/735 33 24
Mail: info@reinsouthafrica.com
Web: www.reinsouthafrica.com
Ein Paradies für Naturliebhaber, dazu gehören nicht nur Wanderwege, viele Pflanzen- und Vogelarten, sondern auch 8 km privater, felsig-sandiger Küste. Neben Schwimmen und Schnorcheln lassen sich auch Mountainbikes mieten. Angenehme Unterkunft in verstreut liegenden Lodges und Fischer-Cottages mit Küche; zentrales Restaurant am Meer.

★ The Little B & B
106 Hill Street
Tel./Fax 044/691 23 35.
Preiswerte Unterkunft mit 3 schönen Zimmern; die Lounge ist im dezent afrikanischen Kolonialstil gehalten.

Museum

Bartolomeu Diaz Museum Complex

Prachtstück des „Maritime Museum" ist der Nachbau des 23 m langen Segelschiffes, mit dem Diaz als erster Europäer das Kap umrundete. Das Schiff wurde in Portugal nachgebaut und wiederholte die historische Reise 1988, genau 500 Jahre nach Diaz' Ankunft.

Karavelle-Nachbau.

Zum Komplex gehört auch das **Culture Museum** mit alten Häusern und das **Shell Museum & Aquarium** mit einer riesigen Muschelsammlung.

Mossel Bay
Gegenüber dem berühmten Post Office Tree
Tel. 044/691 10 67.
Mo – Fr 9 – 16.45 Uhr, Sa und So 10 – 16 Uhr.
Culture Museum:
Mo – Fr 9 – 13/ 14 – 16.45 Uhr,
Sa 10 – 13 Uhr.

Garden Route

Insider News

Nostalgische Bahnfahrt

Die Dampflok Outeniqua Cho-Tjoe wurde einerseits nach den Bergen benannt; und das „Cho-Tjoe" soll das fauchende Geräusch des Oldtimers von 1948 imitieren. Der Zug fährt täglich außer sonntags die 65 km von Knysna nach George und zurück, entlang einem der schönsten Abschnitte der Garden Route – vorbei an Sedgefield und hinter Wilderness über die wohl am häufigsten fotografierte Brücke Südafrikas. Auf der einen Seite leuchtet das blaue Meer, auf der anderen die Berge. Der Zug verlässt Knysna um 9.45 Uhr und kommt 12.30 Uhr in Georga an. Von dort dampft die Lok um 13 Uhr zurück nach Knysna (Ankunft 15.30 Uhr). Man kann auch in Sedgefield zusteigen. Wer nur eine Strecke fährt, kann mit dem Bus zurückfahren. Die Rückfahrkarte kostet lächerliche 50 Rand. Weitere Informationen über Buchungen über den Bahnhof in Knysna, Tel. 044/382 13 61.

Restaurants

☆☆ **The Gannet Restaurant**
Im „Old Post Office Tree Manor" (siehe S. 89).
Tgl. geöffnet.

☆☆ **Jazzbury's Restaurant**
Tel. 044/691 19 23.
Gemütlich bei Kerzenlicht und in afrikanischer Atmosphäre gut essen – es wird eine beeindruckende Auswahl nicht nur an Fisch angeboten, sondern auch saftige Steaks vom Holzkohlegrill, Curries und afrikanische Gerichte. Große Weinkarte.
Tgl. außer So.

☆ **Lighthouse Restaurant**
The Point, Lighthouse
Tel. 044/691 35 12.
Gemütliches Pub mit guten, einfachen Gerichten und süffigem Bier vom Fass; neben dem Leuchtturm an den Felsen des Seapoint. Ideal zum Lunch.

Aktivitäten

Wandern: Der St. Blaize Hiking Trail beginnt an der gleichnamigen Höhle 500 m westlich des Leuchtturms Cape St. Blaize und windet sich 13 km entlang wilder Felsküste nach Dana Bay. Weitere Aktivitäten: Surfen (auch Unterricht), Tauchen (auch Haifisch-Trips), Bungie Jumping (Infos über die „Tourist Information"). Im Nachbarort Hartenobs ist ein moderner, großer Pool mit badewannenwarmen 34 Grad Wassertemperatur (Tel. 044/601 72 00).

Information

Mossel Bay Tourism Bureau
Diaz Museum Complex
Tel. 044/691 22 01
Fax 044/690 30 77
Mail: iti26050@mweb.co.za
Mo – Fr 9 – 16.45, Sa/So 10 – 16 Uhr.

George

Die „Hauptstadt" der Garden Route, das recht planlos gewachsene George, 45 km östlich von Mossel Bay, wird von den schroffen, bis zu 1590 m hohen Outeniqua Mountains überragt. Historisch interessant ist der Slave Tree (York Street), an dem zum Verkauf bestimmte Sklaven angekettet waren. Die Church St. Peter and St. Paul (1842) ragt eine Straßenecke weiter in der Meade Street auf, sie ist die älteste römisch-katholische Kirche des Landes.
George wird mindestens einmal tgl. von Kapstadt und P. E. sowie von Bloemfontein, Durban und Johannesburg angeflogen. Ebenfalls Anbindungen per Bus.

Unterkunft

★★ **King George**
King George Drive
Tel. 044/874 76 59
Fax 044/874 76 64
Mail: king.george@pixie.co.za
Ein klassisch schönes, dennoch legeres Hotel direkt im gleichnamigen Park. Wer hier übernachtet, wird angesichts der alten Bäume auf die Garden Route eingestimmt. Man wohnt in Chalets oder geräumigen Zimmern des fast intimen Hotels.

★ **Fairview Bed & Breakfast**
36 Stander Street
Tel./Fax 044/874 77 81
Mail: fairview@samedical.co.za
3 Gästezimmer in einem alten herrschaftlichen Haus mit knarrenden Holzdielen, Pool im großen Garten und Blick auf die Outeniqua Mountains.

Restaurants

☆☆ **Reel n'Rustic**
79 Davidson Street (gegenüber dem Museum)
Tel. 044/884 07 07.

Garden Route

Das Dekor allein ist schon eine Überrraschung: Es entspricht den späten 20ern in New Orleans. Dort trafen sich seinerzeit Jason Reel und James Rustic und boten Grandma's cookin'. Zum Look gehört natürlich auch die Veranda und das Wellblechdach. Und vor allem das Essen – zum Beispiel gegrillte Calamari mit Cajun-Gewürzen und Filets mit Whisky-Zwiebelsauce. Gute Weinliste. Tgl. außer So.

☆☆ **La Cantina**
Fancourt Country Club
Montagu Street, Blanco/George
Tel. 044/870 82 82.
Norditalienische Küche vom Feinsten in gemütlicher Country-Atmosphäre eines Palazzo wie in der Toskana. Ob Spaghetti del mare, federleichte Gnocchi oder als Dessert Zitronensorbet: Chef Daniel Gioia kocht alles frisch und im besten Sinne italienisch. Im Angebot sind auch gute italienische Weine.
Tgl. außer So uund Mo.

Information

George Tourist Bureau
124 York Street
Tel. 044/801 92 95
Fax 044/801 91 29
Mail: info@george.co.za
Mo – Fr 8 – 17 Uhr.

Wilderness/Sedgefield/Knysna

90 km Landschaftsgenuss pur zwischen Bergen und Meer, davon die Hälfte durch den Wilderness National Park: vorbei an Lagunen, Flüssen und Seen. Sedgefield ist von hellen Sandstränden und tiefgrünen, bewaldeten Bergen umrahmt. Knysna mit vielen Künstlern und interessanten Geschäften wird von zwei Bergen

An den Baum in der York Street wurden einst Sklaven gekettet.

Im Fokus

Knapp 2 km vor Woodville (ein passender Name) steht ein 800 Jahre alter Yellowwood-Baum. Über den Phantom Pass gelangt man 12 km vor Knysna wieder auf die N 2.

Prince Alfred's Pass
Die Nebenstrecke der R 339 verbindet gleich östlich von Knysna über 80 Kilometer die N 2 mit der N 9 in Richtung Johannesburg. 60 km hinter Knysna führt diese Route über den Prince Alfred's Pass – die Strecke wurde bereits 1860 angelegt. Kenner meinen, diese Route biete noch spektakulärere Ausblicke als der Swartberg Pass (siehe S. 98).

Nature's Valley
Wer 22 km östlich von Plettenberg an den gebührenpflichtigen Teil der N 2 „Toll Road" gelangt und weiter geradeaus fährt, ist selbst Schuld. Nicht nur wegen der Mautgebühren: Von hier führt eine Nebenstrecke zunächst 19 km durch den Westteil des Tsitsikamma National Park nach Nature's Valley und dann über den Grootrivier Pass wieder nach Nordosten – dort überquert man die N 2 und fährt über den Bloukrans Pass weitere 13 km, um wieder auf die N 2 zu kommen. Die kostet nun auch nichts mehr. Der wirkliche Gewinn aber besteht aus der Fahrt durch Urwälder, tiefe Täler und vorbei an rauschenden Bergbächen. Wer alber zur 216 m hohen Bloukrans-Brücke (Bungee Jumping) will, muss auf der wenige Kilometer südlich verlaufenden N 2 bleiben.

Routen-Tipps

In Südafrika herrscht gewiss kein Mangel an Bergen und Pässen. Das gilt auch für die Garden Route. So gibt es dort einige ruhige Nebenstrecken, die von der belebten N 2 wegführen und zu besonderen Landschaftserlebnissen verhelfen.

Seven Passes Route

64 km. Der „Einstieg" beginnt 4 km südlich von George auf der Strecke nach Wilderness. Dies war die Straße „vor der N 2" auf einem Plateau vor den Outeniqua Mountains. Der Kaimaans River, Touws River und andere Flüsse haben tiefe, romantische Täler geschaffen. Man fährt durch dichte Wälder, vorbei an Heidekräutern und Wildblumen.

Garden Route

Einkaufen

Vor allem in **Knysna** haben sich Künstler niedergelassen – Töpfer, Weber, Maler u. a. Am Ortseingang (von Osten kommend) liegen Verkaufsateliers. Im Tourist Office erhält man den Arts and Crafts Guide zu allen interessanten Läden zwischen Sedgefield, Knysna, Plettenberg und Tsitsikamma.

African Market

Knysna. Ständiger afrikanischer Kunstmarkt direkt neben der N 2 am Ortsausgang von Knysna in Richtung Westen; vor allem Schnitzereien.

Woodmill Lane

Knysna, Main Street. Modern, aber auf dem Gelände einer alten Sägemühle. Hier werden auch die Holzvögel von „Feathers of Knysna" angeboten, handgewebte Teppiche, Aquarelle und vieles mehr.

Waterfront

Knysna, am Hafen. Schöne Geschäfte, Snackbars und Restaurants. Hier findet sich auch Bitou-on-the-Water, eine Handweberei. Mehr unter www.knysna-quays.co.za

überragt und umschlossen, die sich fast senkrecht aus dem Meer erheben: den Heads of Knysna mit einem Naturreservat. Von oben und unten an der tosenden See bieten diverse Aussichtspunkte grandiose An- und Aussichten. Hinter der Lagune erstrecken sich kilometerlange Traumstrände.

Unterkunft

★★★ Laird's Lodge Country Estate
Tel. 044/532 77 21
Fax 044/532 76 71.
Nicht weit von der N 2
20 km östlich von Knysna in Richtung Plettenberg
Mail: info@lairdslodge.co.za
Web: www.lairdslodge.co.za
Ein altes, gediegenes Anwesen im kapholländischen Stil, mit weißen Giebeln und Strohdächern, unter denen man in 8 Zimmern und Suiten wohnen und im kleinen Kreis ein erlesenes Dinner genießen kann. Die Besitzer Alison und Murray Brebner kümmern sich persönlich um das Wohl ihrer Gäste.

★★ Wilderness Manor
397 Waterside Road, Wilderness
Tel. 044/877 02 64
Fax 044/877 01 63
Mail: wildman@george.lia.net
An der Lagune von Wilderness gelegen, 4 geräumige Zimmer und eine Suite. Sisalteppiche, Naturholz, Lampenschirme aus Rattan – ein unaufdringlicher Kolonial-Look, und dazu noch preiswert.
Die Gastgeber Marianne und Johan verleihen auch Mountainbikes, ein Kanu und Schnorchelausrüstung an ihre Gäste.

★★ Brenton-on-Sea-Hotel
Brenton Beach (südlich Belvedere)
15 km vom Zentrum, Knysna
Tel. 044/381 00 81
Fax 044/381 00 26

Mail: brenton.on.sea@pixie.co.za
Web: www.brentonsea.co.za
Doppelbungalows und Holzchalets mit Küche und Blick auf den Strand; direkt am Meer. Zum Hotel gehört ein gutes Restaurant.

★★ Knysna Hollow Country Estate
5 Welbedacht Lane, Knysna
Tel. 044/382 54 01
Fax 044/382 52 65
Mail: khollow@mweb.co.za
5 km westlich von Knysna, auf einem großen Landsitz zwischen Bergen und der Lagune: 15 strohgedeckte Chalets mit Kamin und 13 Zimmern. Gutes À-la-carte-Restaurant im Hauptgebäude, dem Old Manor House.

★ The Island Auberge
14 Kingsway, Leisure Isle
Tel. 044/384 01 35
Fax 044/384 02 23
Mail: auberge@mweb.co.za
Schön gelegen auf der kleinen Halbinsel Leisure Isle im Osten der Lagune von Knysna. Gemütlich, mit viel Holz und Korbstühlen. Praktisch: im unteren Stock ist das vorzügliche „Pink Umbrella Restaurant" (nur mittags geöffnet) zu dem auch dieses stilvolle, dennoch preiswerte Gästehaus mit 4 Zimmern gehört. Hausgäste speisen abends im oberen Stockwerk und dort bei schönem Wetter auf der Terrasse – sehr gute Fischgerichte, auch vegetarische Küche.

★ Buffalo Valley Bush Lodges
15 km westlich von Knysna (Abzweigung N 2 nach Buffel's Bay)
Tel./Fax 044/384 12 35.
3 rustikale Lodges inmitten wunderschöner Natur mit Küchen; Selbstversorgung.

Restaurants

☆☆ The Oystercracker
Small Craft Harbour, Knysna
Tel. 044/382 99 95.

Garden Route

Die in der Lagune von Knysna gezüchteten Austern gelten unter Feinschmeckern als die besten in ganz Südafrika.

Teil der Oyster Company am Hafen: frische Austern in einem kleinen Restaurant, auch gute Weine.
Mo – Do 8 – 17 Uhr, Fr 8 – 15.30 Uhr, Sa/So 9 – 15 Uhr.

☆☆ Le Choufleur Restaurant
12 Mortimer Street, Knynsa
Tel. 044/382 16 21.
Mal etwas anderes: der Besitzer und Chef Deepak Bhowon kommt aus Mauritius – entsprechend „spicy" und abwechslungsreich ist die Küche, mit indischen, chinesischen und europäischen Elementen. Gute Weinkarte.
Tgl. geöffnet.

☆ Main Street Café
52 Main Street, Knysna
Tel. 044/382 55 53.
Ob Frühstück oder nur ein Espresso, ein leichtes Lunch oder À-la-carte-Dinner mit gutem Wein – das „Main Street Café" mit seinen 3 „Abteilungen" ist ein Ort der Lebensfreude.

Information

Knysna Tourism Bureau
40 Main Street
Tel. 044/382 55 10
Fax 044 /382 16 46
Mail: knynsa@tourism.pixie.co.za
Web: www.knysna.info.co.za
Mo – Fr 8.30 – 17 Uhr,
Sa 8.30 – 13 Uhr.

Plettenberg Bay

37 km östlich von Knysna liegt der vornehme Badeort Plettenberg Bay an einer weit geschwungenen Bucht. Hier scheint an 320 Tagen im Jahr die Sonne, wenn man der Werbung glauben darf. Mit Blick auf den weiten Sandstrand haben sich viele wohlhabende Südafrikaner hier ein Ferienhaus gebaut oder sind ganz dorthin gezogen – der Ort ist deshalb etwas steril und überaltert. Zwischen Mai und September nähern sich viele Wale der Küste. Im November und Dezember fallen alle Ferienhausbesitzer auf einmal ein.

Unterkunft

★★★ Hog Hollow Country Lodge
18 km östlich von Plettenberg Bay, Abfahrt Hog Hollow
Tel./Fax 044/534 88 79
Mail: hoghollow@global.co.za
Web: www.plettbay.co.za/hoghollow
Eine Countrylodge, wie sie sein sollte: rustikal, aber nicht zu einfach, gemütlich, doch nicht überladen – mit einem Wort: geschmackvoll. Die 12 Zimmer sind im dezent afrikanischen Stil eingerichtet; im Bad steht eine nostalgische Badewanne. Das alles wird abgerundet von guter Küche. In einem privaten Naturreservat mit zahlreichen Freizeitmöglichkeiten.

Naturparks

Robberg Nature & Marine Reserve
Tel. 044/533 34 24.
Das Schutzgebiet beginnt 9 km nordöstlich von Plettenberg Bay (Anfahrt über Piesang Valley/Airport Road). Das Reservat schützt die 4 km lange Halbinsel mit ihrer rauen Felsenküste, alten Höhlen, Sanddünen, Fynbos, Strandvögeln und auch Robben. Ein Rundweg von 11 km Länge erschließt dieses Naturparadies. Geführte Touren offeriert:
Anthony Brunt
Tel. 044/533 26 32 u. 082/475 00 36
Web: www.robbergwalks.homestead.com

Keurbooms Nature Reserve
7 km nordöstlich von Plettenberg, an der N 2. Der Keurbooms River schlängelt sich hier im tiefen, rauen Flussbett vorbei an Klippen und durch die subtropische Landschaft der Whiskey Creek Reserve. Den etwa 1-stündigen Wanderpfad sollte man keinesfalls versäumen.
Die Keurbooms River Ferries (Tel. 044/5 32 78 76) bieten interessante Bootsfahrten ab der Ostseite der Brücke an der N 2; Abfahrten um 11 und 14 Uhr.

93

Garden Route

Ausflug

Monkeyland

Schlicht und einfach „Monkeyland" heißt ein Affen-Paradies 16 km östlich von Plettenberg Bay, an der N 2 gelegen. Man sollte hier unbedingt einen Halt einlegen. „Das erste und einzige Primaten-Sanktuarium mit frei lebenden, diversen Arten aus aller Welt", verkündet stolz der Veranstalter Monkeyland. Und in der Tat, hier herrscht eine ganz andere Atmosphäre als in einem Zoologischen Garten. Denn in Monkeyland hocken nicht etwa verkümmerte Paviane hinter Gittern und blasen Trübsinn – nein, 13 verschiedene Primatenarten aus vier Kontinenten tummeln sich putzmunter in freier Wildbahn, die meisten von ihnen wurden hier erst wieder ausgewildert. Auf diversen Safariwegen, die durch urwüchsige Waldlandschaft führen, erlebt man einige Überraschungen, auf einer 118 m langen „Lianenbrücke" aus Seilen kann man sogar eine Schlucht überqueren.
Tel. 044/534 89 06
Web: www.monkeyland.co.za
Tgl. 8 – 18 Uhr.

★★ Periwinkle Lodge
75 Beachy Head Drive
Plettenberg Bay
Tel./Fax 044/573 13 45
Mail: periwinkle.lodge@pixie.co.za
Von außen kühl wie die Aufbauten eines weißen Schiffes – innen alles erfreulich unaufdringlich im mediterranen Stil. Direkt am Meer; die Suiten haben eine Küche.

★★ Stromboli's Inn
9 km westlich von Plettenberg direkt an der N 2.
Tel. 044/532 77 10
Fax 044/532 78 23
Mail: stromboli@caraville.co.za
Freundliches Familienhotel mit Holzbungalows und einer gemütlichen Lounge im Hauptgebäude, wo auch das Restaurant (leckere 5-Gänge-Menüs) untergebracht ist.

★ Weldon Kaya
Ecke N 2/Pesang Valley
Plettenberg Bay
(300 m westlich der Abfahrt nach Plettenberg Bay)
Tel. 044/533 24 37
Fax 044/533 43 64
Mail: info@weldonkaya.co.za
Web: www.weldonkaya.co.za
Das Hotelbesitzerpaar David und Gail Robinson hat etwas Besonderes kreiert: 10 ganz verschiedene Fantasiehäuschen (Kayas) im afrikanischen Stil, Rundhütten aus Lehm, in der Form eines Pilzes. Innen einfach, aber wohnlich und mit moderner Township-Kunst. Das afrikanische Restaurant ist gleich nebenan, Plettenberg Bay liegt 5 Minuten entfernt.

Restaurants

☆☆ The Islander
An der N 2, 8 km westlich von Plettenberg Bay
Tel. 044/532 77 76.
Auch bei Südafrikanern sehr beliebtes Fischrestaurant – ebenfalls Fleischgerichte, in tropischer Umgebung. Auch exotische Küche aus Indonesien und der Südsee. Geöffnet meistens täglich (man sollte sich erkundigen); August bis etwa Mitte September normalerweise geschlossen. Reservierung empfohlen.

☆ Weldon Kaya
Ecke N 2/Pesang Valley
Plettenberg Bay
(300 m westlich der Abfahrt nach Plettenberg)
Tel. 044/533 24 37
Topambiente unter einem großen Strohdach mit Township-Dekoration: ein großer Kronleuchter aus grünen Flaschen, bequeme Sessel aus halbierten Zinkbadewannen. Afrikanisches Essen für jedermann: keine Mopane-Würmer, aber dafür z. B. Curries oder Sadhza (Maisbrei mit Fleisch) vom Zimbabwe.
Tgl. geöffnet.

☆ Cornuti al Mare
Ecke Strand/Perestrollo Street
Plettenberg Bay
Tel. 044/533 12 77.
Bester Italiener der Gegend mit knusprig-dünnen Pizzen, Pasta und auch gutem Fisch; große Terrasse am Indischen Ozean.
Tgl. ab 12 Uhr.

Information

Plettenberg Bay Tourism Bureau
Kloof Street/Victoria Cottage
Tel. 044/533 40 65
Fax 044/533 40 66
Mail: plett.tourism@pixie.co.za
Web: www.plettenbergbay.co.za
Mo – Fr 9 – 17 Uhr, Sa 9 – 13 Uhr

Tsitsikamma National Park

Kein anderes Schutzgebiet ist so lang (rund 75 km) und dabei so schmal (zwischen 1, 5 und 5, 5 km) wie der Tsitsikamma National Park. Er schützt nicht nur urwüchsige Wälder mit Riesenfarnen und alten Bäumen,

Garden Route

sondern erstreckt sich noch 5 km in das Meer hinaus. Von besonderem Reiz ist die Mündung des Storms River mit einer Hängebrücke. Viele Wanderwege erschließen diese unberührte Natur. Im Park existieren zwei Restcamps; im „Storms River Restcamp" Holz-Chalets direkt am Meer (Reservierung: National Parks Board, Tel. 012/343 1991, Fax 012/343 09 05, siehe S. 210).

Unterkunft

★★ **Tsitsikamma Lodge**
Storms River
8 km östlich von der Brücke
an der N 2

Ein idealer Ort zum Ausspannen und Erholen: Tsitsikamma Lodge.

Im Fokus

Wander-Tipps

Der berühmte **Otter Trail** im Tsitsikamma National Park (42 km, 5 Genusstage vom Storms River zum Nature's Valley) erschließt eine Traumlandschaft. Im Wald mit Riesenfarnen glaubt man, jeden Moment Elfen und Kobolden zu begegnen – Namenspatron Fischotter ist allerdings scheu und fast ebenso selten. Immer wieder eröffnen sich fantastische Ausblicke auf das Meer. Man übernachtet in rustikalen Holzhütten. Nur einen Haken hat der Otter Trail: Es sind maximal nur 12 Wanderer täglich zugelassen – und durch die Beliebtheit ist er etwa ein Jahr zuvor schon ausgebucht.
Eine Alternative ist der kaum bekannte **Harkeville Trail**. Er beginnt 12 km westlich von Plettenberg Bay an der N 2 und führt entlang unberührter, wilder Küste durch dichte Fynbos-Vegetation und Regenwald. Unter Kennern heißt dieser 27-km-Trail auch „Little Otter". Fit sollte man aber sein, denn es gilt am Schluss des ersten Tages ein steiles Felsplateau zu erklimmen; vorher helfen Metallleitern und Halteketten über steile und manchmal feuchte Küstenabschnitte.
Nur einen Tag dauert die Alternative, der **Kranshoek Trail**.
Buchung:
Department of Water Affairs and Forestry, Knysna,
Tel. 044/382 54 66.

Aber man muss auch im Tsitsikamma National Park nicht verzagen: Es gibt 12 Trails, unter anderem auch Unterwasser, für Schnorchler und Taucher. Einer der ganz kurzen Trails sollte auf keinen Fall versäumt werden: Der **Mouth Trail** führt etwa eine Stunde auf Holzplanken durch dichten Wald zur Mündung des Storms River, über den sich die berühmte Hängebrücke spannt – nur für Fußgänger.

Otter Trail: Wanderspaß zwischen Storms River und Nature's Valley.

Garden Route

Ausflüge

Featherbed Nature Reserve

Täglich fährt der Katamaran „John Benn" von Knysna zum Park. Zur 4-stündigen Tour gehört auch eine Rundfahrt und ein Spaziergang sowie das Mittagessen. Voranmeldung unter: Tel. 044/382 16 93. Als Alternativ bietet sich die 1,5-stündige Lagoon Cruise an

Elephant Walk

An der N 2, 25 km östlich von Knysna. Der Elephant Walk ist ein sehr attraktiver, an die 20 km langer Wanderweg. Jedoch sind die Aussichten, dabei einem der letzten kleinen, wild lebenden Waldelefanten im Busch zu begegnen, nicht sehr groß. Allerdings wurden drei Elefantenwaisen aufgezogen, die nun als „Halbstarke" herumtollen und sich so an Menschen gewöhnt haben, dass man mit ihnen spazierengehen kann. Die Anfahrt verläuft von Knysna über die R 339 Richtung Uniondal; an der Forststation bekommt man Karten. Informationen erhält man unter: Tel. 044/5 77 32. Tgl. 8.30 – 16.30 Uhr.

Tel. 042/750 38 02
Fax 042/750 37 02
Mail: tsitsilodge@pixie.co.za
Web: www.tsitsikammalodge.com
Komfortable, gemütliche Holzhäuser und eigene Wanderwege; persönlicher Service. Ideal zum Ausspannen. Nicht weit vom gleichnamigen Nationalpark und vom Ozean entfernt. Eine rustikale Variante unter gleichem Management ist das „Kouga Tsitsikamma Bush Camp" (große Zelte, Abenteuertrips) in den Kouga-Bergen, eine Stunde Fahrt von der Lodge.

★★ The Old Village Inn

Storms River
Tel. 042/541 17 11
Fax 042/541 16 69
Mail: info@village-inn.co.za
Web: www.village-inn.co.za
Leben wie in einem Dorf aus dem 19. Jh.: historische Häuser wurden restauriert und rekonstruiert. 49 individuelle Zimmer in gemütlichen Häusern mit Veranden und Balkonen.

Oudtshoorn ●●

Die behäbige Kleinstadt, 60 km nördlich von George und 500 km östlich von Kapstadt, zählt ungefähr 80.000 Einwohner. Bis zum Ersten Weltkrieg war sie die unangefochtene Welthauptstadt der Straußenzucht – und ist es heute nach Jahrzehnten der Stagnation wieder geworden. Villen mit Türmchen und bunten Scheiben aus der Jugendstilepoche verschönern die kleine Stadt, andere stehen außerhalb auf den Farmen.

Sehenswürdigkeit

C. P. Nel Museum

Ecke Baron van Rheede/Voortrekker Street
Tel. 044/272 73 06.
Hier ist alles aus der goldenen Zeit um die Jahrhundertwende zusammengetragen worden: Pferdewagen und die ersten Automobile, Salons voll von großbürgerlicher Einrichtung mit Nussbaummöbeln aus Holland. Und natürlich dreht sich alles um den Strauß.
Mo – Fr 8 – 17 Uhr, Sa 9 – 16 Uhr, So 14 – 17 Uhr.

Cango Ostrich Farm

Siehe S. 97.

Unterkunft

Bei so viel alten Häusern und Farmen der Umgebung sollte man nicht in ein steriles Stadthotel gehen, sondern mit Stil (und dabei kaum teurer) übernachten. Einige Empfehlungen:

★★ Adley House

209 Jan van Riebeeck Road
Tel. 044/272 45 33
Fax 044/272 45 54
Mail: adley@pixie.co.za
Web: www.adleyhouse.co.za
Viktorianisches Landhaus in der Stadt, 1905 während des Straußenfeder-Booms gebaut, ruhiger Garten mit 2 Pools. 10 große Zimmer, zum Teil mit Kamin; Dinner auf Wunsch.

★★ De Opstal

Schoemanshoek Valley
12 km nördlich von Oudtshoorn in Richtung Cango Caves
Tel. 044/279 29 54
Fax 044/272 07 36
Mail: deopstal@mweb.co.za
Web: www.deopstal.co.za
Restaurierte Cottages und Farmhäuser im typischen Stil der Karoo mit weißen Giebeln. Vor der Tür sind oft Strauße zu beobachten. Mit Pool und einem rustikalen Restaurant.

★ La Plume

Volmoed Road
Tel./Fax 044/272 75 16.
Preiswert, aber „charming" und originell: viktorianisches Haupthaus, 5 separate Gästezimmer – mit Straußen- und Traubenfarm mit wei-

Garden Route

tem Blick auf das Tal des Olifants River und die Swartberge. La Plume, die Feder – dieser Name stimmt auch hier.

Restaurants

☆☆ **De Finje Keuken**
114 Baron van Rheede Street
Tel. 044/272 64 03.
Die große Speisekarte hat natürlich auch schmackhafte Gerichte vom Karoo-Lamm und vom Vogel Strauß im Angebot. Und nomen est omen, denn „Finje Keuken" heißt übersetzt „Feine Küche".
Tgl. geöffnet.

☆☆ **Godfather**
61 Voortrekker Street
Tel. 044/272 54 04.
Alteingesessenes Restaurant mit der wohl größten Auswahl an Straußengerichten.
Tgl. geöffnet.

Information

Oudtshoorn Tourism Bureau
Baron van Reede Street
(neben dem „Queen's Hotel")
Tel. 044/279 25 32
Fax 044/272 82 26
Mail: otb@mweb.co.za
Web: www.oudtshoorn.co.za

Verzierte Straußeneier.

Im Fokus

Der Strauß – ein komischer Vogel

Öde und dornig erstreckt sich das lebensfeindliche Land bis zum Horizont, obwohl der Hafenort Mossel Bay gerade 100 km südlich liegt. Die Swartberge stoppen feuchte Luft aus dem Süden: Bis zum Horizont erstreckt sich die Halbwüste der Kleinen Karoo. Trotzdem ist die Gegend für viele Farmer eine Goldgrube. Aber keine Schafe oder Rinder etwa glotzen über die Zäune, sondern Strauße.

Ihre Federn waren schon bei den Pharaonentöchtern und später bei den Römern begehrt, dann an europäischen Fürstenhöfen. Anfang des 20. Jh. aber kamen die Straußenfederhüte allmählich außer Mode, bis es 1945 wieder langsam bergauf ging. Damals allerdings waren Leder und Fleisch wertvoller als Federn, die kaum mehr jemand haben wollte – außer für billige Staubwedel.

Der erste Brutkasten für Straußeneier wurde schon im Jahr 1870 entwickelt. Mittlerweile wurden daraus komplizierte Boxen aus mattglänzendem Edelstahl, die 1500 Eier fassen und deren Elektronik für perfekte Brütbedingungen sorgt: 75 Prozent Luftfeuchtigkeit, 35 Grad – 42 Tage lang.

Das stachelige Igelkleid hilft den Straußen in der Wildnis, nicht gleich von hungrigen Feinden gefressen zu werden. Die Füße

Auf der Cango Ostrich Farm.

sind von Geburt an ziemlich groß, und der Hals wächst erst nach zwei Monaten wie ein Teleskop in die Höhe. Das Gehirn ist kleiner als das Auge.

Das cholesterinarme, rote Vogelfleisch ist seit Jahren ein Renner, 25 Kilo davon liefert jedes Tier. Noch mehr jedoch – Dreiviertel der Einnahmen von rund 1500 Mark pro Strauß – bringt das typisch genarbte, wertvolle Straußenleder.

Rund 50.000 der großen Vögel mit dem kleinen Spatzenhirn kommen deswegen jährlich unters Messer, meist schon ein Jahr nach der Geburt. Noch ist Südafrika der Marktführer, aber Namibia holt kräftig auf.

Diverse Straußenfarmen verdienen mittlerweile gut mit teilweise albernen Vorführungen, zu denen auch ein Ritt auf dem großen Vogel gehört. Allerdings lernt man in kurzer Zeit eine Menge über Strauße – z. B. in der **Cango Ostrich Farm**, 14 km nördlich von Oudtshoorn (Tel. 044/272 46 232, Web: www.cangoostrich.co.za).

97

Garden Route

Ausflug

Cango Caves

30 km nördlich von Oudtshoorn (R 328)
Tel. 044/272 74 10.
Der Entdecker der 27 km nördlich von Oudtshoorn gelegenen Tropfsteinhöhle, Jacobus van Zyl, wird 1780 noch nicht viel gesehen haben, auch kam er nicht sehr weit. Im Gegensatz zu ihm können heutige Besucher das Höhlensystem auf einer Länge von 2 km und auf drei unterschiedlich langen Touren erkunden. In der „Botha-Halle" sind die Stalaktiten und Stalagmiten des „gefrorenen Wasserfalls" zu bewundern, und auch die „Van-Zyl-Halle" wartet auf mit einer gigantischen Kulisse. Weitere Höhlen und Hallen sind nur Höhlenforschern zugänglich: Hier schlummern mit Sicherheit unentdeckte Schätze in ewiger Finsternis – seit der Entstehung vor 11 Millionen Jahren. Kurztour (30 Minuten) zwischen 9.30 und 15.30 Uhr; Standardtour mit 6 Hallen (1 Stunde) stündlich zwischen 9 und 16 Uhr; Adventure Tour (90 Minuten), Beginn jeweils 30 Minuten nach jeder vollen Stunde zwischen 9.30 und 15.30 Uhr.

„Van-Zyl-Halle" in den Cango Caves.

Große Karoo

Die Halbwüste auf einer Höhe zwischen 600 und 900 m nimmt mit rund 500.000 km² über ein Drittel der gesamten Landesfläche Südafrikas ein. Sie erstreckt sich von Oudtshoorn im Süden bis nördlich von Upington an den Rand der Kalahari, im Osten reicht sie bis Kimberley und im Westen bis 100 km vor den Atlantik. Die „eigentliche", zentrale Karoo weitet sich nordwestlich von Beaufort West. Diese trockene Landschaft erlaubt meist nur Schafzucht.

Ausflug

Über den Swartberg-Pass ○○

Ins idyllische Karoo-Städtchen Prince Albert (gegründet 1762) mit schönen Häusern sollte man am besten von Oudtshoorn über den 1585 m hohen Swartberg-Pass fahren (70 km). Die Swartberge bilden die Grenze zwischen Kleiner und Großer Karoo und ragen bis über 2000 m auf, der Pass ist der spektakulärste Übergang über das Gebirge. Hinter jeder Kurve wartet eine neue außergewöhnliche Perspektive, und überall wachsen Proteen.
In Prince Albert: kleines Museum, Wassermühle, schöne Wanderrouten, z. B. in die wilde Gamkas-Schlucht.

Unterkunft

★★ Swartberg Country Lodge
Main Street, Prince Albert
Tel. 023/541 13 32
Fax 023/541 13 83
Mail: swartberg@cybertrade.co.za
14 Zimmer und 5 Suiten, passend zum alten, viktorianischen Haus.

Beaufort West

Die Stadt liegt an der N 1, 460 km nordöstlich von Kapstadt, mitten in der Großen Karoo. Sie ist oft staubig, überwiegend schmucklos, mit bettelnden Kindern, Tankstellen und den üblichen Fastfood-Lokalen. Der Ort (1818 gegründet) ist das Zentrum der Merinoschafzucht und Einkaufszentrum für die Farmen der Umgebung. Sehenswert: das alte Pfarrhaus in 87 Donkin Street. Hier verbrachte der Herzchirurg Christiaan Barnard die Kindheit; sein Zimmer ist seit 70 Jahren unverändert.

Unterkunft

★★ Matoppo Inn
7 Bird Street
Tel. 023/415 10 55
Fax 023/415 10 80.
Romantik zum günstigen Preis. Historisches Haus aus dem Jahr 1835 (National Monument). Einige der Räume sind mit antiken Möbeln ausgestattet. Lounge, Restaurant und Pool.

★★ Lemoenfontein Game Lodge
7 km südwestlich von Beaufort West (Abzweigung 2 km östlich der Stadt von der N 2).
Tel. 023/415 28 47
Fax 023/415 10 44
Mail: lemoen@mweb.co.za
Web: www.lemoenfontein.co.za
Haupthaus aus dem 19. Jh. In den umliegenden Gebäuden 13 einfache, aber geschmackvolle Gästezimmer. 11.000 ha eigenes Gelände mit 23 Säugetierarten. Günstiger Preis.

Garden Route

Aktivitäten

Vom Bungeespringen bis zum Tauchen mit Haien ist an der Garden Route fast alles möglich. Sehr lohnend ist auch das „altmodische" Wandern. Trekkingfreunde werden in Südafrika gern „Trailblaster" genannt.

Bootstouren

Einige Bootsverleiher ermöglichen den Törn über die Gewässer bei Knynsa:

Lightleys Holiday Houseboats
Tel. 044/387 10 26
Fax 044/387 10 67
Mail: sandpoint@pixie.co.zo
Web:
www.knysna.co.za/lightleys
Gemächlich in der Lagune von Knynsa herumschippern, sich etwas kochen oder auch im Boot schlafen. Es stehen 12 Hausboote mit jeweils 4 oder 6 Schlafplätzen zur Verfügung.

Spring Tide Charters
Waterfront, Knysna
Handy: 08 24 70 60 22
Mail: info@springtide.co.za
Web: www.springtide.co.za
Eine elegante, weiße 17-Meter-Segeljacht, auch nur für einen Sundowner-Trip zu chartern. Mit großem Salon und 3 Doppelkabinen in hellem Nussbaum.

Abseilen

Bergfexe und solche, die es werden wollen, können sich von einem der Heads, Knysna, gut gesichert abseilen: laut Veranstalterwerbung mit 121 m angeblich das höchste kommerzielle Abseil-Abenteuer.

Im Fokus

Wem das für den Anfang zu hoch ist, kann es erstmal mit 30 m probieren.
Handy: 08 36 54 87 55.

Bungee Jumping

Die Garden Route bietet sogar (mit Adrenalin-geladenen 180 Metern) den tiefsten Jump weltweit von der Bloukrans Bridge, Tsitsikamma.
Tel./Fax 042/281 14 58
Web: www.faceadrenalin.com

Kanutouren

Empfehlenswerte Unternehmen sind:
Dolphin Adventures in Knysna
Tel. 044/382 74 91.
Mail:
dolphinkayak@imginet.co.za
Web: www.imaginet.co.za/
dolphinadventures
Kanutouren in der Lagune von Knysna, Bitou und Keurbooms. Noch spannender: Meerestrip von Plettenberg Bay zur Robberg-Halbinsel – mit Seevögeln, Robben, Delfinen und zwischen Mai und November auch Walen.
Wilderness National Park: hier bietet der neue „Canoe Trail"

Kanutrip in der Knysna-Lagune.

Entspannung und viele neue Eindrücke. Kanus und Guide sowie Ausrüstung (Schwimmwesten) sind im preiswerten „Paket" enthalten.
Tel. 044/877 11 97
Fax 044/877 06 33
Web: www.george.co.za./parks

Mountainbiking

Outeniqua Biking Trails verleiht Fahrräder für Alleinradler oder mit Begleitung – zum Beispiel in den bewaldeten Bergen von Harkerville.
Tel. 044/532 76 44.

Paragliding

Jan Minnaar in Wilderness ist der einzige Gliding-Profi an der Garden Route. Er gibt Kurse und Gleitschirm-Schnupperflüge im Tandem.
Tel./Fax. 044/877 14 14
Mail: cloudbase.paraglide@
pixie.co.za
Web: www.cloudbase-para
gliding.co.za

Pferderitte

Nicht nur in Sedgefield, aber hier besonders schön:
Cherie's Horse Riding Center Sedgefield.
Tel./Fax 044/343 15 75.

Wandern

Die Garden Route bietet unzählige Wanderwege (siehe S. 95). Das Buch zum Thema: Judith Hopley, „On Foot in the Garden Route", ist in allen Buchhandlungen in Südafrika und in vielen Shops an der Garden Route erhältlich. 2-mal wöchentlich kann man mit der Autorin in der Region von Knysna wandern.
Tel. 044/398 01 02.

Am Buffalo River von East London liegt Südafrikas größter Binnenhafen.

P. E. und die wilde Küste

Eastern Cape

Port Elizabeth gibt sich im historischen Zentrum „very british". Im Hinterland locken Nationalparks und alte Städtchen, während die Wild Coast nicht nur Surfer und Sonnenanbeter verzückt.

Eastern Cape

Nach 100 hören die meisten auf zu zählen. Bei Stufe 204 ist man dann oben auf dem Campanile Tower in **Port Elizabeth**. Der schlanke, 52 Meter hohe Turm mit dem Glockenspiel wurde 1923 zur Erinnerung an die ersten britischen Siedler von 1820 erbaut. Der Blick vom Turm schweift auf der Meeresseite über den modernen Hafen, der nach Durban und Kapstadt an dritter Stelle rangiert und über die größten Verschiffungsanlagen für Eisenerz im südlichen Afrika verfügt, während er auf der Landseite das heute von einer vierspurigen Stadtautobahn durchschnittene historische Zentrum erfasst. Zusammen mit den ehemaligen Homelands Transkei und Ciskei bildet das Hinterland der Stadt mit seinen Farmen, Naturparks und historischen Städtchen, wie **Graaff-Reinet** ✪✪ mit der **Karoo Nature Reserve** und dem **Addo Elephant National Park** ✪, die Provinz Eastern Cape.

Schon im Jahr 1799 hatten Soldaten das wuchtige **Fort Frederick** gebaut, das jetzt mitten im Stadtgebiet steht. Später erklärte der britische Vizegouverneur am Kap, Sir Rufane Donkin, die Siedlung zur Stadt und benannte sie nach seiner in Indien verstorbenen jungen Frau Elizabeth. Heute sagen die meisten Südafrikaner kurz und lapidar P. E. Gern schmückt sich die Hafenstadt mit dem Beinamen „Friendly City". Kein Wunder, denn sie ist noch nicht einmal halb so groß wie Durban und wirkt dadurch etwas gemütlicher. Viele bezeichnen die Stadt, wo vieler Autofabriken ihren Sitz haben, auch als „Detroit Südafrikas". Ein weiteres Attribut, „Ten Minutes City", kann jeder leicht selbst überprüfen, wenn er alle wichtigen Sehenswürdigkeiten per pedes aufsucht – sogar der Flughafen, lässt sich bequem in zehn Minuten erreichen.

Port Elizabeth	104
Graaff-Reinet	108
Grahamstown	110
Port Alfred	112
King William's Town/ Bisho	112
East London	113
Umtata	116
Wild Coast	116
Im Fokus:	
Siedlergeschichte	111

Rund um Port Elizabeth fühlen sich die Surfer zu Hause. Hobie Beach in der geschützten **Algoa Bay** eignet sich für Anfänger, während **Sylvic Bay** echte Herausforderungen bietet: zwei Buchten, eine mit Flachwasser, die andere mit tosender Brandung – Südafrikas Antwort auf die Karibik. Die Cracks zieht es an die Mündung des Swartkops River oder nach Nordhoek, wo die Wellen in voller Fahrt an den Strand rollen.

75 Kilometer westlich von P. E. weist ein Schild zur **Jeffrey's Bay** mit dem Paradise Beach und **Maria Martinique** – hier kann man den Tag mit einem kühlen Rumpunsch ausklingen lassen. An der Bucht treffen sich Angler, Strandläufer und Wellenreiter. Die „Super Tubes" der hohen Wellen werden von Insidern in einem Atemzug mit denen Hawaiis genannt. Beste Saison ist der südafrikanische Winter, wenn starker Wind für ideale Bedingungen sorgt.

In östlicher Richtung, etwa in der Mitte zwischen P. E. und dem 300 Kilometer entfernten East London, liegt **Grahamstown**. Die „Stadt der Heiligen" ist stolz auf ihre 40 Kirchen und den höchsten Kirchturm der ganzen Republik – der Turm der

Die Donkin-Street-Häuser wurden zwischen 1860 und 1870 erbaut.

Kathedrale St. Michael und St. Georg ragt 53,6 Meter in den Himmel. Im 19. Jahrhundert entstanden viele schöne viktorianische Häuser, die heute, sorgsam restauriert, vor der Kathedrale eine cremefarbene Straßenzeile bilden und hinter den überdachten Passagen und schlanken Metallsäulen alteingesessene Geschäfte beherbergen. Im Juli jedoch wird die altväterliche Ruhe der Stadt gestört: Während des Kunstfestivals verwandelt sich Grahamstown in eine große Bühne mit Freilufttheatern, Schaustellern und Musikern.

Missionare gründeten 1826 **King William's Town** 120 Kilometer östlich von Grahamstown, bis die Xhosa sie neun Jahre später verschleppten und den Ort der Nächstenliebe zerstörten. Ein Denkmal am Strand erinnert an über 4600 deutsche Siedler, die hier ab 1857 an Land gingen. Nicht weit davon trifft man auf die Orte Berlin, Braunschweig und Potsdam – und den schönen kleinen Badeort Hamburg.

Bis zur Aufhebung der Homelands war **East London** „eingeklemmt" zwischen den Xhosa-Homelands Ciskei und Transkei und geriet dadurch ins touristische Abseits. Vor allem die Strände haben sich Sterne verdient. Nahoon Point an der **Beacon Bay** ist ein Eldorado für Surfer, Schwimmer und Angler. Dahinter drängen sich die Villen und Ferienhäuser der Reichen.

Nordöstlich von East London, im ehemaligen Homeland Transkei, beginnt die **Wild Coast** ✪, ein etwa 300 km langer Küstenstreifen mit bizarren Felsen, an denen schon diverse Schiffe zerschellten, verschwiegenen Buchten und traumhaften Stränden. Einsame Stichstraßen führen hinab an die wilde, bergige Küste, und Flüsse aus den kahlen Bergen, dort, wo die Xhosa ihre strohgedeckten Rundhütten errichtet haben, zerschneiden und unterbrechen immer wieder die Küstenlinie.

Die Wild Coast ist etwas für Individualisten – moderne Hotels sucht man vergeblich. **Port St. Johns** im Nordosten, 200 km nordöstlich von East London, ist einer der bedeutenderen Orte, aber immer noch klein. Seine Gebäude haben schon einmal bessere Tage gesehen und könnten gut als Kulisse für eine britische Kolonie in einem vergessenen Winkel Afrikas dienen. Frauen verkaufen Mangos, Ananas und Bananen. Hinter einem der Traumstrände ragen dicht bewaldete Berge an einer Flussmündung auf. Kleine Hotels bieten einfache Übernachtungsmöglichkeiten. In der Saison werden hier so gleichmütig Lobster serviert, als seien es Fischstäbchen.

Der Karoo Nature Reserve umgibt die hübsche Stadt Graaff-Reinet.

Highlights

Graaff-Reinet ✪✪
Graaf-Reinet zählt zu den schönsten Städten des Landes. Die Karoo Nature Reserve wartet auf mit seltenen Tieren (Seite 108).

Addo Elephant National Park ✪
Heimat der letzten Kap-Elefanten bei Port Elizabeth (Seite 106).

Wild Coast ✪
Atemberaubende Küste zwischen East London und Port Shepstone (Seite 116).

Cape St. Francis und Jeffrey's Bay
Surfspaß der Spitzenklasse (Seite 107).

Zuurberg National Park
Wandern und Reiten in herrlicher Natur (Seite 108).

East London
Hübscher Ausgangspunkt für Wild-Coast-Touren (Seite 113).

Strändeparadies
Knapp 50 Strände und Buchten liegen zwischen East London und Hamburg (Seite 116).

Eastern Cape

Stadtparks

St. George's Park

Nur 10 Minuten benötigt man, um zu Fuß von der Donkin Reserve (entlang der Western Road) zum ehrwürdigen St. George's Park zu gelangen. Der St. George's Park, der umgeben wird von der Ringstraße des Park Drive, besitzt die ältesten Cricket- und Bowlingplätze des Landes (1843/1882) sowie seltene Pflanzen. An jedem ersten Sonntag des Monats wird hier „Art in the Park" veranstaltet, ein Künstlerflohmarkt. Südafrikanische, aber auch orientalische Kunst lässt sich in der „King George VI. Art Gallery" im Park bewundern (Mo – Fr 8.30 – 17 Uhr, Sa 9 – 16.30 Uhr, So 14- 16.30 Uhr).

Settlers Park Nature Reserve

Die „Grüne Lunge" von P. E. beginnt gleich südlich des St. George's Park: 53 Hektar mit natürlicher einheimischer Flora und Blumengärten. Der Settlers Park wird durchschnitten vom Baakens River, Heimat vieler Vogelkolonien.

Port Elizabeth

Schon 1488 landete der Portugiese Bartholomeu Diaz an der weiten Algoa Bay, 1820 die ersten Siedler. Heute ist P. E. mit rund 1,2 Millionen Einwohnern die fünftgrößte Stadt und der drittgrößte Hafen Südafrikas. Wichtigster Industriezweig ist die Automobilindustrie. Hässliche Hochhäuser erdrücken die historische City, und Autobahnen durchschneiden die östliche Stadt, Erholung bieten dagegen die langen Strände, vor allem südlich der Stadt.

Verkehr

P. E. ist 785 km von Kapstadt entfernt. Der Flughafen liegt 5 km südwestlich der City am Allister Miller Drive (Tel. 041/507 72 19). Tägliche Flüge nach Johannesburg, Kapstadt, East London, George, Bloemfontein. P. E. ist auch ein wichtiges Ziel der drei großen Busunternehmen Intercape, Translux und Greyhound mit täglichen Verbindungen in alle großen Städte. Der Bus der Garden Route „Hop-On-Hop-Off" pendelt zwischen Kapstadt und P. E. (Infos über das Tourist Office). Zentrale Station für städtische Busse ist die Market Square Station, Strand Street (neben dem Norwich Union Building).

Sehenswürdigkeiten

Die wichtigen Sehenswürdigkeiten von P. E. erreicht man angenehm zu Fuß vom Bahnhof am Hafen aus.

Campanile Tower

204 Stufen sind es bis nach oben – man wird mit einem prächtigen Rundblick (durch vergitterte Fenster) belohnt. Der 52 m hohe Glockenturm am Hafen wurde 1923 für die ersten Siedler erbaut, die 103 Jahre zuvor hier landeten.
Mo, Di, Do/Fr. 9 – 13 Uhr und 14 – 16 Uhr, Mi und Sa 8.30 – 12.30 Uhr.

Marktplatz

Am beeindruckendsten ist das Library Building mit seinen Türmchen aus dem Jahr 1848, deren Terrakottafassade in Einzelteilen aus England importiert wurde. Davor steht die Statue von Queen Victoria – würde sie heute das Stadtbild sehen, sie wäre nicht sehr „amused".

Donkin Street/Donkin Reserve

Historische Reihenhäuschen, entstanden in der Glanzzeit Queen Victorias zwischen 1860 und 1870, säumen die steil ansteigende Straße. 5 Minuten zu Fuß entlang der White Street sind es von hier zur kleinen, palmengesäumten Donkin Reserve, wo ein 1861 erbauter rot-weißer Leuchtturm steht (Touristeninformation).

Fort Frederick

Vom Fort Frederick, dem ältesten Bauwerk der Stadt (1799), hat man einen guten Blick auf Fluss und Stadt. Seit seiner Vollendung wurde hier nie ein Schuss abgefeuert.

Oceanarium/Museum

Zum Komplex an der Beach Road gehören das Oceanarium, ein Snake Park, das Tropical House und das Museum, eines der besten und größten des Landes. Hier erfährt man viel über die Natur- und Kulturgeschichte, z. B. über die Xhosa. (Tel. 041/586 10 51, tgl. 9 – 17 Uhr).
Das Oceanarium gehört neben dem von Durban zu den besten des Landes und ist wie der Snake Park und das Tropical House (exotische Vögel) tgl. 9 – 13 und 14 – 17 Uhr geöffnet. Im Aquarium lassen sich auch Haie und Rochen beobachten. Delfinshow tgl. 11 – 15 Uhr.

Unterkunft

★★★ **Protea Hotel Edward**
Belmon Terrace, Donkin Reserve
Tel. 041/586 20 56
Fax 041/586 49 25

Eastern Cape

Mail: edward@pehotels.co.za
Web: www.pehotels.co.za
Derzeit ist das Protea-Hotel eines der besten „Übernachtungsschnäppchen" in Südafrika: Am Wochenende zahlt man nur rund 40 Euro für das Zimmer – in einem der schönsten viktorianischen Häuser aus dem Jahr 1902. Die Villa besaß früher den ältesten Lift des Landes, Arztpraxen und eine Post. Auch das Restaurant mit Säulen und Rundbögen wurde sorgfältig renoviert.

★★ Summerstrand Inn
Summerstrand, Marine Drive
Tel. 041/53 31 31
Mail: summerstrand@caraville.co.za
Angenehmes, preiswertes Hotel am nördlichen Summerstrand mit großem Pool. Moderne Zimmer, mediterran geprägte Lounge. Reservierungen über die Mailadresse.

★★ Conifer Beach House
39 Windermere Road, Humewood
Tel./Fax 041/585 59 59.

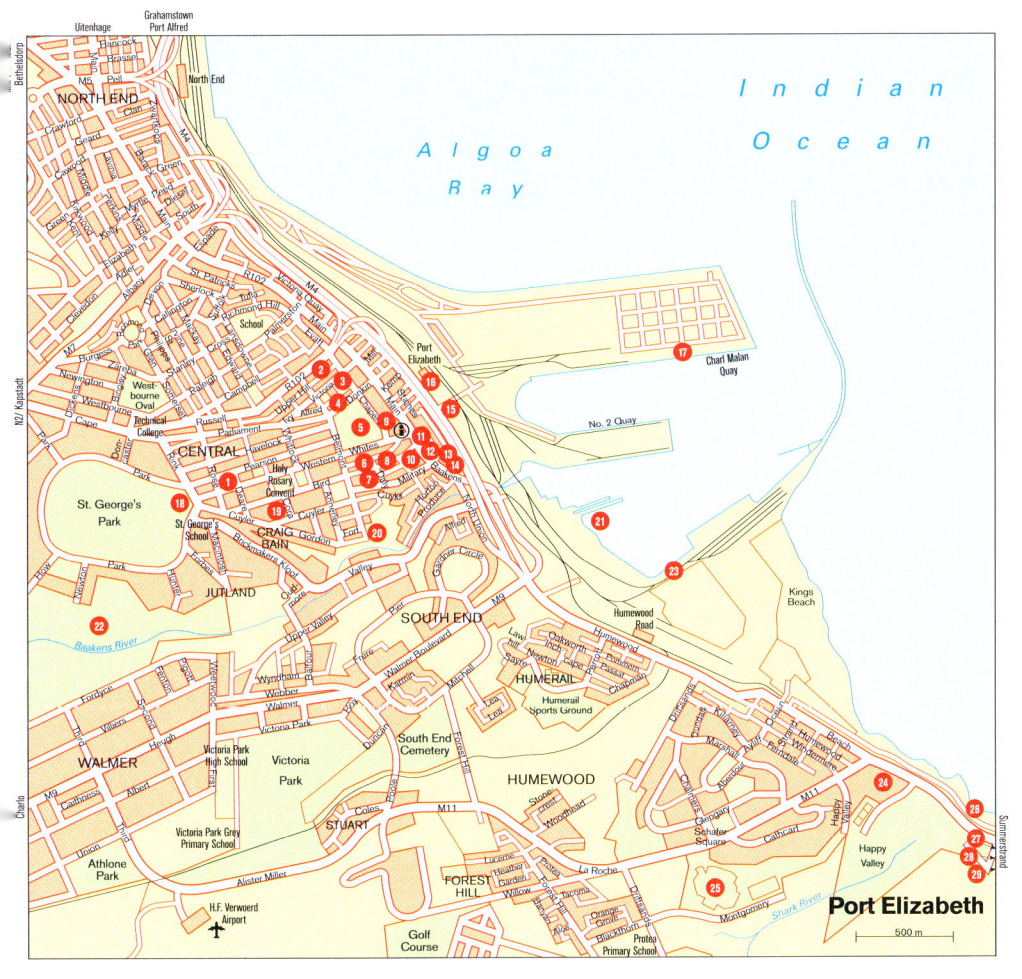

1 Wreck Diving
2 Upper Hill Street Houses
3 Satour
4/5 Donkin Reserve and Houses
6 Drill Hall
7 Sterley Cottages
8 Cultural History Museum
9 Main Library
10 Feather Merket Hall
11 City Hall und Market Square
12 Donkin Heritage Trail
13 White House
14 Air Terminal
15 Glockenturm/Campanile Tower
16 Railway Station
17 Harbour Passenger Terminals
18 King George VI Art Gallery
19 Cora Terrace
20 Fort Frederick
21 Pleasure Cruises
22 Settlers Park Nature Reserve
23 Deep Sea Fishing
24 Oceanarium, Tropical House
25 Boet Erasmus Stadium
26 Humewood Beach
27 Summerstrand
28 Pollock Beach
29 University of Port Elizabeth

105

Eastern Cape

Insider News

Cape Recife Nature Reserve

Das „Kap von P. E." erstreckt sich gleich südlich der Stadt, hinter dem Summerstrand und beim Leuchtturm aus dem Jahr 1851. Mindestens 3 Stunden Zeit sollte man einplanen, um den 9 km langen **Trail of the Roseate Tern** (benannt nach einer Vogelart) zu gehen, zum Teil direkt am Meer. Vom Versteck des „Bird Hide" lassen sich nicht nur seltene Sumpfhühner beobachten, sondern auch Antilopen und mit Glück Fischotter. In das Penguin Sanctuary werden manchmal seltene kleine Brillenpinguine vom Oceanarium der Stadt zur Auswilderung gebracht. Man kann also keine ständige Pinguinkolonie erwarten und sollte die Tiere ohnehin nicht stören. Von hier ist zu sehen, wie sich Wellen über dem Thunderbolt-Riff brechen, an dem schon viele Schiffe zerschellten. Nach einem Muschelstrand führt der Weg durch Fynbos-Vegetation. Schöner Blick über die Natur zwischen Stadt und Meer.

Gelb gestrichene Villa aus der Jahrhundertwende, schöne Möbel und Holzböden. Romantischer Garten. 400 m zum Strand.

★ **Calabash Lodge**
8 Dollery Street
Tel./Fax 041/585 61 62
Mail: calabash@iafrica.com
Preiswertes Gästehaus; Zimmer mit Liebe zum Detail und afrikanischem Touch. Die Lodge organisiert auch Tages- und Abendtouren in Townships mit dem Besuch lokaler Pubs (Shebeens).

Restaurants

☆☆ **Le Med**
66 Parliament Street
Tel. 041/585 87 11.
Zentral gelegen. Neu, frisch und modern – eine der besten Seafood-Adressen in P. E., mediterrane Küche. Auch knackige Salate und frische Pasta. Gut mit einem Stadtbummel zum Lunch zu verbinden, Reservierung fürs Dinner empfohlen. Mo geschlossen.

☆☆ **The Bell**
The Beach Hotel, Marine Drive
Tel. 041/583 21 61.
Sehr gutes, gemütliches À-la-carte-Restaurant mit guter Auswahl an Fischgerichten. Gute Weinkarte.

☆☆ **The Ranch**
Corner Russel Road/Rose Street
Tel. 041/585 96 84.
Eines der Top-Restaurants von P. E., seit über 30 Jahren erfolgreich. Gemütlich-legere Atmosphäre eines legeren Dorfpubs. Breite Auswahl an Fleisch- und Fischgerichten, umfangreiche Weinkarte, leckere Desserts. Kein Ruhetag.

☆☆ **Wild Boer**
3 Third Avenue
Walmer (nahe des Flughafens)
Tel. 041/581 15 23.

Dieses „Traditional South African Restaurant" bietet nicht nur Fischgerichte, sondern vor allem exotische Fleischgerichte wie Krokodil, Kudu, Elefant und Strauß. Aber auch vegetarische Gerichte.
Tgl. außer So abends.

Aktivitäten

Schöne Strände beginnen südlich der City (via Humewood u. Beach Road). Am feinsandigen King's Beach badete schon 1948 König George VI. Der McArthur Pool Complex bietet Schwimmbecken mit Süß- und Seewasser sowie viele Einrichtungen für Kinder.
Bei gutem Wetter stechen täglich vom Hafen Ausflugsboote in See – zur Insel Santa Cruz mit einer Pinguinkolonie, White Sharks, Delfinen oder zu Grill- und Sundowner Touren.
Bootsausflüge, Fischen:
East Cape Ocean Adventures
Tel. 08 25 50 45 02
Fax 042/234 00 40
Web: www.fishingcharters.co.za.
Tauchen (Schiffswracks) und Tauchkurse, Bootsfahrten:
5 Star Padi Dive Center
Tel. 041/583 53 16
Fax 041/368 78 8
Web: www.prodive.co.za.

Ausflüge

Addo Elephant National Park ✪✪
72 km nördlich von Port Elizabeth (N 2 Richtung Grahamstown, R 335 nach Addo).
Reservierung: National Parks Board (siehe S. 210)
Das Schutzgebiet wurde 1931 gegründet, als Jäger bereits alle Kap-Elefanten bis auf 11 ausgerottet hatten. Schon 1849 wurde der letzte Löwe in der Region erlegt, 4 Jahre später das letzte Nashorn. Die überlebenden Elefanten waren zunächst äußerst aggressiv. Heute sind es fast 320 Dickhäuter – und zur Mittagszeit

Eastern Cape

kann man viele von ihnen am Wasserloch gegenüber vom Shop gleich nach dem Eingang beobachten. Im Reservat leben neben diversen Antilopenarten auch über 35 der seltenen Spitzmaulnashörner (Black Rhino), die Anfang der 60er Jahre aus Kenia importiert wurden. Aus den letzten Kap-Büffeln hat sich ebenfalls eine kleine Kolonie entwickelt; die Tiere sind hier (ungewöhnlich) nachtaktiv. Über zwei Drittel des derzeitigen Parks wird von den buschartigen, rosarot blühenden Speckbäumen bewachsen – ideale Nahrung für Elefanten und Büffel. Auf dem Speckboom Nature Trail im südlichen Teil kann man abgezäunt von den großen Tieren zu Fuss die Natur erleben (Dauer: 3 – 4 Std.).

Die Größe des Parks ändert sich ständig. 12.000 ha (wie noch oft zu lesen) war einmal: 1999 wuchs Addo nach Landkäufen schon auf über 60.000 ha. Als „Greater Addo" soll er in etwa 10 Jahren 400.000 ha umfassen und zum drittgrößten Schutzgebiet Südafrikas (nach Kgalagadi in der Kalahari und Krüger) werden.

Cape St. Francis und Jeffrey's Bay

Knapp 90 km Autobahn von Port Elizabeth nach Westen und 10 km weiter nach Humansdorp, von dort 22 km nach Süden auf einer schmalen Straße: Man ist in Cape St. Francis. 20 km nördlich liegt Jeffrey's Bay an der St. Francis Bay. Die weite Bucht ist ein Paradies für Surfer. Zwischen April und September warten die Sportfreaks auf den speziellen Wind aus Nordwesten, der in Kombination mit abnehmender See Superwellen erzeugt – der Filmer Bruce Brown aus St. Francis Bay hat ihnen Weltruhm verschafft. Im Juli und August finden hier Surfmeisterschaften statt. In der Umgebung liegen größtenteils strohgedeckte Holiday-Resorts: eine sterile Freizeitkolonie für „whites only".In der nahen Nousekloof Nature Reserve lassen sich Schwäne und Flamingos und mit Glück Fischotter beobachten.

Jeffrey's Bay dagegen hat nicht den Freizeit-Retortencharakter von Cape St. Francis und bietet im Noorskloof Nature Reserve einen wunderschönen Wanderweg am Fluss entlang, vorbei an großen Kandelaber-Euphorbien und mit Vogelbeobachtung: auch für Nicht-Surfer also ein lohnendes Ausflugsziel. Im „Breakers Restaurant" (23 Diaz Road) stärkt man sich – mit Blick auf das Meer.

Van Stadens Wild Flower Reserve

Schon vor der Jeffrey's Bay lockt ein Schild weg von der Schnellstraße zur Wild Flower Reserve. Das 370 Hektar kleine Schutzgebiet für Wildblumen liegt an der östlichen Seite einer Schlucht, die der Van-Staden-Fluss hier während vieler Jahrmillionen eingegraben hat. Darüber spannt sich eine 325 m lange Brücke. Nadelhölzer verbreiten einen würzigen Duft, Wege schlängeln sich durch Baumheide und Erika. Aus dem Gebüsch leuchten wilde Orchideen, Lilien und Proteen, die stachlig-roten „Nationalblumen" Südafrikas. Die beste Zeit für einen Besuch ist der südafrikanische Frühling (September – Mitte Oktober).

Shamwari Game Reserve

Tel. 042/203 11 11
Fax 042/235 12 24

Dampfeisenbahn

Apple Express

Er transportiert zwar längst keine Äpfel mehr – wie einst vom Langklooftal – in die Stadt, ist aber nichtsdestotrotz apfelgrün gestrichen: der Apple Express. Als die reguläre Bahnverbindung 1993 auf dieser Schmalspurstrecke eingestellt wurde, übernahmen eine Gruppe von Dampflok-Enthusiasten den Zug. Er fährt außer im Winter an jedem zweiten Wochenende (überwiegend samstags) vom kleinen Bahnhof **Humewood** 53 km über die Van-Stadens-Brücke nach Thornhill und zurück.
Tel. 041/507 23 33
Fax 041/507 32 33
Mail: apple-express@org.za

Der Elefant ist das größte und schwerste Landsäugetier. Der Pflanzenfresser ernährt sich hauptsächlich von Laub und Zweigen.

Eastern Cape

Unterkunfts-Tipps

★★ Elephant House

8 km südlich vom Addo Elephant National Park an der R 335
Tel./Fax 042/233 24 62
Mail: elephanthouse@intekom.co.za
Web: www.elephanthouse.co.za

Clyve und Anne Read haben ein gelungenes „Produkt" geschaffen: 6 Zimmer und Suiten unter Strohdach mit dezentem Afrika-Touch. Kreative Küche, Safaris. Günstige Preise. Buchung notwendig.

★ Chrislin Bed & Breakfast

15 km südlich vom Addo Elephant National Park
(2 km Piste westlich der Polizeistation im Ort Addo)
Tel. 042/233 00 22
Fax 042/233 07 26
Mail: chrislin_bb@hotmail.com

Chris und Linda („Chrislin") Pickels haben in einem Farmhaus 2 Gästezimmer und 3 rustikale Chalets eingerichtet: preiswert, gut, ruhig.
Im Umfeld von Addo existieren über 25 Übernachtungsmöglichkeiten. Info: Sundays River Valley Tourism, Tel. 042/233 00 40.

Mail: shamwaribooking@global.co.za
Web: www.shamwari.com

Das private Naturreservat, 30 km östlich von Addo und gut 70 km nordöstlich von P. E. entfernt am Bushmans River, entstand ab 1990 durch den Kauf von Farmen und Tieren, die einst hier lebten: Elefanten, Büffel, Rhinos, Löwen, Giraffen, viele Böcke und Antilopen. Verschiedene Unterkünfte: ein piekfeines Landhaus, strohgedeckte Lodge und zwei Siedlerhäusern, „all inclusive". Es werden auch Tagesausflüge angeboten.

Zuurberg National Park

Ein recht neuer Park (gegründet 1994), der die schönen Zuurberge und das Sunday River Valley umfasst; der Eingang befindet sich 34 km nordwestlich von Addo an der R 335. Der Naturpark hat sich schnell zum Eldorado von Naturliebhabern entwickelt: Hier kann man herrlich wandern und auch mit dem Pferd reiten. Tages-Trails: Cycad Hiking Trail (1 Std.), Doringnek Trail (4 Std.).
Als Ausgangspunkt für den Zuurberg und Addo Elephant National Park bietet sich das 1861 erbaute Zuurberg Mountain Inn an (★★, Zuurberg Pass, R 335, Tel. 042/233 05 83, Fax 042/233 00 70, Mail: zuurberg@caraville.co.za), mit Zimmern zu verschiedenen Preisen, Pool, Mountainbikeverleih.

Information

Tourism Port Elizabeth
Belmont Terrace Lighthouse Building
Tel. 041/585 88 84
Fax 041/585 25 64
Mail: information@tourismpe.co.za

Graaff-Reinet ●●

Der historische Ort liegt 145 km östlich der N 1 von Kapstadt nach Johannesburg und 280 km nordöstlich von Oudsthoorn. Nicht nur die Lage an einer Schleife des Sunday River ist einzigartig – über 220 sorgfältig restaurierte historische Gebäude rechtfertigen den Beinamen „Juwel der Karoo". Graaff-Reinet (33.000 Einwohner) wurde 1786 von burischen Siedlern gegründet. Der Name stammt vom damaligen Kap-Gouverneur Jacob van de Graaff und seiner Frau Cornelia Reinet. Das Klima hier in der Karoo-Halbwüste ist gesund und überwiegend trocken; der meiste Niederschlag fällt im März.

Sehenswürdigkeiten

An der Church Street und der parallel östlich verlaufenden Muray Street liegt das Gros der historischen Bauten aus zwei Jahrhunderten von einfachen, strohgedeckten Cottages über Häuser im kapholländischen Stil bis Gebäuden aus viktorianischer Zeit.

Reinet House

Ecke Muray/Parsonage Street.
1806 – 1812 im kapholländischen Stil erbaut, diente es als Pfarrhaus und beherbergt nun ein kleines Museum mit alten Möbeln und Fahrzeugen.
Mo – Fr 9 – 12 und 15 – 17 Uhr, Sa und So 10 – 12 Uhr.

Old Residency

Schräg gegenüber vom Reinet House wurde das Gebäude 1820 als Wohnsitz des englischen Gouverneurs errichtet. Heute beherbergt es eine Waffensammlung.
Mo – Fr 9 – 12 und 15 – 17 Uhr, Sa und So 10 – 12 Uhr.

Old Library

Ecke Church/Somerset Street.
In der alten Bibliothek sind untergebracht: Touristeninformation, Fotos und Kleidung aus dem 19. Jh., Fossiliensammlung, Malereien der San.

Unterkunft

★★ Drosty Hotel
30 Church Street

Eastern Cape

Graaff-Reinet liegt in einer Flussschleife des Sunday River, am Fuß der Sneeuberg-Kette.

Insider News

Vom Horn zum Computer

Auf dem Gelände der Rhodes University von **Grahamstown** befindet sich die weltweit einzigartige **Library of African Music**, eine Schatzkiste mit afrikanischen Klängen (im modernen Computerstudio) und afrikanischen Instrumenten – Paul Simon könnte sich hier weiter inspirieren lassen. Musikalische Besucher können sich an neuen Instrumenten versuchen und die Resultate aufnehmen lassen – über 200 afrikanische Instrumente stehen zur Auswahl: Antilopenhörner, Xylophone oder eine Kora aus Senegal.
African Musical Instruments in Grahamstown produzieren auch Instrumente und geben Informationen:
Tel. 046/622 62 52
Mail: ilat@giraffe.ru.ac.za
Mo – Do 9 – 17 Uhr, Fr 9 – 12 Uhr.

Tel. 049/892 21 61
Fax 049/245 82
Mail: drosty@intekom.co.za
Das Hotel ist eine Sehenswürdigkeit: Hier residierte der Drosty (Landvogt) ab 1806; die angrenzenden Häuschen (jetzt Gästezimmer) wurden für freigelassene Sklaven gebaut. Im großen Speisesaal servieren Frauen mit Spitzenhäubchen ein mehrgängiges Candlelight-Dinner zum Schnäppchenpreis.

★★ Avondrust Guest House
80 Donkin Street
Tel. 049/892 35 66
Fax 049/892 35 77
Mail: avondrust@elink.co.za
Zentral gelegenes Herrenhaus, erbaut 1911. Die einstigen Ställe sind in 5 Gästezimmer mit separatem Eingang umgewandelt worden. Im Winter Kaminfeuer in der Lounge.

★ Cambdeboo Cottages
16 Parliament Street
Tel. 049/892 31 80.
Strohgedeckte Häuschen aus dem 19. Jh., alle denkmalgeschützt und mit den originalen Holzdielen aus Yellowwood. Mit Küche, Pool und Coffee Shop. Preiswert und romantisch.

Ausflug

Karoo Nature Reserve
Einzigartig: Das 16.000 ha große Naturreservat umgibt den historischen Ort hufeisenförmig im Westen, Norden und Osten. Am eindrucksvollsten ist das Valley of Desolation (4 km im Westen, ständig geöffnet), das „Tal der Verzweiflung". Besonders am frühen Morgen und am späten Nachmittag ist der Ausblick grandios: auf Graaff-Reinet und auf die endlose Weite der Karoo, die unterbrochen wird vom Spandaukop (1310 m) gegenüber und schroffen Bergzinnen (Wanderweg, 1,5 km, längere Routen 5 bis 11 km). Microlight-Flüge; Tel. 049/891 00 27.
Der Nordteil wird vom Van-Ryne-velds-Stausee beherrscht; nördlich davon leben große Antilopenarten wie Elands, aber auch Büffel (deshalb sind nur Fahrten erlaubt).
Der wenig besuchte Ostteil des Reservats bietet schöne Pirschrouten (u. a. Bergzebras) und den 2-tägigen Drie Koppe Hiking Trail (Anmeldung und Schlüssel für eine Berghütte: Tel. 049/892 34 53).

Information

Graaff-Reinet Publicity
Old Library Museum
Ecke Church/Somerset Street
Tel./Fax 049/892 4248
Mail: graafreinet@elink.co.za
Web: www.graafreinet.co.za
Mo – Fr 8 – 13 und 14 – 17 Uhr, Sa/So 9 – 12 Uhr.

Eastern Cape

Naturpark

Mountain Zebra National Park

Fährt man 240 km von P. E. über die N 2 nach Norden, kommt man ins hübsche **Cradock** (Great Fish River Museum über die Siedlergeschichte, Sukkulenten in den Van Riebeek Karoo Gardens, Mineralquellenbad). Der Nationalpark, 20 km westlich von Cradock, wurde 1937 zum Schutz der kleinen Bergzebras eingerichtet, von denen über 200 im Park leben – daneben auch Kudus, viele Antilopen und Vogelarten. Der 25 km lange Mountain Zebra Hiking Trail erschließt den hügligen Park. Unterkünfte in rustikalen Cottages und in einem alten Landhaus (Reservierung: Parks Board, S. 210). Pferderitte können an der Rezeption gebucht werden.

Grahamstown

Die Stadt (60.000 Einw.) liegt 60 km landeinwärts zwischen P. E. und East London. im Zentrum „very british", wegen der 40 Kirchen auch „Stadt der Heiligen" genannt. Anfang Juli kommen über 60.000 Besucher zum größten Kunstfestival Südafrikas. Ansonsten sorgen die Studenten der Rhodes University für frischen Wind. Viele Kultur- und Kunstaktivitäten.

Verkehr

Zwischen East London (180 km) und P. E. (125 km) tägliche Busverbindungen mit Greyhound, Intercape und Translux.

Sehenswürdigkeiten

Altes Zentrum
Am Church Square steht die Kathedrale St. Michael und St. Georg (1824) mit dem höchsten Kirchturm Südafrikas (53 m). Das Rathaus dahinter wurde um den Glockenturm herumgebaut. Sorgfältig restaurierte Häuser säumen die nahe High Street.

Historischer Briefkasten
An der Kreuzung der Worcester zur Somerset Street kann man seine Post in den ältesten Briefkasten Südafrikas aus dem Jahr 1859 einwerfen (und bekommt einen Sonderstempel).

Grahamstown, die „Stadt der Heiligen", besitzt den höchsten Kirchturm Südafrikas.

Rhodes University
Im Westen der Hight Street, gegenüber den Botanical Gardens, wurde sie 1904 gegründet. Von den alten Gebäuden ist neben dem Eingangstor u. a. noch The Retreat erhalten. Dieses Farmhaus auf dem Campus wurde nach Ankunft der Siedler von 1820 auf der Farm van Piet Retief erbaut.

Botanical Gardens
Westlich vom Zentrum, zwischen Lucas Avenue und Grey Street. Vor 1850 angelegt, ist dies einer der ältesten Botanischen Gärten mit Kap-Flora und exotischen Pflanzen. Im Park dominiert das große „1820 Settler's National Monument" den Gunfire Hill; es wirkt wie ein modernes Hotel und wurde 1965 eröffnet (Kunstgalerie, Theater, Konferenzräume, Sitz der Kulturorganisation Grahamstown Foundation). Schöner Blick auf die Stadt und das Belmont Valley (Mo – So 8 – 16.30 Uhr). Daneben steht das Fort Selwyn (1835) mit einem kleinen Museum (Di – Sa 9 – 16 Uhr, So 12 – 16 Uhr).

Townships
In den Townships von Grahamstown kann man unbesorgt die Xhosa-Kultur kennen lernen. Das Tourist Office (siehe S. 112) bietet organisierte Township-Touren an. Die Masithandane Association (Tel. 046/622 59 44) vermittelt Abendessen und/oder Übernachtungen bei Xhosa-Familien und verkauft Produkte (u.a. Körbe) aus gesammelten Plastiktüten.

Museen

Albany Museum Complex
Somerset Street
Tel. 046/622 23 12.
Natural Science Museum mit naturkundlicher Sammlung; Interessantes zur Frühgeschichte der Menschen in Afrika; geologische und vogelkundliche Sammlung. Nebenan das „1820 Settler's Museum" mit Exponaten aus

Eastern Cape

der Siedlerzeit.
Mo – Fr 9.30 – 13 und 14 – 17 Uhr,
Sa und So 14 – 17 Uhr.

Observatory Museum
Bathurst Street
Tel. 046/622 23 12.
In einem exzentrischen Gebäude mit klassizistischem Giebel und Türmen befindet sich die einzige Camera Obscura Südafrikas, gebaut vom Uhrmacher Henry Carter Galpin.
Mo – Fr 9.30 – 13 und 14 – 17 Uhr,
Sa und So 14 – 17 Uhr.

Unterkunft

Neben den Hotels gibt es in der Stadt über 50 Privatunterkünfte (siehe S. 110 und 112). Während des National Festival of Arts ist im Juli fast alles ausgebucht.

Einkaufen

Dakawa Arts & Craft Project
4 – 1 Froude Street
Tel. 046/622 93 93.
Noch im Exil, hat der ANC das Projekt in Tansania begonnen und nach Aufhebung des ANC-Verbots 1991 in Grahamstown etabliert: Weberei, Textildruck, grafische Kunst. Verkaufsraum (Mo – Fr 8 – 16.30 Uhr).

Ausflüge

Thomas Baines Nature Reserve
15 km südwestlich der Stadt,
(via R 343 in Richtung Salem)
Tel. 046/622 82 62.
Von Wegen, die durch Zäune geschützt sind, kann man Nashörner, Büffel und Antilopen beobachten. Die hügelige, bewaldete Landschaft

Typisch für die Xhosa ist das weiße „Make-up".

Im Fokus

Siedlergeschichte

Im Jahr 1820 landeten englische Familien (insgesamt 4500 Personen) an der Algoa Bay, östlich des heutigen P. E. (der Settler's Park und das Settler's Memorial in East London erinnern daran). London hatte ihnen ein Land versprochen, in dem Milch und Honig fließen. Jene, die in die Gegend von Grahamstown weiterzogen, gelangten aber mitten in die Auseinandersetzungen zwischen Buren und Xhosa auf beiden Seiten des Great Fish River. 1819 hatten gerade über 9000 Xhosa Grahamstown überfallen.
Der Great Fish River rund 70 Kilometer östlich von Grahamstown bildete eine magische Grenze zwischen dem „Settler Country" und den Xhosa. Zwischen 1781 und 1878 wurden hier acht Grenzkriege geführt. Aus dem Militärstützpunkt unter Oberst Graham wurde ab 1812 die Stadt Grahamstown; Fort Beaufort auf der anderen Seite des Flusses diente ab 1822 ebenfalls zur militärischen Absicherung.
Die neuen Siedler sollten (ohne es zu wissen) mit ihren Farmen eine „Pufferzone" zwischen den verfeindeten Seiten schaffen – aber das Gebiet eignete sich nicht für Landwirtschaft. Sie wurden von Überschwemmungen und Dürren geplagt. Schon zwei Jahre nach ihrer Ankunft ließ sich über die Hälfte der Bauern als Händler und Handwerker in Grahamstown nieder und schufen so die Grundlage für den raschen wirtschaftlichen Aufstieg des Ortes.

Insider News

Tod durch die Wahrsagerin

Nicht Kanonen und Gewehre, sondern eine Wahrsagerin brach die Widerstandskraft der Xhosa. Das Mädchen Nongqawuse prophezeite, dass am 18. Februar 1857 zwei Sonnen aufgehen und ein Wirbelsturm die Weißen ins Meer treiben würde. Die Xhosa müssten als Opfer alle Rinder töten und ihre Vorräte vernichten. Eine Viertelmillion Rinder wurden gemetzelt, Getreide verbrannt. Aber die Prophezeiung erfüllte sich nicht. Zehntausende verhungerten elend. Nongqawuse wurde von den Briten auf Robben Island vor Kapstadt eingesperrt, schon damals eine Gefängnisinsel.

Eastern Cape

Unterkunfts-Tipps für Grahamstown

Settlers Inn ★★
An der N 2 neben dem Settler's Monument
Tel. 046/622 73 13
Fax 046/622 49 51
Mail: settlersinn@intekom.co.za
Parkähnlicher Garten, Reihenbungalows im modernen, komfortablen Hotelstil. Schöner Blick auf die Stadt.

The Cock House ★★
10 Market Street
Tel./Fax 046/636 12 87
Mail: cockhouse@imaginet.co.za
Im historischen Haus (1820) übernachtete schon Nelson Mandela. 7 Zimmer im Countrystil, Restaurant und Bar. Hier kann man auch sehr gut essen – ein wichtiger Tipp, denn in der Stadt gibt es wohl viele Betten, aber nur wenige kulinarisch empfehlenswerte Adressen.

Old Gaol Backpackers ★
Somerset Street
Tel. 046/636 10 01.
Billig, aber gut und originell – in einem Gefängnis aus dem Jahr 1824 untergebracht. Hier leben auch Künstler und Studenten.

lädt ein zum Wandern und Fahrradfahren. Angebote über Hadeada Tours (Tel. 046/622 97 20).
Belkon Hiking Trails & Accomodation (20 km südlich der T. Baines Reserve, Straße nach Kenton-on-Sea) bietet schöne Trails von 2,5 bis 17 km Länge im Bushman's River Valley und preiswerte Übernachtung.

Information

Tourism Grahamstown
63 High Street
Tel. 046/622 32 41
Fax 046/622 32 66
Mail: info@grahamstown.co.za
Web: www.grahamstown.de
Mo – Fr 8.30 – 17 Uhr, Sa 9 – 11 Uhr.

Port Alfred

Der Hafenort 58 km südlich von Grahamstown wandelte sich vom Fischerdorf (mit einem großen Anteil an schwarzer Bevölkerung) zum Trend-Badeort am schönsten Teil der „Sunshine Coast" zwischen P. E. und East London. Bis zu diesen beiden Städten erstrecken sich beliebte Sandstrände. 8 km nördlich von Port Alfred liegt Bathurst, ein Zentrum des Ananasanbaus. Vor der Weiterfahrt sollte man im „Pig & Twistle Pub" an der Kowie Road (eröffnet 1831) einkehren.

Unterkunft

★★ The Halyards
Royal Alfred Marina
Tel. 046/624 24 10
Fax 046/624 24 66
Mail: ramch@intekom.co.za
2-stöckige Chalets mit Giebeldächern und modernen Zimmern, jeweils mit Balkon zur Waterfront; Restaurant. Bootsfahrten, Fischen, Radverleih.

Information

Port Alfred Tourism
Causeway Road
Tel. 046/624 12 35
Fax 046/624 41 39
Mail: portourist@intekom.co.za

King William's Town/Bisho

Die hübsche Kleinstadt 75 km westlich von East London wurde 1826 von Missionaren gegründet. Nach dem 7. Grenzkrieg zwischen Briten und Zulus wurde sie „Hauptstadt" der Region British Kaffaria; unterworfene Häuptlinge mussten dem Gouverneur die Füße küssen. Sehenswerte Gebäude aus dem 19. Jh. sind die Town Hall und die Holy Trinity Church.
Während der Apartheid wurden in der Schwarzensiedlung Bisho nebenan billige Arbeitskräfte rekrutiert; seit der neuen Verwaltungsgliederung etablierte sich hier die Verwaltung der Provinz Eastern Cape. Klobige Regierungsgebäude (zuvor für Politiker des Homelands der Ciskei erbaut) und ein Luxushotel mit Spielbank kontrastieren dort mit Armensiedlungen.

Sehenswürdigkeit

Amathole Museum
(ehemals Kaffarian Museum)
Corner Albert/Alexander Road
Tel. 043/642 45 06.
Das ehrwürdige Museum wurde 1999 restauriert und umbenannt. In einem Gebäude beherbergt es die sehr anschauliche und große Sammlung präparierter Tiere; im Nebenhaus Ausstellungen z. B. über die Xhosa, Township-Kunst und deutsche Siedler. Star ist zweifellos das Nilpferd Huberta (siehe S. 113).
Mo – Fr 9 – 13/13.45 – 16.40 Uhr, Sa 10 – 12.30 Uhr.

Information

Tourist Information, Public Library
Ayliff Street
Tel. 043/642 34 50
Fax 043/642 36 77.

Eastern Cape

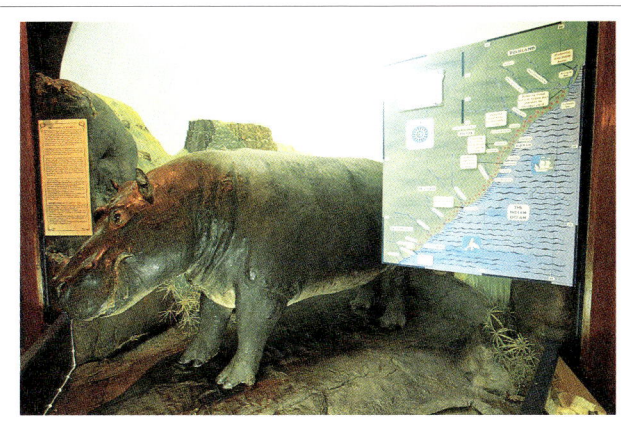

Das berühmte „Museumsflusspferd" Huberta in King William's Town.

East London

Bis zur Schaffung des „neuen Südafrika" 1994 lag East London zwischen den Xhosa-Homelands Ciskei im Westen und Transkei im Osten. Dadurch geriet die Stadt auch ins touristische Abseits. Das ist nun Geschichte. East London ist heute ein schmuckes Städtchen mit sehr schönen Stränden und Ausgangspunkt für Touren zur „Wild Coast" im Osten. Ab Port Elizabeth reist man nach East London über die interessanten Städte Grahamstown und King William's Town mit Abstechern an die „Sunshine Coast" um Port Alfred. East London hat rund 750.000 Einwohner – davon leben über 400.000 im 1962 gegründeten Schwarzenviertel Mdantsane, nach Soweto die zweitgrößte Township Südafrikas.

Verkehr

Der Ben-Schoeman-Flughafen (Tel. 043/706 02 11) liegt 6 km von der City entfernt und ist ohne Busverbindung. Tgl. Flüge nach Durban und P. E., mehrfach wöchentlich nach George, Johannesburg und nach Kapstadt. Tgl. auch Bahn- und Busverbindungen in alle großen Städte, wie etwa nach King William's Town. Tgl. Zug nach Johannesburg via Bloemfontein (von dort auch nach Kapstadt„ Tel. 043/700 20 20).

Sehenswürdigkeiten

Die Stadt mit dem einzigen Binnenhafen des Landes ist Industriestandort und Urlaubsziel: Südlich des Hafens beginnt u. a. das ausgedehnte Daimler-Chrysler-Gelände, nördlich schließen sich schöne Strände an. Die Stadt besitzt nur wenige „klassische" Sehenswürdigkeiten, hat aber eine gute Atmosphäre sowie Ausflugsziele in der näheren Umgebung.

City Hall

Das Rathaus an der zentralen, von Norden nach Süden verlaufenden Oxford Street in Rot und Weiß fällt sofort ins Auge. Baubeginn war 1897. Der Glockenturm wurde nachträglich Ende des 19. Jh. zum Regierungsjubiläum von Queen Victoria angebaut. Im Nebentrakt ist die Touristeninformation untergebracht. Vor der City Halle steht eine Statue von Steve Biko (siehe S. 115).

Queen's Park Botanical Gardens

Westlich des Zentrums, am Settler's Way. Hier blühen im Frühling Proteen und Rosen um die Wette; viele Sukkulenten und ein kleiner Zoo. Das Gately House nahe des Eingangs wurde 1878 für den ersten Bürgermeister erbaut und beherbergt ein Heimatmuseum.
Di – Do 10 – 13 und 14 – 17 Uhr, Fr 10 – 13 Uhr, Sa und So 15 – 17 Uhr.

Amathole Museum

Star Huberta

Der Star des Museums ist zweifellos das Flusspferd „Huberta": Das Hippopotamus wanderte ab 1928 zweieinhalb Jahre lang bis zum fernen St. Lucia an der Grenze zu Mosambik und von dort wieder zurück – insgesamt 1600 Kilometer. Zwischendurch kostete es von Gemüsegärten, badete in öffentlichen Pools und wurde sogar beim Schaufensterbummel gesichtet. Das Hippo hieß zunächst Hubert – und dann Huberta, als das wahre Geschlecht eindeutig ermittelt wurde. Scharen von Reportern und Schaulustigen begleiteten die Odyssee des berühmten Hippos. Im April 1931 fand man Hubertas Kadaver im Keiskamma River südlich von East London. Es wurde ein Kopfgeld auf den Mörder ausgesetzt, die Stadt Pietermaritzburg schickte einen Blumenkranz. Spezialisten in London brachten Hubertas dicke Haut wieder in ihre alte Form; seither residiert das Flusspferd ausgestopft im Museum von King William's Town.

113

Eastern Cape

Aquarium

Seefische und seltene, kleine Jackass-Pinguine. Jeweils ab 11.30 und 15.30 Uhr zeigen Robben und Pinguine ihre Kunststücke. Tgl. 9 – 17 Uhr.

Im Norden davon liegt das German Settler's Memorial: 1857/58 gingen hier 4600 deutsche Siedler an Land. Sie gründeten Hamburg (60 km westlich), andere Potsdam, Berlin und Braunschweig (50 – 80 km nordwestlich gelegen).

Binnenhafen

Vom Settler's Way (Weg zur N 2 nach P. E.) führt eine Seitenstraße zum Latimer's Landing und bietet Hafenatmosphäre am Fluss. Mit seinen Pubs, Restaurants und Shops in Anlehnung an Kapstadt gern als „Waterfront" tituliert, ist jedoch Lichtjahre davon entfernt. Und kulinarische Highlights sollte man hier nicht erwarten. Jachtcharter bei: Mischky Yacht Rides (Tel. 043/735 22 32).

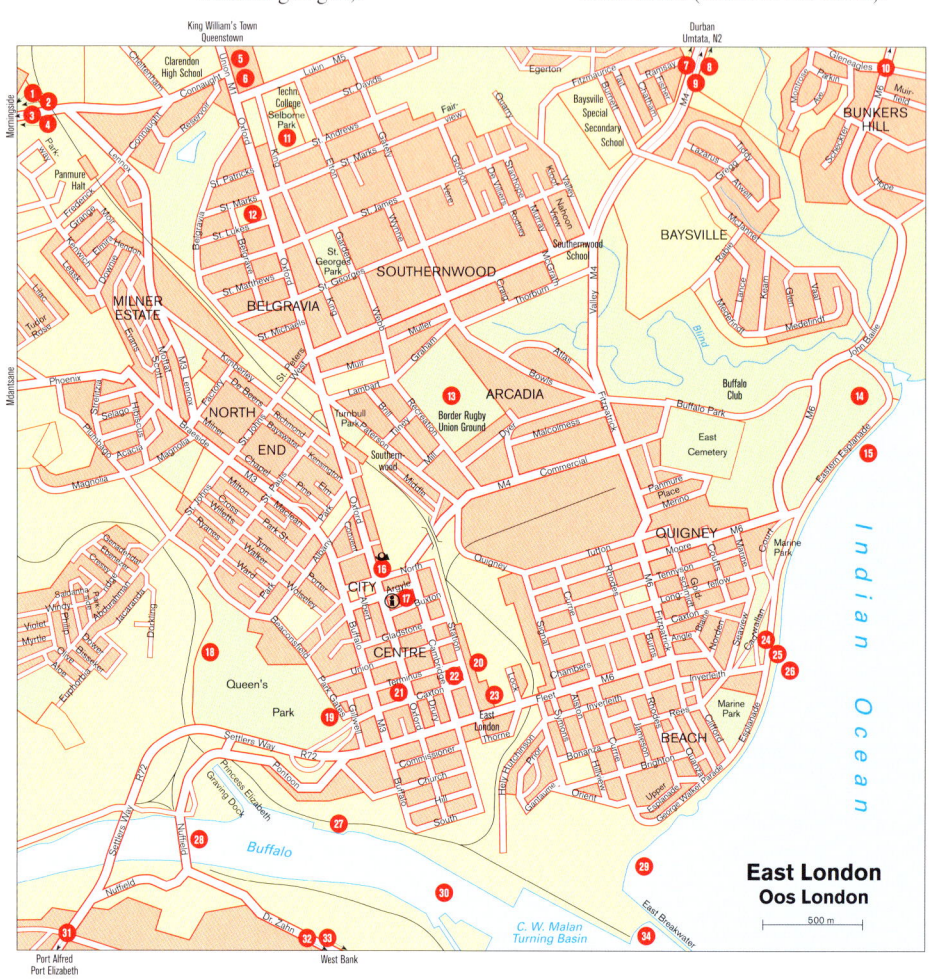

East London
Oos London

1. Amalinda Fisheries Station
2. Reptileworld
3. Umtiza Forest reserve
4. Bridle Drift Dam and Nature Reserve
5. Guild Theatre
6. East London Museum
7. Calgary Farm
8. Mpongo Game Reserve
9. Soffiantini Castle
10. Nahoon Beach
11. Selbourne Park Tennis Stadium
12. Ann Bryant Art Gallery
13. Jan Smuts Ground
14. Marina Glen
15. Eastern Beach
16. General Post Office
17. City Hall
18. Queen's Park
19. Gately House
20. Railway Station
21. Satour Office
22. Air Terminal
23. Lock Street Jail
24. German Settler's Memorial
25. Aquarium
26. Shipwreck Bay
27. Deep Sea Fishing and Pleasure Cruise
28. Buffalo Bridge
29. Orient Beach
30. Port
31. Ben Schoeman Airport
32. Powdwe Magazine
33. St. Peter's Church
34. East London Yacht Cluc

Eastern Cape

Museum

East London Museum
319 Oxford Street
Tel. 043/743 06 86.
Sammlungen über Seefahrt und Meereskunde. Weltweite Raritäten: das einzige Ei der Welt des prähistorischen Dodo-Vogels und ein Quastenflosser, der seit 70 Millionen Jahren als ausgestorben galt und 1938 einem Fischer ins Netz ging.
Mo – Fr 9.30 – 17 Uhr, Sa 9.30 – 12 Uhr, So 11 – 16 Uhr.

Unterkunft

★★★ King David Hotel
Corner Currie Str./Inverleith Terrace
Tel. 043/722 31 74
Fax 043/743 69 39
Mail: kngdavidhotel@iafrica.com
Zentral gelegenes Hotel mit nur 44 Zimmern zu einem guten Preis. Pool und Restaurant.

★★ Blue Lagoon
Beacon Bay/Nahoon Beach
Tel. 043/748 48 21
Fax 043/748 20 37
Mail: Blhotel@iafrica.com
Ferienanlage an der romantischen Mündung des Nahoon River, geräumige Zimmer am Meer, Bungalows mit oder ohne Kochnische.

★★ Quarry Lake Inn
The Quarry, Quarzite Drive (Abzweig von der Pearce Street)
Tel. 043/721 08 01
Fax 043/721 08 02
Mail: qlakeinn@imaginet.co.za
Nördlich vom Zentrum, direkt am idyllischen Quarry Lake. Spitzgiebelhäuser mit viktorianischem Touch, 16 große Zimmer mit Balkon. Dinner auf Bestellung, Restaurants in der Nähe.

Restaurants

East London bietet nur wenige gute Restaurants. Standard-Restaurantketten wie O'Hagan's Irish Pub (beim Aquarium) sind eher die Regel.

☆☆ Ernst's Chalet Suisse Restaurant
Esplanade, Orient Beach
Tel. 043/722 18 40.
Alteingesessen; sehr gute Küche (natürlich auch Seafood) in gemütlicher „Schiffsatmosphäre".
Tgl. außer Sa mittags und So abends.

☆☆ Atlantis
King's Center, Esplanade
Tel. 043/743 47 92.
Etwas kitschiges Interieur, aber große Auswahl an gutem Seafood (zum Teil aus einem Aquarium auszusuchen) sowie Fleischgerichte; umfangreiche Weinliste.
So abends geschlossen.

Ausflüge

Bridle Drift Dam
25 km westlich, Straße R 346 in Richtung Potsdam. Bootsverleih und Tour zu Felsenklippen am Rand des 300-ha-Staudamm-Reservats; Wanderungen auf angelegten Wegen. An schönen Wochenenden und während der Ferien meist überfüllt.

Mpongo Game Reserve
30 km nördlich der Stadt (Ausfahrt N 6 nach St. Luke). Die Besichtigungsroute im privaten, 1600 ha großen Naturpark beträgt 26 km. Zu sehen sind 30 Säugetierarten, u. a. Löwen, Giraffen und Zebras. Hippo-Pool, Pferderitte, Wanderwege. Bed & Breakfast. Informationen unter Tel. 043/739 16 69.

Gonobie Mouth
Am nördlichen Strand von Gonobie, 25 km von der City. Mehr als 160 Vogelarten leben hier; im Sommer nisten Kraniche im Feuchtgebiet. Die Heilpflanzen des Gartens werden noch von traditionellen „Ärzten" für ihre Rezepturen verwendet.

Apartheid

Widerstand

Die Gegend bei East London war eine Keimzelle des Widerstands, von hier kamen die wichtigsten Kämpfer gegen die Apartheid. Nelson Mandela wurde 1918 in Mvezo bei Umtata geboren (s. S. 116), Winnie Madikelzela-Mandela stammt aus Bizane, Mandelas Weggefährte Oliver Tambo aus Pondoland, der jetzige Präsident Thabo Mbeki aus Willowvale.
Vor dem Rathaus von East London erinnert eine Statue an **Steve Biko** (1946 – 1977). Der Arzt aus King William's Town wurde 1977 in Port Elizabeth verhaftet und nach 26 Tagen zu Tode geprügelt, sein Grab liegt auf dem Friedhof von **Ginsberg**. Sein gewaltsamer Tod löste internationale Proteste aus – der Anfang vom Ende der Rassentrennungpolitik. 20 km nördlich von King William's Town liegt der kleine Ort **Fort Hare**. Nicht nur Nelson Mandela und Oliver Tambo haben hier studiert, sondern auch Robert Mugabe, Präsident von Zimbabwe, und Kenneth Kaunda, Ex-Präsident von Sambia.

Eastern Cape

Strände-Tipps

Die Klippen und Strömungen weit vor East London brachten 150 Schiffe zum Kentern; einige der Wracks sind heute Ziel für Taucher. Surfer finden gute Bedingungen (Infos: Pollock's Sport & Surf, Tel. 043/726 84 86). Südlich von East London liegt der **Shelly Beach** und **Fullers Bay** mit einem Salzwasserpool. Bis Hamburg (105 m südlich) und Kei Mouth (93 km nördlich) schließen sich 45 Strände an. Zentrale Strände:

Orient Beach & Eastern Beach

Der sichere Orient Beach beginnt nördlich des Hafens von East London und erstreckt sich bis zum mittleren Bereich der Esplanade. Meerwasser- und Kinderpool. Daran schließt sich der Eastern Beach an.

Nahoon Beach

5 km nördlich des Zentrums, grenzt an den Eastern Beach und erstreckt sich bis zur Mündung des Nahoon River. Der Strand eignet sich zum Surfen und für geübte Schwimmer, ist aber nicht gefährlich.

Information

Tourism East London
35 Argyle Street
(neben der City Hall, Oxford Street)
Tel. 043/722 6015
Fax 043/743 50 91.
Mo – Fr 8.15 – 16.30 Uhr, Sa 9 – 12 Uhr.

Umtata

Schon vor 100 Jahren war Umtata eine florierende Stadt; die Kolonialgebäude werden von Büroklötzen überragt. Hier war das Verwaltungszentrum der Transkei. Die Stadt ist laut, etwas chaotisch, ungewöhnlich bunt – eben afrikanisch. Die meisten halten hier nur zum Tanken. Dem neuen Nelson Mandela Museum sollte man aber schon einen Besuch abstatten.

Sehenswürdigkeit

Nelson Mandela Museum
20 Owen Street
Tel. 047/75 32 51 10.
Das Museum wurde am 11. Februar 2000, dem 10. Jahrestag von Mandelas Freilassung, eröffnet. Das Gebäude mit der Kuppel diente dem Transkei Council und bildet einen noble Herberge für Geschenke, die Mandela aus aller Welt erhalten hat. In der zentralen Halle dokumentieren Fotos den Befreiungskampf vom Beginn bis zu Mandelas Zeit als Präsident.
Mo – Fr 9 – 16, Sa 9 – 13 Uhr.

Unterkunft

★★ Holiday Inn Garden Court
An der N2, 5 km westlich von Umtata
Tel. 047/537 01 81
Fax 047/537 01 91
Mail: vinolaf@southernsun.com
Kleineres Holiday Inn mit 117 Zimmern, praktisch gelegen und ruhiger als Hotels im zudem nicht sehr attraktiven Zentrum von Umtata. Pool, Restaurant, Bar.

Ausflüge

Nduli Nature Reserve
5 km südlich von Umtata, ideal für Picknicks und Spaziergänge: kleines Reservat in einem schönen Tal mit vielen Vögeln und Antilopen.

Qunu
Wer entlang der N 2 gen Westen fährt, erreicht knapp 40 km nach dem Stadtzentrum Qunu: ein großes, überwiegend von Xhosa bewohntes Dorf mit weißen, oft hellgrün gestrichenen und strohgedeckten Rundhütten – hier verbrachte Nelson Mandela seine Jugend. An der Straße links steht eine zweistöckige, schlichte Villa, in der Mandela zeitweise lebt – direkt mit dem Blick auf die Hügel und Rundhütten seiner Kindheit.

Wild Coast ✪

Die Küstenorte der Wild Coast sind noch immer abgelegen. Bis zum „neuen Südafrika" 1994 kamen nur ein paar Backpacker und Freaks in die verschlafenen Orte wie Port St. Johns oder Coffee Bay, die Masse der Touristen blieb jedoch aus – vor allem aus Angst vor Überfällen und wegen der oft schlechten Pisten, die ans Meer führen. Heute ist die Sicherheit gewährleistet, viele Straßen wurden repariert, und die Wild Coast ist kein Geheimtipp mehr. Schöne Hotels sind jedoch noch selten, Luxushotels noch unbekannt, familiärer Charakter dominiert.

Unterkunft

★★★ Umngazi River
90 km östlich von Umtata, davon 11 km Naturstraße.
Tel. 047/564 11 15
Fax 031/701 70 06
Mail: umngazi@iafrica.com
Web: www.epages.net/umngazi
Das derzeit schönste (und größte) Hotel an der Wild Coast in Form ei-

Eastern Cape

Umtata wirkt noch sehr afrikanisch.

nes kleinen Feriendorfes mit strohgedeckten Bungalows und eigenem Bootshafen.
Von hier aus führt eine schöne Halbtageswanderung zum Mngazana River Estuary mit Mangroven, Eisvögeln, Strandläufern und Flußkrebsen. 20 km nördlich liegt bei Port St. Johns das Silaka Nature Reserve in zerklüfteter Küstenlandschaft und mit schönen Wanderwegen. Eine preiswerte Unterkunft bietet hier das Silaka Restcamp. Im Ort Port St. Johns findet man weitere, einfache Gästehäuser.

★★ Ocean View
Coffee Bay
(100 km Asphaltstraße von Umtata)
Tel./Fax 047/575 20 05
Mail: oceanview@coffeebay.co.za
Gemütlich, direkt am Meer. Eine neue Straße führt 9 km zum berühmten Felsen des „Hole in the Wall" – man braucht von hier aus keinen Geländewagen mehr. Viele Wandermöglichkeiten, Angeln, Schnorcheln.

★★ Morgan Bay Hotel
Morgan's Bay
85 km östlich von East London
Tel. 043/841 10 62
Fax 043/841 11 30
Mail: mb.hotel@mweb.co.za
In Familienbesitz, direkt am Meer, dahinter grüne Hügel – wie in Irland. Viele Aktivitäten, darunter Angeln, Kanufahren, Wasserski, Golf, Tennis, Squash sowie natürlich Wandern und Schwimmen.

Aktivitäten

Wanderungen
Der 60 km lange Strandloeper Trail gilt unter Kennern als einer der besten. Es sind 5 Tage zu veranschlagen; die Gezeiten müssen beachtet werden (Info: Tel. 043/841 18 88).
Wesentlich bequemer ist der Wild Coast Meander (58 km) mit 4 – 5 Hotelübernachtungen zwischen Morgan's Bay und Mazeppa Bay. Das Auto kann in East London bleiben, der Veranstalter kümmert sich um die Transfers und lokale Guides; auch für Lunchpakete ist gesorgt. Der Veranstalter bucht auch weitere Ziele.
Wild Coast Holiday Reservations
(City Hall East London, neben der Touristeninformation)
Tel. 043/743 61 81
Fax 043/743 61 88
Mail: meross@iafrica.com

Information

Eastern Cape Tourism Board
64 Owen Street, Umtata
Tel. 047/531 52 90
Fax 047/531 52 91
Mail: ectbwc@icon.co.za
Web: www.ecotourism.co.za
Mo – Fr 8 – 16.30 Uhr.

Ausflug
Transkei

Jenseits des Kei River lag vom Kap aus gesehen die „TransKei". Das hügelige Land mit der wilden Küste wurde schon 1873 von der britischen Kap-Kolonie annektiert. 1963 machte man es zum ersten „Homeland" unter der Apartheidregierung mit der Verwaltungsstadt Umtata. Das Gebiet ist fast ausschließlich von den Xhosa bewohnt. Traditionell Rinderhirten, wurden sie auch als Menschen mit den

Transkei-Landschaft.

roten Decken bekannt. Bis heute unterwerfen sich Knaben in den ländlichen Gebieten Beschneidungsritualen und bleiben Monate in speziellen Hütten. Dann wird die weiße Lehmfarbe abgewaschen, die die vergangene Kindheit symbolisiert. Größte Attraktion der Transkei ist die Wild Coast mit wilden Felsen und einsamen Stränden.

Königreich in den Wolken

Lesotho/Drakensberge

Lesothos Vegetation ist überwiegend geprägt von Bergweiden und Grasland.

Wer einmal in Lesotho war, schwärmt mit Recht von unverfälschter Natur und freundlichen Menschen. Auf Basotho-Ponys kann man die wilde Bergwelt erkunden. Die Drakensberge sind ein Wanderparadies.

Lesotho/Drakensberge

Lesotho	123
Verkehr	123
Einreise	123
Sehenswürdigkeiten	124
Unterkunft	125
Restaurants	125
Aktivitäten	125
Information	127
Drakensberge	127
Naturparks	127
Information	129

Große Lettern auf einem Holzgerüst heißen den Fremden im „Mountain Kingdom" **Lesotho** willkommen. Das Königreich in den Bergen ist fast kreisrund, besitzt etwa die Größe Belgiens und zählt gerade mal zwei Millionen Einwohner. Es beginnt „tief" im Westen bei etwa 1000 Meter, steigt nach Osten hin an und erreicht dort, zum Beispiel mit dem 3482 Meter hohen **Thabana-Ntlenyana** hochalpine Dimensionen. Obwohl Lesotho mitten in Südafrika liegt, gelangte es nie unter dessen Herrschaft. Bis zur Unabhängigkeit 1966 war das Gebiet als „Basotho-Land" britische Kolonie.

Einsame Dörfer in den Bergen haben Namen wie Ha Chopho, Pontseng oder Ha Seng. Zu diesen chinesischen Klängen passt auch das Wahrzeichen des Landes, der spitze Strohhut, der Nummernschilder und Geldscheine ziert und sich in der Bauweise der Häuser wiederfindet. Exotisch sind auch die Straßen: Während in Südafrika perfekte Asphaltstraßen das Reisen leicht machen, schaukelt man in Lesotho über geflickte Asphaltbänder, die übersät sind mit Schlaglöchern.

In der kleinen Hauptstadt **Maseru** säumen nur wenige moderne Gebäude den zentralen Kingsway. Prallvolle Minibusse missachten alle Verkehrsregeln, und vor einigen Nobelkarossen reiten in dicke Wolldecken gehüllte Basotho-Dörfler auf ihren gedrungenen Pferden. Die einheimische Landwirtschaft – überwiegend Viehzucht – trägt kaum zum Bruttosozialprodukt des Landes bei, und auch mit Rohstoffen ist das Land wenig gesegnet. Nur ein paar Schürfer waschen jährlich weniger als 10.000 Karat Diamanten im Wild-West-Stil aus dem Flusssand im Osten.

Aufgrund der geringen Verdienstmöglichkeiten im Land sind für viele Familien die Überweisungen aus Südafrika unverzichtbar: Fast jeder zweite arbeitsfähige Basotho verdient seinen Unterhalt in Südafrika. Doch in jüngster Zeit verfügt Lesotho über eine, wortwörtlich neue Einnahmequelle: die Wasserkraft des Katse-Dammes. Schon jetzt speisen Wasserexporte nach Südafrika zu einem Drittel die gesamten Staatseinnahmen. Durch den riesigen Damm erhöht sich dieser Anteil nochmals, und damit die Abhängigkeit vom übermächtigen Nachbarn – die Kehrseite der Medaille. Selbstverständlich spielt der große Nachbar auch politisch eine wichtige Rolle: Als nach Wahlbetrug 1998 ein Staatsstreich durch rebellierende Soldaten drohte, schickte Südafrika eine 600 Mann starke Eingreiftruppe nach Maseru – aber zum Schluss brandschatzten Zivilisten die Hauptstadt. Wieder einmal wurde auf beiden Seiten laut darüber nachgedacht, Lesotho in eine zehnte Provinz Südafrikas umzuwandeln. Das Königreich wird seit 1986 von Militärs und inzwischen von Bürokraten regiert, der junge König Letsie III. erfüllt nur noch repräsentative Aufgaben.

Rund drei Stunden braucht man für die 120 Kilometer von Maseru in Richtung Osten nach **Semonkong**. Der Ort besteht aus weit auseinander liegenden Häuschen und wirkt im Winter wie ein Dorf am Polarkreis. In den dann eisigen Kneipen trinken Männer mit Fellmützen kaltes Bier, und ihr Atem kondensiert zu winzigen Wölkchen. Draußen am Geländer sind die Pferde angebunden. Eine Stunde dauert der Pferderitt zum Wasserfall mit dem zungenbrecherischen Namen **Maletsunyane**. Die Pferde wurden in Generationen für die Bedürfnisse des Hochgebirges gezüchtet und ihnen angepasst: Klein und robust sind sie, trittsicher und ausdauernd. Die sanft gewellten Hügel öffnen sich zu einer Miniaturausgabe des Grand Can-yon. Die Basaltschlucht ist zu Pfeilern, Blöcken und Felsnadeln erodiert, kein Donnern und Tosen kündet vom Wasserfall, nur ein leises Rauschen. Dort oben sprüht etwas Wasser hinunter, unten ist es gefroren, der See mit Eisschollen bedeckt. Nach den Sommerregen bietet sich hier im Herbst ab

März ein ganz anderes Bild: Dann sind die Hochweiden grün, und das Wasser stürzt 193 Meter tief in die Schlucht – der höchste frei fallende Wasserfall im südlichen Afrika.

Einen anderen Superlativ beschert der bereits erwähnte **Katse-Staudamm** (Katse Dam), der größte Staudamm in Afrika. Nach knapp 100 Kilometern Richtung Norden führt in Leribe/Hlotse eine neue Straße in Richtung Südosten, ins Herz von Lesotho. Am **Mafika-Lisiu-Pass** in 3090 m Höhe pfeift ein kalter Wind, die Straße ist vereist. „Low Gear" warnen Hinweistafeln. Vor einer riesigen Brücke aus Stahl und Beton stehen frierende Hirtenjungen mit dürren Hunden. Eine Kurve reiht sich an die andere. Endlich ist der Staudamm von Katse erreicht. Halbmondförmig und 182 Meter hoch, verschließt er das tief eingeschnittene Flussbett des Senqu, der gut 100 Kilometer weiter nördlich an der Grenze nach Südafrika entspringt und, nachdem er Lesotho durchquert hat, in Südafrika zum Oranje wird, dem mit 2340 Kilometern längsten Fluss des Landes.

Der Damm wurde 1998 eingeweiht und soll nach weiteren fünf Bauphasen im Jahr 2027 endgültig fertig gestellt sein. An die zwei Millionen Kubikmeter Wasser staut die gigantische Mauer, und riesige Wassertunnel transportieren pro Jahr das Fünffache dieser Menge zum nördlichen Vaal-Damm und weiter nach Südafrika – um so für alle Zeiten die Wasserknappheit im Industriegebiet des Witwatersrand bei Johannesburg zu beseitigen. Rund fünf Milliarden Dollar hat das Projekt allein bis jetzt schon gekostet. Lesotho kassiert jährlich rund 70 Millionen Mark Wassergebühren, bekommt die Straßen geschenkt und muss in Zukunft nur die Hälfte des teueren Stroms aus Südafrika importieren.

Lesothos Hauptstadt Maseru ist seit 1970 auf über 100.000 Einwohner angewachsen.

Die ältesten der Buschmannbilder sind mehr als 8000 Jahre alt.

Felsmalereien

Buschmann-Kunst

In den letzten 40 Jahren entdeckte man mehr als 30.000 Felsmalereien unter Überhängen, in Schluchten und Höhlen der **Drakensberge**. An einer der 550 Wände wurden allein 1700 Einzelbilder gezählt – von Menschen, Antilopen, Schakalen, anderen Wildtieren und Rindern aus einer späteren Periode. Gemalt haben sie die kleinwüchsigen Jäger und Sammler der San, heute noch als „Buschmänner" bezeichnet. Bereits vor 200 Jahren wurde diese Ethnie in die Kalahari (heute Botswana) abgedrängt und konnte sich auch dort seit 50 Jahren nicht mehr als Jäger mit Pfeil und Bogen behaupten – ihre Kultur ist leider so gut wie erloschen. Die San lebten vom Kap bis zu den Drakensbergen, ihre ältesten Bilder sind 8000 Jahre alt! Die Farben – Braun, Rot, Ocker und Gelb – wurden aus eisenhaltiger Erde, Asche und zerriebenen Steinen gemixt, oft vermischt mit Blut. Viele Bilder wirken so lebendig, als seien sie gerade erst gemalt worden, andere sind Meisterwerke der Reduktion und Abstraktion – sie könnten heute auch ohne weiteres als moderne Kunst durchgehen. Den leichtesten Zugang zu den Malereien der San findet man in der Giant's Castle Game Reserve.

121

Kunsthandwerk

Typisches aus Mohairwolle

Lesotho ist einer der größten Exporteure hochwertiger Wolle der Mohairschafe. Diverse „Handicraft Center" produzieren Pullover, Wandbehänge, Jacken, Westen und Schuhe aus Schaffell. Sie sind sehr gut verarbeitet und kosten etwa nur ein Drittel wie in Europa. Auch Lederartikel, Flechtarbeiten (spitze Basotho-Hüte, Körbe) sowie Töpferwaren sind schöne Souvenirs. Die Kooperative im Lesotho-Hat (Maseru, Ecke Kingsway/Orpen Street) ist im strohgedeckten „Hut-Haus" untergebracht. Weber- und Handwerkszentren findet man in der Industrial Area von Maseru: z. B. Thorkild Handweaving (Teppiche etc., Tel. 032 23 78) oder Moteng Weavers (Tel. 031 53 80). Weitere Handwerkszentren: In Leribe/Hlotse (Nord-Lesotho, „Craft Center" an der Hauptstraße) werden Webwaren aus Mohair von behinderten Frauen hergestellt. Informationen mit allen Adressen erhält man über das Tourist Office.

Wer anschließend über den **Sani Pass** im Südosten „hinunter" nach Südafrika fahren möchte, der braucht schon einen Allradwagen. Touristisch am besten sind beide Länder durch die Maloti-Route verbunden – sie führt von Bethlehem im südlichen Free State in einem weit nach Westen ausholenden Bogen über Maseru und den Grenzposten Telle Bridge/Telebrug bis nach Tsolo an der Nationalstraße 2. Sie umgeht dabei weiträumig die natürliche Grenze zwischen den beiden Ländern, die über 400 km lange Kette der zentralen Drakensberge.

Die **Drakensberge** ✪✪✪, absolutes Südafrika-Highlight, werden von Stichstraßen aus dem südöstlichen Südafrika her erschlossen. Im Norden der Kette leuchtet schon von weitem der Steilabfall eines acht Kilometer langen Bogens: das berühmte „Amphitheater" des **Royal Natal National Park**, gekrönt von über 3000 Meter hohen Bergen. Vor allem in der tief stehenden Sonne, im dramatischen Wechsel von Licht und Schatten, nehmen die senkrechten Scharten und Schründe plastische Gestalt an. Kein Wunder, dass die hier lebenden Nord-Sotho die Bergwand „Quathlamba" nennen: „aufgestellte Speere".

Gleich mehrere Straßen führen zur etwa 50 km südlich gelegenen **Giant's Castle Game Reserve**, einem der eindrucksvollsten Reiseziele in den Drakensbergen. Auch diese Gegend ist recht stark besiedelt. Aber nach einem Viehgitter beginnt dann beinahe menschenleeres Land. Vor der Hochgebirgswelt schwingen sich wulstige Bergrücken, aus denen Sandsteinfelsen herausragen. Es wirkt so, als ob die Hügel gepolstert wären und an einigen Stellen das Innere nach außen drängen würde. Dahinter wölbt und spitzt sich das Urgestein über 3000 Meter hoch in den Himmel, in dem seltene Lämmergeier und Adler kreisen. Auch von hier lässt sich ein überwältigender Ausblick genießen. Die Drakensberge sollte man keinesfalls versäumen.

Ein 3000 m hoher Basaltberg beherrscht den Giant's Castle National Park.

Lesotho/Drakensberge

Die strohgedeckten Rundhütten sind typisch für das Hochland von Lesotho.

Lesotho

Lesotho ist seit 1966 ein eigenständiges konstitutionelles Königreich innerhalb Südafrikas, das ursprünglich von König Moshoeshoe I. um 1830 geeint wurde und 1884 unter britische Verwaltung kam. Rund Dreiviertel der 2 Mio. Einwohner lebt von der Landwirtschaft. Neben Getreideanbau (Hirse, Mais, Weizen) ist die Schafzucht und die damit verbundene Produktion und Ausfuhr von Mohairwolle der wichtigste Produktionszweig. Seit dem Bau des Katse Dam, dessen erster Abschnitt 1998 eröffnet wurde, fließen dem Land Gelder aus dem Wasser- und Stromverkauf zu. Viele Südafrikaner und Touristen kennen das Land nur vom Hörensagen. Dabei versäumen sie ein grandioses Naturpanorama mit wilden Gebirgen, Wasserfällen und den Traditionen der Basotho.

Verkehr

Von den 12 Grenzübergängen sind nur die von Caleonspoort (ab Bethlehem, Südafrika) und Maputsoe (ab Ficksburg) 24 Std. lang geöffnet. Die anderen Grenzposten schließen zwischen 16 und 22 Uhr (nach Maseru: 22 Uhr). Es gibt Flugverbindungen von/nach Johannesburg mit SAA und SA Airlink (im Schnitt drei Flüge am Tag).

Einreise

Die Einreiseerlaubnis wird für Deutsche und Schweizer seit 1997 an der Grenze erteilt; Staatsbürger aus Österreich erhalten das Visum in einer der Vertretungen von Lesotho: Botschaft von Lesotho
Godesberger Allee 50
53175 Bonn
Tel. 0228/30 84 30
Fax 0228/308 43 22.

Lesotho High Commission
Momentum Centre
343 Pretorius Street
Pretoria
Tel. 012/322 60 90
Fax 012/322 0376.

Geld

Einheimische Währung ist der Loti (Mehrzahl: Maloti) mit gleichem Wert wie der südafrikanische Rand. Beide Währungen (ob Banknoten oder Münzen) sind parallel im Umlauf.

Telefon

Die Vorwahl für Lesotho von Südafrika ist 09266, von anderen Ländern 00266. Mit einem Handy kann man derzeit in folgenden Orten Lesothos telefonieren: Hauptstadt Maseru; im Westen: Mafeteng, Mohales's Hoek; im Norden: Leribe, Butha-Buthe sowie am Katse Dam. Südafri-

Entwicklungshilfe

Häuser aus Dosen

Aus leeren Getränkebüchsen kann man sogar Häuser bauen. Und sie schaffen Arbeitsplätze! Der Schwabe Michael Hönes, er kam 1992 als Entwicklungshelfer ins Land und lebt dort mit seiner Basotho-Frau, ist von seinem Projekt überzeugt: Jährlich werden in Lesotho zweieinhalb Mio. Blechdosen geleert – und meist wie überall auf der Welt weggeworfen. Der Tüftler begann nun Dosen zu sammeln und daraus Stühle, Betten und kleine Häuser zu bauen. Inzwischen gründete er die Firma „Can Products" und war auf der Expo Hannover mit einer Dosen-Gaststätte vertreten. Hönes lässt im Fußballstadion, in Kneipen und auf der Straße leere Getränkedosen zusammentragen. Mit Rostschutzfarbe angestrichen, wirken die Dosenhäuser so, als seien sie aus weit teureren Backsteinen gebaut. Michael Hönes bildet auch Einheimische aus und ermutigt sie dazu, selbst eigene kleine Firmen zu gründen.

123

Lesotho/Drakensberge

Ausflug

Maletsunyane-Wasserfälle

120 km südöstlich von Maseru (zwei Drittel der Strecke bestehen zum größteils aus rauer Naturstraße, sind aber für Pkw trotzdem befahrbar). Der Wasserfall bietet vor allem nach den Regenfällen zwischen November und April ein einzigartiges Spektakel: Die Wasser ergießen sich als eine riesige, gischtende, sprudelnde Säule 193 m tief in eine beeindruckende Schlucht. Bis dorthin ist es eine Stunde Pferderitt abdem Straßenende in **Semonkong**. Unterkunft bei den Wasserfällen: Zimmer mit Heizung; Restaurant und Bar. Kein Telefon. Reservierung über Tel./Fax 051/933 31 06 (Südafrika), Mail: bookings@placeofsmoke.co.za, Web: www.placeofsmoke.co.za). Auf dem Weg zum Wasserfall kommt man nach **Roma** (35 km hinter Maseru) mit der Universität. Der Ort wurde um 1862 von römisch-katholischen Missionaren gegründet. Dadurch hat Lesotho eine der niedrigsten Analphabetenraten Afrikas.

kanische Telefonkarten funktionieren in Lesotho nicht.

Sehenswürdigkeiten

Maseru

In der einzigen Großstadt von Lesotho (rund 110.000 Einwohner) pulsiert vor allem in der zentralen Kingsway Street das Leben – sie erinnert an den Besuch der englischen Königsfamilie 1947 und wurde eigens für sie gebaut. Die meisten der 1998 nach Unruhen zerstörten Gebäude wurden wieder aufgebaut, ebenso der auffallende „Basotho Hut", zwei strohgedeckte Gebäude, davon eines im Stil des spitzen, typischen Basotho-Hutes (siehe unter „Restaurants" auf S. 125). In Maseru gibt es zahlreiche Craft Shops und Webereien für Mohairteppiche, deren Werkstätten man besuchen kann (siehe S. 122).

Butha-Buthe, Leribe/Hlotse

Der Ort im Norden des Königreiches befindet sich 115 km nordöstlich von Maseru und ist 10 km von der südafrikanischen Grenze entfernt (Caledonspoort, Öffnungszeiten 6 – 22 Uhr). Von der Grenze sind es 55 km nach Bethlehem. Butha-Buthe bedeutet „Platz zum Ausruhen" und wurde vom Staatsgründer Mosheshoe I. so genannt, um sein Volk nach der Vertreibung aufzumuntern. Auf dem Plateau errichtete er 1824 sein erstes Bollwerk (s. a. Thaba Bosiu). In einem Haus aus kolonialer Zeit ist die Jersey and Woollen Factory untergebracht. Zwischen Butha-Buthe und Leribe/Hlotse im Westen (20 km) sind versteinerte Dinosaurierspuren in einer Landschaft aus bizarren Sandsteinfelsen zu sehen (Schild). Sehenswert ist das Craft Center in Leribe/Hlotse.

Thaba Bosiu

25 km östlich von Maseru. Auf dem Tafelberg („Berg der Nacht") lebte der Gründer von Lesotho, König Moshoeshoe von 1824 bis 1870 und wehrte sich erfolgreich von seiner Bergfestung aus gegen Angriffe der Buren. Viele Basotho pilgern zum einfachen Steingrab des Königs. Schon 1833 errichteten hier oben drei französische Missionare eine Kapelle und begannen bald auf Geheiß des Königs mit dem Schulunterricht. Es werden auch organisierte Touren angeboten (Tel. 031 94 85).

Maletsunyane-Wasserfälle

Siehe auf dieser Seite links.

Katse Dam

Der 182 m hohe Katse Dam inmitten einer grandiosen Bergwelt hat seit 1998 fast 2 Milliarden Kubikmeter Wasser aufgestaut. Die Route führt über Leribe und dann auf einer neuen Straße kurvenreich über den Mafika-Lisui-Pass (3090 m) bis Katse. Die Entfernung von Maseru über Leribe beträgt 220 km. Die Katse Lodge (★, Tel. 91 02 02) bietet eine preiswerte Unterkunft in sauberen Zimmern. Es sind weitere Unterkünfte in Planung. Die LHDA (Lesotho Highlands Development Authority) hat vier Gebiete im nordöstlichen Hochland als Naturreservate entwickelt.

Morija

45 km südlich von Maseru wurde dieser schön gelegene und historisch bedeutende Ort 1833 von französischen Missionaren gegründet; der Name stammt vom heiligen Berg Morija in Israel. Zum Evangelical Spiritual Centre gehört die älteste Sandsteinkirche des Landes (1834) und ein Museum mit Felsbildern der San und einer Druckerei (die erste Druckpresse des Landes). Ende September findet das Arts & Cultural Festival statt (Chormusik, Jazz, Kunst, Pferderennen). Weitere Informationen über:
Morija Museum
Tel. 036 00 01
Mail: info@morijafest.com
Web: www.morijafest.com

Lesotho/Drakensberge

Der gigantische Katse Dam hat eine Höhe von 182 Meter und staut an die 2 Mrd. Kubikmeter Wasser.

Unterkunft: Morija Guest House (siehe auf dieser Seite rechts).

Oxbow

Von Butha-Buthe aus sind es noch 65 km über den steilen Moteng Pass nach Oxbow (2840 m); die Asphaltstraße endet hier. An der Straße liegen noch traditionelle Dörfer der Basotho; dann schraubt sie sich kurvenreich durch die wilden nördlichen Maluti-Berge.
Unterkunft:

★ **New Oxbow**
Tel. (Südafrika) 051/933 22 47
Web: www.Webscapes.com
Lodge mit Bar und Restaurant, Möglichkeit zum Angeln.

Unterkunft

★★★ **Lesotho Sun**
Hilton Hill Road, Maseru
Tel. 031 31 11
Fax 031 01 04
Mail: agmlesun@adelfang.co.za
Luxushotel am Berg über Maseru mit allem Komfort (Pool, Tennis, Casino), aber nicht allzu großen Zimmern.

★★★ **Maseru Sun**
12 Orpen Road, Maseru
Tel. 031 24 34
Fax 031 01 58.
Älter als das „Lesotho Sun", aber mit größeren Zimmern; weitere Leistungen wie „Lesotho Sun".

★★ **Lancer's Inn**
Kingsway, Maseru
Tel. 031 21 14
Fax 031 02 23.
Preisgünstige Zimmer, Chalets mit Küche; strohgedeckte Rundhäuser (Rondavels). Zentral, aber sicher und ruhig; beliebter Treffpunkt mit drei Bars, Restaurant und Geschäften.

Restaurants

Die ohnehin bescheidene Auswahl an Restaurants in Maseru wurde durch den Aufstand von 1998 weiter geschmälert; das von jungen Deutschen geführte, sehr gute „Boccaccio" zum Beispiel brannte aus. Restaurants in ordentlicher Qualität findet man vor allem in den genannten Hotels.

☆☆ **The Hut**
Ecke Kingsway/Pioneer Road
Maseru
Tel. 032 51 02.
Neu erbauter, strohgedeckter „Hut" in Form eines Basotho-Hutes. Lunch, kleine Gerichte und Getränke nachmittags auf der Terrasse, Dinner. Internationale Küche, kein Ruhetag.

Aktivitäten

Pony-Trekking

Nur wenige Straßen durchziehen das felsig-kahle Hochland. Die schönsten Ecken sind nur auf dem Rücken ei-

Unterkunfts-Tipps

Landhaus oder Bahnhof?

★★ **Morija Guest House**
Morija, 45 km südlich von Maseru
Tel. 036 03 08
Fax 036 03 09
Mail: morija@lesoff.co.za
Strohgedecktes, rustikales Anwesen mit 5 Zimmern im Countrystil, großer Lounge und Küche; Selbstversorgung. Traumhafte Lage, neben dem Morija-Museum.

★★ **The Railway Station**
37 Beeton Street, Ladybrand/Südafrika
Tel. 051/924 22 90
Fax 051/924 11 68
Mail: crancott@lesoff.co.za
Das idyllische kleine Städtchen Ladybrand liegt 19 km westlich der Grenze nach Lesotho. Hier kann man preiswert übernachten, gut essen – und früh am nächsten Morgen nach Lesotho weiterreisen. Originell präsentiert sich die Unterkunft in der Railway Station im alten Bahnhof aus Natursteinen, der umgeben ist von parkähnlichen Gärten. Nur vier Züge pro Woche stören kurzzeitig die idyllische Ruhe.

Lesotho/Drakensberge

Hotel-Tipps

Drakensberge mit Stil

★★ Montusi Mountain Lodge
13 km von der R 74 Harrismith-Bergville, Abfahrt „Northern Drakensberg Resorts"
Tel. 036/438 62 43
Fax 036/438 62 43
Mail: montusi@iafrica.com
Web: www.drakensberg-reservations.co.za/montusi
20 strohgedeckte Chalets mit Kamin und Restaurant, großer Pool, Wanderwege vor der Tür und ein Golfplatz 7 km südlich; rund 90 Euro pro Person.

★★ Cleopatra Mountain Farmhouse
Kamberg Valley, Kamberg Road (24 km südwestlich von Rosetta, Abfahrt über N 2, 30 km nördl. von Howick)
Tel./Fax 033/263 72 43
Mail: cleomountain@mWeb.co.za
Web: www.cleomountain.com
6 rustikal-komfortable Zimmer in einem urgemütlichen Farmhaus in schöner Berglandschaft mit Blick auf das Giant's Castle. Aktivitäten: Wandern, Fischen, Reiten. Exzellentes Essen.

nes geduldigen und trittsicheren Basotho-Ponys zu erreichen. Verschiedene urige Berghotels bieten Pferde-Trekking von einer Stunde bis zu einer Woche oder länger. Übernachtet wird in Dörfern und in Zelten. Mitzubringen sind Schlafsack, Anorak und warme Kleidung, Lebensmittel, Handtuch und Taschenlampe. Ein Tag kostet (ohne Verpflegung) etwa 20 Euro.

Basotho Pony-Trekking
Molimo-Nthuse-Pass, 40 km As-

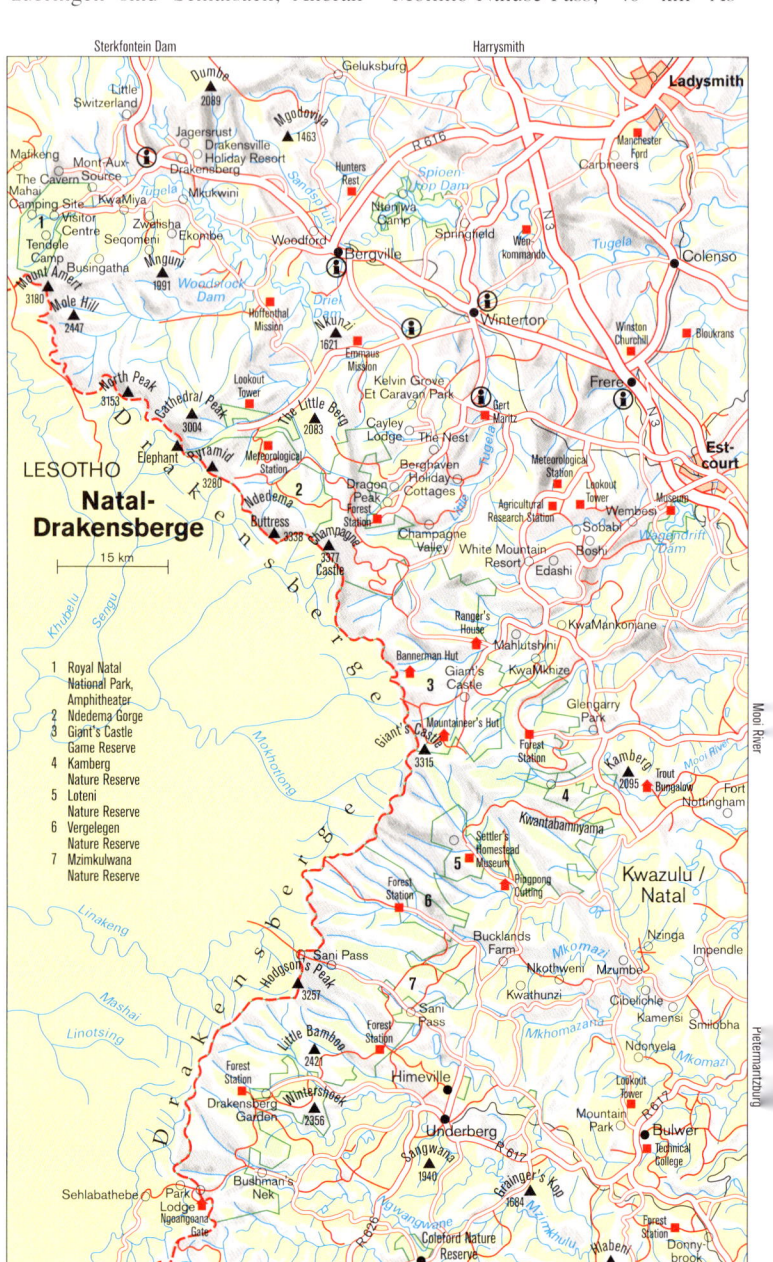

phaltstraße von Maseru. Ausflüge mit Ponys in wunderschöner Berglandschaft von einer Stunde bis zu einer Woche; Unterkunft in der Molimo Nthuse Lodge (★, Tel. 31 29 22).

★ Malealea Lodge

Die beste Adresse für Pony-Trekking in Lesotho. 90 km südlich von Maseru gelegen, nahe beim Pass „Gate of the Paradise" (2002 m). Preiswerte Zimmer und Rundhütten mit Kochgelegenheit; Geschäft mit Einkaufsmöglichkeit. Hier kann man diverse Ausflüge von beliebiger Dauer buchen und wird persönlich betreut von dem weißen, in Lesotho geborenen, sympathischen Paar Di & Mick Jones.
Tel. 051/447 32 00 (Südafrika)
Mail: malealea@mWeb.co.za
Web: www.malealea.co.ls

Information

Lesotho Tourist Board
Kingsway, Maseru,
Tel. 031 28 96
Fax 032 36 38
Mail: itbhq@ltb.org.ls
Web: www.ltb.org.ls

Drakensberge ✪✪✪

Als Drakensberge bezeichnet man den insgesamt 1000 km langen Gebirgszug, der sich vom Süden Lesothos bis hin zum Krüger-Nationalpark in Norden erstreckt. Der südliche Abschnitt, die über 400 km langen, zentralen Natal-Drakensberge bilden die natürliche östliche Grenze von Lesotho nach Südafrika. Einst glaubte man, dass hier Drachen hausen, daher der Name. Die ersten Bewohner in hoch gelegenen Höhlen und Tälern waren San (Buschleute), deren kunstvolle Malereien an vielen Stellen noch zu sehen sind. Die Drakensberge sind ein Paradies für Wanderfreunde. Die meisten Niederschläge fallen zwischen Oktober und März (oft heftige Gewitter), zwischen April und September kann es schneien. Wie an einer Perlenschnur liegen Nationalparks und Naturschutzgebiete. Aber die Nationalparks sind durch das zerklüftete Hochgebirge nicht miteinander verbunden. Stichstraßen führen durch meist relativ dicht besiedelte Gebiete.

Die schönsten Naturparks im Gebiet der Drakensberge von Norden nach Süden:

Naturparks

Royal Natal National Park
Anfahrt: N 3/R 616 nach Bergville, R 74, Abzweigung 29 km bei Jagersrust, weitere 17 km.
Wer nur einen oder zwei Tage für die Drakensberge erübrigen kann, sollte sich für den nördlichen Royal Natal National Park entscheiden: hier sind die Drakensberge quasi zu dramatischer Dichte kondensiert und leicht zu erreichen. Direkt an der Lesotho-Grenze erhebt sich im Süden des Naturschutzgebietes das Amphitheatre – ein geschwungenes, 8 km breites „Amphitheater" aus 500 m hohen, senkrecht abfallenden Felswänden mit dem Mont-aux-Sources (3282 m) als höchstem Berg. Der Tugela River ergießt sich auf 850 m Breite in fünf Kaskaden über die Felsen – ein Naturschauspiel ersten Ranges.

Aufgrund der großen Höhe existieren

Die Drakensberge, vom Sani Pass aus gesehen.

Insider News

Knabenchor

Der Drakensberg Boys' Choir war schon des Öfteren in Europa auf Tournee. Viele Kritiker meinen, es sei der beste Chor Südafrikas. Die Internatsschüler singen aber nicht nur – sie reiten auch, wandern und werden christlich erzogen. Wenn die musischen Schuljungs aus den Bergen nicht gerade in aller Welt unterwegs sind, kann man sie an jedem Mittwoch ab 15.30 im Drakensberg Auditorium sehen – und vor allem hören (gegenüber vom „Champagne Castle Hotel"). Aktuelle Informationen:
Tel. 036/468 10 12
Web:
www.dbchoir.co.za

127

Lesotho/Drakensberge

unterschiedlichen klimatische Zonen und dadurch eine Vielfalt von 900 verschiedenen Pflanzen bis hin zur hochalpinen Flora. Wie in anderen Gebieten der Drakensberge ist vor allem der Vogelreichtum hervorzuheben: Über 200 Arten wurden hier gezählt, darunter seltene Felsenadler, Bart- und Kapgeier.

Diverse Wanderwege von einer Stunde bis zu 45 km (Mont-aux-Sources-Trail) erschließen die Naturschönheiten. Auf dem Weg zum Sigubudu Ridge (2 Std.) sind oft Antilopen zu sehen. Weitere Aktivitäten: Pferderitte, Forellenangeln (Permit im Parkbüro) und Schwimmen.

Unterkunft im Royal Natal National Park:
★ Tendele Camp
Reservierung über:
KwaZulu-Natal Wildlife
Pietermaritzburg
Tel. 033/845 10 00
Fax 033/845 10 01
Mail: bookings@rhino.org.za
Das Camp besteht aus Lodges, Bungalows und Chalets. Der Besucher muss sich selbst verpflegen und Lebensmittel mitbringen; doch es gibt auch Köche, die auf Wunsch das Essen zubereiten.

Hotels außerhalb des Royal Natal National Park:
★★ Royal Natal National Park Hotel
Am Parkeingang
Tel. 036/438 62 00
Fax 036/438 61 01.
60 Zimmer.

★★ Karos Mont-aux-Sources
Im Nordteil des Parks
Tel./Fax 036/438 62 30.
23 Chalets und 75 Zimmer.

★★ Cavern Berg Resort
10 km vom Parkeingang
Tel. 036/438 62 70
Fax 036/438 63 34.
55 Zimmer.

Cathedral Peak Reserve
Anfahrt über Bergville oder Winterton.
Vier Gipfel über 3000 m, der höchste ist Champagne Castle mit 3377 m – ein grandioses Panorama für Wanderer oder auch nur Spaziergänger. 8 Wanderwege, auch zu Höhlen mit Malereien der Buschmänner (siehe S. 121). Parkunterkunft: Camping, 15 Übernachtungshöhlen (nur für Wanderer mit Permit; Reservierung: KwaZulu-Natal Wildlife, siehe Royal Natal National Park). Man kann unter 8 längeren Wegen wählen (Dauer: 1 – 3 Tage). In der Ndema-Schlucht leben u. a. Riedböcke, Klippschliefer, Paradieskraniche, aber auch Schlangen. Hier sind viele Buschmann-Malereien zu sehen.

Unterkunft in der Cathedral Peak Reserve:

★★ Cathedral Peak Hotel
Am Ende der Straße zum Nationalpark
Tel./Fax 036/488 18 88.
90 Zimmer; traumhafte Lage mit Blick auf die Bergriesen.
Weitere Hotels gibt es an der Straße nach Winterton.

Giant's Castle Game Reserve
Anfahrt: N 3 nach Mooi River, 65 km westlich.
Das „Schloss des Riesen" erhebt sich 3314 m in den Himmel. Giant's Castle wurde als ältestes Reservat der Drakensberge schon 1903 gegründet. Reiche Flora (rund 800 Arten), diverse Antilopenarten, Adler, Bussarde, Bartgeier. Drei Rundwege (3 – 5 km) und 14 längere Wanderwege erschließen die grandiose Bergwelt (siehe auch S. 32 – 37). Zwischen Mai und September werden an jedem Wochenende ab 7.30 Uhr Touren zur Fütterung der seltenen Bartgeier angeboten. 2 km vom Hauptcamp wurde ein Freiluftmuseum in einer Buschmann-Höhle eingerichtet (Malereien, lebensgroße Nachbildung ei-

Von April bis September kann's kalt werden.

Die Angoraziege besitzt langwelliges Haar.

Lesotho/Drakensberge

Baumloses Grasland prägt die Vegetation in der Giant's Castle Reserve.

ner Buschmann-Familie unter Felsüberhang).
Parkunterkunft: Hutted Camp mit Rondavels und Restaurant; Berghütten mit Betten und Matratzen. Reservierung: KwaZulu-Natal Wildlife (siehe Royal Natal National Park).

Loteni Nature Reserve
Anreise: 45 km nördlich von Himeville.
Im Gegensatz zu Reservaten wie Garden Castle weiter im Süden (dort Tageswanderung mit 1200 Höhenmetern) sind hier auch leichte und kürzere Wanderungen möglich. Der Lotheni River bietet im Sommer eine angenehme Erfrischung. Im Reservat leben verschiedene Antilopen- und viele Vogelarten. Das Settler's Museum zeigt Gegenstände der frühen Siedler. Unterkunft: Chalets und eine Cottage, Selbstversorgung. Reservierung: Kwa Zulu-Natal Wildlife (siehe Royal Natal National Park).

Mzimkulwana Nature Reserve/ Sani Pass
Am besten erreichbar ist der ca. 23.000 ha große Naturpark vom 14 km entfernten Himeville aus. Die Straße führt über viele enge, steile Kehren einer oft ausgewaschenen Schotterstraße hinauf zum höchsten Pass in Südafrika (2895 m) und konsequenterweise dem höchstgelegenen Wirtshaus. Im Schutzgebiet kann man seltene Pflanzen- und Tierarten wie Kapgeier, Streifenschakale und Kaffernadler beobachten.
Die Fahrt von Himeville (Südafrika) ist nur mit einem Geländewagen möglich und erlaubt (Unternehmen in Himeville und im 5 km entfernten Underberg bieten Tagestouren an; z. B. Sani Tours, Tel. 033/702 10 69). Die Grenze ist 8 – 16 Uhr geöffnet. Von der Lesotho-Seite kann man von Thabang die letzten 45 km Schotterstraße auch mit einem normalen Pkw bewältigen und bei guter Kondition den Thabana-Ntlenyana (3482 m) besteigen, den höchsten Berg im südlichen Afrika.

Urige Unterkunft:
Sani Top Chalet
Buchung über Südafrika:
Tel. 033/702 11 58
Mail:
drakensberg.info@futurenet.org.za
Gigantischer Blick hinunter nach Südafrika; rustikale Bar mit hausgekochten Gerichten. Skifahren ist im Winter möglich.

Information

Drakensberg Publicity Association
45 Tatham Road, Bergville
Tel. 036/448 15 57
Fax 036/438 60 88
Mail: info@drakensberg.org.za
Web: www.drakensberg.org.za

Traditionen

Hirtenleben

Ihre Markenzeichen sind Gummistiefel, ein Holzknüppel und eine karierte Decke: überall in den Bergen begegnen man Basotho-Jungen. Fast jeder Basotho-Mann verbrachte als Kind einige Zeit bei den Viehherden. Schon ab fünf Jahren werden Knaben zum Hüten der Rinder, Schafe und Ziegen in die raue Bergwelt geschickt – eine verantwortungsvolle, aber einsame und oft harte Vorbereitung auf das Erwachsenenleben. Oft steckt aber auch nur die nackte Not dahinter – die Eltern können keine Hirten bezahlen. Die jungen Hirten müssen sich den älteren unterordnen, den Maisbrei kochen oder Feuerholz sammeln. Zurück im Dorf, fühlen sie sich ihren Kameraden überlegen, haben aber meist die Chance auf einen Schulbesuch versäumt. Das Lesotho Distance Training Centre intensiviert nun die Schulausbildung in abgelegenen Gebieten und schickt Lehrer zu den Hirtenjungen. Die 4 Schulbücher kosten symbolische 2 Maloti – 70 Pfennige.

129

Beachlife und Buschabenteuer

Der Osten

In Shakaland werden Sitten und Gebräuche der Zulus anschaulich dargestellt.

Die Traumstrände an der Sonnnenseite des Indischen Ozeans locken zum Baden. In den Naturparks des Hinterlandes und der nordöstlichen Küste öffnet sich dem Besucher eine Schatzkammer der Natur.

Der Osten

Geschäftswelt und Badeparadies – **Durban** präsentiert sich als Stadt mit zwei Gesichtern. Während sich in den Hochhäusern der Skyline die Nachmittagssonne spiegelt und im riesigen Hafen an der **Bay of Natal** Ozeanfrachter ihre Containerladung löschen, dominieren östlich der Stadt Fun und Beachlife. Die **Marine Parade**, auch „Golden Mile" genannt, bietet sechs Kilometer feinen Sand mit Haifischnetzen und Lebensrettern. Und vor allem mit Hoteltürmen, Snackbars, einem Freizeitpark und dem **Sea World Aquarium** mit Haien, Stachelrochen, Delfinen und Pinguinen. Jogger laufen um die Wette, und sonnengebräunte Beach Boys tanzen mit ihren bunten Brettern auf weiß schäumenden Wellen. Nur die schwarzen Händlerinnen, aufgereiht wie ihre geflochtenen Körbe, vermitteln einen Hauch von Afrika – denn die wenigen Rikschafahrer in wilden Fantasieuniformen und oft mit grell bemalten Rinderhörnern auf dem Kopf erinnern mehr an Disneyland als an den Schwarzen Kontinent.

Durban mit seinen vier Millionen Menschen zeigt sich höchst kommerziell und ist dennoch lebenslustig und offen. Mit jährlich zwei Millionen Touristen ist es das größte Urlaubszentrum Südafrikas und gleichzeitig die bedeutendste Hafen- und Handelsstadt. Hindutempel, Moscheen und Kirchen zeugen von religiöser Vielfalt und Toleranz, ihr kosmopolitisches Flair verdankt sie der ethnischen Vielfalt ihrer Bewohner. Fast die Hälfte kommt aus Asien, vor allem aus Indien – Inder beherrschen zum großen Teil den Handel –, etwa 200.000 sind Weiße. Die Mehrheit der über 2,5 Millionen Schwarzen und Farbigen wohnt in Townships, die meisten südlich in **Umlazi**, andere in der ältesten Schwarzensiedlung im Norden der Stadt, **KwaMashu**, von wo aus sie mit Bussen, Minitaxen oder der Metro in die Stadt pendeln – an der Station von Umlazi zeigt ein riesiges Wandbild das (idealisierte) Leben im Ghetto. Der Besuch mit einem spezialisierten Veranstalter lohnt sich, auch wenn man dabei nur ein geschöntes Bild präsentiert bekommt.

Durban	136
Pietermaritzburg	142
Küste südlich von Durban	143
Küste nördlich von Durban	144
Battlefield-Route	145
Maputaland	147
Swaziland	150
Im Fokus:	
Rettung für die Nashörner	134
Itala Game Reserve	145

Es hat lange gedauert, bis Durban zu seiner heutigen Größe herangewachsen ist. Begonnen hat alles mit dem portugiesischen Entdecker Vasco da Gama, der hier am Weihnachtstag 1497 an Land ging und das Gebiet „Terra do Natal" taufte. 200 Jahre später dann, 1685, lief das englische Segelschiff „Good Hope" auf eine Sandbank und sank – die wenigen Überlebenden bauten in „Natal" die ersten Hütten. Wiederum nach einer längeren Pause, 1823, landeten britische Händler in Natal und betrieben mit den Zulus Elfenbeinhandel, woraufhin der Ort schnell zu wachsen begann und 1835 nach dem Gouverneur am Kap, Sir Benjamin d'Urban, benannt wurde.

In der folgenden Zeit entbrannten zwischen Briten und Buren heftige Kämpfe. Dabei kam es im Jahr 1842, als die Engländer eine Niederlage erlitten, zu einer dramatischen Heldenaktion: Richard King half seinen Landsleuten wieder aus der Patsche, indem er nach einem abenteuerlichen Ritt eine Entsatztruppe aus Grahamstown heranholte – und damit in die Lokalgeschichte einging. 1843 errangen die Briten endgültig die Oberhand und erklärten am 10. Mai Natal zu einer britischen Kolonie.

Praktischerweise sollte man einen Rundgang durch die City, das „Urban Durban", am Alten Bahnhof – **Old Station Building**, errichtet im Jahr 1892 – beginnen. Eine Bronzestatue erinnert an Mahatma Gandhi, der einstmals in Durban als Anwalt arbeitete und von hier aus seinen Widerstand gegen die Rassengesetze begann. Über eine Marmortreppe gelangt man zu „Info Durban", eine ganze Etage voller Informationen über Südafrika, und einem Büro des KwaZulu-Natal Wildlife mit Informationen und Buchungsmöglichkeit aller Naturreservate in KwaZulu-Natal. In einer ehemaligen Eisenbahnwerkhalle hat sich „The Workshop" eingerichtet, ein Shoppingcenter, das aber mehr Kitsch als Kunst bietet – zum Shopping gibt es in der Künstlerstadt Durban weitaus bessere Adressen.

Unter den Gebäuden des Zentrums beeindruckt am meisten die **City Hall**, mit ihrer Kuppel dem Rathaus von Belfast in Nordirland nachempfunden und ein auffälliger Kontrapunkt zu den gläsernen Geschäftspalästen und modernen Mietshäusern. Das Rathaus birgt neben der Bibliothek auch das **Natural Science Museum** und die **Durban Art Gallery**. Gegenüber blinzeln Müßiggänger am **Francis Farewell Square** unter Palmen in die Sonne. Benannt ist der kleine, romantische Platz nach den britischen Händlern Fynn und Farewell, die 1824 hier ihr erstes Lager aufgeschlagen haben. Das **Natal Playhouse** an der Aliwal Street gleich um die Ecke ist unbestritten das Kulturzentrum von KwaZulu-Natal und imponiert mit fantasievollem Zuckerbäckerstil.

Das Rathaus von Durban, Anfang des 20. Jh. erbaut, erhebt sich zwischen der West und Smith Street.

Einen Kilometer westlich mündet die Commercial Road in die Grey Street und führt in eine andere Welt: zum Indischen Viertel, in dessen kleinen Basaren in der Ajimeri und Madressa Arcade man sich nach Bombay versetzt fühlt. Das Treiben im **Victoria Market** strahlt die Atmosphäre eines orientalischen Basars aus, auch wenn nach einem Brand ein modernes Marktgebäude direkt an der Highway die alten Verkaufsstände ersetzt. Für reichlich Exotik sorgen die vergoldeten Kuppeln der mächtigen **Juma Mosque**. 1927 erbaut, ist sie die größte Moschee der südlichen Hemisphäre und kann sogar von „Ungläubigen" außerhalb der Gebetsstunden besucht werden.

Staat im Staat

Swaziland

Das selbstständige Königreich Swaziland grenzt im Osten an Mosambik und im Süden an KwaZulu/Natal. Es ist mit 17.363 km^2 Fläche kleiner als der Krüger-Nationalpark. Von seinen Bewohnern „Ngwane" genannt, blickt das Land auf eine 250-jährige Geschichte zurück. Im 18 Jh. nämlich wanderten die Nguni in das Gebiet der Sotho ein und verschmolzen mit diesen zum Volk der Swazi, deren König Sobhuza I. (1780 – 1839) das neue Königreich formte. Unter Mswati II. strömten Buren ins Land, so dass Mswati die Briten als Schutzmacht holte. Diese legten 1881 die heutigen Grenzen des Königreiches fest und erklärten es 1903 zum Protektorat. Sobhuza II. (1899 – 1982) führte Swaziland in die Unabhängigkeit (1968). Vier Jahre später wurden – nach einer politischen Krise – alle Parteien verboten, 1978 eine neue Verfassung verabschiedet. Heute ist das Land weitgehend von Südafrika abhängig. Zwei Drittel der Bevölkerung arbeiten in der Landwirtschaft, die aber relativ wenig zum Bruttosozialprodukt beiträgt. Der Grund liegt in der Viehhaltung, die höher geachtet wurde als der Ackerbau. So werden auf dem fruchtbaren Middleveld und Lowveld nur Zitrusfrüchte, Zuckerrohr und Baumwolle für den Export produziert. Naturreservate wie die **Malotolotja Nature Reserve** und Feste wie das dreiwöchige **Incwala-Fest** ziehen überwiegend südafrikanische Besucher an. Beste Reisezeit für Swaziland sind die Übergangszeiten vor und nach dem Regen (Frühling, Herbst) im September/Oktober und Februar/März. (Zu Swaziland siehe auch S. 150 – 153.)

Der Osten

An den Küstenregionen im Norden und Süden von Durban ◆◆◆ reihen sich am Indischen Ozean die Badeorte aneinander wie die Perlen an einer Schnur, aber nicht jede glänzt makellos. Da wurden schon mal lieblos Hotels hochgezogen, und hie und da richtete man ein wüstes Durcheinander von Apartmenthäusern, protzigen Villen und Shoppingcentern an. In der schwül-heißen Zeit zwischen November und März füllen meist südafrikanische Touristen die Sunshine Coast zwischen **Amanzimtoti**, 25 Kilometer südlich von Durban, und **Mtwalume**, 75 Kilometer von Durban, und die sich südlich anschließende **Hibiscus Coast** von Illovu Beach bis Port Edward. Regelmäßig überprüfte Haifischnetze sichern den Strand auf einer Breite von fast 50 Kilometern. Man ist mit Recht stolz darauf, dass seit Jahren niemand mehr von einem Hai angefallen wurde.

Mit leisem Schauder beobachtet man im populären Badeort **Umhlanga Rocks**, zehn Kilometer nördlich von Durban, die Raubfische während der Vorführungen des Natal Sharks Board. Wenn auch die Strände im Norden von Umhlanga nicht ganz so überlaufen sind wie an der Sunshine Coast – Ferienstimmung herrscht auch hier, und die Infrastruktur garantiert Badeurlaub pur.

Knapp 80 Kilometer nordwestlich von Durban, hinter dem **Valley of Thousand Hills** mit seiner malerischen Landschaft, liegt **Pietermaritzburg**, das nach der Schlacht am Blood River (1838) von den beiden „Voortrekkern" Pieter Retief und Gerd Maritz gegründet und nach ihnen benannt wurde. Britisch-kühle Architektur entstand ab 1843 – damals wurde der Ort von den Engländern zur Verwaltungshauptstadt ausgebaut. Spötter bezeichnen die Stadt mit den ro-

Im Fokus

Tierschutz: Rettung für die Nashörner

Das Weiße oder Breitmaulnashorn nannten die Buren nach dem breiten Maul „Wyd Ronoster". Die Briten im Land verstanden „white" – und so blieb die irreführende Bezeichnung.
Vor etwa 3,5 Millionen Jahren trennte sich der Rhino-Urstamm in das Breitmaulnashorn (Ceratotherium simun) und das Spitzmaul- oder auch Schwarze Nashorn (Diceros bicornis). Etwas kleiner als das Weiße oder Breitmaulnashorn, zupft der seltene Artgenosse mit seinem spitzen Maul Blätter von Bäumen und schätzt entsprechend lichten Wald. Er gilt als recht angriffslustig.
Das Weiße Nashorn kann mit seinem Breitmaul noch kurzes Gras abzupfen und ernährt sich nur von Bodenvegetation. Mit maximal 1,80 m Schulterhöhe und bis zu 2500 Kilo ist es größer und massiger als der Spitzmaulkollege. Die Kuh trägt 16 Monate; das Kalb kommt schon mit 40 Kilo Lebendgewicht zur Welt.
Rhinos sehen sehr schlecht, hören und riechen aber umso besser. Auch aus nächster Nähe sind sie meistens vollkommen unbeeindruckt von menschlicher Präsenz. Das sollte aber auch hier nicht zum Leichtsinn verleiten – tragende Kühe und noch mehr Nashornmütter mit Nachwuchs greifen gern an. Bei 40 Kilometer Sprinttempo bleibt dann nur noch ein Satz auf den nächsten Baum. Natürliche Feinde sind oft halbstarke Elefanten, die zur Rhino-Jagd blasen.
Zur Jahrhundertwende lebten nur noch 20 Nashörner im Umfolozi-Gebiet von KwaZulu-Natal; heute sind es rund 1800. Die „Operation Rhino" startete 1961 und war die größte „Tierverschiebung" der Welt: etwa 4000 Nashörner wurden in den nächsten Jahren aus anderen Gebieten und Nachbarländern herangeschafft und in Südafrika angesiedelt.
Von etwa 6600 Rhinos in Afrika leben 6300 in Südafrika, 1800 davon allein in Hluhluwe/Umfolozi. 1970 gab es in Afrika noch 65.000 Schwarze Rhinos, 1993 nur noch 2550 – das heißt, mehr als 90 Prozent der Schwarzen Nashörner wurde in etwas mehr als 20 Jahren wegen ihres Horns von Wilderern getötet. Ursache für die Dezimierung ist das Horn des Nashorns, es gilt in China bis heute als Aphrodisiakum, im Jemen werden aus ihm Dolchgriffe gefertigt. Vor allem das Spitzmaulnashorn ist durch diese Gier gefährdet, etwa 900 Exemplare leben noch in Südafrika. Durch verschärfte Maßnahmen gegen Wilderer und Schutzmaßnahmen konnte das Black Rhino vor dem Aussterben bewahrt werden. Das ist vor allem den Tierschützern in KwaZulu-Natal zu verdanken.

ten Backsteingebäuden, darunter das Rathaus mit seinem riesigen Glockenturm, als „letzten Rest des britischen Empire". Bei einem Rundgang vorbei an den historischen Bauten kann man noch etwas von der kolonialen Vergangenheit spüren – von der etwa das Macrorie House, das Old Government House, das Old Colonial Building und das Voortrekker House zeugen.

Ungewöhnlich auch die Kontraste: Nur einen Kilometer nördlich des Rathauses mit seinem „Big Ben" stehen an der **Longmarket Street** reich und bunt verzierte Hindutempel. Den besten Blick über Pietermaritzburg bietet der **World's View** genannte Aussichtspunkt, acht Kilometer westlich der Stadt. Von dort ist es auch nur noch eine kurze Fahrt zu den beeindruckenden **Howick Falls** im Umgeni Valley Nature Reserve.

In keiner anderen Provinz Südafrikas existiert eine solche Fülle an Naturschutzgebieten wie in KwaZulu-Natal: insgesamt 102 Reservate! Seit jeher hat diese Provinz den Naturschutz selbst gemanagt, während die Schutzgebiete der anderen acht Provinzen vom Parks Board in Pretoria zentral verwaltet werden. Nicht nur alle Landschaftszonen von Stranddünen bis zum Hochgebirge und fast alle Tier- und Pflanzenarten lassen sich in KwaZulu-Natal entdecken – einige Parks sind einzigartig in ganz Afrika und beherbergen endemische Spezies, wie z. B. der Sodwana Bay National Park seine Ledernacken-Schildkröte. (Zu den Schutzgebieten östlich und nördlich der Nationalstraße 2 bis hinauf zur Grenze nach Mosambik siehe S. 147 – 150.)

1939 wurde das Natal Parks Board gegründet, 1988 in Conservation Service und 2000 in KwaZulu-Natal Wildlife umbenannt – eine Organisation mit heute 3500 Mitarbeitern, deren oberstes Ziel der Naturschutz ist. Herausragend sind die aneinander grenzenden Nationalparks **Hluluhwe/Umfolozi** ◯ – Natur und Wildlife im „Doppelpack", 200 Kilometer nordöstlich von Durban gelegen. In hügeliger Landschaft sieht man auch immer wieder die bedrohten Nashörner. Das Wappentier des KwaZulu-Natal Wildlife konnte gerade hier in spektakulären Aktionen vor dem Aussterben bewahrt werden. Die Camps sind modern und geschmackvoll eingerichtet, und wenn man mit einem kühlen Drink in der Hand vom **Hilltop Camp** den Sonnenuntergang beobachtet, so blickt man bis zum Horizont auf das scheinbar intakte Afrika längst vergangener Tage.

Persönlichkeit

Gandhis Lehrjahre

Sie wurden ab 1860 massenweise von Indien nach Durban verschifft: arme Teufel, die als Hilfsarbeiter auf damals britischen Zuckerrohrplantagen in Natal schufteten. Zehntausende von ihnen waren schon im Land, als 1893 ein junger indischer Anwalt nach Durban reis-

Mahatma Gandhi.

te, um sich hier niederzulassen. Sein Name: Mohandas Karamchand Gandhi, geboren 1869. Den Anstoß für sein politisches Engagement erhielt Gandhi schon sehr früh: Der Sohn einer reichen Familie wurde am Bahnhof von Pietermaritzburg mit einem Fußtritt aus dem 1.-Klasse-Abteil befördert, weil er „farbig" war. Gandhi wurde in den 21 Jahren seines Aufenthalts in Südafrika zum Widerstandskämpfer und Anwalt seiner unterdrückten Landsleute. 1894 gründete er den Natal Indian Congress und entwickelte bereits hier die Methode des gewaltlosen Widerstandes. Gandhi verhalf den Indern in Südafrika zu mehr Rechten, organisierte landesweite Streiks. 1914 verließ er Südafrika, um in Indien als Mahatma („dessen Seele groß ist") gegen die englische Kolonialmacht zu kämpfen. 1948 ermordete ihn ein Hindufanatiker.

Der Osten

Durban

Durban ist mit 4 Mio. Einwohnern nach Johannesburg und Kapstadt die drittgrößte Stadt Südafrikas. Sie besitzt den größten Hafen Afrikas, einen gigantischen Zucker-Terminal und ist Sitz diverser Industrieunternehmen. Business ging hier stets vor Schönheit; Durban ist zu schnell gewachsen, es ist keine schöne Stadt, sondern eher afrikanisch-leger. Das Victoria Embankment am Indischen Ozean mit seinen hohen Hotelgebäuden erinnert an Florida, in der Grey Street der Inder glaubt man sich in Bombay, und südlich von Durban im Township Umlazi erlebt man Afrika.

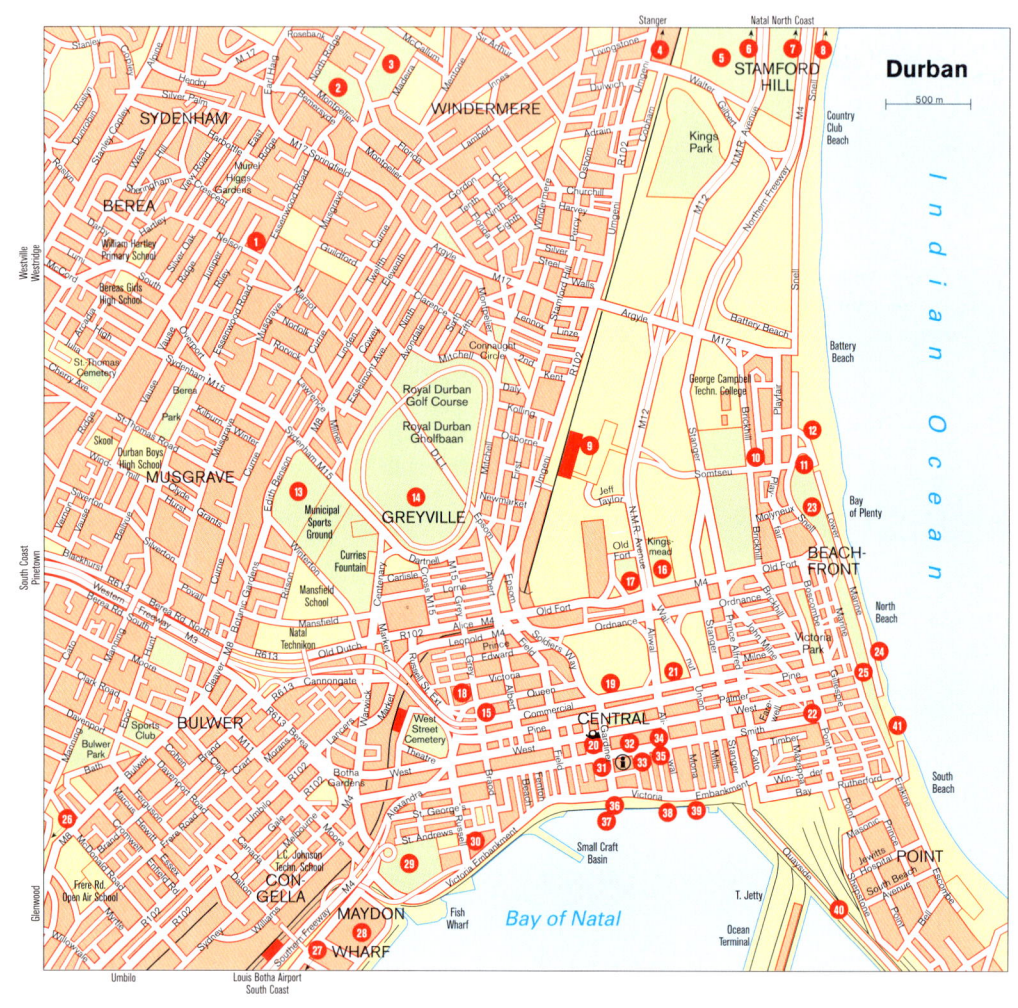

1 Killie Campbell, Africana Museum
2 Robert Jameson Park
3 Mitchell Park
4 Umgeni River Bird Park
5 Kings Park Stadium
6 Japanese Gardens
7 Beachwood Mangroves Nature Reserve
8 Natal Sharks Board
9 Railway Station
10 Ice Rink
11 Minitown
12 Snake Park
13 Botanic Gardens
14 Greyville Race Course
15 Jumah Mosque
16 Kingsmead Stadium
17 Old Fort and Warriors Gate
18 Victoria Market
19 The Workshop
20 General Post Office
21 Durban Exhibitions Centre
22 Whysalls Camera Museum
23 Amphitheatre Gardens
24 Amusement Park
25 Sea World Aquarium
26 Pigeon Valley
27 Temple of Understanding
28 Sugar Terminal
29 Albert Park
30 Old House Museum
31 African Arts Centre
32 City Hall, Natural Science Museum, Durban Art Gallery
33 Natal Playhouse Complex
34 Local History Museum
35 Air Terminal
36 Dick King Statue
37 Pleasure Cruise Terminal
38 Maritime Museum
39 Da Gama Clock
40 Durban Harbour
41 Little Top, Alfresco Theatre

Der Osten

Miami lässt grüßen – „citylike" glitzern Strand und Skyline der Golden Mile im Abendlicht.

Verkehr

Der Louis Botha Airport liegt 15 km südlich der Innenstadt. Von der Ecke Smith/Aliwal Street fahren stündlich Bussen zum/vom Flughafen. Von/nach Durban Verbindungen zu den wichtigsten Städten Südafrikas und der Nachbarländer.

Bus- und Bahnverbindungen sind ebenfalls exzellent. Der Bahnhof befindet sich in der Umgeni Road (Informationen: Tel. 031/361 33 88). Verschiedene Transportunternehmen bieten Fahrten auf Wunsch und sind preiswerter als ein Taxi, z. B. Blue Dolphin (Tel. 08 27 83 76 71). In der Stadt sollte man auch die Fahrt mit einem der indischen Privatbusse nicht versäumen – innen baumeln Glücksbringer neben Plüsch, und es duftet nach Räucherstäbchen.

Sehenswürdigkeiten

Durban verfügt nur über wenig „klassische" Sehenswürdigkeiten. Statt eines ausgedehnten Stadtrundgangs empfiehlt sich ein Besuch des alten Zentrums und Ausflüge entlang der Esplanade an der Natal Bay. Das indische Geschäftsviertel hat sich 1 km westlich der Innenstadt etabliert.

City Hall

Das eindrucksvolle Gebäude im Herzen der Stadt wurde 1910 im Renaissancestil gebaut – Vorbild war das Rathaus von Belfast (Irland). Es wird von einer großen, kupferbedeckten Kuppel überragt. Vor dem Rathaus liegt die Keimzelle der Stadt, der Francis Farewell Square, und hinter dem Rathaus das 1863 erbaute Gerichtsgebäude (siehe auch S. 138).

Natal Playhouse

Das Theater von KwaZulu-Natal an der Aliwal Street imponiert mit einem maurisch- und klassisch-englischen Architekturmix.

Indian Business Quarter

Entlang der Grey Street kann man in indischen Geschäften stöbern und sich vom Duft aus dem Orient betören lassen. Schon von weitem sieht man die vergoldeten Türme der großen Jumah-Moschee. Die indischen Tempel liegen allerdings etwas verstreut: Der größte und älteste Tempel aus dem Jahr 1901, Durban Hindu Tempel, erhebt sich in der Somtseu Road zwischen Bahnhof und Beachfront.

Hafen

Das Hafengelände ist mit fast 2000 ha Fläche so groß wie mancher Naturpark. Es wird von zwei Landzungen begrenzt, die mit Piers verlängert wurden: Point im Norden begrenzt den östlichen Flanierstrand Golden Mile, Bluff im Süden besteht aus Küstendünen. Am Marine Terminal

Einkaufen

The African Art Centre

Old Station Building 160 Pine Street. Shop mit moderner Zulu-Kunst, alten Stücken, Töpferei und Schnitzereien – ein erfrischender Kontrast zu manchen „Curio Shops" mit viel Kitsch. Mo – Fr 8.30 – 17 Sa 9 – 14 Uhr.

Victoria Street Market

Neben Gewürzen findet man hier auch Lebensmittel, Souvenirs und Kleidung an über 170 Verkaufsständen.

Bat Centre

45 Maritime Place, Small Craft Harbour, Esplanade Kunstzentrum direkt am Hafen mit Shops, Galerien, Künstlerateliers (Township Art). Tgl. außer Mo, 9 – 17 Uhr, Tel. 031/332 04 51.

Art Show und Flohmärkte

Bei der Alfresco Art Show an jedem Sonntag an der Marine Parade, North Beach, präsentieren zeitgenössische Künstler ihre Werke.

Weitere Informationen zu Flohmärkten in der Broschüre „What's on in Durban".

Der Osten

Musik

Songs of Zululand

27 Kilometer sind es von der N 2 hinter Mtubatuba bis zum Nyalazi Gate und in die wildreichen Umfolozi National Park. Auf dem Weg dorthin liegen verschiedene Dörfer der Zulus. Vier Schulen betreiben hier Traditionspflege und haben damit begonnen, sich um den Erhalt alter Lieder und Tänze zu kümmern: So singen Schüler zum Beispiel einen alten Tanz namens „Ingoma", wobei auch mal altes Liedgut mit eher modernen Afro-Gospeln zu etwas Neuartigem verschmilzt. Montags singen und tanzen sie um 12.30 Uhr in der Primary School von **Qubuka**, an anderen Tagen ab 13 Uhr: mittwochs in **Mehlokubheka**, donnerstags in Mawombe High School (nahe des Park-Gates) und in **Nkodibe** (nahe der N 2 auf dem Weg nach Umfolozi). Die Auftritte kosten keinen Eintritt – Spenden sind allerdings immer willkommen. Information: Mtubatuba Publicity Tel. 035/550 07 81.

im Norden ankern Kreuzfahrtschiffe. Am verkehrsreichen Victoria Embankment (nahe der Gardiner Street) erinnert eine Statue an Richard King, der seine Landsleute 1842 aus dem von Buren belagerten Fort befreite. Hier ist auch das Pleasure Cruise Terminal, Startpunkt von Hafen- und Hochsee-Rundfahrten.

Zwischen St. Andrews Street und Victoria Embankment erstreckt sich der lang gezogene Albert Park mit Joggingroute und Trimmpfad sowie einem riesigen Schachbrett. Maydon Wharf im Südwesten führt zum Containerhafen mit dem gigantischen Sugar Terminal, Graving Docks (Trockendocks) und der Fishing Jetty (Liegeplatz der Tiefsee-Fischerboote). Die drei Silos des Sugar Terminal fassen eine halbe Million Tonnen Zucker; Besichtigungen sind möglich (Tel. 031/365 81 53, Mo – Fr jeweils ab 8.30, 10, 11.30, 14 Uhr).

Museen und Galerien

Natural Science Museum & Durban Art Gallery
City Hall, Ecke West/Smith Street
Tel. 031/300 69 11.
Bedeutende naturwissenschaftliche Sammlung. Ebenfalls in der City Hall: die Art Gallery mit Werken südafrikanischer und europäischer Maler. Noch interessanter sind die wechselnden Ausstellungen zeitgenössischer schwarzer Künstler, Fotoausstellungen und Performances (siehe auch S. 140 unter „Kulturveranstaltungen").
Tgl. 8.30 – 16, So ab 11 Uhr.

Local History Museum
Aliwal Street, hinter der City Hall
Tel. 031/300 69 11.
Historisches Museum im ehemaligen Gerichtsgebäude. Hier kann man sich gut über die Geschichte des Zululandes und die Besiedlung Natals durch die Europäer informieren.
Mo – Sa 8.30 – 17, Sa 11 – 17 Uhr.

KwaMuhle-Museum
130 Ordance Road
Tel. 031/300 63 13.
In dem Haus war unter dem Apartheidregime das Department of Native Affairs eingerichtet, das Amt für „Eingeborenen-Angelegenheiten". Eine Ausstellung informiert über diese dunkle Zeit und zeigt auch Zulu-Alltagskunst neben einer Dokumentation über das seinerzeit illegale und zerstörte Township Cato Manor.
Mo – Sa 8.30 – 16, So 11 – 16 Uhr.

Maritime Museum
Bayend, Aliwal Street
Tel. 031/300 63 26.
Hier liegen seit 1988 drei Schiffe (Baujahre 1927 – 1966) für immer vor Anker und bilden am Ende des betriebsamen Hafens mit seinen 15 km langen Kais ein originelles Museum.
Mo – Fr 9.30 – 16, So- 11 – 16 Uhr.

Sea World Aquarium
2 West Street
Marine Parade
Te. 031/337 35 36.
Es gibt über 1000 Fischarten und Meerestiere zu sehen. Hauptattraktion: das Haibecken.
Tgl. 10 – 22 Uhr. 10. 11.30, 14, 15.30 und 17 Uhr Vorführungen im Delfinarium.

Time Warp Surfing Museum
190 Lower Marine Parade
Tel. 031/368 58 42.
Wer gern surft, sollte diese Sammlung nicht versäumen und kann unter anderem Bretter aus den 30er Jahren bewundern.
Di – So 10 – 17 Uhr.

Unterkunft

★★★ Hilton Durban
12 – 14 Walnut Road
Tel. 031/336 81 00
Fax 031/336 82 00
Mail: dbnhilton@icon.co.za
Web: www.hilton.co.za

Der Osten

Das neue, futuristische Hotel mit seiner Glas-Stahl-Fassade ist einem Ocean Liner nachempfunden. Nur 2 km von den Stränden entfernt, residiert man hier in einem der 327 großen Zimmer im Hilton-Stil und kann sich auch im Health Club und verschiedenen Bars und Restaurant verwöhnen lassen – und das günstiger als in den meisten anderen Hiltons.

★★★ **Quarters**
101 Florida Road
Tel. 031/303 52 46
Fax 031/303 52 69
Mail: quarters@threecities.co.za
Web: www.quarters.co.za

Im Sea World Aquarium haben die Delfine ihren großen Auftritt.

Routen-Tipp: Midlands Meander

Von Durban nach Pietermaritzburg sollte man nicht über die Autobahn fahren, sondern die „Route der 1000 Hügel" benutzen. Und auch im weiteren Verlauf der N 3 nördlich von Pietermaritzburg locken zwischen Hilton und Mooi River mehrere Abstecher. Zusammengefasst wurde die Route als Midlands Meander. Es ist eine „Schatztruhe" mit klaren Bergflüssen, in denen sich Forellen tummeln, mit Wasserfällen, Seen und Wäldern in hügeliger Landschaft. Hier haben sich viele Künstler angesiedelt: Maler, Töpfer, Weber, Glasbläser und viele mehr. Eine kaum überschaubare Zahl von Cafés, Galerien, Gästehäusern und Country Inns liegt an Wegen und Straßen. Hier produzieren Schweizer Käse, bei „Günther's" kann man deftig essen und natürlich Bier trinken oder bei Groundcover preiswert handgefertigte Schuhe kaufen, bequeme Boots, die lange halten und auch in Maßarbeit angefertigt und verschickt werden. Jährlich wird eine informative, großformatige Broschüre mit allen Adressen und Attraktionen von der Midlands Meander Association herausgebracht – wohl die beste ihrer Art in Südafrika. Zu Hause kann man sich über die Webpage informieren.

Howick bildet das gemütliche Zentrum des Midlands Meander östlich an der N 3. Wer für weitere Abstecher keine Zeit hat, sollte hier zumindest einen Halt einlegen.

Abstecher

Howick Falls
95 m hohe Wasserfälle nahe von Howick. An der Falls View Road befindet sich das Info-Office und nahe der Fälle das „Waterfall Restaurant". Man kann die Fälle bequem von einer Aussichtsplattform aus bewundern oder zum Fluss hintergehen (etwa eine Stunde, markierter Fußweg).

Umgeni Valley Nature Reserve
Naturschutzgebiet (Gnus, Giraffen, Zebras, Antilopen, viele Vogelarten) nördlich von Howick. Es gibt auch kürzere Wanderwege zu Aussichtspunkten über Seitenarme des Umgeni River mit Felsbecken und Kaskaden.

Midmar Dam
Auf der anderen Seite der N 2. Zonen für Schwimmer, Angler, Kanufahrer, Surfer. Angrenzend: die Midmar Nature Reserve und das Midmar Historical Village (alte Gebäude, Kutschen, Dampflok, Hindutempel).

Information

Howick Tourism
1 Falls View Road, Howick
Tel. 033/330 53 05
Fax 033/330 81 54
Mail: mm@futurenet.org.za
Web:
www.midlandsmeander.org.za
Mo – Sa 9.30 – 16, So 9.30 – 15 Uhr.

Der Osten

Karnevalesk gekleideter Rikschafahrer.

Eines der neuesten Beispiele hervorragender, moderner Hotellerie in Südafrika, ästhetischer Minimalismus mit einem Hauch Afrika. Man relaxt wie in den US-Südstaaten auf der Veranda oder genießt das Essen unter einem offenen weißen Holzgiebel. Nur 24 Zimmer.

★★ Holiday Inn
167 Marine Parade
Tel. 031/337 33 41
Fax 031/332 98 85.
346 Zimmer auf 30 Stockwerken. Von außen nicht schön, aber mit grandiosem Blick auf den Indischen Ozean, direkt an der Marine Parade. Gutes Preis-Leistungs-Verhältnis und besser als die meisten anderen vergleichbaren Hotels an der Marina.

★ The Palms
53, 12th Avenue
Tel./Fax 031/303 29 56
Mail: clagesse@iafrica.com
In der Nähe des „Quarters": ein gemütliches Gästehaus mit Stil, Komfort und Fernblick, dennoch preiswert. In der Nähe (Florida Road) gibt's diverse Restaurants, auch ein Golfplatz ist nicht weit.

* Herbs By Rosemarie
8 Creer Road, Westville
Tel./Fax 031/266 58 33.
In einem ruhigen Ortsteil westlich der City hat Rosemary Clyde einen wunderschönen Kräutergarten angelegt – daher auch der Name. Nur zwei Zimmer, sie befinden sich in einem separaten Haus; Garten und

Kulturveranstaltungen

Wer meint, dass Kapstadt allein kulturelles Zentrum Südafrikas ist, kennt Durban nicht. Neben kulturellen Events sind für die Reiseplanung Veranstaltungen interessant, die regelmäßig stattfinden. Die Highlights:

Feste der Inder
Sie alle aufzuzählen, würde Seiten füllen. Zumindest muss man für einige Highlights gar nicht nach Indien fahren.
Herausragend:
Kavadi – bedeutendes Hindu-Festival jeweils Ende Januar und Ende April zu Ehren des Gottes Muruga, zuständig für Glück und Gesundheit: Gläubige gehen über glühende Kohlen, durchbohren sich die Wangen oder ziehen einen Wagen an Angelhaken, die in ihrem Rücken stecken.
Diwali – während drei Tagen im November treffen sich hier Hindu aus ganz Südafrika und Indien zum „Festival of Lights" – Kerzen und Lampions leuchten vor und in den Häusern, und am letzten Abend erstrahlt ein großes Feuerwerk über Durban.
Ratra Yathra – fünf Tage Ende Dezember zu Ehren von Vishnu. Eine große Stoff-Stupa wird durch die Straßen getragen, Verkaufsstände sind geöffnet, es gibt leckeres Essen, man tanzt und feiert.
Info: Tourism KwaZulu-Natal, Tel. 031/304 71 4.

Red Eye @rt
Wechselnde Shows mit Musik, Kunst, Mode, immer am ersten Freitag jeden Monats ab 18 Uhr. Durban Art Gallery, City Hall, Tel. 031/300 69 11.

Durban Folk Club
Musikliebhaber unter sich: Während des ersten Teils singen und musizieren Amateure – Jazz, Pop, Klassik – den zweiten Teil des Abends bestreiten Profis. Jeden Mo ab 20 Uhr im „Tusk Inn", Sarnia Road, gegenüber vom „Rossburgh Hotel".
Info: 031/777 16 69.

Sonntagskonzerte
NBS Sunset Proms: Das Natal Philharmonic Orchestra ist eine bekannte Institution. Man kann die Musik „light" – also leichte Klassik – auch neben seinem Picknickkorb auf dem Rasen liegend genießen: an den meisten Sonntagen ab 17.30 Uhr in Village Green, Battery Beach Road, North Beach.
Info: 031/369 94 38.

Nedbank Music: eine weitere Möglichkeit, das Orchester im Freien zu erleben, ebenfalls am Sonntag. Botanical Gardens, Berea. Info Tel.031/21 13 03.
Mehr im Web unter: www.artslink.co.za/media/vtt.htm

Der Osten

Pool gehören einem oft ganz allein – und das zu einem Schnäppchenpreis.

Restaurants

Nicht nur bei Kunst, Unterhaltung und Fun kommt Durban Kapstadt gleich – auch, was die vielen guten Restaurants angeht. Neben Fisch sollte man hier auch indisch essen.

☆☆ **Jaipur Palace**
3 Riverside Complex, North Way
Tel. 031/83 02 87.
In diesem eleganten, aber doch legeren Restaurant treffen sich Orient und Okzident. Der Blick über den Umgeni River auf den Indischen Ozean ist großartig. Vor allem aber die exzellente indische Küche.
Tgl. außer Sa mittags.

☆☆ **Il Cotile**
41/47 Marriot Road, Berea
Tel. 031/309 41 60.
Hervorragende italienische Küche. Reservierung empfohlen.
Kein Ruhetag.

☆☆ **The New Café Fish**
Victoria Embankment
Royal Yacht Club
Tel. 031/305 50 62.
Mit Blick auf den Ozean und auf weiße Segelboote kann man hier wunderbar Fisch genießen.
Kein Ruhetag.

Unterhaltung

Playhouse
Eine Legende lebt: das Playhouse mit seinen fünf Bühnen unter einem großen Dach.
Shakespeare, Ballett aus Brasilien, Comedy ... das hier ist alles andere als ein langweiliges Theater.
Karten-Infos: 08 61 400 500
Web: www.playhousecompany.com

Ausflüge

Temple of Understanding
Tel. 031/43 33 28.
An der Southern Freeway (zum Flughafen), Abfahrt Chatsworth Center. „Tempel des Verstehens" der Hare-Krishna-Bewegung. Besichtigungen des „spirituellen Wunderlandes" sind möglich, auch ein vegetarisches Restaurant gibt es.

Botanic Gardens
Im Zentrum des Großraums Durban, neben dem Golfplatz und dem Greyville Race Course ist eine Oase mit subtropischen und tropischen Pflanzen, Orchideenhaus und einem Kräutergarten für Blinde. In einem romantischen Teegarten kann man dann ganz den Großstadtlärm vergessen. Nebenan findet auf Südafrikas berühmtester Pferderennbahn am ersten Samstag im Juli das Durban July Handycap statt.

Indisches Flair und indische Lebensart tragen viel zur weltoffenen und kosmopolitischen Atmosphäre Durbans bei.

Restaurant-Tipps

☆☆☆ **Royal Grill**
Im „Royal Hotel"
Smith Street
Tel. 031/304 03 31.
Hier sollten die Damen das „kleine Schwarze" tragen und die Herren zumindest ein Jackett: Man speist unter Kronleuchtern wie bei einem Staatsbankett. Das Restaurant gehört zu den besten Südafrikas. Es scheint, als könnten die Queen, Nelson Mandela oder Barbara Streisand gleich hereinschneien. Aber die waren längst schon da – unter anderem ...
Lunch Mo – Fr,
Dinner Mo – Sa.

☆☆☆ **Harvey's**
77 Goble Road,
Morningside
Tel. 031/23 90 64.
Das eher unauffällige Restaurant im Understatement-Bistro-stil rangiert bei Gastro-Kritikern seit Jahren unter den Top Five von Durban und gehört somit zu den besten in Südafrika. Das preisgekrönte Team von Craig Rimmer und Andrew Draper kreiert laufend neue Überraschungen; die Weinkarte ist umfangreich und wird alle sechs Wochen aufgefrischt.
Lunch Di – Fr,
Dinner Mo – Sa.

141

Der Osten

Nationalparks

Hluhluwe/ Umfolozi ○

Die Parks beiderseits der R 618 wurden 1885 gegründet und umfassen zusammen fast 100.000 ha. Hluhluwe (sprich: „Schluschlue") liegt westlich der R 618, Umfolozi östlich. Hier leben mehr Nashörner (1600) als im 3-mal so großen Krüger-Park. Die Landschaft ist hügelig und teilweise dicht bewaldet. Die Camps sind hervorragend ausgestattet (oft schon lange zuvor ausgebucht). Am schönsten ist das „Hilltop Camp". Es existieren weitere 8 Bush Camps in den beiden Parks. Nahe des Ortes Hluhluwe (östlich der N 2) findet man ebenfalls Übernachtungsmöglichkeiten.

Zentrale Reservierung:
KwaZulu-Natal Wildlife
Pietermaritzburg.
Tel. 033/845 10 00
Fax 033/845 10 01
Mail: bookings@rhino.org.za
Web: www.rhino.org.za

Information:
Tourism Hluhluwe
Engen Garage,
Hluhluwe
Tel. 035/562 03 53
Fax 035/562 03 51.
Mo – Fr, 8.30 – 17 Uhr.

Aktive Nashornhege und Pflege: Im Hluhluwe/ Umfolozi National Park wird ein betäubtes Nashorn auf seinen „Umzug" vorbereitet.

Japanese Gardens

Nord-Durban, Oxford Drive
Ausfahrt Tinsley Place.
Ein starkes und großes Stück japanischer Gartenkultur in Südafrika: Auf einem 2 km langen Spaziergang kann man Japan erleben; es geht über Brückchen und vorbei an künstlichen Wasserfällen, Teichen und Pagoden.

Umgeni River Bird Reserve

Nord-Durban, R 102 (Umgeni Road), Ausfahrt Riverside.
Dieser Vogelpark gehört zu den größten der Welt: Auf diversen Wegen kann man exotische Vögel, darunter auch Papageien und Flamingos, aus nächster Nähe beobachten.
Tgl. 9 – 17 Uhr, Teegarten.

Information

Tourism KwaZulu-Natal

Tourist Junction
Old Station Building
160 Pine Street, Durban
Tel. 031/304 71 44
Fax 031/304 87 92
Mail: tkzn@iafrica.com
Web: www.tourism.kzn.org

Pietermaritzburg

80 km westlich von Durban an der N 2 gelegen, zeigt sich diese Stadt mit rund 140.000 Einwohnern „very british". Pietermaritzburg ist die Verwaltungshauptstadt der großen und wohlhabenden Provinz KwaZulu-Natal. Neben Zeugnissen der britisch-kolonialen Vergangenheit prägen Parks und Gärten die Atmosphäre der Stadt. An jedem Samstag 9 – 11 ruft der „Town Cryer" am Church Square in historischer Kleidung und mit Glocke die Neuigkeiten aus – um sich zu finanzieren. Auch Werbeslogans großer Firmen kann man hören.

Unterkunft

★★ Imperial Protea Hotel

224 Loop Street
Tel. 0331/42 65 51
Fax 0331/42 97 96
Mail: imperial@iafrica.com
Seit über 100 Jahren das beste Haus in Pietermaritzburg, heute renoviert und mit altem Charme. Der königliche Name wurde dem Hotel nach dem Besuch des französischen Kronprinzen Louis Napoleon verliehen, der hier Ende des 19. Jh. weilte.

Ausflüge

Albert Falls Nature Reserve

An der R 23, 20 km nördlich von Pietermaritzburg.
Tel. 033/569 12 02.
Rund zwei Drittel des 3100 ha großen Reservats bestehen aus dem See am Albert Falls Dam. Wanderweg zum Wasserfall, Wildpark mit

Der Osten

weiteren Trails (Zebras, Oryx, Antilopen). Übernachtung im „Notuli Camp" (15 Rondavels mit je 2 Betten), Selbstversorgung. Reservierung über KZN Wildlife.

Ecabazini Zulu Village
5 km nördlich von Albert Falls
Tel./Fax 033/342 19 28
Web: www.ecabazini.co.za
Traditionelle Zulu-Hütten, auch Übernachtung. Kulturelle Vorführung auf Wunsch; noch nicht zu kommerziell. Wandern, Pferde, Kanu.

Information

Tourism Pietermaritzburg
177 Commercial Road,
Publicity House
Tel. 033/345 14 51
Fax 033/394 35 35
Mail: director@pmbtourism.org.za
Web: www.pmbtourism.org.za
Mo – Fr 8 – 17, Sa 8 – 15, So 9 – 15 Uhr.

Küste südlich von Durban ✪✪✪

Der Küstenbereich südlich von Durban knapp 100 km nach Port Shepstone und weitere 22 km nach Port Edward, auch „Hibiscus Coast" genannt, wurde schon früh erschlossen – entsprechend ist hier die Dichte meist unattraktiver Badeorte. Die Strände sind schön, aber während der Urlaubszeiten überfüllt. Dann kann man nur noch untertauchen, Golf spielen oder in das Hinterland reisen – und da gibt es in jeder Kategorie absolute Highlights.

Unterkunft

★★ Wailana Beach Lodge
Ashmead Drive, Ramsgate
Tel./Fax 039/314 46 06
Mail: wailana@iafrica.com
Wunderschöne, private Lodge direkt am Meer mit modernem Touch – sehr geschmackvoll.

★★ Oribi Gorge Hotel
20 km östlich von Port Shepstone,
Oribi Gorge
Tel./Fax 039/6 87 02 53
Mail: oribigorge@worldonline.co.za
Familienhotel mit 8 Zimmern in traumhafter Lage mit Blick über die Schlucht (siehe unten). Diverse Aktivitäten im Angebot: Wandertouren, Mountainbikeverleih, White Water Rafting, Angeln und Hochseefischen.

Ausflüge

Port Shepstone
In Port Shepstone lohnt ein Besuch des Maritime Museum mit einem Modell des Hafens. Einige Kilometer südlich stürzt der Uvongo River über eine 23 m hohe Felsklippe in eine Lagune.

Oribi Gorge
20 km landeinwärts von Port Shepstone hat der Umzimkulwana River eine tiefe Schlucht in die tropische Landschaft gegraben – mit Sandsteinkliffs, Höhlen, Wasserfällen, Flammenbäumen und Baumgiganten. Hoch am Himmel kreisen Adler, von den Felswänden hallen Rufe der Paviane, Trompetenhornvögel schmettern ein Lied. Neben einem Rundfahrweg stehen 5 romantische Wanderwege zwischen 1 und 9 km zur Verfügung. Achtung beim Baden: in

Hotel-Tipp

British Countryside

Der Brite Michael Peacock und seine Frau Ann verwandelten eine Farm in den Midlands nördlich von Durban in ein feines Country-Hotel mit 12 Zimmern, Bibliothek, Lounge und intimem Speisesaal. Hier ist der Gast noch König – für 100 Euro mit Dinner und English Breakfast. Im Zentrum des „Midlands Meander".

★★★ Lythwood Lodge
N 3 Durban – Johannesburg, Abfahrt Howick/Midmar Dam, 24 km via Litgetton West (die letzten 8 km gute Naturstraße).
Tel. 033/234 46 66
Fax 033/234 46 68
Mail: info@lythwood.co.za
Web: www.lythwood.co.za

Besten Service garantiert die „Lythwood Lodge".

143

Der Osten

Insider News

Charterflug in die Wildnis

Seit Juli 2000 starten jeden Morgen um 9.15 Uhr von Durban (Virginia Airport) Kleinflugzeuge zu allen Naturparks und Lodges in KwaZulu-Natal bis in das nördlich gelegene Maputaland und holen dort die Gäste wieder zum vereinbarten Tag ab.

Der Preis für den Hin- und Rückflug beträgt etwa 300 Euro.

Information und Buchung:
Zululand Flying Service
Tel. 031/563 80 20
Fax 031/564 54 16
Mail: flyingzulu@mweb.co.za
Web: www.tradepage.co.za/safari/flying/htm

den seichten Flussabschnitten besteht Bilharziosegefahr.

Banana Express

Die bekannte Schmalspureisenbahn dampft von Port Shepstone 7 km am Meer entlang und fährt dann landeinwärts nach Paddock nahe der Oribi-Schlucht durch wunderschöne Landschaft. Der Zug verkehrt zu Ferienzeiten täglich, sonst Mi und Fr.
Information: Tel. 039/682 48 21.

Aktivitäten

Golf

Die Südküste ist ein Mekka für Golfer und wird auch „Golf Coast" genannt. Im nördlichen Teil (bei Umkomaas) und im Süden zwischen Port Shepstone und Port Edward haben sich 11 Golfanlagen der Spitzenklasse angesiedelt. Sie sind meist eingebettet in subtropische Vegetation; Palmen verbreiten Südsee-Ambiente. Die größte und luxuriöseste Anlage ist San Lameer – mit einem „Dorf" aus doppelstöckigen Bungalows unter Pinien am Meer. Mehr über die Info-Stellen in Durban (siehe S. 142) oder Margate (siehe unten).

Tauchen

Vor Durban, Scottburgh und Port Shepstone liegen schöne Riffe, auch Tauchausflüge zu Schiffswracks sind beliebt. An der Nordküste liegen die besten Tauchgründe bei Ballito.

Ausflug

Shakaland

220 km nördlich von Durban
Shakaland diente ursprünglich als Kulisse für den Film „Shaka Zulu". Später wurde der Komplex 14 km nördlich von Eshowe in den Entembeni Hills zum Hotel und zum „Zulu-Disneyland" umfunktioniert. Hier wird gewebt, getöpfert, Frauen stellen Perlenschmuck her, und Zulukrieger zeigen sich in Kampfespose.

Information

Tourism Margate

Beachfront
Tel. 039/312 23 22
Fax 039/312 18 86
Mail: margate@venturenet.co.za
Web: www.sunnymargate.com
Im Office erhält man den „Southern Explorer" mit Adressen verschwiegener Country Houses, Galerien und Geschäfte und einer detaillierten Karte.

Küste nördlich von Durban ●●●

Die Küste nördlich von Durban ist nicht so bebaut (und verbaut) wie südlich der Stadt, obwohl Orte wie Umhlanga Rocks mit großen Hotelklötzen auch nicht unbedingt zur Verschönerung beitragen. Hier und bei Ballito liegen die schönsten Strände.

Unterkunft

★★★ The Boathouse

33 Compensation Beach Road, Ballito
Tel. 032/946 03 00
Fax 032/946 01 84
Mail: boathouse@iafrica.com
Kleines Juwel im maritimen Stil: Das Haus am Meer leuchtet weiß, Rettungsringe hängen an den Balkonen. Innen dominieren edle Hölzer. Persönlicher Service, kleine Bar.

Auf dem Isandlwana-Schlachtfeld siegten die Zulus über die Briten.

Der Osten

★★ Holland Farm
An der R 102, 12 km von Ballito
Tel. 032/942 90 42
Fax 032/942 90 45
Mail: holland@saolcom
Web: www.hollandfarm.co.za
15 Min. vom Meer liegt das alte kapholländische Haus in einer Oase aus alten Bäumen und Palmen, in der Hügellandschaft mit ihren Zuckerrohrfeldern. 6 Zimmer, exzellente Küche.

Battlefield-Route

Der Norden von KwaZulu-Natal ist friedlich-ländlich – eine beruhigende Landschaft sanft gewellter Berge mit Farmland, Rinderzucht und Weizenfeldern. Aber Ende des 19. Jh. fanden hier die blutigsten Schlachten in der südafrikanischen Geschichte statt: 1879 zwischen Briten und Zulus, von 1899 bis 1902 im zweiten Buren-

Im Fokus

Itala Game Reserve

Ca. 60 km östlich von Vryheid, 9 km nördlich von Louwsburg; ausgeschildert.
1972 gegründet, besitzt das Reservat (29.653 ha) seit 10 Jahren neben Hluhluwe/Umfolozi die schönsten Restcamps und eine unvergleichliche Landschaft: Im Norden begrenzt durch den mäandernden Phongola River (eine natürliche Grenze ohne Zaun), steigt das Land innerhalb von 15 Kilometern von 340 auf über 1400 Meter an.
Entsprechend variantenreich ist die Vegetation von offener Savanne bis zu dichtem Wald. Unvergesslich ist der Anblick grasender Rhinos vor dem Hintergrund tiefer Täler und (ab Oktober) grüner Berge.
Auch Elefanten, Büffel und Leoparden leben hier, abgesehen von Gnus, Impalas, Warzenschweinen und zahllosen anderen Tieren: In den Camps sonnen sich Klippschliefer, und Meerkatzen kommen auch schon mal durch das offene Fenster. Nirgendwo stören trennende Zäune – weshalb es wenig ratsam ist, eine Nachtwanderung zu unternehmen.

Leoparden wurden schon häufig im Ntshwonde Camp gesichtet.
Ntshwonde kann fast 170 Besucher aufnehmen, und doch sieht man kaum die strohgedeckten Chalets. Sie liegen verstreut zwischen dichten Akazien und Korallenbäumen, die ab September flammend rote Farbtupfer in den Busch setzen, überragt von hohen und wilden Sandsteinbergen. Die Holzplattform vor einem kleinen See, Restaurant und Coffeeshop bilden eine stilvolle Einheit und ähneln mehr einer Luxuslodge

denn einem staatlichen Restcamp (so wie im Krüger-Park). Guter Geschmack prägt auch die drei Buschcamps Thalu, Mbizo und Mhlangeni im Osten – dort wurden 5 Chalets auf Felsen hoch über einem Flussbett gebaut. Während man in Ntshwonde auch oft kurzfristig unterkommt, sollte man die eher intimen Bushcamps schon einige Monate vorher buchen.
Öffnungszeiten: 1. 4. – 30. 9. 5 – 19 Uhr; 1. 10. – 31. 3. 6 – 18 Uhr. Wer gebucht hat, wird auch noch später eingelassen.
Information: Tel. 034/907 51 05.

Das Schwarze Nashorn bringt bis zu 2 Tonnen auf die Waage.

145

Der Osten

Unterkunft

★★★ Relly's Rock
Mlilwane Game Reserve
25 km südwestlich von Mbabane (Swaziland)
Tel. 00268/528 404 45 41,
Fax 00268/528 404 09 57
Mail: parksHQ@biggame.co.sz

Das Hotel liegt mitten in Swazilands **Mlilwane Game Reserve**, umgeben von alten Jacaranda-Bäumen und exotischen Pflanzen. Die 1998 eröffnete Lodge besteht aus 3 Steinhäusern mit Veranden und großen Terrassen. Das älteste Haus entstand nach dem 1. Weltkrieg. 6 Zimmer, davon 2 mit Kamin und Wohnzimmer im separaten Haus. Neue Möbel aus altem Holz harmonieren gut mit der historischen Einrichtung. Die wichtigen Sehenswürdigkeiten in West-Swaziland sind von hier aus leicht zu erreichen. Und das 4800 ha große Naturschutzgebiet zu Füßen der Nyonyane Mountains mit 480 Vogelarten, Nashörnern, Flusspferden und vielen Antilopen liegt direkt vor der Tür.

Das Burgher's Monument in Ladysmith erinnert an die Gefallenen des Burenkriegs.

krieg. Die „Battlefield-Route" beginnt bei Estcourt (160 km nördlich von Durban an der N 3) und verläuft über Ladysmith nach Dundee südöstlich nach Ulunsi.
Am meisten zu sehen gibt es in und um Ladysmith. Dundee ist ein guter Standort, um Ausflüge zu den einstigen Schlachtfeldern zu unternehmen.

Ladysmith
Der Ort mit alten viktorianischen Häuser liegt landschaftlich reizvoll. Das Burgher's Monument erinnert an die 781 Toten im Ort. Am Ortsausgang in Richtung Dundee erhebt sich die weiße Soofi-Moschee mit einer Bronzestatue von Mahatma Gandhi.

Dundee
Talana-Museum, 2 km außerhalb an der R 33 (Mo – Fr 8 – 16.30, Sa 10 – 16.30, So 12 – 16 Uhr). Das einzige Museum direkt an einem Schlachtfeld (1. Kampf zwischen Buren und Briten am 20. 10. 1899).

Unterkunft

★★★ Isandlwana Lodge
Tel. 034/271 83 01
Fax 034/271 83 06
Mail: isand@icon.co.za
Web: isandlwana@co.za
Auf Felsen über dem historischen Schlachtfeld, ausgefallene Architektur, strohgedeckt, leider übeteuert.

★★★ Isibindi Lodge
68 km südöstlich von Dundee
Tel. 035/474 15 04
Fax 035/474 14 90
Mail: isibindi@iafrica.com
Web: www.isibindiafrica.co.za
6 Große Zulu-Hütten im traditionellen Bienenkorbstil, komfortabel, traditionelles Essen und Zulu-Tanz inklusive. Bis Rorke's Drift und Isandlwana 10 bis 30 Minuten Fahrt. Game walks und River Rafting.

★★★ Simunye Zulu Lodge
20 km östlich von Melmoth, D 256
Tel. 035/450 31 11
Fax 035/450 25 34.
Rustikal-luxuriöse Unterkunft im Herzen des Zulu-Landes mit Vorführungen – viel weniger „Disneyland" als Shakaland, rund 40 km südlich. Anreise von der einstigen Handelsstation 1 Stunde per Pferd oder mit Ochsenwagen wie in alten Tagen.

Information

Tourism Dundee
Civic Gardens, Victoria Street
Tel. 034/212 21 21
Fax 034/218 28 37
Mail: tourism@dundeekzn.co.za

Battlefields Route
Tel. 08 28 02 16 43
Fax 036/352 62 53
Mail: route@battlefields.org.za

Der Osten

Maputaland

Allgemeines

997 zum UNESCO-Weltnaturerbe
eklariert, umfasst das Gebiet
über 250.000 ha und erstreckt
ich von der Grenze zu Mosambik
10 km bis nach St. Lucia. Das
Maputaland Marine Sanctuary
chützt diesen gesamten, durch-
ehend unbesiedelten Küstenstrei-
en mit seinen Riffen bis 7,5 km
or der Küste. Dieses drittgrößte
chutzgebiet Südafrikas besteht
us diversen Naturparks, die in
er Zukunft zu einer riesigen Ein-
eit von über zwei Millionen ha zu-
ammenwachsen und bis nach
Mosambik ausgedehnt werden
ollen. Damit wäre es das welt-
größte Gebiet für Ökotourismus.
chon jetzt arbeiten Wissenschaft-
er beider Länder eng zusammen.
Maputaland ist ein Mosaik aus
innenseen, Lagunen mit über
00 m hohen Dünen, Mangroven,
ümpfen und Palmen. Nirgendwo
n Land existiert eine solche Viel-
alt an Vögeln; in Tembe leben die
tzten frei ziehenden Elefanten
üdafrikas. Die Küste ist ein Pa-
dies für Taucher und Angler.

as Gebiet nördlich des St.-Lu-
a-Sees bis zur Grenze wird als
aputaland bezeichnet – abgelei-
t von Maputo, der (nahen)
auptstadt von Mosambik.
este Reisezeit ist in der kühleren
ockenzeit von April bis Oktober;
vischen November und Februar
mperaturen über 40 Grad. Mala-
aprophylaxe ist angeraten.

Information

thungulu Regional Tourism
ffice
ugerrand, Uthungulu House
chards Bay
o – Fr 7.30 – 16 Uhr.

Tel. 035/789 14 04
Fax 035/789 96 28
Mail: adto@uthlungu.co.za
Web: www.uthlungu.co.za

Naturparks

Greater St. Lucia Wetland Park ✪✪

Fünf verschiedene Ökosysteme um einen 40 km langen Binnensee hinter der sandigen Küstennehrung haben eine große biologische Vielfalt hervorgebracht. Meeresströmungen, die parallel zur Küste verlaufen, haben ein System von Lagunen, Nehrungen und Binnenseen geschaffen. Wer von St. Lucia einen kurzen Ausflug mit der „Santa Lucia" auf dem Fluss zum See unternimmt, sieht vom flachen Aussichtsboot Nilpferde und Krokodile. Etwa 40.000 Flamingos und 3000 weiße Pelikane leben und brüten im See. Das empfindliche Ökosystem zieht je nach dem Zufluss von Frischwasser viele Flugenten und über 70 andere Arten von Wasservögeln an.
Auf beiden Seiten des Sees wurden Trails von zwei Stunden Dauer bis zu drei Tagen angelegt, der Mziko Trail auf der Ost-

Insider News

Maputaland in 5 Tagen

Wer selbst seine Reise organisiert, hat in abgelegenen Gebieten oft seine liebe Not. Das Unternehmen Caraville Resorts (siehe S. 218) bietet deshalb 5 Tage Maputaland „organisiertes Reisen" schon ab zwei Personen an.
Der Trip führt in die Reservate Mkuze, Sodwana Bay (oft begleiten Delfine dort die Schwimmer), Kosi Bay, Tembe Elephant Park, St. Lucia/ False Bay National Park. Im Preis enthalten sind Übernachtung mit Abendessen und Frühstück im „Ghost Mountain Inn"/Mkuze und in den entsprechenden Nature Reserves, u. a. auch im exklusiven „Kosi Bay Forest Camp". Alles ist im „Paket" wesentlich günstiger als bei einer Einzelbuchung.

Reservierung in Deutschland:
Caraville Tours, Birgit Hüster,
Tel. 02903/413 45,
Fax 02903/413 46, Mail:
b.huester@meschede.sow.de

Das Flusspferd lebt bevorzugt in Sümpfen und im Dickicht.

Der Osten

Die Mkhuze Game Reserve wird noch als Geheimtipp gehandelt.

seite ist auch in Etappen zu gehen. Hefte über die Trails sind in den jeweiligen Parkbüros zu erhalten.
Greater St. Lucia besteht derzeit aus 7 verschiedenen Naturreservaten. Im Ort St. Lucia gibt es eine große Auswahl meist preiswerter Unterkünfte; sehenswert ist das Crocodile Centre. Auf dem Lake St. Lucia werden Bootstouren angeboten.
Unterkünfte von KwaZulu-Natal Wildlife (meist hölzerne Cottages) existieren am Indischen Ozean in Sodwana Bay, Cape Vidal, Mapelane (5 km südlich von St. Lucia), Fanie's Island und Charter's Creek (Westseite) und im Mkuzi Game Reserve. Westlich des Greater St. Lucia Wetland Park schließen sich die Parks **Hluhluwe/Umfolozi** ✪ an (siehe Seite 142).

Informationen und Reservierung:
KwaZulu-Natal Wildlife
Pietermaritzburg
Tel. 033/845 10 00
Fax 033/845 10 01
Mail: bookings@rhino.org.za
Web: www.rhino.org.za

Der nördliche Teil des Greater St. Lucia Wetland Park wird von Mosambik und im Westen von Swaziland begrenzt.
Die Reservate im Uhrzeigersinn:

Mkhuze Game Reserve
Das Reservat steht zu Unrecht im Schatten von Hluhluwe/Umfolozi und wird noch als Geheimtipp gehandelt. Es wurde bereits 1912 gegründet und umfasst 40.000 ha Wald und offene Savanne mit vielen Schirmakazien. Rund 120 Breit- und 70 Spitzmaulnashörner, Leoparden, Hyänen, Zebras, zahlreiche Vogelarten).
Unterkunft: zwei schöne Camps im Norden des Parks (einfache Chalets bzw. stationäre große Zelte mit Betten und Holzdecks), eine weitere Buschlodge (Zelte) ist nur von November bis März geöffnet. Kein Restaurant.
Reservierung über KwaZulu-Natal Wildlife
Trails, vor allem der 3 km lange Fig Forest Walk. Cultural Village.
Markierter Fahrzeugtrail (41 km) mit 14 Info-Punkten.
Anreise: 17 km östlich der N 2, Mkuze.

★★ Ghost Mountain Inn, Mkuze (an der N 2)
Tel./Fax 035/573 10 25
Mail: ghostinn@caraville.co.za
Web: www.ghostmountaininn.co.za
Zimmer im internationalen Stil günstig. Diverse Trips auch für Tagesbesucher, beispielsweise in die Game Reserve, Pferderitte, Bootsfahrten.

Pongola Game Reserve & Nature Reserve
32.500 ha, davon etwa 15.000 ha Wasser bei höchster Staustufe des Jozini-Damms. 7500 ha Privatland ohne Zäune. Auf de

Insider News

★★★ **White Elephant Lodge**
Eine der schönsten Safari-Lodges in ganz Afrika, exzellentes Preis-Leistungs-Verhältnis (ca. 150 Euro p.P. mit drei Mahlzeiten, Wildnisfahrten und Wanderung). Großes, offenes Farmhaus aus den 20er Jahren als Basis mit stilvollem afrikanischen Ambiente. Übernachtung in 5 Riesenzelten mit Betten unter Moskitonetzen, Badewanne und externer Dusche, Holzdeck und Privatbar. Wanderung mit Elefanten, Bootsfahrt (Hippo, Krokodile, Antilopen). Besitzer ist die deutschstämmige Familie Kohrs. Noch günstiger übernachtet man in einer der beiden Busch-Lodges einige Kilometer weiter, die auch von Kohrs betrieben werden: Umkhaya Bush Camp und die Nkwazi Fishing Lodge direkt am See. Diese sind aber nur für Selbstverpfleger und Gruppen ab 6 Personen.
Tel./Fax 034/435 11 17
Mail: info@whiteelephant lodge.co.za
Web: www.whiteelephant lodge.co.za

Der Osten

östlichen Seite des Jozini-Sees liegt die Pongola Nature Reserve unter der Kontrolle von KwaZulu-Natal Wildlife.
Tiere: ca. 20 Breitmaulnashörner (Nature Reserve), 30 Elefanten (White Elephant Lodge), Hippos, Krokodile, etwa 5400 Impalas, je 300 Nyala- und Kudu-Antilopen, Büffel, Zebras, Giraffen, diverse Böcke und Antilopenarten.

Unterkunft:

★★★ White Elephant Lodge siehe S. 148).

★★ Shamoya Game Lodge an der N 2
70 km östlich von Pongola
Tel. 034/435 11 10
Fax 034/435 10 08
Mail: shayalodge@saol.com
Web: www.shayamoya.co.za
sehr schöne Chalets mit Blick auf den See, Wildnis-Aktivitäten, persönliche Betreuung.

Ndumo Game Reserve

Etwas abseits gelegen, aber trotzdem sehr zu empfehlen.
Das kleine Reservat (10.000 ha) an der Grenze zu Mosambik verfügt über eine reiche Artenvielfalt: über 900 Pflanzen- und 420 Vogelarten: 85 % aller Arten von Maputaland. Nashörner, Büffel, über 300 Nilpferde und mehr als 800 Krokodile, außerdem das größte Vorkommen von Nyala-Antilopen.
Feuchtgebiete mit Mahambene-Busch, Galeriewälder mit großen Feigenbäumen, Fieberbäume an Wasserpfannen. Eigene Fahrten, geführte Touren im Geländewagen und zu Fuß. 7 einfache Chalets, Selbstversorgung. Reservierung über KwaZulu-Natal Wildlife.
Anreise: N 2 nach Jozini (20 km), von dort 75 km.

Tembe Elephant Park

Etwa 140 Elefanten – Rest einer Riesenherde, die zwischen Mosambik und Maputaland frei lebte, weshalb keine Zäune nach Mosambik existieren. Wegen des teilweise dichten Busches sind sie aber nicht immer leicht zu sehen. Außerdem Büffel, Rhinos, Giraffen, Leoparden, über 300 Vogelarten. Zugang nur mit Geländewagen, Begrenzung auf 5 Gruppen von Tagesbesuchern. Halbtages- und Tagesfahrten im Geländewagen ab/an Gate (Tel. 031/202 90 90). Zwei Trails (Sand forest, 2,2/3,5 km) ohne Führung nahe vom Gate möglich.

Unterkunft:

Tembe Elephant Lodge
Tel. 031/202 90 90
Fax 031/202 80 26
Mail: tembesafari@mweb.co.za
Web: www.tembe.co.za
Privates Zeltcamp; etwas überteuert. Kein Camping. Anreise: an der Asphaltstraße, 20 km östlich der Abzweigung nach Ndumu.

Kosi Bay Nature Reserve
Rocktail Bay

Das „Kosi Nature System" besteht aus ungefähr 8000 ha und 4 Frischwasserseen, Nehrungen, Sümpfen, Mangroven und ist trotz des Namens keine Bucht. 9 Frischwasser- und 160 Seewasser-Fischarten wurden registriert. Ausgedehnte Fischreusen sind typisch für diese Region. Im Hinterland wachsen seltene Raffia-Palmen, Papyrus und Orchideen; große Vogelvielfalt.
Rocktail Bay mit endlosen Stränden ist ein Paradies zum Schnorcheln und Angeln. Aktivitäten: Fischen, Schnorcheln am Inland-Korallenriff, Kanutouren, Wandern.
Anreise: N 2 nach Jozini (20 km), weitere 130 km nach Kosi Bay.

★ Kosi Bay Campsite
3 einfache Chalets, exzellenter Campingplatz. Reservierung über: KwaZulu-Natal Wildlife (siehe unter ‚Greater St. Lucia').

★★★ Kosi Forest Camp
Tel. 035/474 15 04
Fax 035/474 14 90
Mail: isibindi@iafrica.com
Im südlichen Teil am Lake Shengeza, 9 km Transfer zum Camp im Geländewagen. 8 komfortable Zelte mit eigener Badewanne unter alten Bäumen im Freien – einfach, aber exklusiv. Geführte Aktivitäten (Kanutouren, Schnorcheln, Fischen, Trails, Wildnisfahrten).

★ Kosi Bay Lodge
Tel. 031/266 41 72
Fax 031/266 91 18
Mail: adcamaf@iafrica.com
Im nördlichen Teil von Kosi Bay, rustikale Holz-Chalets, Selbstversorgung oder Restaurant.

Maputaland Marine Reserve

Hinter der Nehrung mit hohen Dünen liegt der Lake Sibaya, der größte Süßwassersee des Landes. Auch hier leben Hippos und Krokodile. Der Fischreichtum im See zieht viele Wasservögel an.

★★★ Sibaya Lake Lodge
Tel. 011/616 99 50
Fax 011/616 82 32
Mail: sibayi@iafrica.com
Web: www.lake-sibayi.co.za
Am nördlichen Teil des Lake Sibaya. Elegante Chalets, exzellente Küche, eigene arabische Dhau für Fahrten auf dem See – Luxus im Busch!

Sodwana Bay National Park

Die Sodwana Bay mit kristallklarem Wasser bietet die besten Bedingungen für Schnorchler am Indischen Ozean. An den tropischen Korallenriffen leben mehrere hundert Fischarten. Der Nationalpark steht aber auch bei Anglern hoch im Kurs, die hier bis ans Meer fahren dürfen. Der Campingplatz ist riesig und in der Ferienzeit ebenso voll wie die Holzbungalows des Restcamps. Man ist in der privaten Lodge sicherlich besser aufgehoben:

Insider News

★★★ Makakatana Bay Lodge

25 km nördl. Charter's Creek; Abfahrt von der N 2 nach Charter's Creek
Tel. 035/550 41 89
Fax 035/550 41 98
Mail: maklodge@iafrica.com
Web: www.makakatana.co.za
Private Lodge mit nur 5 Chalets mitten in der Natur am Westrand des St.-Lucia-Sees. Haupthaus und Häuser sind eigenwillig und luftig mit japanischem Touch gebaut – und dezent afrikanisch eingerichtet. Die jungen Besitzer Leigh-Ann und Hugh Morrison haben auf jedes Detail geachtet; Hugh ist nebenan im Haus seines Großvaters aufgewachsen, der sich hier nach der Jahrhundertwende als erster weißer Händler niederließ. Im Rundum-Service sind Tagesausflüge enthalten: ganz nach Wunsch Bootsfahrten, Fischen, Wandern oder eine Safari im Nationalpark Hluhluwe. Während der Saison (November – März) werden Nachtfahrten zur Schildkröten-Beobachtung organisiert. In der Lagune kann man in flachen Booten die Natur erleben – ein Touch Okavango am Lake St. Lucia.

★★ Sodwana Bay Lodge
Tel. 031/304 59 77
Fax 031/306 48 47
Mail: sbls@mweb.co.za
Strohgedeckte Holz-Lodges, Pool und Tauchschule; organisierte Tages- und Schnorchelausflüge.

Swaziland

Das Königreich Swaziland ist ein eigener souveräner Staat innerhalb Südafrikas. Im Westen grenzt es an Mosambik (siehe S. 133).

Verkehr

Der Matsapha Airport liegt 8 km westlich von Manzini und 35 km südlich der Hauptstadt Mbabane. SAA Airlink hat 1 – 2 Flüge täglich von Johannesburg nach Swaziland. Swazi Airlink fliegt täglich nach Durban und Maputo (Mosambik).
Bus: Der neue Baz-Bus fährt 4-mal wöchentlich von Swaziland nach Johannesburg (370 km) sowie nach Durban (630 km) und zurück. Er hält an Backpacker Hostels oder an jeder gewünschten Stelle der Route. Tel. (Südafrika) 0027/21/439 23 23, (siehe S. 216).
Am Flughafen sind die Mietwagenfirmen Avis und Imperial vertreten. Die Hauptstadt erreicht man am besten per Taxi.

Einreise

Ein gültiger Reisepass reicht für die Einreise aus. Es existieren 12 Grenzübergänge zwischen Swaziland und Südafrika und seit 2000 der Grenzübergang von Mhlumene nach Mosambik. Die Grenzübergänge Mahamba, Ngwenya/Oshoek, Lavumisa/Golelela sind 7 – 22 Uhr geöffnet, die anderen 8 – 16 bzw. 18/20 Uhr.

Geld

Nationale Währung ist der Lilangeni (Plural: Empagaleni). Er entspricht dem südafrikanischen Rand. Südafrikanische Banknoten werden überall akzeptiert, aber keine Münzen.

Telefon

Die Vorwahl für Swaziland von Südafrika ist 09268, von anderen Ländern 00268. Mit einem Handy kann man derzeit in folgenden Regionen von Swaziland telefonieren: Mbabane/Ezulwini, Pigg's Peak, Manzini, Big Bend. Südafrikanische Telefonkarten funktionieren in Swaziland nicht.

Mbabane

Die Hauptstadt im Nordwesten zählt rund 90.000 Einwohner und wurde 1902 von der britischen Kolonialverwaltung gegründet. Die moderne Stadt bietet keine besonderen Sehenswürdigkeiten. Im Norden liegt der Coronation Park, im Süden der Markt mit farbenprächtigen Obst- und Gemüseständen.

Museum

The National Museum
Lobamba, Ezulwini Valley
Tel. 416 14 81.
Das einzige Museum des Landes gegenüber dem kleinen Parlamentsgebäude und dem King Sobhuza II. Memorial Park (gleiche Öffnungszeiten). Im Museum sind vor allem Trachten, Kultgegenstände der Swazi und historische Fotos interessant. Fundstücke und Schaukästen über Geologie, Zoologie und die frühe Besiedlung sind ebenfalls einen genauen Blick wert.
Tgl. 8 – 16.30 Uhr.

Der Osten

Unterkunft

In Mbabane sind die Stadthotels nicht zu empfehlen. Gute Unterkünfte findet man außerhalb:

★★★ Royal Swazi Sun
Ezulwini Valley
20 km von Mbabane
Tel. 416 10 01
Fax 416 18 59
Mail: swazisun@realnet.co.sz
Web: www.suninternational.com
Ebenso wie das benachbarte „Lugogo Sun" ein 5-Sterne-Hotel zum 3-Sterne-Preis, aber exklusiver, 122 Zimmer, Golfplatz und Health Spa (Meereswasser-Anwendungen, Massagen, Kosmetikprogramm).

★★ Phophonyane Lodge
Pigg's Peak
65 km nördlich von Mbabane
Tel./Fax 437 13 19.
Der Natur ganz nah – wahlweise im strohgedeckten Haupthaus, im Zeltcamp am Wasserfall oder in komfortabler Cottage im „eigenen" Naturpark.

★★ Foresters Arms
Bei Mankayane
25 km südwestlich von Mbabane
Tel. 452 60 84
Fax 467 40 51
Mail: forestersarms@africa online.co.sz
Ein familiäres Country Hotel, das genauso gut auch irgendwo in „good, old England" stehen könnte: mit gemütlichen Ohrensesseln, reichlich Plüsch und Persern im Foyer, geblümter Bettdecke und kleinem Kamin in den meisten Zimmern. Das Hotel liegt mitten im Wald, man kann wandern, fischen oder einen Pferderitt zum rauschenden Wasserfall unternehmen.

Restaurants

☆☆☆ Calabash
Ezulwini Valley
Tel. 416 11 87.
Für Insider das beste Restaurant in Swaziland. Unter deutsch-österreichische Leitung. Gute Auswahl an Fischgerichten, aber auch Eisbein und Zürcher Geschnetzeltes; umfangreiche Weinkarte. Entspannte Atmosphäre. Tgl. Lunch und Dinner.

☆☆ Malandela's
1 km hinter Mahlanya an der Straße nach Malkerns, 24 km von Mbabane.
Tel. 528 31 15.
Auf einer Farm, rustikales Lehmhaus mit Strohdach, gemütlich. Gerichte aus eigenen Farmprodukten, auch Seafood. Gute Desserts und eine tolle Weinkarte.
Sonntagabend geschlossen.

Die Swazi gehören zu der großen Familie der im südlichen und mittleren Afrika verbreiteten Bantu-Völker.

Praktisch und hübsch: bunte Flechtarbeiten aus Swaziland.

Einkaufen

Das traditionelle Kunsthandwerk besteht vor allem aus Töpferei, Arbeiten mit Glasperlen und der Herstellung von Gebrauchsgegenständen aus Gras (Matten und Körbe). Eingeführt wurde die Weberei (Teppiche, Decken aus Mohair). Holzschnitzereien sind meist von schlechter Qualität. In so genannten „Curio-Shops" gilt es, die Spreu vom Weizen zu trennen: Dort wird viel Kitsch angeboten.

Matenga Craft Center
Ezulwini Valley
16 km südlich. von Mbabane
Tel. 416 11 36
Web: www.mantenga.com
Zum Komplex gehören auch die Tourist Information, der Reiseveranstalter Swazi Trails (siehe Insider News auf S. 153) und ein Tea Garden. Tgl. 9 – 17 Uhr.

Gone Rural
1 km hinter Mahlanya an der Straße nach Malkerns, 24 km von Mbabane.
Tel. 528 30 78
Gone Rural ist ein ganz besonderer Shop: dahinter steht nämlich eine Kooperative von über 700 Landfrauen, die aus dem Ludindzi-Gras Matten, Tischuntersätzer und anderes herstellen – in schönen Farben oder Natur, oft geschmackvoll verpackt. Auch Kerzen und Töpferarbeiten gehören zum Angebot.
Tgl. 8 – 16.45 Uhr.

Ngwenya Glass
Ngwenya, 5 km hinter dem Grenzübergang Oshoek/16 km westlich von Mbabane
Tel. 442 40 53
Web: www.ngwenyaglass.co.sz
Wunderschöne, handgeblasene Gläser und Glasfiguren; ansprechender Verkaufsraum. Ebenfalls in Johannesburg und Kapstadt vertreten.
Tgl. 9 – 16 Uhr.

Coral Stephens
Pigg's Peak
Tel. 437 11 40.
Mohairweberei, man findet aber auch andere Materialien wie wilde Mopaneseide, Leinen und Raphiabast: Hier gibt es unter anderem die schönsten Decken, Teppiche und Kissenbezüge des Landes.
Tgl. 10 – 15 Uhr.

Naturschutzgebiete

Als der Staat Swaziland 1968 politisch die Unabhängigkeit erreichte, gab es längst kein Großwild mehr – und auch keine Naturschutzgebiete. Die Gründung der drei Nationalparks mit ihrem beeindruckenden Großwild ist das Lebenswerk des in Swaziland geborenen Ted Reilly, dessen irischer Vater sich 1902 in Swaziland niedergelassen hatte. Die drei Naturschutzgebiete Mlilwane (siehe S. 146), Royal Hlane und Mkhaya und entsprechende Unterkünfte sind über die ebenfalls von Ted Reilly gegründete Organisation Big Game Park ebenso zu buchen wie Fahrten und Ausflüge:
Reservierung über:
Big Game Parks, Reservation
Tel. 404 45 41
Fax 404 09 57
Mail: reservations@biggame.so.sz
Web: www.biggame.co.sz

Malolotja
Im Nordwesten des Landes gelegen, ist dieses staatliche Reserva über den Pigg's Peak oder Motshane zu erreichen. Auf nur 18.000 ha bieten sich hier zum Teil spektakuläre Landschaftskontraste zwischen 650 und 1900 m über dem Meer und den höchsten Bergen des Landes sowie dem 95 m hohen Wasserfall gleichen Namens. Tiefe Schluchten durchziehen das zerklüftete Terrain, in dem eine Vielzahl von Pflanzenarten wächst. Neben zahlreichen Vögeln und Reptilien (Giftschlagen) leben hier auch Zebras, Gnus und Antilopen. Ein 200 km langes Wegenetz und 20 meist einfache Buschcamps ziehen individuell reisende Naturfreunde an.
Reservierung und Information
Swaziland Trust Commission
P. O. Box 1796

Der Osten

Mbabane
Tel. 416 11 51
Fax 416 14 80
Mail: maloltja@iafrica.sz

Mkhaya Game Reserve

Das 6250 ha große Reservat im östlichen Landesteil ist ein Refugium für bedrohte Tierarten, vor allem Nashörner, die aber bis 1992 durch Wilderer gefährdet waren. Mkhaya wurde von Ted Reilly 1979 zunächst zum Schutz der seltenen Nguni-Rinder gegründet. Neben den Nashörnern leben hier nun auch Elefanten, Büffel, Leoparden und diverse Antilopenarten. In kaum einem anderen Naturpark kann man Nashörnern und Elefanten so nahe kommen.

Unterkunft:
Stone Camp
Mit rustikalen Cottages (strohgedeckt, Natursteine) und komfortablen Safarizelten.
Reservierung über „Big Game Parks" (siehe oben).

Royal Hlane National Park

Gegründet 1967, dient dieser 30.000 ha große Park auch der königlichen Jagd – jeweils eine Woche im August. Es dürfen aber keine bedrohten Tierarten gejagt werden. 1994 wurden hier erstmals seit 30 Jahren wieder Löwen angesiedelt, hinzu kamen Nashörner, Elefanten, Leoparden, Geparden, Giraffen und Antilopen. Eine falsch geplante Fernstraße quer durch den Park und große Zuckerrohrplantagen außerhalb stören allerdings.

Unterkünfte:
Ndlovu Camp mit 5 Rondavels ohne Strom, Bhubesi Camp mit drei 4-Bett-Cottages, jeweils Selbstversorgung.
Reservierung über „Big Game Parks" (siehe oben).

Mlawula Nature Reserve

Das Mlawula Nature Reserve ist noch etwas größer als der Hlane Royal National Park, der im Osten an Mosambik grenzt; dort wird es von den Lubombo-Bergen begrenzt. In dem Naturpark leben u. a. seltene Breitmaulnashörner, Gnus, Nyalas und Wasserböcke. Neben motorisierten Pirschfahrten und auch geführten Wanderungen kann man den Mbulizi River mit Kanus befahren oder fischen. Von „Hides" aus lassen sich Tiere, auch Geier, an Wasserlöchern beobachten. Unterkunft: Buschcamp mit 4 großen Zelten, Selbstversorgung.
Reservierung und Informationen:
Swaziland Trust Commission
P. O. Box 1796, Mbabane,
Tel. 416 11 51
Fax 416 14 80
Mail: mlawula@iafrica.sz

Information

Tourist Information Centre
Ezulwini Valley, Matenga Craft Center, 16 km von Mbabane.
Tel. 416 11 36
Fax 416 10 40
Tgl. 8 – 17 Uhr.

Insider News

Himmlische Zustände

Ezulwini Valley, das „himmlische Tal" (so die Übersetzung) beginnt einige Kilometer südlich von Mbabane und erstreckt sich 20 km bis nach Lomamba. An der Strecke liegen u. a. die beiden 5-Sterne-Hotels des Landes, Souvenirshops, ein Informationsbüro im Mantenga Craft Centre und das Cultural Village mit Tanzvorführungen. Ein Wanderweg im Nature Reserve führt zu den **Mantenga Falls** (Übernachtung in der einfachen „Mantenga Lodge"). Das Unternehmen Swazi Trails organisiert Wildwasserfahrten, Höhlentrips, Mountainbiketouren, Bergtouren, aber auch „normale" Reisen und Touren.

Swazi Trails
Mantenga Craft Centre
Ezulwini Valley
Mail: tours@swazitrails ieheco.sz
Web: www.swazitrails ieheco.sz

5-Sterne-Luxus im Ezulwini Valley: das exklusive „Royal Swazi Sun".

Der Kruger-Nationalpark wird von einem 2300 km langen und beschilderten Straßennetz erschlossen.

Die Arche Noah Afrikas

Der Nordosten

Von der Panoramaroute von Sabie nach Graskop blickt man durch das „Fenster Gottes" hinunter in das Tiefland des Lowveld. Dort beginnt das spektakuläre Reich der wilden Tiere: der Krüger-Nationalpark.

Der Nordosten

S üdafrikas Goldrausch begann in **Pilgrim's Rest** ✪. Nachdem 1873 die ersten Nuggets gefunden wurden, verbreitete sich die Kunde wie ein Lauffeuer. Und schon im gleichen Jahr suchten 1500 Goldgräber hier ihr Glück – einige machten sich sogar bis aus England und Australien auf den Weg. Der Ort Pilgrim's Rest bestand hauptsächlich aus Geschäften, Kneipen und einer Zeitungsredaktion: 1873 wurden die „Gold News" gedruckt, und bereits 1896 gab es Elektrizität – zu einer Zeit, als selbst in London noch kein Strom floss.

Nelspruit	159
Anreise	159
Ausflüge	159
Information	160
Panoramaroute	160
Northern Province	163
Pietersburg/	
Polokwane	163
Louis Trichardt	163
Im Fokus:	
Krüger-Nationalpark	165

Was Pilgrim's Rest heute so sehenswert macht: Alles ist authentisch. Hier stehen keine rekonstruierten Disneyland-Häuser wie in „Gold Reef City" von Johannesburg, wo das Goldfieber erst 13 Jahre später ausbrach, als das Flussgold von Pilgrim's Rest bereits wieder ausgewaschen und ausgesiebt war und nur der Friedhof Hochkonjunktur hatte. Unten am Fluss hat man ein Camp aus dieser bewegten Zeit rekonstruiert. Ein Stollen führt in den Berg, und die Dampfmaschine von 1902 funktioniert noch. Erst 1972 fand hier die Goldförderung im Berg ihr Ende. Doch 1995 begann eine private Gesellschaft erneut mit Grabungsarbeiten – offenbar haben die idyllischen Berge noch einiges in petto.

Die Landschaft rundherum zeigt sich sanft wie der Schwarzwald. Gerade 15 Kilometer sind es von Pilgrim's Rest nach Graskop und zur **Panoramaroute**, von der aus sich spektakuläre Aussichten auf das fast 1000 Meter tiefer liegende „Lowveld" bieten. Zum Beispiel durch God's Window, das „Fenster Gottes". Wasserfälle stürzen über rötlich-braune Felsen – warum einer nach Lissabon (Lisbon Falls) und einer nach Berlin benannt ist, weiß niemand. Über der 800 Meter tiefen Schlucht des **Blyde River Canyon** ✪✪✪ wachen die „Drei Rondavels", riesenhafte, runde Felsen mit spitzer Abdachung, die tatsächlich wie überdimensionale Rundhütten wirken. Von hier aus schlängelt sich die Straße dann weiter, hinunter in das Tiefland. Die Provinz Mpumalanga (bis 1994 hieß die Provinz Ost-Transvaal) verhieß, vor allem den Weißen, im letzten Jahrhundert Reichtum – Gold für die einen, Elfenbein für die anderen. Letzteres allerdings mit dem Ergebnis, dass beinahe alle Elefanten ausgerottet wurden. Nichtsdestotrotz löste die Forderung von Paul Krüger, das Jagdrecht einzuschränken, pures Entsetzen aus. Krüger, der 1883 erster Präsident der Burenrepublik Transvaal wurde, wollte damit „für alle Zeiten" ein Wildschutzgebiet vor dem Eingriff der Menschen bewahren.

Mit knapp 20.000 Quadratkilometer Fläche und 350 Kilometer Länge ist das Schutzgebiet, der **Krüger-Nationalpark** ✪✪✪ (Kruger National Park), heute größer als Israel; rund 1800 Kilometer Zaum schützen die Tiere vor den Menschen. Nach Westen wurde der Zaun 1994 dort angelegt, wo private Wildreservate angrenzen. Der Megapark bietet mehr als 140 verschiedenen Säugetier- und 500 Vogelarten eine Heimat. Hier leben unter anderem 7800 Elefanten, rund 1700 Löwen, 2000 Nashörner und 30.000 Büffel.

Der „Krüger" ist der beliebteste Park bei den Südafrikanern und den ausländischen Besuchern – 1999 waren von den rund 900.000 Besuchern ein Fünftel Touristen. Vor allem während der Ferien zur (heißen) Weihnachtszeit und über Ostern kommt es entlang der Hauptrouten zu regelrechten Verkehrsstaus, und alle 4500 Betten in den elf Camps sind bereits Monate zuvor ausgebucht. Hinzu kommen Tagesbesucher, die durch die acht verschiedenen Eingangstore fahren. Dann gehen täglich maximal 11.500 Besucher auf Safari – eine Erhöhung dieses Kontingents ist glücklicherweise nicht geplant.

Auf der „Arche Noah" Krüger-Nationalpark herrscht eine empfindliche Balance. Alle Tiere werden aus der Luft gezählt; 400 Sektionen sind durch ein Wegenetz von 4000 Kilometern Länge verbunden, das nur die Ranger befahren. Im Rotationsverfahren wird der Busch abgebrannt, damit er sich erneuern kann. „Das ist ein bisschen wie Gott spielen", sagt einer der 600 Ranger.

Aber das ist gar nicht so einfach: Der **Crocodile River** im Süden ist durch Zuckerrohranbau mit Pestiziden verseucht, der **Olifants River** durch den Bergbau bei Phalaborwa mit Schwermetallen angereichert. Aufgrund der wachsenden Bevölkerung westlich des Parks wird aus Nebenflüssen so viel Wasser entnommen, dass der **Letaba River** während der heißen Zeit versiegt. Im Nationalpark wurden immer mehr Wasserlöcher angelegt – mit dem Ergebnis, dass deren Umgebung überweidet wurde und sich das Wild nicht über eine größere Fläche verteilte. Dadurch erhöhte sich auch der Bestand der Löwen, der bis dato durch Abschüsse stabil gehalten wurde. Doch diese Sünden sind nach Einführung eines Managementplans längst Vergangenheit.

Der Blyde River entspringt in den Drakensbergen und verbindet sich auf seinem Weg nach Norden mit dem Treur River.

Um in den Krüger-Nationalpark zu gelangen, muss man eines der offiziellen Eingangstore benutzen, die bereits vor Sonnenaufgang öffnen und zur Dämmerung wieder schließen. „Draußen" vor den Toren des heilen Naturparadieses wird man im Süden oder im zentralen Teil bei **Phalaborwa** konfrontiert mit der weniger heilen Welt der Menschen: Hütten aus Holz, Stoff und Wellblech, Frauen mit Holzbündeln auf dem Kopf. In den Büschen hängen Fetzen von Plastiktüten, Zehntausende leben auf einer Fläche, die woanders im Land ein weißer Farmer bewirtschaftet.

Doch inzwischen haben die Menschen wenigstens schon Elektrizität und fließendes Wasser bekommen. Trotzdem ist für sie Naturschutz ein

Naturschutz

Das Jumbo-Problem

Die Parkstrategen haben errechnet, dass mehr als maximal 8000 Elefanten im Krüger-Park ökologisch nicht vertretbar sind. Immerhin vertilgt ein ausgewachsener Jumbo bis zu 250 Kilo Grünzeug am Tag. Bäume werden abgeknickt, alte Bäume sterben, weil Elefanten die Rinde abschälen, Buschwälder versteppen durch die Verwüstung. Im Gegensatz zu anderen Tieren reagieren Elefanten zum Beispiel auf Dürren nicht mit instinktivem Geburtenrückgang. Sie vermehren sich langsam, aber stetig. Elefantenkühe tragen zwar 22 Monate, sind aber vom 12. bis zum 55. Lebensjahr reproduktionsfähig – in dieser Zeitspanne gebären sie 8- bis 10-mal.

Hunderte von Elefanten wurden bis 1998 jährlich von der Parkverwaltung erlegt, um den Bestand konstant zu halten. Nach massivem Druck von Naturschützern werden „unerwünschte" Elefanten nun in andere Schutzgebiete gebracht – aber nur noch selten abgeschossen. Biologen und Ranger haben nun folgende Lösung ersonnen: Der Park wurde in 6 Gebiete unterteilt. Davon werden zwei kleine Zonen im Nordwesten und Südwesten „elefantenfrei" gehalten. So lässt sich beobachten, wie sich Flora und Artenreichtum ohne den Einfluss der Dickhäuter entwickeln. Das restliche, schlauchförmige Areal besteht aus je 2 Zonen, in denen die Elefanten ganz sich selbst überlassen sind. Auf diese Weise will man erforschen, wann es zur natürlichen Reduzierung der Geburtenrate kommt. Jeweils neben diesen Zonen befinden sich 2 Areale, in denen die Elefantenpopulation um 7 % reduziert wird.

157

Persönlichkeit

James Stevenson-Hamilton

Man schreibt das Jahr 1902. Vier Jahre zuvor hatte Burenpräsident Paul Krüger den heutigen Nationalpark zum Schutzgebiet erklärt. Nach dem Krieg zwischen Buren und Briten soll nun ein junger schottischer Offizier das Unmögliche versuchen: gegen die Interessen von Jägern und Farmern die letzten wilden Tiere schützen und den Bestand ausbauen. Sein Auftrag bedeutet, sich auch bei Wilderern „vollkommen unbeliebt" zu machen. Ohne Vorkenntnisse, nur mit einem kleinen Stab von Mitarbeitern und auf Pferden, umgeht Stevenson-Hamilton alle Widerstände. Er nimmt sich dabei die Nationalparks der USA zum Vorbild, die Wildschutz auch auf ökonomischer Grundlage betreiben. Der endgültige Durchbruch kommt nach 1924, als Piet Grobler zum Landminister ernannt und das inzwischen erweiterte Gebiet am 31. Mai 1926 zum Nationalpark deklariert wird. Im Folgejahr reisen die ersten drei (!) hochrädrigen Automobile in den Park. Bald wird James Stevenson-Hamilton von seinen schwarzen Mitarbeitern „Skukuza" genannt – „der Mann, der alles verändert". Skukuza heißt auch das Hauptcamp des Krüger-Nationalparks. Bis zu seinem 80. Geburtstag im Jahr 1947 – fast ein halbes Jahrhundert – ist der Naturschützer rastlos für den Krüger-Nationalpark im Einsatz. Er lebt noch weitere 10 Jahre auf seiner Farm im Krüger-Gebiet, bis er 1957 90-jährig stirbt. Sein letzter Wunsch lautet, man möge seine Asche am Shirimantanga-Berg (13 km südlich von Skukuza) verstreuen.

Wächst die Elefanten-Population zu stark an, gerät das ökologische Gleichgewicht des Krüger-Nationalparks in Gefahr.

Luxus, denn Bäume sind Feuerholz und die Tiere gleich hinter dem Zaun Nahrung. Erst spät haben „Naturmanager" erkannt, dass man nicht an den Menschen vorbei Naturschutz betreiben kann. Schwarze Schulkinder aus armen Gebieten werden kostenlos in den Nationalpark gefahren und verbringen hier meist mehrere Tage in Wildniscamps. Dort lernen sie, dass die Natur nicht nur eine Ferienkulisse für weiße Besucher, sondern ihre eigene Zukunft ist. Dörfer in Parknähe profitieren von den Einnahmen und beteiligen sich an Projekten. „Nature Conservation" heißt das Zauberwort, das allein im Krüger-Park 2600 Arbeitsplätze für Schwarze schafft. Kunsthandwerk und landwirtschaftliche Produkte können dadurch besser verkauft werden. Doch die Älteren haben nicht vergessen, dass sie als „Nicht-Weiße" bis 1994 aus dem Park ausgesperrt waren!

Die Naturstrategen denken heute schon an morgen. Nachdem 2000 der erste länderübergreifende Transfrontier Park zwischen Südafrika und Botswana in der Kalahari eröffnet wurde, soll auch der Krüger Park erweitert werden: Er soll nach Osten bis zum Limpopo River in Mosambik und weit nach Westen ausgedehnt und damit auf 40.000 Quadratkilometer verdoppelt werden. Geplanter Name: The Greater Kruger to Canyons Biosphere Region. Er wird eine einzigartige Vielfalt umfassen: vom Grasland über die Savannen bis zu den Bergwäldern. Allein im Gebiet des **Mariepskop-Berglandes** bei **Hoedspruit** wurden 2000 Pflanzenarten gezählt. Es wird noch zehn Jahre dauern, bis das Ziel erreicht ist. Dann müssen auch die maroden Firmen am Westrand des heutigen Krüger-Parks weichen, und die Flüsse werden wieder sauber sein.

Der Nordosten

Allgemeines

Die Drakensberge fallen nur 10 km östlich von Graskop fast senkrecht ab – hinab zum Tiefland des Lowveld, dorthin, wo der Krüger-Nationalpark liegt. Private Wildschutzgebiete am Westrand des Krüger-Park verbinden Komfort und Luxus mit maßgeschneiderten Safaris. Oben im Highveld reihen sich entlang der Panoramaroute landschaftliche Attraktionen aneinander. Der Goldgräberort Pilgrim's Rest hat sich seit seiner Gründung vor 120 Jahren nicht verändert. Überall laden Gasthäuser und Country Hotels zur Einkehr ein. In der subtropischen Landschaft um Tzaneen werden Tee und Mangos geerntet, im äußersten Nordosten des Landes und der Northern Province überragen große Affenbrotbäume traditionelle Dörfer: Hier ist Südafrika noch sehr afrikanisch.

Verkehr

Individuelle Besucher reisen meist mit dem Mietwagen an. Linienbusse verbinden täglich Johannesburg mit Nelspruit; beim Baz Bus kann man zusteigen (siehe S. 216).
SAA Airlink unterhält sehr gute Verbindungen zwischen Johannesburg und der Provinz Mpumalanga und zum Krüger-Nationalpark: 3-mal tgl. nach Skukuza im Park, Mo – Fr jeweils 3-mal, Sa 1-mal nach Phalaborwa, bis 4 Flüge tgl. nach Nelspruit, tgl. nach Hoedspruit.

Nelspruit

Die angenehme Stadt liegt im subtropischen Lowveld an der N 4 – und am Crocodile River. Von hier aus sind es 65 km zum südlichen Tor des Krüger-Nationalparks (Malelane Gate) und 206 km nach Maputo, der Hauptstadt von Mosambik. Aloen säumen die breiten Straßen, die zur Town Hall (Stadthalle) im spanischen Stil hinführen. Der Ort weist zwar keine spektakulären Sehenswürdigkeiten auf, bietet aber eine gute Auswahl an Hotels, Gästehäusern und Restaurants, so dass er sich als Ausgangspunkt für interessante Erkundungen in der näheren Umgebung empfiehlt. Der Lowveld Botanical Garden am Nordrand der Stadt mit seinen vielen Spazier- und Wanderwegen gehört zu den schönsten des Landes. Südlich liegt die Nelspruit Nature Reserve mit vielen Vogel- und einigen Antilopenarten sowie Nature Trails zwischen 1 und 6 Stunden Dauer.

Anreise

Wer über die N 4 von Johannesburg aus einreist, fährt über Waterval-Boven, 82 km westlich von Nelspruit. 12 km östlich des Städtchens („Über dem Wasserfall") liegt Waterval Onder („Unter dem Wasserfall"). Einen Teil des Wasserfalls kann man direkt nach dem Tunnel von einem Aussichtspunkt neben der Straße sehen. In der Nähe findet man einige Country Hotels.

Ausflüge

Montrose Falls

33 km westlich von Nelspruit lohnt ein Abstecher auf die R 539. Die Straße windet sich durch die Schlucht Schoemanskloof; gleich nach der Abzweigung stürzt der Crocodile River als Montrose Falls 12 m in ein Felsbecken.

Barberton

Der alte Goldgräberort liegt 43 km südlich von Nelspruit im De Kap Valley. Benannt wurde er nach Graham Barber und seinen Cousins, die hier 1884 die ersten Goldnuggets fanden. Innerhalb weniger Wochen entstand danach ein Zeltlager, doch viele Abenteurer starben im subtropischen Lowveld an Malaria. Im Sep-

Literatur

Jock of the Bushveld

Südafrikas berühmtester Hund wurde 1885 als Mischling geboren: Die Mutter war ein Bullterrier, der Vater unbekannt. Berühmt wurde der Hund durch den Roman „Jock of the Bushveld" des Fuhrmanns Percy Fitzpatrick, der später zum Ritter geschlagen wurde. Das Buch gehört noch immer zu den Bestsellern in Südafrika. Fitzpatrick fuhr seine Ware mit Ochsenwagen vom Meer (dem heutigen Maputo in Mosambik) über die Berge zu den Goldgräbersiedlungen – eine mühevolle Reise. Jock war ein talentierter Jagdhund und lenkte angreifende Löwen ab, bis sein Herr sie erlegen konnte. 1899 zog Fitzpatrick nach Barberton, doch für seinen Hund kam bald das Ende. Als Jock einen Schakal verfolgte, der Hühner stahl, hielt der Besitzer ihn für den Räuber – und erschoss ihn. Ein Restcamp und verschiedene Wanderwege wurden nach ihm benannt, und in **Barberton** wacht Jock vor dem Rathaus – in Bronze.

Der Nordosten

Höhlen

Sudwala Caves

Tel. 013/733 41 52. Fährt man 27 km von Nelspruit Richtung Westen und dann 15 km nördlich, erreicht man die Sudwala-Tropfsteinhöhlen, die zu den ältesten Höhlen der Welt gehören. In der größten Halle (Owen Hall) werden auch Konzerte veranstaltet. Nebenan liegt ein Dinosaurier-Park. Im Pavillon des **Sudwala's Kraal Complex**: Kunsthandwerk der Region. Von den Caves kann man nach **Lydenburg** und über den **Long Tom Pass** nach **Sabie** oder via R 37 direkt dorthin fahren. In der Nähe 2 preiswerte Lodges: „Sudwala Lodge" (Tel. 013/733 30 73) und „Pierre's Inn" (Tel. 013/733 41 34) mit guter Küche.

tember feiern die Einwohner deshalb das Digger's Festival.

Der Goldrush dauerte zwar nur 4 Jahre, doch in dieser Zeit entstand in Barberton die erste Börse des Landes (deren Fassade noch steht). Im ruhigen Zentrum sind einige alte Häuser erhalten, zum Teil farbenfroh bemalt. Vor der Town Hall steht die Bronzestatue von Jock of the Bushveld (siehe S. 159). Im Barberton Museum (Pilgrim Street) ist mehr über den Hund, die lokale Geschichte und den Bergbau zu erfahren.

Einige Kilometer nördlich der Stadt liegt die älteste noch arbeitende Goldmine der Welt, die Sheba Mine. In Richtung Südosten führt eine Straße steil bergauf in die Berge von Swaziland; zur Hälfte als Schotterstraße (35 km zum Grenzposten Josefsdal, geöffnet 8 – 16 Uhr). Auf der Fahrt sieht man auch die 20 km lange Seilbahn von Barberton zur Asbestmine in Swaziland, die von deutschen Technikern gebaut wurde und dem Transport der Kohle nach Swaziland dient.

Information

Publicity Association
Promenade Centre
Louis Trichardt Street
Tel. 013/755 19 88
Fax 013/755 13 50
Mo – Fr 8 – 17, Sa 9 – 13 Uhr.

Panoramaroute

Ganz „klassisch" führt die Panoramaroute von Sabie nach Graskop (24 km) und weitere 75 km entlang des Blyde River Canyon zum Abel Erasmus Pass – entlang des Steilabfalls vom Highveld zum Lowveld. Neben spektakulären Aussichtspunkten säumen zahlreiche Wasserfälle den Weg. Aber schon während der 45 km von White River nach Sabie bietet sich ein grandioses Naturpanorama. Zwei Abstecher sollte man dabei nicht versäumen: von Sabie zum Long Tom Pass und von Graskop zum Goldgräberort Pilgrim's Rest.

Sabie

Der kleine Ort ist das Zentrum der Holzindustrie in Südafrika und wird umgeben von dichten Nadelwäldern, in denen insgesamt 12 Wasserfälle rauschen. Auf einer etwa 30 km langen Rundfahrt lassen sich drei schöne Wasserfälle von Sabie aus besuchen: Breidal Veil („Brautschleier", weil das Wasser schleierförmig zerstäubt), Horseshoe und – wohl am beeindruckendsten – die fast 70 m hohe Wassersäule der Lone Creek Falls, die sich in ein umwaldetes Felsbecken ergießen.

Lydenburg

52 km westlich von Sabie liegt Lydenburg, der „Ort des Leidens". Der Name stammt vom damals mühsamen Leben der Voortrekker und Siedler, die sich mit Ochsenkarren über den Long Tom Pass und die steinige Passhöhe (1786 m) der „Devil's Knuckels" (Knöchel des Teufels) quälen mussten. Vom Long Tom Pass (2150 m) zwischen den beiden Orten genießt man an klaren Tagen atemberaubende Ausblicke. Während des Krieges gegen die Engländer 1899 – 1902 installierten die Buren zwei Geschütze an den Devil's Knuckels, die sie Long Tom nannten.

600 Meter der Sudwala Caves sind für Besucher zugänglich.

Der Nordosten

Pilgrim's Rest: Das Goldfieber von einst ist längst der Ruhe und Beschaulichkeit gewichen.

Graskop

Zwischen Sabie und Graskop (24 km) liegen weitere Wasserfälle an beiden Seiten der Straße: die Mac Mac Falls wurden nach den vielen schottischen „Macs" genannt, die sich während der Goldgräberzeit hier aufhielten. Graskop zählt nur 1500 Einwohner und etwa ebenso viele Hotelbetten – ein sympathischer, ruhiger Ort mit Snack Bars, Restaurants (man sollte unbedingt einen gefüllten Pfannkuchen bei „Harrie's Pancake" essen) und interessanten Geschäften.

Pilgrim's Rest ✪

5 km südlich von Graskop führt die R 533 weitere 17 km zum alten Goldgräberort Pilgrim's Rest, wo 1873 erstmals Gold gefunden wurde. Innerhalb eines Jahres entwickelte sich ein Wildwestort, in dem es neben Kneipen und Bordellen sogar eine eigene Zeitung gab, die „Gold News". Acht Jahre später gab der Fluss keinen Reichtum mehr her, und die Förderung wurde unter Tage fortgesetzt: die letzte Mine schloss 1971. Drei Jahre später kaufte die Regierung den Ort und restaurierte ihn als Museumsdorf.

Von Graskop zum Blyde River Canyon

Gleich nördlich von Graskop beginnt der schönste Teil der Panoramaroute. Über eine 15 km lange Nebenstraße erreicht man drei spektakuläre Aussichtspunkte mit weitem Blick auf das tief unten liegende Lowveld: The Pinnacle (mit einer frei stehenden Felssäule), God's Window und Wonderview. Wieder an der Hauptstraße, zweigt eine Seitenstraße zu den wenige Kilometer entfernten Berlin Falls ab; 5 km südlich liegen die Lisbon Falls.

Die Burke's Luck Potholes, 35 km nördlich von Graskop, sind ein Wunder der Flusserosion: In Jahrmillionen haben in der Strömung rotierende Steine und Sand tiefe Schluchten und zylinderförmige Löcher aus dem Sandstein geschliffen. Wege und zwei schmale Brücken führen zu den schönsten Stellen. Tom Bourke glaubte hier auf Gold zu stoßen, aber wurde nie fündig. Das Gebiet gehört zum Blyde River Canyon Nature Reserve.

Blyde River Canyon ✪✪✪

Von der Lowveld Viewsite hat man bereits einen schönen Blick auf die Schlucht des Blyde River, der sich auf 26 km Länge mit einem Höhenunterschied von 1000 m seinen Weg durch das Gestein gefräst hat. Das Reservat hat eine Länge von 57 km. Hier leben Gazellen, Buschböcke, Hippos, Krokodile und fünf der sechs Affenspezies des Landes sowie 360 verschiedene Vogelarten. Der 65 km

Gesundheit

Malaria

Im Krüger-Nationalpark und im Tiefland des Lowveld bis zum Indischen Ozean kann man sich mit Malaria infizieren. Aber selbst in der heißen Regenzeit (Dezember – März) ist die Infektionsgefahr nicht mit tropischen Gebieten wie etwa Zentralafrika zu vergleichen. Mitnehmen sollte man während der Regenzeit auf jeden Fall eine Lotion gegen Insekten und bei Übernachtung in Restcamps ein Moskitonetz. Da Moskitos bevorzugt während der Dämmerung stechen, sind Socken und lange Hosen angeraten. Wer sich nur einige Tage im Lowveld aufhält, sollte seinen Organismus nicht mit einer aufwendigen Malariaprophylaxe belasten, sondern nur ein Stand-By-Medikament mitnehmen – und auch dies nur, wenn man noch mind. 10 Tage nach dem Besuch des Lowveld in Südafrika bleibt – so lange dauert es mindestens bis zum Ausbruch der Malaria. Weitere Infos erteilt der Hausarzt oder das heimische Gesundheitsamt.

Der Nordosten

Unterkunfts-Tipp

★ Graskop Hotel

Ecke Main Street/Louis Trichardt Av.
Tel./Fax 013/767 12 44
Mail: info@graskophotel.co.za

Das Buren-Landhotel war bis 1998 keine empfehlenswerte Adresse – bis Harry Siertsema mit Freunden die marode Herberge übernahm. Der Liebhaber afrikanischer Kunst renovierte das Hotel und schmückte es mit afrikanischer und moderner Kunst. Herausgekommen ist ein kleines Hotel mit Stil und dem besten Preis-Leistungs-Verhältnis der Gegend, wenn nicht ganz Südafrikas. Graskop ist auch ein guter Standort für Ausflüge entlang der Panoramaroute und zum Krüger-Park.

lange Blyderiviersspoort Hiking Trail beginnt am Aussichtspunkt von God's Window und führt bis Swadini zum Norden des Canyons. Kurze, aber lohnende Wege (2 – 5 km) beginnen am „Aventura Hotel Blydepoort", wo auch Ausritte mit Pferden angeboten werden (siehe „Unterkunft"). Einige Wege bieten grandiose Ausblicke auf das Tal mit den Three Rondavels, den „Drei Runden Felsen".

Auf der östlichen Seite des Canyons durchfährt man den Strijdom Tunnel (50 km) und erreicht nach weiteren 32 km Swadini (siehe „Unterkunft"), das schon im Lowveld liegt. 30 km weiter stößt man auf die von Norden nach Süden verlaufende Straße von Hazyview nach Hodespruit; von hier führen diverse Straßen zu privaten Game Reserves und zum Krüger-Nationalpark.

Unterkunft

Allein um Hazyview liegen mehr als ein Dutzend Landhotels und Lodges in den Bergen, aber die meisten gleichen eher englischen Country Houses. Bis auf eine Empfehlung bei Hazyview folgt diese Aufstellung der Panoramaroute von Süden nach Norden:

★★ Umbhaba Lodge

An der R 40 zwischen Hazyview und White River
Tel. 013/737 76 36
Fax 013/737 76 29
Mail: umbhaba@iafrica.com
Web: www.umbhaba.co.za

Auf einem Hügel über dem Sabie River gelegen, mit 27 Zimmern, zum Teil im Kolonialstil – vornehm reduziert im Gegensatz zu manchen Country Hotels: weiße Vorhänge, Schiebetüren mit Holzlamellen, offener Kamin. Sehr gute Küche mit panafrikanischen Gerichten. Von hier aus ist man in einer halben Stunde im südlichen Teil des Krüger-Nationalparks (Eingang Numbi Gate).

★ Jock of the Bushveld

Main Street
Sabie
Tel. 013/764 21 78
Fax 013/764 32 15
Mail: jock@caraville.co.za

Weitläufige, aber familiäre Anlage mit schöner Lage und Blick auf die Berge und den Long Tom Pass. Rustikale Holzchalets, angenehme Preise.

★ Graskop Hotel

Siehe auf dieser Seite links..

★★ Royal Hotel

Pilgrim's Rest
Tel. 01315/811 00
Fax 01315/811 08.

Eröffnet 1884, wurde es 1993 renoviert – die Zimmer sind wie einst, haben aber Annehmlichkeiten von heute, zum Beispiel die Dusche im Bad. Nebenan ist das ebenso nostalgische Restaurant „Digger's Dem".

★★ Aventura Hotel Blydepoort

Blyde River Canyon
Tel. 013/769 80 05
Fax 013/769 80 59
Mail: blyde@aventura.co.za

Große, aber angenehme Anlage an der schönsten Stelle des Canyons (Nationalpark) gelegen. Chalets mit Küche; Restaurant, Supermarkt. Kurze, aber eindrucksvolle Wanderwege erschließen die Berglandschaft.

Grüne Teeplantagen bewachsen die sanften Hügel bei Tzaneen.

Der Nordosten

★★ Aventura Swadini
40 km südlich von Hoedespruit, im Nordteil des Blyde River Canyon.
Tel. 015/795 51 41
Fax 015/795 51 78
Mail: swadini@aventura.co.za

An der nordöstlichen Seite des Blyde River Canyon im Lowveld, Unterkunft in komfortablen Chalets; Restaurant, Shop. Bootsfahrten erschließen den Canyon mit einem großen Wasserfall und vorbei an den Felsklötzen der Three Rondavels; hier leben auch Hippos und Krokodile. Zum Orten Gate (Krüger-Nationalpark) sind es von hier nur 65 km.

Information

Panorama-Info
Louis Trichardt Avenue
Graskop
Tel. 013/767 13 77
Fax 013/767 19 75
Mail: info@graskop.com
Web: www.graskop.com

Northern Province

Der Nordosten Südafrikas ist vielfältig und besticht durch Kontraste: von dichten Wäldern und Teeplantagen bei Tzaneen bis zum traditionellen Afrika ganz im Norden: hier wachsen riesige, bizarre Baobabs, und die intakte traditionelle Kultur kann mit vielen Legenden und Geschichten aufwarten – zum Beispiel bei den Venda und im Gebiet der legendären Regenkönigin Modjadjij nordöstlich von Tzaneen.

Pietersburg/Polokwane

Hauptstadt der Northern Province, an der N 1 von/nach Johannesburg. Sie erhielt den Zusatz Polokwane nach dem großen schwarzen Township in der Nähe. Die Stadt ist im modernen Schachbrettmuster angelegt; im Oktober blühen Jacarandabäume. Schöne Parks und historische Bauten loh-

Besitzer Guy Matheus und Chefkoch des „Coach House" in Agatha.

nen einen Stopp und auch eine Übernachtung. Die Umgebung der Stadtverwaltung am Civic Square wurde als Stadtoase an einem See mit Wegen und Gärten angelegt. Zur Anlage gehört das Conservatory mit exotischen Pflanzen und das Art Museum. Interessant ist die Industrial Art Exhibition an der N 1 im Norden der Stadt: Industriekunst aus Schrott und alten Bahnwaggons.

Information

Pietersburg Marketing Company
Civic Center
Landdros Maré Street
Tel. 015/290 20 10
Fax 015/290 20 09
Mail: elaine.vrensburg@pietersburg.org.za
Web: www.pietersburg.org.za
Mo – Fr 7.30 – 16 Uhr.

Louis Trichardt

Die angenehme Kleinstadt am Fuß der Soutpansberge liegt im Zentrum des Volkes der Vha Venda. Sie wurde nach dem Voortrekker Louis Trichardt benannt, der hier 1836 eintraf und mit seinen Begleitern einen Weg von hier über die Drakensberge nach Mosambik suchte; die Hälfte der Voortrekker starb überwiegend an Fieber, auch Trichardt. Der Ort mit

Ausflug

Tzaneen

Der schöne Ort liegt nördlich der Strydpoortberge und der Wolkberg Wilderness Area mit Höhlen, Wasserfällen und Wäldern. Ein beliebtes Ausflugsziel ist das Tzaneen Dam Nature Reserve nördlich der Stadt, mitten im Wald.

★★★ Coach House
Agatha (15 km südlich von Tzaneen).
Tel. 015/307 36 41
Fax 015/3 07 14 66
Mail: coachhouse@mweb.co.za
Web: www.coachhouse.co.za
Zauberhaftes Country Hotel in bewaldeter Berglandschaft rund 120 km westlich von Phalaborwa, dem Grenzort zum Krüger-Nationalpark. Wanderwege auf eigener Farm.

Der Nordosten

Ausflüge

Pietersburg Nature Reserve

5 km südlich von Pietersburg an der R 37. Nashörner, Oryx-Antilopen, Giraffen und Zebras. Vom Rhinoceros Walking Trail aus kann man die Tiere beobachten. Tgl. 7 – 18 Uhr.

Bakoni Malapa Northern Sotho Freiluftmuseum

9 km südlich von Pietersburg an der R 37. Einblicke in das Leben der Nord-Sotho und der Siedler. Mo – Fr 8 – 17 Uhr, Mo nur bis 12 Uhr.

Zion City Moria

30 km östlich von Pietersburg (Richtung Tzaneen). An Ostern pilgern bis zu 3 Mio. Menschen in die „Zion Christian Church".

Im Bakoni-Freiluftmuseum werden Alltagsleben und Bräuche der Nord-Sotho dargestellt.

seinen Alleen und einigen Parks bietet sonst keine Sehenswürdigkeiten, aber interessante Ausflüge und eine schöne Landschaft in der Umgebung.

Ausflüge

Schoemansdal
Der Ort liegt 15 km westlich von Louis Trichardt und wurde von Großwildjägern und Abenteurern gegründet. Die Vha Venda zerstörten ihn, weil sie ihre Lebensgrundlage durch die Jäger bedroht sahen. Fast ein Jahrhundert blieb Schoemansdal ein Geisterort, bis man ihn als Openairmuseum wieder auferstehen ließ.

Ben Lavin Nature Reserve
10 km südlich der Stadt; das Areal bietet verschiedene Trails sowie eine 40-km-Route für Autofahrer; hier leben auch Nyalas, Halbmondantilopen, Wasserböcke und Giraffen.

Soutpansberg Hiking Trail
Er umfasst 20 km, kann aber auch auf einen 2-km-Spaziergang verkürzt werden. Reichhaltige Niederschläge verleihen den Soutpansbergen eine fast tropische Vegetation mit Palmfarnen, Stinkholzbäumen und Baobabs.

Messina Nature Reserve
Nördlich von Louis Trichardt beginnt eine schöne Panoramastrecke über den Wyllies Poort Pass und durch zwei Tunnels der Soutpansberge. 62 km nördlich von Louis Trichardt liegt Messina, nur 15 km von der Grenze nach Zimbabwe. Der Name stammt von Musina = Kupfer; in der Nähe liegt die größte Kupfermine des Landes. In der nahen Messina Nature Reserve (5 km südlich der Stadt an der N 1) stehen große Baobabs; hier leben Giraffen und über 50 Reptilienarten.

Information

Tourism Soutpansberg
54 Joao Albasini Street
Louis Trichardt
Tel./Fax 015/516 00 40
Mail: info@tourismsoutpansberg.co.za
Web: www.tourismsoutpansberg.co.za

Als Museumsdorf ist Schoemansdal wieder zum Leben erwacht.

Im Fokus

Krüger-Nationalpark ✪✪✪

Südafrikas ältester Nationalpark ist der beliebteste und einer der wild- und artenreichsten des Kontinents. Er grenzt im Osten an Mosambik und im Norden an Zimbabwe (Grenzfluss ist der Limpopo). Besucher haben die Wahl zwischen diversen Restcamps und können tagsüber selbst frei herumfahren – auf 1740 km Naturwegen auch abseits der 880 km langen Teerstraße. Der größte Teil des Parks besteht aus flacher Park- und Savannenlandschaft, aus der vereinzelt Granithügel ragen. Im Norden dominieren Sandfelder mit Baobabs (Affenbrotbäumen). Über 1900 Pflanzenarten in 16 Vegetationszonen wurden erfasst.

Beste Jahreszeit für den Besuch ist der südafrikanische Winter zwischen Juni und September (lichte Vegetation, angenehme Temperaturen). Der mittlere Teil des Parks ist am wildreichsten. Zwischen Olifants und Letaba leben die meisten Elefantenherden und Raubkatzen. Südlich des Olifants River sind viele Büffel, Gnus und Zebras zu sehen. Für einen Besuch des ganzen Parks mit seiner Landschafts- und Naturvielfalt sollte man wenigstens vier Tage einplanen.

Camps im Park

Im Krüger-Nationalpark stehen 13 preiswerte Rastlager mit 4500 Betten zur Verfügung – in Cottages, Rundbungalows (Rondavels) und stationären Zelten. Die Camps verfügen über Shop, Tankstelle und (wenn nicht anders vermerkt) einen Campingplatz; andere Einrichtungen sind gesondert aufgeführt. Die Camps von Süden nach Norden:

Berg-en-Dal

Im hügeligen Bushveld des äußersten Südwestens, 11 km vom Malealane Gate. Am Wasserloch von Matjulu sind Hippos und oft Elefanten zu sehen. Im Campbereich ist ein Wanderweg angelegt. Pool, Restaurant.

Crocodile Bridge

Direkt am Gate im Südosten. Kleines Camp am Crocodile River – mit Krokodilen und Hippos in der Nähe. In den Akazienwäldern sind viele Zebras, Büffel und Antilopen zu sehen.

Lower Sabie

35 km nördlich des Crocodile River in einer wildreichen Region über dem Damm am Sabie River. Neben Großwild sieht man auch mit Glück Geparden. Restaurant.

Pretoriuskop

Das älteste Camp, romantische Rondavels (Rundbungalows). 8 km östlich des Numbi Gate an der südwestlichen Parkgrenze. Das Camp liegt auf einem Felsplateau und ist dadurch im Sommer etwas kühler als die anderen Rastlager. In der interessanten Landschaft mit Granithügeln sind oft Breitmaulnashörner zu sehen. Restaurant, Pool in natürlichem Felsbecken, Wanderweg.

Skukuza

Hauptcamp am Sabie River – eine kleine Stadt mit Flugfeld, Autovermietung, Bank, Post, Museum, Filmvorführungen, Golfplatz (!), natürlich auch Pool und Restaurant. Große Auswahl an Rondavels und Chalets.

Satara

Im Parkzentrum, 47 km östlich des Orpen Gate. Zweitgrößtes Camp, nicht sehr attraktiv, aber mit guten Ausflugsmöglichkeiten und der größten Löwenpopulation. Um das Camp ver-

Das schnellste Landsäugetier: der hochbeinige Gepard.

Im Fokus

Krüger-Nationalpark

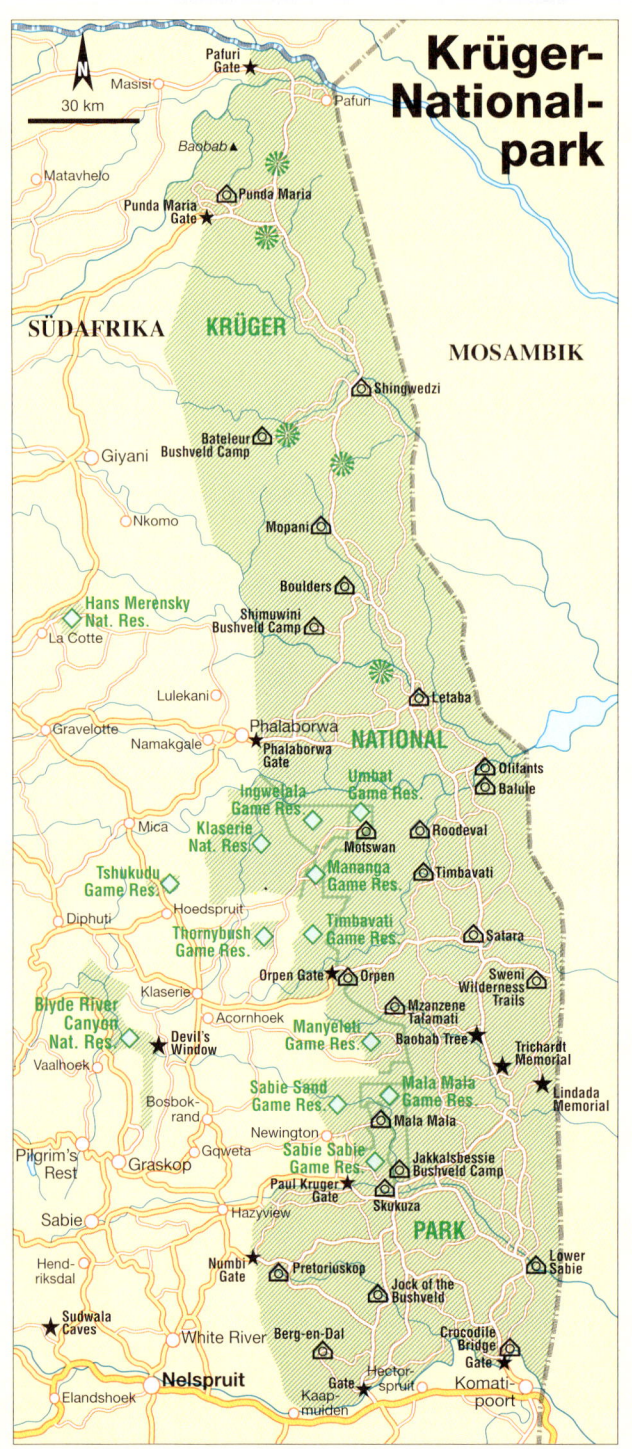

streut sind mehrere Wasserlöcher. Lohnend ist die Fahrt auf einer kurvenreichen Naturstraße entlang des N'wanetsi River zum See Gudazini (20 km). Eine weitere Naturstraße führt von hier aus entlang der südlichen Lebombo-Berge (Grenze nach Mosambik) weiter nach Norden. Restaurant.

Olifants
Auf einem Felsen über dem Buffalo River gebaut, hat Olifants (neben Letaba) die schönste Lage aller Camps. Wie von einem Adlerhorst kann man Tieren zusehen, die zur Wasserstelle kommen. Einige der Rondavels sind direkt an den Rand der Klippen gebaut. Restaurant, kein Campingplatz.

Balule
Kleines, idyllisches Camp, 7 km südlich von Letaba am Balule River.

Letaba
Sehr lohnend ist die Fahrt (3 km) auf einer Naturstraße von Olifants nach Letaba – sie führt überwiegend entlang dem Letaba River. Oft sind hier Elefanten (Afrikaans: „Olifants") zu sehen. Über dem Fluss in wildreicher Gegend gelegen, konkurriert es mit der Lage von Olifants und ist deshalb ebenso oft ausgebucht. Eigener Wander-Trail, Restaurant.

Mopani
Sehr gutes, modernes Restcamp, 45 km nördlich von Letaba am Pioneer Dam. Die strohgedeckten Cottages wurden aus Natursteinen gebaut. Guter Blick auf den Stausee. Wanderweg, Pool, Restaurant, aber kein Camping.

Der Nordosten

Im Fokus

Shingwedzi

62 km nördlich von Mopani, größtes Camp im Norden mit diversen Ausflugsmöglichkeiten. Viele Schattenbäume, gemütliche Rondavels im älteren Stil. Gute Wildbeobachtung, auch Bird Hide Versteck zur Vogelbeobachtung) 3 km südlich am Fluss. Pool, Restaurant.

Punda Maria

Beliebtes und altes Camp im Sandveld des Nordens, 6 km vom Gate Punda Maria. Gute Wildbeobachtung, auch von Löwen und Elefanten. Interessanter Rundweg (Mahonie Loop), vorbei an Sandsteinfelsen und Berg-Mahagoni. Hier sind auch Giraffen und Nyalas zu sehen.

Die Unterkünfte sind am Abreisetag bis um 9 Uhr zu räumen. Weiterhin existieren 5 Privatcamps, die nur „en bloc" zu mieten sind – interessant für Gruppen ab 8 Pers.

Lodges außerhalb des Parks

Westlich vom zentralen und südlichen Teil des Krüger-Nationalparks befinden sich meist teure, private Game Reserves (s. u.). Eine Alternative zu einer Krüger-Safari in eigener Regie und der meist teuren „privaten Variante" bieten Lodges gleich außerhalb des Parks mit Safari-Angeboten.

★ Poona Lodge

10 km südlich von Phalaborwa (R 530)
Tel. 015/781 17 37
Fax 015/781 17 39.
9 Zimmer im Safari-Stil, geschmackvoll und preiswert. Abends kann man ein Buffet am offenen Feuer genießen. Es werden auch Safaris in den Krüger-Park angeboten. Die Lodge ist ein guter Standort für eine Tagesreise in den zentralen Teil des Nationalparks; man spart sich so die zeitaufwendigere Reservation und Anzahlung über das Parks Board.

★ Cheetah Country Lodge

32 km südöstlich Hoedspruit, Abzweigung Richtung Thornybush
Tel. 015/793 12 00
Fax 015/793 19 79
Mail: sanford@ns.lia.net

Je 8 renovierte Zimmer und Rondavels, schönes Haupthaus mit Bar und Restaurant.
Es werden auch Safaris zu echten Schnäppchenpreisen angeboten; der neue Besitzer George La Grange war selbst lange Zeit Ranger (morgens 8 – 11, nachmittags ab 15 Uhr, mit Sundowner und Grillabend).
Die Safaris werden im wildreichen Thornybush-Reservat durchgeführt. Gäste von dortigen Luxus-Lodges sehen die gleichen Tiere, zahlen aber viel mehr.
In der Nähe befinden sich andere Sehenswürdigkeiten, z. B. das White Lion and Cheetah Breeding Project (9 km) und das Moholoholo Wildlife Rehabilitation Centre 18 km.

★★ Pezulu Tree House Game Lodge

40 km südöstlich von Hoedspruit, Abzweigung Richtung Thornybush
Tel. 015/793 27 24
Fax 015/793 22 53
Mail: pezlodge@mweb.co.za
Besitzer Walt Matthewsen hat sechs originelle Baumhäuser konstruiert, die über eine Holzrampe zu erreichen und urgemütlich sind; wer nicht so hoch hinaus mag, kann auch in zwei Buschhäusern auf Stelzen übernachten (größere Zimmer, mit Bad). Für etwa 100 Euro pro Person sind hier 24 Stunden „all inclusive" – mit drei Mahlzeiten, Buschwanderungen und/oder Game Drives.
Von den Big Five leben Leoparden, Büffel und White Rhinos in der Umgebung; weitere Safaris sind im angrenzenden Timbavati-Reservat möglich. Unbedingt buchen sollte man auch einen Rundflug mit Walt im Ultralight-Flieger.

Wie von einer Loge aus beobachtet man im Olifants Camp die wilden Tiere.

Der Nordosten

Im Fokus

Information und Reservierung

National Parks Board
P.O. Box 787
Pretoria 0001
Tel. 012/343 19 91
Fax 012/343 09 05
Mo – Fr 8 – 17, Sa 8 – 13, So 9 – 14 Uhr
Mail: reservations@parks-sa.co.za

Private Reservate

Die meisten „Privaten" sind von Hoedspruit (westlich des mittleren Bereichs des Krüger-Nationalparks) und Nelspruit im Süden aus gut zu erreichen (einer oder mehrere Flüge am Tag). Es existieren keine Straßenverbindungen zum östlich angrenzenden Krüger-Nationalpark.
Rund 50 Besitzer teilen sich Dornbüsche, Staub und vor allem die Tiere. Die meisten vermarkten ihren Platz touristisch mit rustikalen, oft luxuriösen Camps. Das gilt auch für das nördlich anschließende Gebiet von Klaserie mit über 100 Busch-Eignern und das südliche Sabie Sand mit einigen ultrateuren Wildnishotels. Wie auch immer das Konzept sein mag – praktizierter Naturschutz verbindet alle. Längst hat man erkannt, dass mit einem lebenden Löwen oder Geparden mehr zu verdienen ist, als ihn vom Trophäenjäger abknallen zu lassen. Fast alle rühmen sich, die „Big Five" auf ihrem Terrain zu haben: Löwen, Leoparden, Elefanten, Büffel und Nashörner. Hier sieht der Besucher meist mehr Tiere als im benachbarten Krüger-Nationalpark – und zahlt auch viel mehr.
Die Preistreiberei begann in Sabie Sand: Heute zahlt man hier gut 500 Euro pro Person und Tag. Von

Auf geführten Touren erschließen sich dem Besucher die Reize des Parks.

Geführte Touren

Ranger als Guide
Wer mit einem professionellen Guide unterwegs ist, sieht mehr – vor allem nachts. Garth Mc Farlane, selbst ein Ranger, bietet Safaris und Ausflüge im Krüger-Nationalpark und Umgebung an, auch Rundflüge und Rafting.
Information und Buchung:
Mc Farlane Safaris
Hoedspruit
Tel. 015/793 30 00
Fax 015/793 30 01
Mail: farlane@yebo.co.za

Wilderness Trails
Seit Jahren werden im Krüger-Nationalpark Wilderness Trails angeboten – Wanderungen mit einem Ranger durch den Busch. Er erläutert Spuren und Zusammenhänge vom Käfer bis zum Büffel, vom Savannengras bis zum Baobab. Übernachtet wird in Camps mitten im Busch, begleitet von den geheimnisvollen Geräuschen (nicht selten echtes Löwengebrüll) der Wildnis. Dauer: meist zwei Tage. Sehr schön ist der Bushman Trail im Südwesten (vorbei an alten Felsbildern) und der Olifants Trail am Fluss gleichen Namens, vorbei an Schluchten bis zu den Lebombo Mountains.
Information und Buchung:
National Parks Board (siehe unter „Information" links oben).

Buschseminar
Ein 6-tägiges Buschseminar beginnt mit der Panoramaroute und dem Blyde River Canyon (mit Wanderungen) und wird dann weitere 3 Tage im Krüger-Nationalpark fortgesetzt – mit Pirsch per pedes am frühen Morgen, Vorträgen über Pflanzen und Tiere, Nachtfahrten und Erläuterung des südlichen Sternenhimmels.
Information und Buchung:
Caraville Tours Brigitte Hüster
Tel. 02903/413 45 (Deutschland), Fax 02903/413 46
Mail:
b.huester@meschede.sow.de

Der Nordosten

Polstermöbeln, Teppichen und einem Kamin im großen Bungalow hat relativ wenig, wer sich morgens um fünf zur ersten Safari wecken lässt. Das exklusive Dinner in der Boma rund ums Feuer ist im großen und internationalen Kreis längst nicht mehr persönlich. Vor allem US-Amerikanern und Japanern kann man Romantik à la „Out of Africa" gut und teuer verkaufen. Singita ist noch teurer, Leopard Hills in Sabie Sand etwas „preiswerter" – und zeigt mit edlen Rattanmöbeln und nachgebauter Kolonialatmosphäre noch den besten Geschmack.

Preiswerte Alternative

Aber es geht auch preiswerter. Hier eine Auswahl privater Game Lodges im Preisbereich von 150 bis 250 Euro pro Person – wie üblich mit allen Mahlzeiten und Aktivitäten inklusive. Und natürlich den Big Five!

Im Fokus

★★★ Honeyguide Tented Safari Camp

Manyeleti Game Reserve, zwischen Timbavati und Sabie Sand, 12 km südlich vom Orpen Gate.
Tel. 011/880 39 12
Fax 011/447 43 26
Mail: hguide@global.co.za
Safari-Erlebnis: persönliche Betreuung (maximal 24 Gäste), Safaris zu Fuß und im offenen Wagen, sehr gutes Essen. Dafür wurde hier an deplatziertem Luxus wie Kronleuchtern und Ohrensesseln gespart. Man übernachtet in großen, stationären Zelten mit Betten und jeweils eigener Holzterrasse mitten im Busch.

★★ Gomo Gomo Game Lodge

Timbavati Reservat, 40 km nordöstlich von Hoedspruit.
Tel. 015/793 25 87
Fax 015/793 25 87
Mail: gomo@netactive.co.za
Fünf strohgedeckte Rondavels, drei große Safarizelte mit Betten: maximal 16 Gäste sind hier großen und kleinen Tieren ganz nah, können sich verwöhnen lassen – exklusiver und preiswerter (für etwa 150 Euro pro Person) als in den meisten anderen privaten Camps.

★★ Nkorho Bush Lodge

Sabie Sands, Gowrie Gate, 55 km östlich der R 40, Abfahrt Duwersloop
Tel. 013/735 53 67
Fax 013/735 55 85
Mail: mkorho@mweb.co.za
Web: www.nkorho.com
Chalets mit allem Komfort, Game Drives. Im exklusiven Sabie-Sands-Reservat alles zum vernünftigen Preis.

Der aufgestaute Sabie River ist Heimat für viele Wasservögel, aber man trifft hier auch Elefanten oder Büffel.

Schatten überm Goldland

Johannesburg/Pretoria

Das Hotel „The Palace of Lost City" in Sun City ist dem Schloss eines afrikanischen Königs nachempfunden.

Das auf Gold gebaute Johannesburg kämpft mit großen sozialen Spannungen. Pretoria liefert dazu den beschaulichen Kontrast. Einen weiteren Kontrapunkt bietet das Amüsierparadies Sun City mitten im Busch.

Johannesburg/Pretoria

Johannesburg	175
Sehenswürdigkeiten	176
Unterkunft	177
Restaurants	178
Pretoria	181
Sehenswürdigkeiten	181
Unterkunft	182
Restaurants	184
Magaliesberge	185
Rustenburg	186
Sun City	187
Waterberg-Region	187

Von der Aussichtsterrasse im 50. Stock des Carlton Center in **Johannesburg** reicht der Blick über die Häuserschluchten des „Big Apple" Afrikas hinweg bis hinauf nach Pretoria im Norden. Im Süden leuchten gelb die Abraumhügel von über 30 Goldminen – mehr als anderthalb Milliarden Tonnen Erdreich. Schlote qualmen, und in der Ferne hängt der Smog aus den Kohleöfen über Soweto.

Johannesburg ist die Verwaltungsstadt der Provinz Gauteng („Goldland"), der kleinsten und bevölkerungsreichsten der 1994 geschaffenen neun Provinzen Südafrikas. Sie liegt auf einer Hochebene – die einzige Großstadt der Welt ohne Meer oder Fluss in der Nähe! – und leidet deshalb allmählich an Wasserknappheit. Denn im Großraum Johannesburg leben fast sieben Millionen Menschen, im Schnitt 365 Menschen pro Quadratkilometer. Hier wird fast 40 Prozent des Bruttoinlandsprodukts erwirtschaftet. Hier gibt es die höchsten Häuser des Landes, das schnellste Arbeitstempo, den größten Reichtum – und die höchste Zahl an Arbeitslosen, die elendsten Townships und meisten Verbrechen.

Hätte nicht 1886 der Abenteurer George Harrison Gold gefunden, das Industrie- und Bergbaugebiet des Witwatersrand wäre ebenso idyllisch geblieben wie das umliegende Hochveld mit seinen Weizenfeldern, Kühen und Pferden. Wahrscheinlich würde es dann auch weniger Gewalt in Südafrika geben. Denn auf der Suche nach Arbeit strömen weiterhin Menschen vom Land in die Townships und vergrößern so das Heer illegaler Siedler und das soziale Elend.

Die Kriminalitätsrate im Großraum Johannesburg gehört zu den höchsten der Welt. Während man in **Yeoville** so sicher oder unsicher ist wie auf der Reeperbahn, der Kö oder in Schwabing, ist das Risiko eines Überfalls in der benachbarten City ungleich größer. Viele Stadtviertel bilden eine „Bürgerpolizei" aus, deren Freiwillige reihum nachts patrouillieren. Unter dem schlechten Image leiden vor allem Restaurants in der Innenstadt.

Weiße und schwarze Viertel wachsen zusammen – ob sie wollen oder nicht. Im feinen **Sandton** leben rund 120.000 Menschen auf über 140 Quadratkilometern. Gleich nebenan beginnt das Township **Alexandra**: fast 400.000 Schwarze in meist elenden Behausungen auf weniger als drei Quadratkilometern. Unterschiedlicher können Lebenswelten kaum sein. Von der Politik erwarten die Menschen, dass sie wirtschaftliche Brücken schlägt.

Das ist in **Soweto** längst passiert. Das Ballungsgebiet südwestlich der City besteht aus 32 zusammengewachsenen Townships. Hier drängen sich notdürftige „Squatter-Camps" der illegalen Einwanderer, kleine Häuschen der „legalen" Arbeiter, aber eben auch komfortable Bungalows. In Soweto leben Winnie Mandela und Bischof Desmond Tutu. Es gibt die meisten Analphabeten des Molochs Groß-Johannesburg, aber auch eine Universität. So wird Soweto, das Symbol der Unterdrückung, zum Symbol des neuen Aufbruchs.

Nur 60 Kilometer nördlich von Johannesburg herrscht ein ganz anderes Bild: In **Pretoria** ✪✪ regiert beamtenmäßige Korrektheit statt betriebsamer Hektik. Den besten Blick über Südafrikas Hauptstadt hat man vom eindrucksvollen Regierungsgebäude der **Union Buildings**. An Snackbars und Geschäften vorbei gelangt man zum zentralen **Church Square**. Hier stand die erste Kirche, hier wurde Pretoria gegründet. Der Platz mit seinem gepflegten Rasen, den Tauben und vorbeifahrenden Doppeldeckerbussen wirkt sehr britisch. Müde und nachdenklich steht „Ohm" Krüger mit Zylinder auf seinem Sockel, bewacht von vier traurigen Kriegern. Krügers ehemaliges kleines Haus (samt Reisekutsche) liegt gleich um die Ecke. 1883 zum Präsidenten von Trans-

Im Viertel Hillbrow leben Menschen aus allen Teilen Afrikas.

vaal gewählt, flüchtete er 1900 ins Schweizer Exil. Zwei Jahre später mussten die Buren Transvaal nach einem dreijährigen Krieg an England abtreten. Dort hatte man nicht Blut, sondern Gold gerochen. Im schönen **Melrose House** am Burgers Park wurde 1902 das Friedensabkommen unterzeichnet.

Am Bahnhof sitzen Bettler und Betrunkene vor „Liqueur Shops". Ein weißer Südafrikaner trägt eine Papptafel, auf der groß „Werkloos" steht. Denn immer mehr „kleine Weiße" verlieren ihren Job an ausgebildete (meist billigere) Schwarze. Nicht weit von den letzten Villen und Botschaften im feinen **Arcadia** beginnen im Osten Pretorias die ärmlichen Vororte, erstreckt sich das riesige Township **Mamelodi**.

Der Kontrast zwischen Wellblechhütten und der luxiriösen Pracht des 140 Kilometer westlich gelegenen **Sun City** ✪ könnte härter nicht sein. Monströs ragt ein Palast aus honigfarbenem Sandstein auf, wie eine flüchtige Fata Morgana schwebt er im Graubraun der kargen, hügeligen Savanne: das „Palace Hotel". Die Kuppeln seiner riesigen Türme tragen nachgebildete Stoßzähne von Elefanten, die Rezeption ist eine Kathedrale, Sandsteinsäulen im nächsten Saal mit pharaonischen Ausmaßen imitieren gebündelten Bambus; Blätter und dicke Kordeln, Bögen aus Elefantenzähnen spannen sich über die Gäste. Sol Kerzner, Sohn armer russischer Einwanderer, hat sich hier einen Jugendtraum erfüllt. „Sol" träumte schon als Junge von seinem Tempel, seinem Palast. Alles begann mit einem kleinen Hotel, reich aber wurde er durch eine geniale Idee: Weil die prüden Südafrikaner weder Glücksspiel noch Revue-Girls erlaubten,

Pretoria liegt am Fuß der Magaliesberge, im fruchtbaren Tal des Flusses Apies.

Highlights

Pretoria ✪✪
Ruhiger Gegenpol zu Johannesburg (S. 181).

Magaliesberge ✪
Idyllisches Ausflugsziel westlich von Pretoria (S. 185).

Sun City ✪
Hotelgigantomanie und Spielkasinos (S. 187).

Africa Museum
Darstellung südafrikanischer Lebensweise (S. 176)

Market Theatre
Einst Speerspitze im Kampf gegen die Apartheid (S. 177).

Soweto
Mit einer geführten Tour durch die größte und bekannteste Township Südafrikas (S. 178).

Sterkfontein Caves
Tropfsteinhöhlen nördlich von Johannesburg (S. 180).

Pilanesberg National Park
Naturreservat nördlich von Sun City (S. 187).

Kriminalität

Überleben in Joburg

„How to Survive Johannesburg" – dieses Taschenbuch wurde gleich nach dem Erscheinen zum Hit. Joburg liegt in der weltweiten Mordstatistik auf Platz eins, die landläufige Übersetzung für Gautengs Autokennzeichen GP (Gauteng Province) lautet „Gangsters' Paradise". Hotels und Restaurant in der City mussten schließen, weil Downtown Joburg nach Einbruch der Dunkelheit nicht mehr sicher war. Das einstige Boheme- und Künstlerviertel **Hillbrow** ist zu einem der gefährlichsten Stadtteile geworden – mit Bettlern, Prostituierten und Drogendealern; das dominierende Ponte Center in Hillbrow wird wegen der vielen (meist illegal) Eingewanderten nur noch „Little Kinshasa" genannt. Die meisten Gewalttaten ereignen sich meist unter den Schwarzen in Townships, oft unter Einfluss von Alkohol. Was für Johannesburg gilt, das gilt auch für viele andere Großstädte: Man muss wissen, wohin man gehen kann und wohin nicht. Die Innenstadt Joburgs ist tagsüber sicher; wer abends unterwegs ist (z. B. zu einem der Restaurants), sollte in jedem Fall mit dem Taxi fahren. Umgehängter Schmuck ist tabu, aber auch Bargeld, Pass und Flugticket sollte man im Hotelsafe lassen. Einige Rand Kleingeld in der Hosentasche (für Automaten oder Bettler) verhindern, dass man gleich öffentlich seine Geldbörse zücken muss. Auch Geldautomaten in Shopping-Centern vermeiden – am besten man erledigt Geldtransaktionen gleich am Flughafen, in der Bank oder im Hotel. Sichere Viertel sind z. B. das nördlich gelegene **Sandton** oder das westliche **Northcliff**.

stellte er einfach 180 Kilometer westlich von Johannesburg, im damaligen „autonomen" Homeland Bophuthatswana, seine ersten Spielhöllen in die Landschaft. 1979 öffnete Sun City mit den ersten Hotels und Casinos.

Kerzner folgte dabei den Spuren der Geschichte: Denn lange vor unserer Zivilisation fand ein nomadisches Volk im „Tal der Sonne" seine feste Heimat und schmückte sein Reich mit architektonischen Wunderwerken – bis es von einem Erdbeben zerstörte wurde. Einzig der Palast des Königs blieb erhalten und wurde von Archäologen restauriert ...

Parade der „steinernen Dickhäuter" am Elephant Walk von Sun City.

Sol Kerzner ließ riesige Affenbrotbäume aus Zimbabwe heranschaffen und einen Wald anlegen. Dorthin führt heute der **Elephant Walk** mit 26 Meter hohen Säulen aus Fiberglas und Zement. Schwingende und schwankende Hängebrücken, künstliche Wasserfälle, Tempel, Amphitheater, die „Brücke der Zeit" und das ewige Feuer – dank elektronischer Steuerung entsteht ein imaginäre, faszinierende Fantasiewelt.

Ungefähr 15.000 Hotelgäste logieren pro Monat im „The Palace", umgeben von Reichtum und Business. Angelockt vom Glücksspiel und getrieben von der Gier: Denn nur ungefähr alle zwei Monate stehen die Automaten still, eine Sirene ertönt – dann hat ein Glücklicher gerade vier Millionen Rand gewonnen.

Der nahe **Pilanesberg National Park** dagegen bietet ganz natürlichen Nervenkitzel – Auge in Auge mit Elefanten, Löwen und vielen anderen Tieren Afrikas. In den **Magaliesbergen** ✪ wiederum kann man herrlich wandern, und nördlich von Pretoria in den **Waterbergen** fast unberührte Natur erleben.

Johannesburg/Pretoria

Johannesburg

Wer genügend Zeit hat, sollte trotz aller Warnungen auf Johannesburg und vor allem seine Umgebung nicht verzichten. Buchstäblich auf Gold gebaut, prallen hier Welten aufeinander: Neben dem Glitzerviertel Sandton mit seinen teuren Büros und Luxushotels erstreckt sich Alexandra, eine große Township. Viele Stadtteile liegen inmitten einer idyllischen Landschaft, die ebenso typisch ist für Johannesburg wie Hochhäuser und Goldminen.

Verkehr

Johannesburg ist der wichtigste Verkehrsknotenpunkt Südafrikas – für

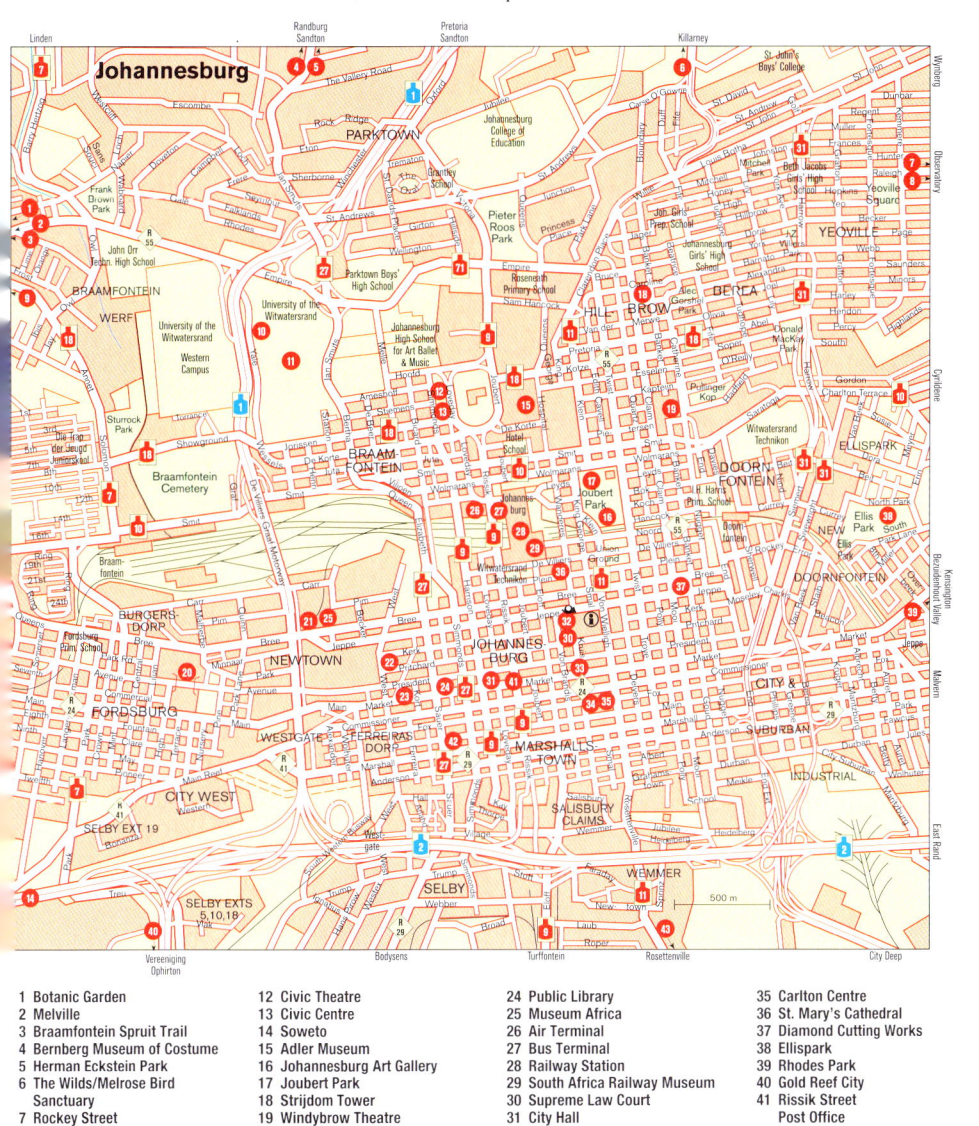

1 Botanic Garden
2 Melville
3 Braamfontein Spruit Trail
4 Bernberg Museum of Costume
5 Herman Eckstein Park
6 The Wilds/Melrose Bird Sanctuary
7 Rockey Street
8 Bezuidenhout Park
9 Rand Afrikaans University
0 Planetarium
1 University of the Witwatersrand
12 Civic Theatre
13 Civic Centre
14 Soweto
15 Adler Museum
16 Johannesburg Art Gallery
17 Joubert Park
18 Strijdom Tower
19 Windybrow Theatre
20 Oriental Plaza
21 Market Theatre Complex
22 Stock Exchange
23 KwaZulu Muti Shop
24 Public Library
25 Museum Africa
26 Air Terminal
27 Bus Terminal
28 Railway Station
29 South Africa Railway Museum
30 Supreme Law Court
31 City Hall
32 Main Post Office
33 Johannesburg Publicity Association
34 Satour
35 Carlton Centre
36 St. Mary's Cathedral
37 Diamond Cutting Works
38 Ellispark
39 Rhodes Park
40 Gold Reef City
41 Rissik Street Post Office
42 Chamber of Mines
43 Jewish Museum
44 Pioneer's Park

175

Johannesburg/Pretoria

Museen

Museum Africa
121 Bree Street
Tel. 011/833 56 24.
Neben dem Market Theatre Complex. Hier findet man eine gute Einführung in die südafrikanische Lebensweise einst und jetzt, mit Nachbauten afrikanischer Hütten sowie traditionelle Haushaltsgegenstände und Kunsthandwerk.
Di – So 9 – 17 Uhr.

Africana and Geological Museum
Im gleichen Gebäude wie das Museum Africa.
Eines der lebendigsten und interessantesten Museen des Landes mit Ausstellungen über das Leben in Südafrika von den Anfängen bis heute; Dokumentationen über Musik und Politik. Man kann hier u. a. in eine nachgebaute Goldmine einfahren, einen „Einsturz" erleben und sich oben in einer Township-Kneipe (Shebeen) wieder erholen.
Angegliedert: **Bensusan Museum of Photography** und das **Museum of South African Rock Art** mit großartiger Mineraliensammlung.
Di – So 9 – 17 Uhr.

Die Wolkenkratzer und Häuserschluchten von Johannesburg erinnern stark an amerikanische Großstädte.

Flüge, Eisenbahnen und Busse. Der Flughafen Johannesburg International (ehemals Jan Smuts Airport) wurde gerade erweitert, er liegt 24 km östlich des Zentrums (zu erreichen über die N 12 und R 24; Ausschilderung mit Flugzeugsymbol, Tel. 011/921 69 11). Vom Airport Terminal Rotunda neben dem Hauptbahnhof (Park Station) fährt zwischen 5 und 23 Uhr jede halbe Stunde ein Bus zum Airport; daneben bieten zahlreiche Privatfirmen ihre Dienste an, z. B. Magic Bus, Tel. 011/394 69 20.

Sehenswürdigkeiten

Johannesburg ist keine Stadt für lange Spaziergänge, Eine historische Altstadt existiert nicht: Joburg wurde erst vor gut 100 Jahren gegründet. In der Innenstadt lohnt dennoch tagsüber ein Rundgang.

Top of Africa
Commissioner Street
Tel. 011/331 10 10.
Atemberaubender Rundblick vom 50. Stock (202 m) des Carlton Centre, des höchsten Gebäudes des gesamten Kontinents. An klaren Tagen reicht der Blick bis nach Pretoria.
Tgl. 8 – 23 Uhr.

Altes Postamt/City Hall
An der belebten Kreuzung von Market und Rissik Street steht das Old Post Office; es entstand in der Gründungsphase 1887. Der Bau aus roten Ziegeln wurde 1902 um ein weiteres Stockwerk und einen Turm ergänzt. In der beeindruckenden City Hall gegenüber, errichtet 1910 – 1915 im Stil der Neorenaissance, ist nur noch ein kleiner Teil der Stadtverwaltung untergebracht.

Diagonal Street/Stock Exchange
Als einzige Straße durchbricht sie diagonal die Schachbrettstruktur der City. In der angrenzenden Pritchard Street befindet sich der Stock Exchange (Börse) von Johannesburg. Besucher können von einer verglasten Galerie aus zusehen.
Führungen: Mo – Fr jeweils 11 und 17.30 Uhr). Einen beeindruckenden Kontrast bildet der KwaZulu Muti Shop in der Diagonal Street 14 – mit Kräutern, Wurzeln Knochen und Zauberheilmitteln eines „Sangoma", eines Medizinmanns der Zulu.

Market Theatre Complex
Bree Street
Tel. 011/832 16 41
Web: www.markettheatre.co.za
Das Zentrum des Kulturlebens in Johannesburg und damit irgendwie auch von ganz Südafrika. Buchläden, Galerien und das legendäre Jazzlokal „Kippie's" liegen nebenan (siehe S. 179).

Herman Eckstein Park: Zoological Garden/Museum of Rock Art

Jan Smuts Avenue.
Nördlich von Parktown erstreckt sich dieser beliebte Park auf beiden Seiten der Jan Smuts Avenue. Auf dem Areal befindet sich auch der Zoo (Tel. 011/646 20 00, tgl. 8.30 – 17.30 Uhr). Man sieht hier nicht nur mehr als 300 Tierarten, die z. T. in großen offenen Gehegen leben, sondern kann auch ein Boot mieten.
Im Park befindet sich darüber hinaus das Freiluftmuseum „Museum of Rock Art" mit Nachbildungen von alten Felsmalereien (tgl. 10 – 13 und 14 – 16 Uhr).

Soweto

Der Name „Soweto" steht für „South West Township". Soweto besteht aus über 20 einzelnen Townships; hier leben rund 2,5 Mio. Menschen. In Soweto findet man nicht nur Wellblechhütten und die berüchtigten Männer-Hostels (Wohnheime) mit miserablen Lebensbedingungen, sondern auch kleine Reihenhäuschen („Matchbox-Houses", darunter das von Nelson Mandela aus den 50er Jahren) und sogar Villen, u. a. die von Winnie Mandela. Die Tageszeitung „The Sowetan" ist die auflagenstärkste des Landes; Soweto verfügt über mehrere Krankenhäuser und eine große Universität.
Siehe auch Insider News auf S. 178.

Galerie

Johannesburg Art Gallery
Joubert Park, Klein Street
Tel. 011/725 31 30.
Sammlung von afrikanischer und klassischer Kunst (u. a. von Cézanne, van Gogh, Picasso und Renoir). In der 1910 gegründeten Galerie werden wechselnde Ausstellungen gezeigt.
Di – So 10 – 17 Uhr.

Unterkunft

★★★ The Michelangelo
Sandton Square, West Street
Tel. 011/282 70 00
Fax 011/282 71 71
Mail: hrmichel@stocks.co.za
Luxushotel in italienischem Stil mit gutem Restaurant („Piccolo Mondo"). Nahtlos schließt sich das riesige Shoppingcenter Sandton Square an.

★★ Protea Hotel Gold Reef City
Northern Parkway
Tel. 011/496 16 26
Fax 011/496 16 36
Mail: grchotel@mai.icon.co.za
6 km westlich der City, innerhalb des Komplexes von Gold Reef City (siehe S. 181): exakt rekonstruiertes Hotel aus der Zeit des Goldbooms kurz vor der Jahrhundertwende mit umlaufenden Veranden; 76 nostalgisch eingerichtete Zimmer mit allem Komfort.

Soweto, die „South Western Township", ist heute zu einer riesigen Vorstadt für Schwarze mit 2,5 Millionen Menschen herangewachsen.

Kultur

Market Theatre

Das Market Theatre wurde 1976 vom schwarzen Autor Athol Fugard und dem weißen Theatermacher Barney Simon gegründet. Proteststücke gegen die Apartheid gingen bis nach London und New York – z. B. „Serafina!" und „Woza Albert!" von Mbongeni Ngema. Wenn Kreativität unter Stress gedeiht, war davon bis zu den freien Wahlen vom April 1994 viel vorhanden. Seither ist Stückeschreibern und Protestliteraten nämlich der Stoff ausgegangen. Das Market Theatre feierte deshalb die Premiere eines neuen Stücks 1995 in Weimar. Und das ist kein Zufall: „Faustus in Africa" heißt es – ein Zusammenspiel von Schauspielern und lebensgroßen Puppen der „Handspring Puppet Company".
Im „Kippie's", einem ehemaligen viktorianischen Waschhaus nebenan, wird nicht nur guter Jazz gespielt – hier haben weiße und schwarze Schauspieler und Intellektuelle schon in finsterer Apartheid viele Lichter der Hoffnung leuchten lassen.

Johannesburg/Pretoria

Insider News

Mit Jimmy durch Soweto

Man sollte Soweto, 20 km südwestlich von Johannesburg, mit all seinen Kontrasten zwischen Arm und Reich am besten auf einer geführten Tour besuchen: Der kundige und sympathische Jimmy stammt selbst aus Soweto. Es werden neben Tages- auch Abendtouren mit Dinner in einem Shebeen angeboten.

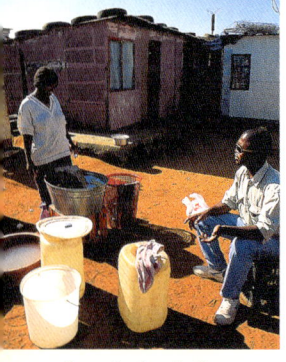

Soweto: heute Symbol für den Aufbruch.

Face to Face Tours hat auch andere interessante Ausflüge im Programm: Stadttouren in Johannesburg, nach Pretoria, Sun City, aber auch Touren zum Krüger-Nationalpark.

Face to Face Tours
Tel. 011/331 61 09
Fax 011/331 53 88
Web: www.face2face.co.za

Der poppigen Fassade des „Kippies's" sieht man seine Vergangenheit als Waschhaus nicht mehr an.

★ **The Manor Bed & Breakfast**
23 Cosmos Drive
Sandton
Tel. 011/8 02 31 55
Fax 011/8 02 31 54
Mail: themanorbb@gobal.co.za
4 schöne Zimmer im afrikanischen Kolonialstil in einer Villa mit großem Garten. Günstige Preise, Dinner auf Bestellung. Ruhig, in der Nähe der Business- und Shoppingcenter von Sandton und Rivonia.

★ **A Room with a View**
1 Tolip Street
Melville
Tel. 011/482 54 35
Fax 011/726 85 89
Mail: roomvier@pixie.co.za
7 schöne Zimmer in einer hellen Sandsteinvilla im toskanischen Stil – die oberen Zimmer öffnen sich zu einer großen Terrasse. In der Nähe sind viele Restaurants.

★ **The Melville House**
59 4th Avenue
Melville
Tel. 011/726 35 03
Fax 011/726 59 90
Mail: happy@iafrica.com
Zwei Gästehäuser der bekannten südafrikanischen Journalistin Heidi Holland. Geschmackvoll eingerichtete Zimmer mit afrikanischem Touch. Im Zentrum des Künstlerviertels Melville.

Restaurants

Diverse Restaurants in der Innenstadt sind geschlossen, weil die Gäste wegblieben. In guten Hotels (siehe „Unterkunft") findet man z. T. auch entsprechend exzellente Restaurants – z. B. im Hilton oder Michelangelo.

☆☆☆ **Linger Longer**
58 Wierda Road
Sandton
Tel. 011/884 01 26.
Ein Monument feinster internationaler Küche in Sandton, mit dem Deutschen Werner Ulz als Küchenchef nun schon im dritten Jahrzehnt. Einer der Favoriten: Ente in orientalischer Zitronensauce. Übersichtliche Karte mit den besten Weinen des Landes.
So geschlossen.

☆☆ **Browns**
21 Wessels Road
Rivonia
Tel. 011/803 75 33.
Offen und großzügig, dunkle Bistrostühle, cremegelbe Wände. Italienisch und allgemein kontinental inspirierte Küche. Das Restaurant hält mit 40.000 gelagerten Flaschen den „südafrikanischen Rekord" – einige Wände sind Teil des Weinlagers. Große Gartenterrasse, Do und Sa abend dezente Jazzmusik, natürlich live.

Johannesburg/Pretoria

☆☆ **Quags**
Hyde Square/Jan Smuts Avenue
Tel. 011/327 07 60.
Art-déco-Dekor, schlichte Designerstühle, weiße Tischdecken. Kosmopolitische Küche mit guten Fisch- und Fleischgerichten. Lunch tgl.
So abends geschlossen.

☆☆ **Sam's Café**
117th Street
Melville
Tel. 011/726 81 42.
Minimalistisches Dekor: helle Holzstühle vor den Tischen mit blütenweißem Leinen, Specials notiert an einer Schiefertafel. Vorwiegend mediterrane Küche, auch eine gute Auswahl vegetarischer Gerichte. Die Weinliste umfasst auch unbekanntere Weingüter.
So geschlossen.

☆☆ **The Train**
Old Pretoria Road
Halfway House
Tel. 011/805 19 49.
Angeblich größtes Buffet der Welt zum guten Preis – über 140 verschiedene Gerichte stehen zur Auswahl. À-la-carte-Restaurant in Eisenbahnwaggons.
Sa abends und So mittags geschlossen.

☆☆ **Lesedi Cultural Village**
Siehe S. 182.

Nachtleben

Das Angebot an Bars und Tanzkneipen in Johannesburg ist groß – nur sollte man nachts mit dem Taxi fahren (siehe S. 174). Hier drei „sichere" Adressen:

Kippie's
Jazzlokal neben dem Market Theatre (siehe auch S. 177). Es ist umgeben von Galerien, Restaurants und Bars. Hier treffen sich schon seit langer Zeit Schwarze und Weiße als Freunde. Live-Jazz-Sessions.
Tgl. außer So ab 21 Uhr.

Melville
Hier leben viele Künstler und Intellektuelle; der Stadtteil ist sicherer als Yeoville, aus dem mittlerweile viele Weiße weggezogen sind. Jede Menge Restaurants, Bars und Jazzkneipen, z. B. „The Foundation" (7th Street, Tel. 08 23 37 76 51).

Randburg Waterfront
Republic Road, Randburg.
Johannesburgs Waterfront an einem künstlichen See – mit Restaurants, Kneipen und Diskos, z. B. „The Waterfront Arms" (Tel. 011/789 15 14).

Einkaufen

Sandton Square
Viele Firmen und wohlhabende Pri-

Die Stollen der Western Deep Levels Mine führen in eine Tiefe von 3578 Meter.

Gold

Zweifelhafter Reichtum

Über ein Drittel der Weltgoldproduktion (weltweit 115.000 Tonnen) stammt aus Südafrika – aus dem „Goldenen Bogen", der sich rund 300 km um Johannesburg legt. Selbst unter der City ziehen sich kilometerlange Bergwerkstollen hin. Die Western Deep Levels Mine reicht bis 3578 Meter hinunter – Weltrekord. Dort unten herrschen Temperaturen von über 60 Grad – bei einer Luftfeuchtigkeit von 90 Prozent; die Hitze muss auf 30 Grad „heruntergekühlt" werden. In jeder Tonne Gestein sind nur 5 bis 10 Gramm des Edelmetalls enthalten. Aber der Goldpreis ist in letzter Zeit gesunken – auf unter 300 Dollar pro Unze. Unrentable Minen schließen, andere werden modernisiert. Täglich fahren 240.000 meist schwarze Kumpel ein. Fast die Hälfte von ihnen stammt aus Nachbarländern, vor allem aus Lesotho und Mosambik. Aufgrund mangelnden Sicherheitsstandards kommen jährlich Kumpel in einstürzenden Schächten ums Leben.

vatleute haben sich 15 Min. nördlich der City in Sandton angesiedelt. Das Shoppingcenter Sandton Square (Ecke Maude/Fifth Street) ist eines der modernsten, erbaut im italienischen Stil mit Rundbögen und Wandelgängen.

Rosebank Mall

Rosebank gleich nordöstlich der City ist ein sicheres Trendviertel. Auf dem Dach des Shoppingcenters wird an jedem Sonntag zwischen 9.30 und 17 Uhr der Rooftop Market abgehalten. Die Stände präsentieren ein großes Angebot an Kunst und Kitsch, aber auch afrikanisches Kunsthandwerk, Stoffe, Schmuck und Livemusik.

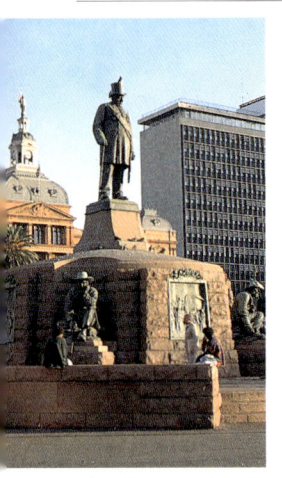

Ohm Kruger auf Pretorias Church Square.

Oriental Plaza

Ecke Bree Street/Main Road Fordsburg.
Wer nicht ins indisch geprägte Durban kommt, sollte hier einkaufen – es locken mehr als 250 indische Geschäfte und der Duft des Orients.

Information

Gauteng Tourism Authority
Rosebank Mall, Rosebank
Tel. 011/327 20 00
Fax 011/327 70 00
Mail: tourism@gauteng.net
Web: www.gauteng.net
Mo – Fr 8.30 – 18 Uhr, Sa 9 – 13 Uhr, So 10 – 15 Uhr.

Im Fokus

Ausflugs-Tipps für Johannesburg

Lion Park

20 km nordwestlich von Johannesburg an der N 14 nach Krugersdorp
Tel. 011/460 18 14
Mail: lionpark@cknet.co.za
Web: www.lionpark.co.za
Über 50 Löwen lassen es sich in großen, befahrbaren Freigehegen gut gehen; auch Zebras und Antilopen.
Tgl. 8.30 – 17 Uhr.

Lesedi Cultural Village

Siehe S. 182.

Crocodile Ramble

Krugersdorp, 30 km westlich von Johannesburg, bildet das Zentrum der Crocodile Ramble genannten hügeligen Landschaft, die an England erinnert. Hier, 40 km südlich der Magaliesberge (siehe S. 185), findet man zu beiden Seiten der Nationalstraße N 14 Country Lodges, Restaurants und Galerien; es lässt sich prächtig auf dem Pferderücken oder zu Fuß der Großstadtstress des nahen Joburg vergessen. Hier leben auch viele Künstler, darunter auch der renommierte deutsche Bildhauer Dietmar Wiening; spezialisiert auf Bronzeplastiken von Fischen und Vögeln (Tel. 012/205 11 93, Web: www.dietmarwiening.com).

Sterkfontein Caves

35 km nordwestlich vom Zentrum Johannesburgs, an der R 47 von Krugersdorp
Die größte Attraktion der Region ist die Sterkfontein World Heritage Site: Höhlen und Fundorte prähistorischer Menschen, seit 1999 Teil des Weltkulturerbes der UNESCO. In den Tropfsteinhöhlen von Sterkfontein wurden die 2,5 Millionen Jahre alten Knochen von „Mr. Ples" gefunden, außerdem ein fast komplettes, 3,5 Millionen Jahre altes Skelett, das den Übergang vom Affen zum Menschen dokumentiert. Den Höhepunkt des Komplexes der Wonder Cave bildet ein See in 40 m Tiefe.
Funde der archäologischen Arbeiten in den Caves sind in einem Museum ausgestellt.
Tel. 011/957 00 34.
Tgl. außer Mo ab 9 Uhr; die letzte Tour beginnt um 16 Uhr.
Weitere Informationen:
www.cradleofhumankind.co.za
Es schließt sich das Rhino and Lion Nature Reserve an, in dem außerdem Geparden, Büffel, Hippos, Wildhunde, Antilopen leben.
Unterkunft in drei Chalets
Tel. 011/957 00 44
Mail hippo@global.co.za
Zur World Heritage Site gehört auch The Cradle: 6000 ha Buschland mit diversen Tierarten (Game Drive, Pferderitte), mit einem Forest Camp und Restaurant (Tel. 011/975 02 42).

Pretoria ✪✪

In der Regierungs- und Diplomatenstadt ist es wesentlich ruhiger und sicherer als im hektischen „Joburg" 60 km südlich. Pretoria ist die flächenmäßig größte Stadt Südafrikas. Im Oktober hüllen mehr als 30.000 Jacarandabäume die Stadt in einen zart lila Schleier. Der Unterschied zwischen der Burenstadt Pretoria und der Business-City Johannesburg könnte kaum größer sein. Im Großraum Pretoria (inklusive der Townships) leben über 1,6 Mio. Menschen, aber in ihrem Kern wirkt die Stadt eher wie eine Landschönheit.

Verkehr

Von Pretoria zum 60 km entfernten Johannesburg International Airport fahren Shuttle-Busse (Tel. 012/308 08 39) und zur City von Johannesburg diverse Buslinien vom südöstlichen Teil des zentralen Church Square. Zwischen beiden Bahnhöfen verkehren Fernzüge (Main Lines) und Metrozüge (die man aus Sicherheitsgründen aber nicht benutzen sollte).

Sehenswürdigkeiten

City Hall
Das Rathaus an der Bosman Street besitzt einen riesigen Uhrturm mit 32 Glocken. Vor dem Gebäude steht eine Statue des Gründers von Pretoria, des Voortrekkers Andries Pretorius, sowie seines Sohnes Martinus Wessel.

Church Square
In der zentralen Grünanlage steht ein Standbild des ersten Burenpräsidenten Paul Krüger. Hier liegen die historischen Wurzeln Pretorias, entsprechend ehrwürdige Bauten säumen den Platz. Bemerkenswert ist der erste Regierungssitz (Republikeinse Raadssaal) im Renaissancestil, der Palace of Justice und die South Africa Reserve Bank.

Union Buildings
Die 1913 fertig gestellten, lang gestreckten Regierungsgebäude im Nordosten der Stadt gehören zu den schönsten öffentlichen Gebäuden des Landes. Architekt war der Brite Sir Herbert Baker. Hier wurde Nelson Mandela am 10. Mai 1994 als erster schwarzer Präsident Südafrikas vereidigt.

Voortrekker Monument
Der 40 m hohe trutzige Klinkersteinquader 6 km südlich von Pretoria ist schon von weitem sichtbar. Auf dem 1949 errichteten Denkmal ist der „Große Treck" der Voortrekker in Marmorreliefs dargestellt – die Heroisierung weißer Eroberung und der Schlacht am Blood River im Jahr 1838, bei der ungefähr 3000 Zulus getötet wurden.
Tgl. 9 –16.45 Uhr, mit Restaurant.

National Zoological Gardens
Boom Street
Tel. 012/328 32 65.
Der Zoo im Norden der Stadt ist einer der größten und sehenswertesten der ganzen Welt. Hier leben auf einer Fläche von 80 ha 3500 Tiere. Auch das Aquarium mit rund 300 Fischarten ist bemerkenswert. Eine Seilbahn bringt die Besucher auf einen Felshügel mit Cafeteria.
Tgl. 8 – 17.30 Uhr.

Goldgräberstadt

Gold Reef City
Northern Parkway. Das rekonstruierte Goldgräberdorf, 6 km südwestlich von Joburg (über die N 1, Ausfahrt Xavier Street), steht auf dem Gelände einer der größten Goldminen, wo zwischen 1892 und 1978 insgesamt 1400 Tonnen Gold ans Tageslicht befördert wurden – aus einer Tiefe von bis zu 3200 Metern. Den Besuchern wird in 200 Meter unter Tage die Minenarbeit demonstriert. Rundfahrten (Bimmelbahn, Kutsche) erschließt das „historische" Dorfgelände mit Disneyland-atmosphäre. Dazu gehören auch Restaurants im Goldgräber-Look (siehe unter „Unterkunft" auf S. 178).
Tgl. 9.30 – 17 Uhr.

Das Voortrekker Monument heroisiert die Landnahme der Buren.

Johannesburg/Pretoria

Ausflug

Lesedi Cultural Village

Von der Straße geht es direkt in den Busch, und hinter einem bunten Haus der Ndebele zu nachgebauten Dörfern der Zulu, Xhosa, Basotho und Pedi. Tagsüber werden hier meist Busladungen von Touristen durchgeschleust, dennoch gewinnt man einen guten Eindruck von den unterschiedlichen Lebensweisen. Der Clou: In den Hütten sind Gästezimmer untergebracht, und die „Dorfbewohner" haben nichts von ihrer Freundlichkeit verloren.
40 km westlich der City an der R 512, 5 km nördlich des Flughafens.
Tel. 012/205 13 94
Fax 012/205 14 33
Mail: lesedi@pixie.co.za

National Botanical Gardens
Cussonia Avenue
10 km östlich der City.
Auf 80 ha wachsen Pflanzen aus ganz Südafrika. Der 2 km lange Wanderweg Blankenveld Trail passiert mehr als 500 verschiedene Bäume. Im Frühling blühen hier die Daisies aus dem Namaqualand, im Winter die Aloen.

Museen

Melrose House
Jacob Mare Street, gegenüber dem Burger's Park.
Tel. 012/322 28 05.
Wohl das schönste alte Haus in Pretoria. Der wohlhabende Bürger George Heys ließ es 1866 erbauen. Im Speisesaal wurde 1902 der Friedensvertrag zwischen Buren und Briten unterzeichnet. Schöner Teeraum; auch leichte Mahlzeiten.
Di – So 10 – 17 Uhr.

Paul Kruger House Museum
60 Kerk Street
Tel. 012/326 91 72.
In diesem einfachen viktorianischen Haus lebte Paul Kruger 1884 – 1900; es ist mit Originalmöbeln ausgestattet und zeigt persönliche Gegenstände des ersten Burenpräsidenten.
Mo – Sa 8.30 – 16 Uhr, So 11 – 16 Uhr.

Transvaal Museum of Natural History
Ecke Paul Kruger/Visagie Street
Tel. 012/322 76 32.
Sehenswerte archäologische und geologische Sammlungen. Die Ausstellung von 875 Vogelarten des Landes in der Austin Roberts Bird Hall ist einzigartig in Südafrika.
Mo – Sa 9 – 17 Uhr, So 11 – 17 Uhr.

Pretoria Art Museum
Arcadia Park,
Ecke Schoeman/Wessel Street
Tel. 012/344 18 07.
Wertvolle Sammlung vor allem von Gemälden südafrikanischer Künstler sowie von alten holländischen und flämischen Malern.
Di – Sa 10 – 17 Uhr, Mi bis 20 Uhr, So 12 – 17 Uhr.

Unterkunft

★★★ Centurion Golf Suites
An der N 1 südlich von Pretoria, Ausfahrt John Voster Drive
Tel. 012/665 05 57
Fax 012/665 05 57
Mail: dereck7@global.co.za
Gelegen im Gelände des Centurion Golf Club, einem 176-ha-Anwesen mit viel Natur. Nur 7 Suiten, exzellentes Preis-Leistungs-Verhältnis (ca. 125 Euro für zwei Personen). Neben Golf auch Tennis und weitere Freizeitanlagen.

★★★ Manhattan Hotel
247 Scheiding Street
Arcadia
Tel. 012/322 76 35
Fax 012/320 07 21
Mail: manhotel@iafrica.com
Hotel mit mediterranem Touch; zentral, aber ruhig. Pool, Restaurant.

★★ Protea Hotel Hatfield Lodge
1080 Prospect Street
Tel. 012/362 61 05
Fax 012/362 72 51
Mail: mweb@deorly.co.za

Im Melrouse House schlossen Briten und Buren Frieden.

Johannesburg/Pretoria

Geschmackvolle Apartments mit kleiner Küche, zentral gelegen. Günstiger Preis im Verhältnis zum Komfort. Drei Restaurants, großer Pool.

★★ Osborne House
82 Anderson Street
Brooklyn
Tel. 012/362 23 34
Fax 012/362 3091
Mail: osbornehouse@worldonline.co.za

Ein wunderschönes, renoviertes Haus aus dem Jahr 1904, mit gediegener alter Einrichtung. 4 Zimmer mit allem Komfort, große Lounge. In zentraler Lage gleich in der Nähe von den Restaurants in Brooklyn, außerdem empfehlenswert aufgrund des sehr guten Preis-Leistungs-Verhältnissis.

★ Die Werf
Hotel und Restaurant.
Siehe unter „Restaurants" auf S. 184.

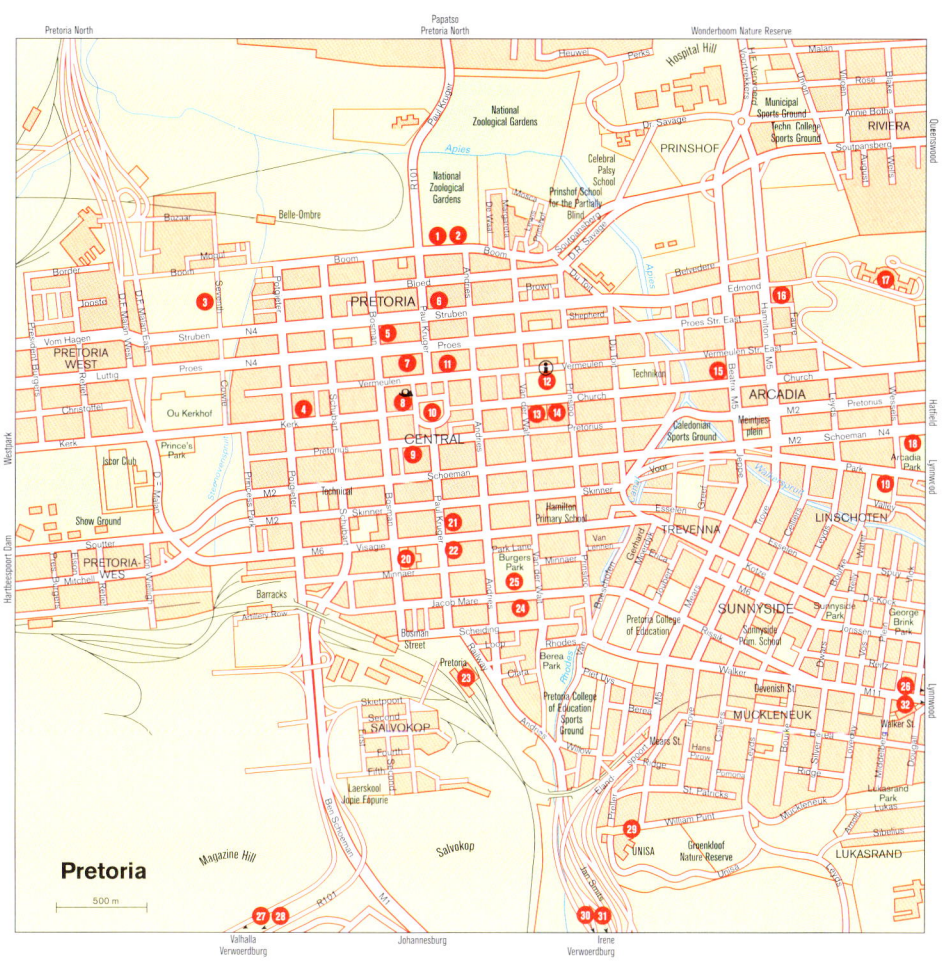

1 National Zoological Gardens
2 National Cultural History and Open-Air Museum
3 Mariammen Temple
4 Paul Kruger House Museum
5 Eksteen Transport Museum
6 Jansen Collection of Africana
7 Post Office Museum
8 General Post Office
9 South African Police Museum
10 Church Square
11 Pierneef Museum
12 Air Terminal und Touristeninformation
13 Strijdom Square
14 State Theatre
15 Satour Office
16 Engelenburg House
17 Union Buildings
18 Pretoria Art Museum
19 University of Pretoria
20 City Hall
21 South African Museum of Science and Technology
22 Transvaal Museum of History
23 Railway Station
24 Melrose House
25 Burger's Park
26 Anton van Wouw House
27 Voortrekker Monument
28 Fort Schanskop
29 University of South Africa
30 Johan Rissik Drive
31 Fort Klapperkop
32 Magnolia Dell, Austin Roberts Bird Sanctuary

Johannesburg/Pretoria

Ndebele-Frau mit traditionellem Schmuck aus Messingringen.

Traditionen

Kunst der Ndebele

Die Ndebele sind zwischen dem 15. und 17. Jh. in die Gegend östlich von Johannesburg gezogen. Die Gesellschaft ist patriarchalisch aufgebaut, aber die Frauen prägen Kunst und Kultur. Ihre farbigen, geometrischen Muster auf weißen Häuserwänden erlangten Berühmtheit. Diese Ornamente heißen „Amgkama" (Worte, Muster), sind also Bildbotschaften. Zu traditionellen Anlässen tragen die Frauen noch Waden- und Halsschmuck aus Messingringen und bunten Perlenschmuck – ein beliebtes Mitbringsel. Spirituelle Heimat der Ndebele ist **Kwa Mhlanga** 50 km nordöstlich von Pretoria südlich des Naturreservates **Loskop Dam**. Info: Vuka-Tsoga Tourism Association, Tel. 013/963 00 31. Etwa 10 km südlich (an der R 568 North, 30 km von der Ausfahrt der N 4) befindet sich das **Ndebele Traditional Village** mit bemalten Häusern und Kunsthandwerk. Mit Tanzvorführungen. Tel. 013/932 08 94.

Restaurants

In der Hauptstadt Pretoria leben viele Diplomaten. Entsprechend reichhaltig und vielseitig ist die Auswahl an Restaurants. Besonders in den gediegenen Trendvierteln Hatfield und Brooklyn ist das Angebot sehr breit.

Im neuen Shoppingcenter des Stadtteils Brooklyn findet man zudem viele Cafés und Restaurants. Vom italienischen Espresso bis zu Austern und gutem Wein wird hier alles geboten.

☆☆☆ **One Thai**
218 Midlee Street
Brooklyn
Tel. 012/346 62 30.
Wohl das beste asiatische Restaurant in Pretoria mit original thailändischer Dekoration. Reservierung wird dringend empfohlen.
Kein Ruhetag.

☆☆ **Ouzaria**
370 Hilda Street
Hatfield
Tel. 012/342 51 99.
Große, urgemütliche Taverne mit 3 Gasträumen: rustikale Atmosphäre mit hellblauen Fensterrahmen. Zu empfehlen ist auch der gegrillte frische Fisch, „catch of the day". Guter Hauswein aus der Flasche.
Kein Ruhetag.

☆☆ **Die Werf**
Olympus Drive, Plott 66, Ferie Glen
Tel. 012/991 18 09.
Der pensionierte General Chris Thirion hat hier am östlichen Stadtrand von Pretoria eine alte Farm renoviert und rustikal ausgebaut. Die lange Holzterrasse im afrikanischen Busch vermittelt einen Hauch von Safari-Feeling. Exzellente südafrikanische Küche, auch 3 schöne und preiswerte Gästezimmer. Eine Anfahrtsskizze wird auf Wunsch extra zugefaxt.

Einkaufen

In Hatfield und Brooklyn sind neue Shoppingcenter entstanden. Neben dem üblichen internationalen Allerweltsangebot finden sich dort auch Geschäfte mit afrikanischen Mitbringseln.

Am Wochenende findet man außerdem auf Flohmärkten ein buntes Angebot.

**Centurion Boulevard/
Lenchen Avenue**
Afrikanisches Kunsthandwerk und Flohmarkt an jedem So 8.30 – 17 Uhr.

Hatfield Flea Market
Burnett Street.
An jedem So sowie an Feiertagen von 9.30 – 17.30 Uhr.

Mzuri Afrika
Louis Pasteur Arcade/
Schoeman Street.

Swazi Basket Market
Salam Centre/Andries Street.

Ausflüge

Willem Prinsloo Agricultural Museum
Route 104
Old Bronkhorstspruit Road
Rayton
Tel. 012/736 20 35.

40 km nordöstlich von Pretoria wird auf einer Farm aus dem Jahr 1880 die „gute alte Zeit" wieder belebt. Eine alte Schmiede, eine Wassermühle und eine Schnapsbrennerei wecken beispielsweise nostalgische Gefühle. Zum Komplex gehört das traditionelle Restaurant „Tant Miertjie se Kombuis". Im Februar findet das Prickly Pear (Aprikosen-)Festival und im August die Agricultural Museum Show statt.
Tgl. 8 – 16 Uhr.

Tswaing Crater
40 km nordwestlich von Pretoria,
M 45 North nach Soutpan
Tel. 01214/98 73 02

Vor rund 200.000 Jahren ist hier ein Meteorit eingeschlagen. Der etwa 300.000 t schwere Brocken verdampfte und schuf einen kreisrunden Krater mit einem Durchmesser von mehr als 1000 m. Schon vor 100.000 Jahren haben sich an der heutigen Salzpfanne (mit reicher Vogelwelt) Menschen angesiedelt.
Vom neuen Tswaing Crater Museum (mit Steinzeitartefakten) führt ein Weg in den flachen Krater. In der Nähe liegt ein Ndebele-Dorf.

Botshabelo
135 km östlich von Pretoria
N 4 nach Middelburg; dann 13 km nördlich via N 11
Tel. 0132/43 13 19.

Der behäbige Ort Middelburg liegt an der N 4; hier sollte man die Highway (zum Krüger-Park) verlassen und nach Botshabelo („Platz der Zuflucht") fahren: Die Siedlung wurde 1865 von zwei deutschen Missionaren gegründet. 8 Jahre nach der Gründung lebten hier schon 1300 Menschen. Neben der Kirche und Wohnhäusern gibt es eine Mühle, Buchdruckerei, Schmiede und Festung aus Bruchsteinen. Zum Museumsdorf gehören auch Gästezimmer in den historischen Gebäuden und das 1971 gegründete Freiluftmuseum der Ndebele.

Information

Tourist Rendezvous Travel Centre
Ecke Prinsloo/Vermeulen Street
Tel. 012/308 89 09
Fax 012/308 88 91.

Tourist Information Centre
Old Nederlandische Bank Building
Church Square
Tel. 012/337 43 37
Web: www.pretoria.co.za

Magaliesberge ✪

Die Magaliesberge, 50 km westlich von Pretoria gelegen, sind leicht und schnell über die N 4 oder die idyllischere R 513 zu erreichen und empfehlen sich vor allem gestressten Großstadtbürgern als ein beliebtes Ausflugsziel. Die uralte, 2,3 Milliarden Jahre alte Quarzformation erstreckt sich, sanft gewellt, über 100 km in Gautengs Nachbarprovinz North West. Der Magalies River fließt parallel zur R 560 am Fuß des Berglands. Der Stausee am Hartbeesport Dam ist ein Paradies für Skipper, Surfer und Schwimmer. Man kann aber auch reiten, wandern oder mit dem Ballon über die bewaldeten Berge fahren. Der Magalies Meander erschließt die Naturschönheiten und führt zu Galerien, Landgasthöfen, Restaurants und zu Naturparks.

Insider News

Diamantenabbau live

In **Cullinan**, 40 km östlich von Pretoria gelegen, bohrt sich die größte Diamantenmine Südafrikas ins Erdinnere. Hier wurde auch 1905 der Welt größter Diamant gefunden – ein stattlicher Klunker mit 3106 Karat. Der „Stern von Afrika" wurde in 106 Teile gespalten, von denen einige (mit 530 Karat) auch die hochherrliche Krone der englischen Königin zieren. Pro Jahr werden in Cullinan etwa 1,5 Millionen Karat Industriediamanten gewonnen.
Führungen Mo – Sa ab 10.30 Uhr.

Premier Diamond Mine
N 4 Richtung Witbank, Offramp 27 nach
Cullinan/Rayton
Tel. 012/734 00 81.

Johannesburg/Pretoria

Luxushotel

★★★
The Palace

Luxushotel in einem Dschungel aus Wasserfällen und Pflanzen. Die Illusion erweckt eine versunkene afrikanische Kultur zum Leben. Zu buchen über:
Sun International
Feldbergstr. 8b
D-61410 Oberursel
Tel. 06171/570 71
Fax 06171/541 49.
Mail: constanze.kehden@sunint.de
In Johannesburg:
Tel. 011/780 78 00
Fax 011/780 74 49
Mail: crobook@sunint.co.za
Web: www.sun-international.com

Unterkunft

★★★ De Hoek
Magaliesburg
Tel. 014/577 11 98
Fax 014/577 45 30
Mail: dehoek@iafrica.com
Am Magalies River im privaten Park, alte Villa aus Natursteinen mit 2 Seitentrakten. 7 große und stilvolle Räume, ein Schweizer gibt in der Küche den Ton an. Mediterrane, französische, aber auch Schweizer Küche. Pool, Wanderwege.

Sehenswürdigkeit

De Wildt Cheetah and Wildlife Centre
35 km westlich von Pretoria,
Brits Road (R 513)
Tel. 012/504 15 54
Web: www.dewildt.org.za
Aufzucht von Geparden (etwa 60) und Wildhunden; Führungen am Di, Do, Sa und So jeweils von 8.30 und 13.30 Uhr.

Aktivitäten

Ballonfahren
Am bekanntesten sind die Bill Harrop's Balloon Safaris (Tel. 011/705 32 01); Start bei Sonnenaufgang am Skeerpoort Balloon Field beim Hartbeesport Dam.

Nostalgie-Eisenbahn
Der Magaliesberg Steam Train dampft sonntags von Johannesburg nach Magaliesburg und zurück.
Info: Tel. 011/888 11 54.

Rustenburg

Der Ort am Westrand der Magaliesberge wurde 1851 von Buren gegründet; im Rustenburg Museum (Town Hall/Plein Street) ist viel über die Siedlergeschichte zu erfahren. In der Umgebung liegen die zwei größten Platinminen der Welt; auch Zinn und Granit werden abgebaut. In der reizvollen Kleinstadt und der Umgebung kann man unter

Im Zentrum der märchenhaften Vergnügungsstadt Sun City liegt das pompöse Hotel „The Palace".

Hotels, Landhäusern und diversen Guest Houses wählen.

Die Rustenburg Nature Reserve wenige Kilometer südwestlich des Ortes ist einen Besuch wert. 4257 ha klein, liegt sie hoch in den felsigen Ausläufern der Magaliesberge. Hier sind mehr als 250 Vogelarten, Kudus, Zebras, Hyänen und viele andere Säugetiere zu Hause. Der Trail Summit Route (23 km) führt zu natürlichen Felsbecken mit glasklarem Wasser, in denen man schwimmen kann, ein anderer zu Wasserfällen. Ein interessanter Wanderlehrpfad ist 4,5 km lang.
Info: Tel. 014/533 20 50.

Information

Hartbeesport Dam Info Shop
Tel. 012/253 02 66.

Rustenburg Tourism Information
Van Staden Street
Tel. 014/597 09 04.

Sun City ✪

Südafrikas Antwort auf Las Vegas heißt Sun City, ein Spielerparadies 160 km nordwestlich von Johannesburg. Es umfasst 3 verschiedene „Retortenhotels" („Cabanas", „Cascades", „Main").
Mit dem Bau des 5-Sterne-Hotels und dem Komplex des „Palace of Lost City" (siehe S. 186) ist Sun City noch um eine (sehenswerte) Disneyland-Variante erweitert worden.

Ausflüge

Gleich nördlich von Sun City beginnt der Pilanesberg National Park, (siehe auf dieser Seite rechts) dessen Zentrum sich in einem flachen, erloschenen Vulkankrater befindet.

Madikwe Game Reserve
Tel. 014/555 61 35
Web: www.parks-nw.co.za/madikwe/

An der Grenze zu Botswana (85 km nördlich von Zeerust beziehungsweise 100 km nordwestlich von Sun City). In dem 60.000 ha großen Reservat leben u. a. Elefanten, Nashörner und Geparden.

Lodge-Tipp:
★★★ Madikwe River Lodge
Tel. 011/310 33 33
Fax 011/304 88 17
Mail: cerese@co.za
Web: www.threecities.co.za
Private Game Lodge im besten Buschstil mit rustikalen, hohen Holzgebäuden mit Strohdach; im „Big Five Country", im Gegensatz zum Krüger-Nationlpark aber kein Malariagebiet.

Waterberg-Region

Die N 1 nach Norden führt von Pretoria zunächst nach Warmbaths (110 km nördlich der Hauptstadt). Wie der Namen schon andeutet, sprudeln hier aus heißen Quellen stündlich 20.000 l Wasser mit einer Temperatur von 62° C an die Oberfläche. Das „Aventura Spa Hotel" (Tel. 014/736 22 00) bietet eine gute Unterkunft.
Weitere 100 km nördlich erstrecken sich die Waterberge mit ihren vielen Wildbächen und Wasserfällen. In der Umgebung befinden sich interessante, wenig besuchte Naturreservate (Marakele National Park, Mabula Game Reserve, Lapalala Wilderness Game Reserve und andere).

Information

Northern Province Tourism Board
Gateway Airport
Pietersburg
Tel. 015/288 00 99
Fax 015/288 00 94
Mail: ceo.nptb@mWeb.co.za
Web: www.touristboard.org.za
Mail: wptb@iafrica.com
Web (North West Province):
www.tourismnorthwest.co.za

Nationalpark

Pilanesberg National Park

Wildreservat nördlich von Sun City – das drittgrößte Südafrikas, in einem erloschenen Krater. Löwen, Elefanten und 200 Breitmaulnashörner. Farmen wurden aufgelöst und Tiere aus anderen Regionen hier ausgesetzt. Geführte Wanderungen; Ballonfahrten.
Web: www.parks-nw.co.za/pilanesberg/

Unterkunft:
4 Camps – Bagatla (Chalets); Mankwe (Bungalows und große Zelte; Kololo (kleines Camp mit einigen Zelten); Metswedi (komfortable Lodges mit voller Verpflegung). Reservierung über:
North-West Parks and Tourism Board
Tel. 018/3 86 12 25
Fax 018/3 86 11 58
Mail: nwptb@iafrica.com

Privatunterkünfte:
3 luxuriöse Lodges (Kwa Maritane, Bakubung, Tshukudu). Sie gehören zur Legacy-Hotel-Kette. Reservierung:
Tel. 011/302 38 02
Fax 011/302 38 68
Mail: hotels@legacyhotels.co.za
Web: www.legacyhotels.co.za

Hochkarätige Landesmitte

Das Zentrum

Der riesige, 800 m tiefe Krater von Kimberley wurde während des Diamantenfiebers gegraben.

Zwei Städte im Zentrum prägten die Geschichte Südafrikas. In Kimberley öffneten sich die Tore zu einem sagenhaften Diamantenschatz, in Bloemfontein wurde die erste Burenrepublik ausgerufen.

Das Zentrum

Südwestlich von Johannesburg schlängelt sich der Vaal River durch eine Halbwüste, die im hitzeflirrenden südafrikanischen Sommer einem Backofen gleicht. Die Böden hier im Hochveld sind karg, und das öde Land ist nur sehr dünn besiedelt. Da musste schon etwas ganz Außergewöhnliches passieren, damit in einer solch gottverlassenen Gegend eine Stadt wie Kimberley entstehen konnte.

Kimberley	194
Sehenswürdigkeiten	194
Unterkunft	196
Restaurants	197
Bloemfontein	198
Sehenswürdigkeiten	199
Unterkunft	200
Restaurants	200
Clarens	201
Ausflug	201
Information	201

Was anno 1866 denn auch geschah: Der Zufall gab den Anstoß zu einer stürmischen Veränderung nicht nur der Region, sondern der südafrikanischen Wirtschaft überhaupt: Als der 15-jährige Erasmus Jacobs eines Tages auf der Farm „De Kalk" seines Vaters nach bunten Steinen suchte, stieß er auf einen Brocken, der ein wenig größer war als die anderen, so dass er ihn erst liegen lassen wollte. Doch dann funkelte und glitzerte der Stein in der Sonne wie ein Spiegel – was der Junge da gefunden hatte, war Südafrikas erster Diamant!

Doch das stellte sich erst ein Jahr später heraus, nachdem das wundersame Ding erstmal durch viele Hände gegangen war. Zuerst wurde es nach Grahamstown bei Port Elizabeth geschickt, wo ein Pfarrer damit seine Initialen in das Kirchenfenster ritzte – die Scheibe fand schließlich ihren Weg in das kleine Museum von **Colesberg**, 225 Kilometer südlich von Bloemfontein. Dann transportierte die Postkutsche den Diamanten in spe weiter nach Kapstadt, wo sich, wiederum zufällig – in Südafrika war zu dieser Zeit ja noch kein Diamant aus der Erde gegraben worden –, ein holländischer Diamantenschleifer aufhielt. Sein Kennerblick erfasste sofort, welchen Schatz er da in Händen hielt, und er taxierte den Stein auf stolze 21 Karat (ein Karat sind 0,2 Gramm).

Jetzt war die Lawine losgetreten: Die ersten Männer fuhren mit Ochsenwagen in die sonnendurchglühte Hochebene. Drei Jahre später wurden Diamanten im Wert von 24.000 Pfund gefunden, sechs Jahre später schon fast das Sechsfache. 1873 lebten an die 50.000 Männer in Zelten und Wellblechbaracken und wühlten sich Schaufel für Schaufel durchs Erdreich. Der neue Ort wurde nach dem britischen Kolonialminister Kimberley benannt, und wieder zwei Jahre später ragte hier die erste Kirche der deutschen Lutheraner in den Himmel. Doch die Gottesmänner standen auf ziemlich verlorenem Posten: Statt der Betstühle besuchte man lieber die Bordelle oder feierte in den über hundert Kneipen. Die größten Glücksritter gar zündeten sich ihre Zigarren mit Banknoten an und ließen ihre Mädchen in Champagner baden.

Einer davon, **Cecil John Rhodes**, kam ursprünglich wegen eines Lungenleidens nach Südafrika und kaufte 1872 die Farm von einer Familie de Beer. Auch dort fand man Diamanten, Rhodes war zu dieser Zeit gerade 19 Jahre alt. 1880 gründete er die De Beers Consolidated Mines. Bis heute beherrscht der Konzern den weltweiten Diamantenhandel.

1876 dann war es mit der planlosen Buddelei vorbei, obwohl man im Jahresdurchschnitt schon

Das Urmodell der Tram stammt aus dem Jahr 1887.

Eine Nachbildung des berühmten Diamanten „Star of Africa".

zwei Millionen Pfund erwirtschaftete; das übertraf den Wert aller landwirtschaftlichen Produkte des Landes. Aber mit zunehmender Tiefe häuften sich die Unfälle durch nachrutschendes Erdreich. Rhodes profitierte von den Unfällen und davon, dass Digger ihre gefährlichen Claims aufgaben: Er kaufte alles zusammen, was nur zu bekommen war. Die Pocken wüteten und rafften in Kimberley über 700 Männer hinweg – umso besser für Rhodes, für den der Weg nun mehr und mehr frei wurde und sich zur breiten Erfolgsstraße weitete. Rhodes machte eine steile Karriere, nicht nur als Geschäftsmann: Er wurde später Premierminister am Kap und eroberte mit Feldzügen und Bestechungen das nach ihm benannte Rhodesien, das heutige Zimbabwe, für die englische Krone – nach den gleichen Prinzipien wie in Kimberley.

Heute ist **Kimberley** ✪✪ ein anständiger, aber auch relativ langweiliger Ort, in dem man überall den Diamanten begegnet, auch wenn die einstige Diamantenmetropole heute nur noch mit rund 5 Prozent (562.000 Karat im Jahr 1999) an der südafrikanischen Diamantenförderung beteiligt ist. Noch drei Minen fördern die edlen Steine: Bultfontein, Du Toitspan und Wesselton. Doch die Minen in Cullinan bei Pretoria und in Alexander Bay an der Grenze zu Namibia haben Kimberley mit reicheren Erträgen längst den Rang abgelaufen.

In der Jones Street kann man in mehreren Juweliergeschäften Diamanten kaufen. Und immer wieder trifft man auf die Spuren der Diamantenjäger. In erster Linie am **Big Hole**, dem „Großen Loch", samt dem umliegenden Freiluftmuseum. Eine restaurierte Straßenbahn aus dem Jahr 1913 gondelt im Stundentakt zwischen Kimberleys

Cecil J. Rhodes brutale Geschäfte wurden von einigen Zeitungen angeprangert.

Persönlichkeit
Cecil John Rhodes

Als Schüler kam Cecil John Rhodes 1870 aus London auf die Farm seines Bruders nach Natal/Südafrika, um sein Lungenleiden auszukurieren. Bereits zwei Jahre später kaufte er, gerade 19 Jahre alt, das Land der Farmer de Beers für 70.000 Pfund mit geliehenem Geld – eine Riesensumme für damalige Zeiten. Rhodes studierte dann in Oxford Jura, fuhr aber zwischendurch nach Kimberley, um nach seinen Geschäften zu sehen. 1881 beendete er sein Studium und kehrte für immer nach Südafrika zurück. Rhodes größter Konkurrent in Kimberley war Barney Barnato. Der Straßenhändler stammte aus den Slums von London und gründete in Kimberley eine Boxschule. Aber er war wie Rhodes fest entschlossen, die Diamantenfelder unter seine Kontrolle zu bringen. Rhodes kaufte ihn aber schließlich auf; Barnato erhielt 1888 den größten Scheck der damaligen Zeit: 5,39 Millionen britische Pfund. Ein Jahr später gründete Rhodes die „De Beers Consolidated Mines". Vier Jahre zuvor hatte er schon „nebenbei" das Betschuanaland (das heutige Botswana) für die britische Krone erobern lassen. Als „Stellvertreter Gottes und des Teufels" betitelte Mark Twain deshalb den ebenso machtbesessenen wie dynamischen Tatmenschen, der 1890 Premierminister am Kap wurde.

Das Zentrum

Rathaus und dem gut zwei Kilometer entfernten Diamantenort hin und her; sie hält unterwegs am „Star of the West", der ältesten Kneipe Südafrikas. An der zentralen Old de Beers Street steht die wuchtige **City Hall** aus dem Jahr 1899 in neoklassizistischem Stil, die wie eine Miniaturausgabe des Weißen Hauses von Washington noch von den Ambitionen der Stadt erzählt. In den Auslagen der Geschäfte nebenan dominieren jedoch Billigwaren. Im **McGregor Museum**, einst Sanatorium und später Hotel, illustrieren Exponate die Stadtgeschichte, die sich hauptsächlich um die Diamanten dreht. Hier trifft man aber auch auf Cecil Rhodes. Sein Eisenbett steht in einem Zimmer, im Nebenraum schrieb er vor dem Kamin, während das britische Kimberley von den Buren im zweiten, verheerenden Krieg (1900 – 1902) belagert wurde. Über 8000 Granaten schossen die Buren damals von ihren Stellungen aus in die Stadt; Frauen und Kinder flüchteten in die Minen.

Nur hier kann man in Südafrika den Diamantenabbau „live" erleben: Bewaffnet mit Schutzhelm, Notsauerstoff und Grubenlampe werden angemeldete Besucher in der **Bultfontein Mine** bis in 860 Meter Tiefe gebracht, an das Ende eines Milliarden Jahre alten Vulkanschlotes. Schon 1869 hatten Schürfer begonnen an dieser Stelle zu graben. Ein System hoher, befahrbarer Tunnel im Granit bildet das Rückgrat für die mittlerweile ausbetonierten und aufrecht zu begehenden Seitenstollen. Noch heute wird hier geschürft: Von den Zentraltunnels aus werden Sprengladungen angebracht, das weiche Vulkangestein wird mit Greifern herausbefördert. Zweimal unter Tage zerkleinert, kommt es oben nochmals in die Mühle und wird dann mit Zyankali und anderen Zusätzen behandelt. Und ganz am Ende dieser Kette bleiben pro Tag eine Handvoll Rohdiamanten: 20 Karat, also vier Gramm auf 100 Tonnen Gestein ... Mit den herkömmlichen Methoden hätte man hier nur noch wenige Jahre fördern können. Im Sommer 2000 investierte de Beers aber rund 70 Millionen Mark in neue Aufbereitungsanlagen – das drohende, endgültige Aus der Diamantenförderung wurde damit um rund 20 Jahre hinausgeschoben.

Einer der letzten Digger.

Alle Diamanten des Landes werden in einem der zwei Hochhäuser von Kimberley sortiert. Das funktioniert nur bei künstlicher Beleuchtung: Der Diamantenbunker von de Beers ist fast fensterlos. Dort sitzen die Experten und wählen sorgfältig die besten Steine aus. Dann gehen die Diamanten zu Schleifereien nach Tel Aviv, Amsterdam und New York.

Noch mühseliger und weniger erträglich als das organisierte Fördergeschäft verläuft die Arbeit der letzten zehn Diamanten-Digger, die in Löchern in der öden Landschaft westlich unverdrossen dem großen Fund nachjagen. Sie können bestenfalls vom großen Reichtum träumen. Die Steppe mit ihren Dornbüschen glüht im Sommer, nachts ist es im Winter bitterkalt. Die Digger besitzen nichts als ihre Muskelkraft, dazu eine Hacke und eine primitive Waschanlage aus verrostetem Eisen. Oft schuften sie ein halbes Jahr, um einen einzigen Diamanten zu finden mit vielleicht einem halben Karat, also 0,1 Gramm. Wenn es ein schlechter Stein ist, bringt er nur 200 Rand, also knapp 70 Mark. Den meist weißen 200 Kleinschürfern 30 Kilometer westlich am Vaal River geht es vergleichsweise besser – aber wohlhabend, geschweige denn reich wird auch von ihnen kaum einer.

Die 175 Kilometer nach Bloemfontein sind landschaftlich nicht gerade attraktiv: Öder Busch säumt das gerade Asphaltband. Die Orte Boshof und Dearleysville sind die übliche Mischung von Kirche, Tankstelle, „Take Aways", Shops und „Drankwinkel" mit alkoholischen Getränken. Dann bietet erst wieder **Bloemfontein** ✪ eine unerwartet angenehme Überraschung. Begonnen hat die Stadtgeschichte schon 1840, als in der Nähe Johannes Brits sein Lager an einer Quelle mit vielen Blumen aufschlug – daher auch der Name. Die Stadt wurde dann Verwaltungsort des Freistaates, der 1854 als Oranje Free State ins Leben gerufen wurde. Er ist damit die älteste Burenrepublik, ganze 12.000 Einwohner zählte der Bundesstaat damals, weiße natürlich.

Das Zentrum

Die **President Brand Street** präsentiert sich nobel – eine der wenigen Straßen des großen Landes mit Stil. Hier lässt sich unter duftenden Pinien gut flanieren, vorbei an ehrwürdigen Gebäuden aus cremefarbenem Sandstein. Deren Säulen und Türme strahlen unaufdringliche, aber selbstbewusste Macht und Größe aus und sind dabei noch elegant – zum Beispiel das **Rathaus** mit seinen zwei Türmen und hölzernen Fensterläden. Kein Wunder, dass nicht nur die Buren Bloemfontein als „heimliche Hauptstadt" bezeichnen. „Rosenstadt" wird Bloemfontein auch gern genannt, weil in den zahlreichen Parks im südafrikanischen Sommer viele Rosen blühen – ein Ereignis, das mit dem Rosenfestival gebührend gefeiert wird. Doch eigentlich ist Bloemfontein eine Verwaltungs- und Gerichtsstadt. Sie ist Sitz des Berufungsgerichts des Obersten Gerichtshofes des Landes. Fast die Hälfte der Arbeitnehmer sind im Staatsdienst beschäftigt.

Und ausgerechnet hier regte sich 1912 mutig schwarzer Widerstand mit der Gründung des South African Native National Congress – als Protest gegen das Wahlverbot für Schwarze, das die 1910 gegründete Südafrikanische Union erließ. Der Free State aber ist bis heute typisches Burenland mit Orten, deren Namen von den calvinistischen Voortrekkern gewählt wurden und bis heute geblieben sind: Bethlehem und Kroonstadt, Frankfort und Heilbron. Das sanft gewellte Land ist im Gegensatz zur Kimberley-Region fruchtbar; überall weiden Schafe und Rinder, man fährt vorbei an riesigen Feldern mit Sonnenblumen, Weizen und Mais. Die meisten Farmhäuser wirken trutzig und konservativ.

Mehrere Staudämme, an denen Naturreservate angelegt wurden, sichern die Wasserversorgung. Die größte Naturattraktion liegt im Nordosten des Free State: die Sandsteinfelsen des **Golden Gate Highlands National Park**. Über Clarens oder Harrismith erreicht man das Naturschutzgebiet mit seinen auffälligen Sandsteinformationen, die in der Sonne rot und gelb leuchten. Der Park reicht bis eine Höhe von 2770 Metern und zählt auch sonst zu den landschaftlichen Hightlights. Vor der beeindruckenden Kulisse der Bergriesen von Lesotho öffnet sich hier eine ganz neue Welt.

Im Fokus

De Beers, Oppenheimer und der Diamantenhandel

1902 kam der 22-jährige Ernest Oppenheimer, Sohn eines jüdischen Tabakhändlers aus dem hessischen Friedberg, nach Südafrika. Er gründete 1917 die Anglo American Corporation, die bereits 1926 De Beers schluckte. Sein Sohn Harry Oppenheimer baute das Monopol in der Diamantenförderung weiter aus. Er leitete den Konzern 60 Jahre lang und ging 1994 mit 86 Jahren in den Ruhestand. Sein Sohn Nicholas („Nicky") führte De Beers in das neue Jahrtausend.

Die Oppenheimers waren immer Gegner der Apartheid. Sie finanzierten die Oppositionsgruppen und setzten sich für bessere Lebensbedingungen ihrer Arbeiter ein. Als erster Arbeitgeber zahlten sie Weißen und Schwarzen die gleichen Löhne und förderten die Ausbildung von Schwarzen, die bis dahin nur billige Arbeitssklaven waren. Dahinter steckte nicht nur Menschenfreundlichkeit: De Beers war während der Apartheid und internationaler Sanktionen nur nach außen handlungsfähig, weil der Konzern als ein menschliches Gesicht im „Reich der Finsternis" galt.

Über die „Central Selling Organisation" (CSO) kontrolliert der Diamantenriese etwa 65 Prozent des Handels mit Rohdiamanten. Das entsprach 1999 einem Wert von 5,24 Milliarden Dollar. Hauptabnehmer der Steine sind die USA und Japan. Da die Preisgestaltung in einem engem Zusammenhang mit dem Monopol steht, griff man zu ungewöhnlichen Maßnahmen. So wurde beispielsweise der Schwarzmarkt in Angola komplett aufgekauft.

Die Klunker gelten spätestens seit Marilyn Monroe als „a girl's best friends" und als „Symbol unvergänglicher Liebe" (aus der De-Beers-Werbung, die jährlich 200 Millionen Dollar kostet). Aber die Zierde wohlhabender Damen hilft auch, Kriege und Landminen in Afrika zu finanzieren. Die Rebellen in Angola, im Kongo und in Sierra Leone bezahlen damit ihren schmutzigen Krieg. Nach einem UN-Report versicherte der Konzern De Beers Ende März 2000, dass alle Diamanten aus dem Haus in Kimberley „garantiert rebellenfrei" seien. Für De Beers mag das gelten, aber andere Firmen warten nur darauf, in die Bresche zu springen.

Das Zentrum

Insider News

Kunst der Buschmänner

Buschmänner, kleine Jäger, die mit Pfeilen Gazellen jagen – das war einmal! Heute fristen wenige Familien beim ehemaligen **Gemsbok Park** im Norden ihr Dasein (siehe S. 76), rund 4500 Buschleute vegetierten in Armeezelten in **Schmidsdrift**, westlich von Kimberley, dahin – Opfer leerer Versprechungen. Viele arbeiteten für die südafrikanische Armee im Krieg gegen Namibia. Als Swapo-Chef Sam Nujoma 1989 Präsident Namibias wurde, mussten sie flüchten und landeten auf dem Abstellgleis. 2000 aber ging es bergauf, als in einer Farm bei **Platfontein** eine Galerie eröffnet wurde. Hier kann man nicht nur farbige, naive Buschmannbilder erstehen, sondern auch Textilarbeiten, Keramik und Körbe. Und damit zugleich das Projekt unterstützen.
Platfontein liegt 4 km westlich von Kimberley in Richtung Barkley-West.
Tel./Fax 053/861 18 66
Mail: xukhwe@iafrica.com

Mehr als drei Stunden dauert die Besichtigung der Bultfontein-Stollen.

Allgemeines

Kimberley liegt im Nordosten des Trockengebietes der Großen Karoo, die sich südlich bis Oudtshoorn und westlich bis an die Grenze von Südafrika nach Namibia erstreckt. Kimberley selbst gehört noch zum Northern Cape, Südafrikas größtem Bundesstaat. Östlich von Kimberley beginnt die landwirtschaftlich genutzte Provinz Free State mit Bloemfontein als Verwaltungshauptstadt; nirgendwo finden sich mehr beeindruckende historische Gebäude als in der President Brand Street. Welkom, 200 km nordöstlich von Kimberley, wurde in den 60er Jahren am Reißbrett entworfen und besitzt durch Diamantenminen das höchste Pro-Kopf-Einkommen des Landes. Nördlich der Grenze von Lesotho locken romantische Städtchen wie Clarens und schöne Naturreservate mit vielen Wanderwegen.

Kimberley ⚹⚹

In den 70er Jahren des 19. Jh. begann hier eine weltweit einzigartige Diamantenjagd, und Kimberley wurde buchstäblich aus dem Busch gestampft. Heute hat die Diamantenförderung nicht mehr die Bedeutung von ehedem, dafür ist die Stadt mit etwa 160.000 Einwohnern ein Verwaltungszentrum und die Hauptstadt der Provinz Northern Cape.

Verkehr

Vom Flughafen 7 km südlich des Zentrums (verschiedene Autovermieter) verkehren täglich Flüge von/nach Johannesburg und mehrfach wöchentlich nach Kapstadt. Es existieren tägliche Eisenbahn- und Busverbindungen nach Johannesburg, nach Port Elizabeth oder nach George an der Garden Route. Der „Trans Karoo" fährt täglich zwischen Kimberley, Johannesburg und Kapstadt, der „Trans Oranje" einmal wöchentlich von und nach Durban über Kimberley von und nach Kapstadt (Tel. 053/838 21 00).

Sehenswürdigkeiten

Kimberley Mine Museum und Big Hole
Tel./Fax 053/842 13 21.
Man sollte am besten die Strecke zum Freilichtmuseum in der historischen Trambahn aus dem Jahr 1913 bewältigen, die täglich jede Stunde zwischen 9.15 und 16.15 Uhr von der Bultfontein Street aus startet (Retour vom Big Hole zu jeder vollen Stunde). Die Bahn hält auch am „Star of the West". Diese älteste Kneipe des Landes erhielt ihre Schanklizenz schon 1873 und atmet noch die Geschichte des Diamantenfiebers (siehe unter „Restaurants" und „Pubs").

Das Zentrum

Das Big Hole ist das größte von Menschenhand geschaffene Loch der Erde (Durchmesser: fast 500 m, Tiefe: 800 m); es ist großteils mit Grundwasser gefüllt. Von 1899 bis 1914 wurden hier über 20 Millionen Tonnen Erde und Fels ausgehoben. Zutage kamen 2700 kg Diamanten im heutigen Wert von rund 70 Mrd. Mark. Um das Riesenloch herum wurde der Digger-Ort als Museumsdorf restauriert. Einige der 48 Gebäude sind original: die erste Kirche, die Kneipe „Diggers Rest" und der private Eisenbahnwaggon des Direktors von De Beers. Nachbildungen zeigen u. a. den ersten in Südafrika gefundenen Diamanten und den nach der Karatzahl „616" genannten größten Rohdiamanten der Welt.
Mo – Sa 9 – 17 Uhr, So 14 – 17 Uhr.

1 Star of the West Pub
2 Railway Station
3 Tram Service
4 De Beers Consolidated Mines Limited Head Office
5 City Hall
6 General Post Office
7 Alexander McGregor Memorial Museum
8 Big Hole und Kimberley Mine Museum
9 Africana Library
10 Oppenheimer Memorial Gardens und Digger's Fountain
11 Harry Oppenheimer House
12 William Humphrey Art Gallery
13 Sister Henrietta Stockdale Chapel
14 Rudd House
15 Belgravia
16 Dunluce
17 Duggan Dronin Gallery
18 McGregor Museum
19 Halfway House Hotel Drive-in Pub
20 Honoured Dead Memorial
21 Pioneers of Aviation Museum
22 Bultfontein Diamond Recovery Plant

Das Zentrum

Pubs

Historische Kneipen

Aus der Zeit des Diamantenrausches sind einige schöne Kneipen erhalten. Nirgendwo sonst im Land lässt sich ein Pub-Trip mit so lebendiger Geschichte verbinden wie in Kimberley.

Star of the West
North Circular/Barkley Street.
Die älteste Kneipe Südafrikas nahe des Big Hole mit einem Barhocker, der für John Cecil Rhodes angefertigt wurde. Gute, schnelle Küche, viel Atmosphäre.
Tgl. außer So ab 10 Uhr.

The Keg and Falcon
187 Du Toitspan Road.
Eines der besten Pubs des Landes mit vielen Biersorten und guter, einfacher Küche.
Tgl. ab 11.30 Uhr.

Halfway House
Edgerton/Main Street. Das Hotel nahe des McGregor Museum verdient keinen Stern, aber das Pub ist sehenswert und hat Geschichte. Hier ließ sich der Diamantenmagnat Rhodes sein Bier auf den Pferdesattel reichen: das Hotel von 1880 ist damit der älteste „Drive-In des Landes". Guter Pub-Lunch, ideal für ein Mittagessen.

Bultfontein Mine
Molyneux Road
Tel. 053/842 13 21.
Als einzige der drei verbliebenen Minen in Kimberley kann man die Bultfontein Mine besuchen.
Oberirdische Touren: Mo – Fr 9 – 11 Uhr. Underground Tours (nur nach vorheriger Anmeldung): Di – Fr ab 7.45, Mo ab 9.30 Uhr; Dauer: über 3 Std. Mindestalter 16, Tragen von Kontaktlinsen ist aufgrund des Luftdrucks nicht möglich.

Belgravia

Alter Stadtteil im Osten von Kimberley mit Villen reich gewordener Diamantenhändler im viktorianischen Stil. Herausragend ist das Dunluce House aus dem Jahr 1897 mit Holzverzierungen an den beiden Giebeln und der durchlaufenden Veranda (Lodge Road, Besichtigung nach Absprache mit dem McGregor Museum).

Museen

McGregor Museum
3 Edgerton Road
Tel. 053/842 00 99.
Das Haus wurde 1897 als Sanatorium von John Cecil Rhodes gegründet, der selbst während der Belagerung durch die Buren ab dem 15. 10. 1899 für 4 Monate in dem Haus lebte; die von ihm bewohnten Räume sind originalgetreu erhalten. 1908 wurde das Gebäude zum „Hotel Belgravia", später fungierte es als Schule. Neben naturkundlichen Exponaten sind Dokumente aus der Zeit des Diamantenfiebers sehenswert.
Mo – Sa 9 – 17 Uhr, So 14 – 17 Uhr.

Duggan Cronin Gallery
3 Edgerton Road
Tel. 053/842 00 99.
In einem historischen Haus neben dem McGregor Museum.
Die Galerie beherbergt eine einzigartige Sammlung von Fotos, die der wohlhabende Bürger Alfred Duggan-Cronin zwischen 1919 und 1939 von „Eingeborenen" gemacht hat.
Mo – Sa 9 – 17 Uhr, So 14 – 17 Uhr.

William Humphreys Art Gallery
Cullinan Crescent/Civic Center
Eine der bedeutendsten Gemäldegalerien des Landes mit Werken zeitgenössischer, aber auch alter europäischer Maler.
Mo – Sa 10 – 13 und 14 – 17 Uhr, So 14 – 17 Uhr.

Pioneers of Aviation Museum
In Alexandersfontein südlich von Kimberley (3 km hinter dem Flughafen). Das kleine, interessante Museum entstand aus der ältesten Flugschule Südafrikas (1913). Der alte Flugschuppen und ein Trainer-Doppeldecker wurden nachgebaut.
Mo – Sa 9 – 13 und 14 – 17 Uhr, So 14 – 17 Uhr.

Unterkunft

Ähnlich wie in anderen Städten Südafrikas ist auch in Kimberley das ehemalige Renommierhotel, das „Savoy" in der Stadtmitte, nicht mehr zu empfehlen. Umso besser für andere Gästehäuser, die obendrein mehr Stil haben und persönliche Betreuung bieten.

★★ **Edgerton House**
5 Edgerton Road, Kimberley
Tel. 053/831 11 50
Fax 053/831 18 71
Mail: edgerton@kimberley.co.za
Komfortables Gästehaus mit alten Möbeln; das historische Haus aus der Zeit des Diamantenbooms im alten Viertel Belgravia steht unter Denkmalschutz.

★★ **Milner House**
31 Milner Street, Kimberley
Tel. 053/831 64 05
Fax 053/831 64 07
Mail: fires@kimnet.co.za
Neuere Anlage mit Palmen im großen

Das Zentrum

Das Dunluce House im Stadtteil Belgravia gehört zum McGregor Museum.

Insider News

Expertentouren

Dirk Potgieter ist als Sohn eines Diamantensuchers aufgewachsen und kennt sich sehr gut aus. Er organisiert und leitet eine informative Tagestour: Morgens Fahrt auf 860 m Tiefe in die Bulfontein Mine und ausführlicher Besuch des historischen Freilichtmuseums beim Big Hole, nachmittags Stippvisite bei kleinen Schürfbetrieben, die im Tagebau arbeiten und die Steine sortieren. Ein Sundowner-Trip in den Vaalbos National Park beendet den erlebnisreichen Tag. Alternative: Angeln in der Halbwüste. Am Vaal River bei Kimberley bieten sich in wilder Natur gute Möglichkeiten. Dirk Potgieter kennt die besten Plätze (dominant ist hier der Yellowfish), er organisiert Anfahrt, Picknick und Ausrüstung für das Fliegenfischen. Beide Touren sowie ein Nachtausflug („Ghost tour") sind zu buchen über: Diamond Tours Unlimited Dirk Potgieter Tel./Fax 053/843 00 17 Handy: 08 32 65 47 95.

Garten und Kamin in der Lounge – je nach Jahreszeit Heizung und auch Kühlung in den 4 komfortablen Zimmern. Persönliche Betreuung durch Gastgeberin Leonie van Vuuren. Flughafentransfer und weiterer Service auf Anfrage. Nichtraucher haben bei Leonie gleich einen Bonus.

★★ Langberg Guest Farm
In der Nähe von Magersfontein, 21 km südlich von Kimberley an der N 12
Tel./Fax 053/832 10 01
Mail: getaway@langberg.co.za
Tienie und Marita Neetling haben mit viel Liebe und Geschmack eine alte Farm restauriert. Einige der früheren Ställe mutierten dabei zu komfortabel-rustikalen Räumen. Unvergesslich: Dinner bei Kerzenlicht am langen Holztisch. Tennis und Wandermöglichkeiten.

Restaurants

☆☆ Mario's
159 Du Toitspan Road
Tel. 053/831 17 38.
Italienische Küche mit entsprechendem Ambiente in einem schönen alten Haus, auch diverse Fleischgerichte. Für Insider das beste Restaurant in der Stadt, die für Gourmets, trotz eines gewissen Wohlstands, eine „bessere Wüste" ist.
So Ruhetag.

☆☆ Umberto's
229 Du Toitspan Road
Tel. 053/832 57 41.
In der gleichen Straße zu finden wie das „Mario's". Gute und preiswerte Küche, aber nicht so schönes Ambiente. Weshalb aber „Umberto's" ebenfalls am Sonntag geschlossen ist, bleibt wohl für immer ein Geheimnis.

☆☆ Barnato's
6 Dalham Road
Tel. 053/833 41 10.
Vorweg eine Warnung: Auch das „Barnato's" ist leider am Sonntagabend geschlossen (an diesem Tag bleiben wohl nur noch Restaurantketten wie „Saddles", „Steers" und „Nando's"). Gemütlich und gutes Essen, deshalb auch sehr beliebt bei den Einheimischen.

Einkaufen

Leider sind Diamanten in Kimberley nicht preiswerter als in Johannesburg oder Kapstadt. In einigen Diamantengeschäften aber kann man in Kimberley gemütlicher und einfacher als in den großen Städten einen Rohdiamanten auswählen und beobachten, wie er nach Wunsch geschliffen wird. „Factory to Finger" ist denn auch das Motto des Betriebes der Familie Stoke im „The Jewellery Sjoppe",
44 Jones Street, Tel. 053/832 76 11.

Das Zentrum

Geschichte

Griqualand

Griquatown mit seinen 5000 Einwohnern liegt in der Einöde, knapp 160 km westlich von Kimberley. Der Name hat einen eher traurigen Hintergrund: Adam Kok („Adam der Koch") war ein freigelassener Sklave und führte Ende des 18. Jh. ein paar hundert „Mischlinge" in den öden Norden, denn am Kap wurden die „Baster", Bastarde, von den Europäern bedrängt. Missionare nannten die „Basters" ab 1815 „Griquas", die Missionsstation im nun entstandenen Griquatown wurde Kern des selbst verwalteten Griqualandes mit eigener Flagge und Münzen. Die westlich gekleideten Missionsschüler der Griquas drängten die ansässigen San und Tswana ab. Der Fantasiestaat hätte noch länger bestehen können, wären nicht 1866 bei Kimberley Diamanten gefunden worden. Die Landrechte der Griquas wurden zwar im Jahr 1871 vom Gouverneur am Kap bestätigt, aber man schwatzte ihnen das Diamantengebiet wieder ab, und 1980 wurde es der Kapkolonie zugeschlagen.

Ausflüge

Magersfontein
30 km südwestlich von Kimberley.
Vor der Besetzung durch die Buren kam es hier am 11. Dezember 1899 zu einer blutigen Schlacht. Die Buren verschanzten sich hier erstmals in Schützengräben.
Mo – Sa 8 – 17 Uhr.

Vaalbos National Park
65 km westlich von Kimberley.
Einziger Park Südafrikas, in dem sich drei verschiedene Ökosysteme und Landschaftsformen treffen: Karoo-Halbwüste, Kalahari-Sandsteppe und das Grasveld. Hier leben u. a. Nashörner, Büffel, Giraffen, Gnus, Kudus und andere Antilopen. Wenig besuchter Park. Nachtfahrten können organisiert werden; 3 rustikale und gut ausgerüstete Chalets mit je 6 Betten bieten Übernachtungsmöglichkeiten.
Reservierung beim National Parks Board (siehe S. 210) oder direkt über:
Paul van der Merwe
Handy: 08 28 00 34 77
Fax 053/830 13 24.

Information

Diamantveld Visitors Centre
Civic Centre
121 Bultfontein Road
Kimberley
Tel. 053/832 72 98
Fax 053/832 72 11
Mail: tourism@kbymun.org.za
Mo – Fr 8 – 17 Uhr, Sa 8 – 12 Uhr.

Bloemfontein

Der Name der Stadt geht zurück auf den Buren Johannes Brits, der an einer blumenumstandenen Quelle 1840 eine Farm baute und sie deshalb „Blumenquelle" (Bloemfontein) nannte. Ein Jahr später errichteten die Briten an gleicher Stelle eine Garnison, und 1854 wurde sie zur Hauptstadt des inzwischen gegründeten Oranje-Freistaats. Heute ist Bloemfontein (235.000 Einwohner) die Hauptstadt des Free State und Sitz des Obersten Gerichts, zudem ein wichtiges Bildungs- und Kulturzentrum. Wegen ihrer Parks und Blumen wird sie auch „Rosenstadt" genannt. Überragt vom Naval Hill mit dem einzigen städtischen Tierreservat des Landes besticht sie mit der größten Dichte historischer Gebäude in der President Brand Street. Bloemfontein rühmt sich auch, eine der schönsten Universitäten des Landes mit einer bedeutenden Sportfakultät zu besitzen.

Verkehr

Tägliche Flüge von und nach Johannesburg, Kapstadt, Durban, Port Elizabeth, mehrfach wöchentlich von

Bloemfontein ist die Gerichtshauptstadt Südafrikas und zugleich ein wichtiger Verkehrsknotenpunkt.

Das Zentrum

Das Military Museum in Bloemfontein dokumentiert den Krieg zwischen Briten und Buren Anfang des 20. Jh.

Geschichte

Der totale Krieg

Am 11. Oktober 1899 erklärte die Südafrikanische Union den Engländern am Kap den Krieg; gefolgt vom verbündeten Oranje-Freistaat. Sie wollten unabhängig und gleichberechtigt sein, es ging um Leben oder Tod. Nach erfolglosen Belagerungen von britischen Garnisonen durch die Buren schlugen die Briten zurück und besetzten am 13. März 1900 Bloemfontein und bald den ganzen „Frei"-Staat. Die Buren gingen zum Guerillakrieg über, was die Briten mit der Vernichtung von 30.000 Bauernhöfen beantworteten. In riesigen „Concentration Camps" starben 27.000 Frauen und Kinder, außerdem 14.000 Schwarze, die auf den Höfen lebten. Das verwüstete Land wurde mit Stacheldrahtzäunen überzogen. 30.000 Soldaten fielen neben den Zivilisten auf beiden Seiten. Die Buren hatten gegen die britische Militärmaschine keine Chance – bis heute erniedrigt, akzeptierten sie am 31. Mai 1902 die Friedensbedingungen der Briten.

und nach George an der Garden Route. Der Flughafen befindet sich 14 km östlich der Stadt. Züge und Busse verkehren mehrmals täglich nach Kimberley, Maseru/Lesotho und innerhalb des Free State sowie nach Johannesburg (420 km) und Kapstadt (1020 km).

Sehenswürdigkeiten

Stadtzentrum

Nirgendwo in Südafrika sind mehr bedeutende alte Gebäude in einer Straße zu sehen als in der President Brand Street, dem Schaufenster burischen Selbstbewusstseins. Man beginnt den Stadtrundgang am besten am zentralen Hoffmann Square. Dort steht die Twin-Spired Church mit zwei Türmen, erbaut nach dem Vorbild des Bamberger Doms. Außerdem lohnt das National Museum einen Besuch. Das 1935 erbaute Rathaus befindet sich an der Ecke Charles/President Brand Street. Ebenfalls in der President Brand steht eines der Wahrzeichen und schönsten Gebäude der Stadt: der Fourth Raadsaal, vollendet 1893. Unter seiner markanten Kuppel trafen sich bis 1900 die Parlamentarier des Orange Free State. Auf der anderen Straßenseite befindet sich das National Afrikaans Library Museum im ehemaligen Regierungsgebäude von 1908. Weiter die zentrale Straße hinunter steht das so genannte Old Presidency, die Residenz von drei Präsidenten des Free State im viktorianischen Stil (mit Museum). Das älteste Gebäude der Stadt residiert an der Ecke zur St. George's Street: der First Raadsaal wurde 1849 errichtet. Im strohgedeckten Haus ist ein weiteres Museum mit Dokumenten zur Stadtgeschichte untergebracht.

Naval Hill

Im zweiten, verheerenden Krieg zwischen Buren und Briten (1899 – 1902) schossen die Buren während der Belagerung im Jahr 1900 vom Hügel nordöstlich des Zentrums ihre Granaten ab. Heute genießt man vom Naval Hill einen guten Blick auf die Stadt.
In der Franklin Game Reserve auf dem Hügel leben Giraffen, Zebras und Antilopen (tgl. 8 – 17 Uhr). Unter dem Naval Hill liegt der Hamilton Park mit Orchideenhaus (3000 Arten).

King's Park

Westlich der Altstadt.
1925 durch den Prince of Wales eingeweiht, beherbergt er die meisten Rosen der Stadt; am Loch Logan wird an jedem ersten Samstag im Monat ein Kunstmarkt abgehalten.

Museen

National Afrikaans Literary Museum

President Brand Street.

Das Zentrum

Ausflug

Gariep Nature Reserve

Der Gariep-Damm ist in älteren Karten noch nach einem der Apartheidsverfechter als Hendrik-Verwoerd-Damm bezeichnet. Der Damm 180 km südlich von Bloemfontein staut den Oranje River seit 1971 zu einem 100 km langen See auf. Am Nordufer des Sees erstreckt sich die Gariep Nature Reserve mit den meisten Springböcken des Landes. Östlich schließt sich das Naturgebiet **Tussen-die Rivieren** an (Nashörner, Zebras, Gazellen). In beiden Parks kann man wandern, Boot fahren und auf Safari gehen. Unterkunft:
★★ **De Oude Pomp** Norvalspont an der N 1, Richtung Venterstad Tel./Fax 051/754 50 55. Unterkunft in einem restaurierten Pumpenhaus, zusätzlich zwei große Safarizelte mit Betten direkt am Fluss, gutes Essen. Naturnah, gemütlich und preiswert. Kanutouren von einem halben Tag bis zu einer Woche und andere Ausflüge können auch über das Gästehaus organisiert werden.

Bücher und Fotos diverser afrikanischer Künstler.
Mo – Fr 8 – 12.15 und 13 – 16 Uhr, Sa 9 – 12 Uhr.

Military Museum

Monument Road im Süden der Stadt
Tel. 051/447 34 47.
Zeugnisse aus dem Krieg zwischen Buren und Briten. Der Obelisk wurde zum Gedenken an etwa 27.000 Frauen und Kinder errichtet, die in britischen Lagern umkamen.
Mo – Fr 9 – 16.30 Uhr, Sa 10 – 17 Uhr, So 14 – 17 Uhr.

National Museum

Ecke Aliwal/Charles Street
Tel. 051/447 96 09.
Eine der größten Fossiliensammlungen weltweit, darunter das Skelett eines Dinosauriers. Ausstellung über die Buschmann-Kultur und die Geschichte des Free State.
Mo – Fr 8 – 17 Uhr, Sa 10 – 17 Uhr, So 13 – 18 Uhr.

Unterkunft

★★★ **Holiday Inn Garden Court**
Zastron Street/Melville Avenue
Tel. 051/444 12 53
Fax 051/444 06 71
Mail: sophiab@southernsun.com
Zentral gelegen mit 147 gediegenen Zimmern, alle mit Blick auf den ruhigen und grünen Innenbereich, großes Schwimmbad, Restaurant. Gutes Preis-Leistungs-Verhältnis. In der Nähe Restaurants und ein neues Shoppingcenter.

★★★ **Hobbit House**
19 President Steyn Avenue
Tel./Fax 051/447 06 63
Mail: hobbit@intekom.co.za
Benannt nach dem Fantasiereich des Schriftstellers J. R. R. Tolkien, einem Sohn der Stadt (sein bekanntester Roman: „Der Herr der Ringe"). Prächtige alte Villa mit individuellen Zimmern, die viele Auszeichnungen erhalten hat. Persönlich und freundlich, intimes Restaurant mit sehr guter Küche. Die sympathischen Besitzer Esther und Jake Uys sind die Seele des Hauses.

★★ **Alhenta**
6 Rayton Ridge Road
Tel./Fax 051/436 43 67
Handy: 08 32 74 64 87.
In Nähe des Botanischen Gartens mit schönem Blick. Großzügig, geschmackvoll eingerichtet und dennoch preiswert. 2 große Zimmer und 1 Bungalow, Küche, Grillplatz, Pool.

Restaurants

In Bloemfontein herrscht ähnliches „kulinarisches Wüstentum" wie in Kimberley, doch im Gegensatz zu Letzterer gibt es an der „blühenden Quelle" noch nicht einmal eine originelle Kneipe.

☆☆ **New York Restaurant**
Second Avenue
Westdene
60 Medene Centre
Tel. 051/447 72 79.
Gilt bei Insidern als bestes Restaurant der Stadt; auch Seafood.
Tgl. ab 11 Uhr.

☆ **Hardrock Café**
Im „Holiday Inn Garden Court"
Tel. 051/444 12 53.
Aufregend ist nur der Name. Gute und auch leichte Mahlzeiten in angenehmer, moderner Atmosphäre.
Tgl. ab 11 Uhr.

Ausflug

Free State Botanical Garden
10 km nordwestlich der Stadt (Dan Pienaar Drive).
Botanischer Garten mit See und Park, sehenswert ist aber vor allem die natürliche Vegetation des Hochvelds und einige versteinerte Bäume.
Tgl. 8 – 18 Uhr.

Das Zentrum

Typisch für den reizvollen Golden Gate Highlands National Park: die von der Erosion in unterschiedlicher Färbung geschaffenen Sandsteingebilde.

Information

Bloemfontein Tourist Centre
60 Park Road
Bloemfontein
Tel. 051/405 84 89
Fax 051/447 38 59.
Mail: blminfo@iafrica.com
Mo – Fr 7.30 – 16 Uhr.
U. a. erhält man hier einen Stadtplan mit der Historical Walking Tour.

Clarens

Clarens, eine sehr angenehme Kleinstadt, die auch als „Perle des Orange Free State" bezeichnet wird, ist der Hauptort der Region nördlich von Lesotho und sozusagen das Tor zum Golden Gate Highlands National Park. Der Ort wurde 1912 nach dem Schweizer Bergort bezeichnet, in dem der erste Burenpräsident Paul Krüger bis zu seinem Tod am 14. Juli 1907 im Exil lebte. In Clarens haben sich Künstler und ältere, wohlhabende weiße Südafrikaner niedergelassen. Das Städtchen ist auch ein Ort für Hochzeiten beliebt, viele der Verheirateten bleiben und senken so den Altersdurchschnitt. Am Ostersamstag und Mitte Dezember findet ein großer Floh- und Kunstmarkt statt. Preiswerte und angenehme Gästehäuser, Cafés, Galerien und Wanderwege in schöner Berglandschaft ziehen immer mehr Besucher an.

Ausflug

Bethlehem
42 km nördlich von Clarens.
Der kleine Ort wurde 1864 von Voortrekkern gegründet. Sehenswert sind einige historische Gebäude. Aber auch die urwüchsige Natur spricht für den Ausflug: 6 km außerhalb liegt das Wolhuterskop Nature Reserve (viele Antilopen- und Vogelarten). Der 20 km lange Rundwanderweg Wolhuterskop Trail führt entlang dem See Loch Atlone am südlichen Stadtrand (Bootsausflüge, Schwimmen) zum Naturreservat. Noch in der Stadt befindet sich die Pretorius Nature Reserve, ein idealer Ort für lange Spaziergänge.
Information und Gästehausreservierung bietet:
Eastern Free State Tourism Office
6 Theron Street
Tel. 058/303 76 77
Fax 058/303 48 84
Mail: victoria@efstatetourism.co.za

Information

Clarens Highland Tourism and Information Centre
President Square
Clarens
Tel. 058/256 15 42
Fax 058/256 16 43
Mail: clarens@bhm.co.za
Auch Reservierung von Gästehäusern.

Ausflug

Golden Gate Highlands National Park

15 km östlich von Clarens an der Grenze zu Lesotho. Der Park ist berühmt für gewaltige Sandsteinberge, die in der untergehenden Sonne golden leuchten. Das Gebiet wurde 1962 als Nationalpark ausgewiesen und umfasst 12.000 ha auf einer Höhe zwischen 1890 und 2770 m. Wanderwege von 1 Std. bis 2 Tagen (Reebok Hiking Trail, 30 km, Übernachtung in Hütte), auch Pferderitte (Ponys). Im Sommer kann es kühl sein und regnen, in den Wintern fällt oft Schnee. Im Park leben u. a. kleine Antilopenarten (wie Bless- und Springböcke), Zebras und 140 Vogelarten, darunter seltene Felsenadler und Bartgeier.
Unterkünfte: Brandwag Camp (Hotel, Chalets) und Glen Reenen Camp (einfachere Rondavels). Individueller übernachtet man aber im nahen Clarens.
Info/Reservierung über National Parks Board (siehe S. 210) und Clarens Highland Tourism (siehe links).

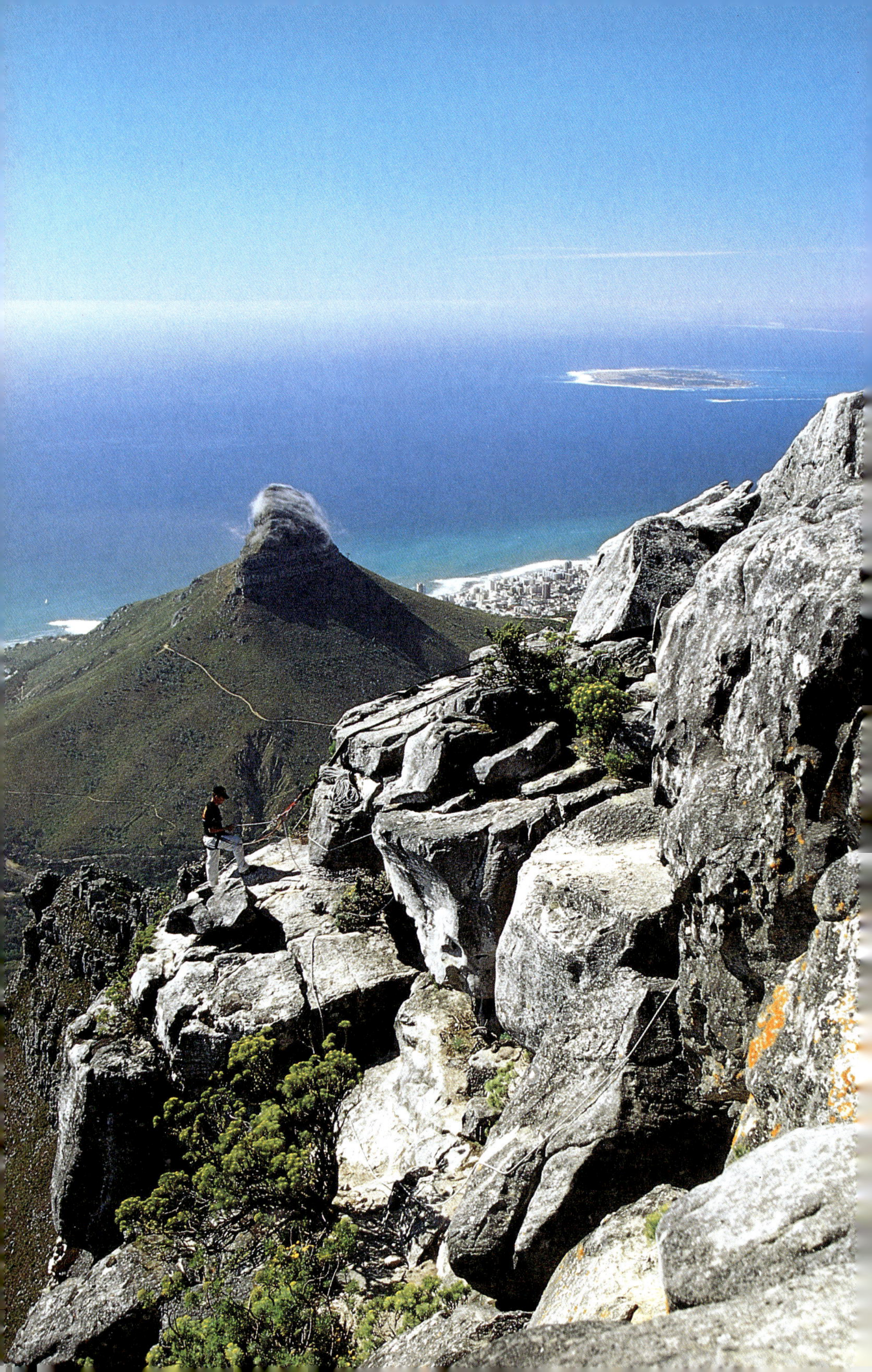

Praktische Hinweise von A – Z

Anreise 204
Alkohol 204
Ärztliche Versorgung 204
Banken 204
Behinderte 205
Camping 205
Dipl. Vertretungen 205
Drogen 205
Einreise 206
Feiertage 206
Fernsehen und Radio 206
Fotografieren 206
Fundbüro 206
Geld 206
Gesundheit 207
Information 207
Karten 207
Kinder 208
Kleidung 208
Klima 208
Literatur und Musik 209

Maße und Gewichte 209
Mehrwertsteuer 209
Nachtleben 210
Nationalparks 210
Notruf und Polizei 211
Öffnungszeiten 211
Post und Telefon 211
Reiseveranstalter 211
Routenvorschläge 212
Sicherheit 211
Souvenirs 211
Strom 215
Studienreisen 214
Theater und Kino 215
Transport und Verkehr 215
Trinkgeld 216
Unterkunft 216
Zeit 218
Zeitungen 218
Zoll 218

◀ *Einen grandiosen Blick auf Kapstadt und den Indischen Ozean genießt man vom Tafelberg.*

A Anreise

SAA (South African Airways) fliegt täglich von Frankfurt und Zürich nach Johannesburg und weiter nach Kapstadt. Die Flüge ab Frankfurt werden im Verbund („Code Share") mit Lufthansa durchgeführt, die ebenfalls täglich ab Frankfurt fliegt. Ab Zürich fliegt SAA im Verbund mit Swissair. SAA bietet Familienrabatte, günstige „Pakete" mit Flug, Hotels, Mietwagen und ermäßigten Inlandsflügen:

South African Airways
Service Center
Darmstädter Landstr. 125
60598 Frankfurt
Tel. 069/29 98 03 20
Fax 069/29 98 03 70
Mail: info@fra.flysaa.com
Web: www.saa.co.za

Air France, British Airways und KLM bieten via Paris, London bzw. Amsterdam preisgünstige Flüge. Eine preiswerte, bisher wenig genutzte Möglichkeit ist der Flug mit einer außereuropäischen Airline und damit der Möglichkeit, ohne Mehrkosten deren Heimatland mit Südafrika zu verbinden: zum Beispiel mit Egypt Air (via Kairo), Emirates (via Dubai), Ethiopian Airlines (via Addis Abeba), Royal Air Maroc (via Casablanca) oder Yemenia (via Sana'a).

Die Preise variieren entsprechend der Saison von rund 500 bis über 1000 Euro. Die höchsten Preise zahlt man für Flüge im Oktober und von Mitte Dezember bis Ende Januar sowie im April. Aber denken Sie daran: Südafrika ist „in" – die Flüge sind deshalb oft schon Monate im Voraus ausgebucht!

Alkohol

„Liqueur Stores" oder (auf dem Land) „Drankwinkel" verkaufen alkoholische Getränke. Südafrikanischer Wein guter Qualität ist ab 1,5 Euro pro Flasche zu haben. Bier wird in verschiedenen Sorten angeboten; populär sind „Castle" (auch in leichter Version) und „Black Label". Importierte Spirituosen (z. B. Whisky) kosten ähnlich viel wie in Europa, sind aber im Ausschank preiswerter als hier zu Lande.

Das früher herrschende Verbot des Ausschanks von Alkohol an Sonn- und Feiertagen wurde aufgehoben. Nur lizenzierte Restaurants dürfen Alkohol ausschenken und sind an der Kategorisierung zu erkennen:

SAA, die staatliche südafrikanische Fluggesellschaft fliegt in guten 10 Stunden von Frankfurt nach Johannesburg.

Y: Bier und Wein nur zu den Mahlzeiten.
YY: Verkauf nur von Wein und Bier, aber keine Spirituosen.
YYY: Verkauf von Wein, Bier und Spirituosen.

In Restaurants darf oft Wein selbst mitgebracht werden, allerdings gibt es dafür weder eine Kennung am Lokal noch eine feste Grundregel. Hierfür wird eine so genannte „Corkage Fee" verlangt; im Schnitt liegt sie bei 1,5 Euro.

Ärztliche Versorgung

Die ärztliche Versorgung entspricht in den großen Städten europäischem Standard. Ärzte findet man unter dem Stichwort „Medical Practitioners" im Telefonbuch.

Empfehlenswert ist der Abschluss einer Krankenversicherung. Dies bedeutet, dass man vor Ort für eventuell anfallende Behandlungskosten selbst aufkommen muss, die Auslagen aber in Deutschland wieder erstattet bekommt. Europäische Krankenscheine werden nicht anerkannt.

Die Apotheken („Pharmacy", „Chemist" oder auf Afrikaans „Apteek") sind gleichzeitig Drogerien.

Landesweiter ärztlicher Notruf: Tel. 101 77.

B Banken

Die Banken sind unter der Woche 9 – 15.30 Uhr und am Samstag 8.30 – 11 Uhr geöffnet. Geldautomaten findet man in allen großen Städten. Es empfiehlt sich, gleich nach der Ankunft am Flughafen Geld zu tauschen.

Das Angebot an komfortablen Campingplätzen ist in Südafrika groß.

Behinderte

In allen größeren Hotels und Restcamps des National Parks Board wird für behindertengerechte Unterbringung gesorgt. Die Südafrikaner sind sehr hilfsbereit und haben keine Probleme mit Behinderten („Disabled").
Weitere Informationen:
Disabled People of
South Africa, Pretoria
Tel. 012/465 00 90
Fax 012/465 00 98
Mail: dpsa-ct@global.co.za
Web: www.access-able.com

C Camping

(Weiße) Südafrikaner sind Campingfreunde. Entsprechend groß ist das Angebot an gut ausgestatteten Campingplätzen (mehr als 700 Caravan Parks). Abends zieht der Duft von Grillfleisch über die Plätze, die während der Ferien (Dezember – Mitte Januar und im Juli) oft sehr stark belegt sind.
Die Caravan Parks zeichnen sich meist durch einen guten bis sehr guten Standard aus und bieten oft auch die Möglichkeit, in einem „Rondavel" (Rundbungalow) oder im Zimmer zu übernachten. Der Mehrzahl der Campinganlagen ist ein Shop, Sporteinrichtungen, oft günstige Restaurants und ein Swimmingpool angegliedert.
Eine Liste mit den wichtigsten Campingplätzen inklusive einer Kurzbeschreibung und Reservierungsanschrift ist über Satour zu beziehen (siehe S. 207). Im Buchhandel des Landes erhält man ebenfalls einen ausführlichen Campingführer. Wildes Campen ist in Südafrika nicht gestattet.

D Dipl. Vertretungen

In Südafrika

Deutsche Botschaft
190 Blackwood Street
Pretoria/Arcadia
Tel. 012/427 89 00
Fax 012/343 94 01
Mail: germanyembassy
pretoria@gonet.co.za

Generalkonsulat Pretoria
Tel. 012/344 38 54.

Generalkonsulat Kapstadt
Tel. 021/424 24 10.

Botschaft von Österreich
1109 Duncan Street
Pretoria/Hatfield
Tel. 012/460 24 83
Fax 012/460 11 51
Mail: autemb@mweb.co.za

Honorarkonsulat Johannesburg
Tel. 011/447 65 51.

Generalkonsulat Kapstadt
Tel. 021/421 14 40.

Botschaft der Schweiz
8418 George Avenue
Pretoria/Arcadia
Tel. 012/430 67 07
Fax 012/430 67 71
Mail: vertretung@pre.rep.admin.ch

Generalkonsulat Johannesburg
Tel. 011/442 75 00

Generalkonsulat Kapstadt
Tel. 021/426 10 40

Vertretungen von Südafrika

In Deutschland:
Südafrikanische Botschaft
Friedrichstr. 60
10117 Berlin
Tel. 030/220 73-0
Fax 030/220 73-190
Mail: botschaft@suedafrika.org

In Österreich:
Sandgasse 33
1190 Wien
Tel. 01/320 64 93
Fax 01/328 37 90
Mail: saembvie@aonat

In der Schweiz:
Jungfraustr. 1
3005 Bern
Tel. 031/350 13 13
Fax 031/350 13 11
Mail: pr&info@southafrica.ch

Drogen

„Dagga" (ausgesprochen „Dacha") ist der lokale Name für Marihuana, das die Xhosa schon im 19. Jh. den Buschleuten verkauften. Viele Schwarze rauchen Marihuana, und Rasta-

Gruppen vor allem in Kapstadt setzen sich seit Jahren für dessen Legalisierung ein. Der Besitz und Konsum von Marihuana und anderen Drogen wie Kokain oder Heroin ist in Südafrika aber illegal und wird hart bestraft. Dennoch nimmt auch in Südafrika der Drogenhandel zu, und hinter vielen Diebstählen wie auch Überfällen steht die Beschaffungskriminalität von Abhängigen.

Einreise

Es ist kein Visum erforderlich. Der Reisepass muss noch mindestens sechs Monate ab Einreisedatum gültig sein. Die Aufenthaltsdauer im Land darf einen Zeitraum von drei Monaten nicht überschreiten.

Feiertage

Neben eigenen Feiertagen spezieller Bevölkerungsgruppen, wie Asiaten oder Juden, gibt es in Südafrika zwölf gesetzliche Feiertage. Sie wurden Ende 1994, nach dem politischen Umbruch in Südafrika, neu verabschiedet.

1. Jan.: Neujahr.
21. März: Tag der Menschenrechte.
Karfreitag und Ostermontag (Familientag).
27. April: Freiheitstag (in Erinnerung an die ersten freien Wahlen am 27. 4. 1994).
1. Mai: Tag der Arbeit.
16. Juni: Tag der Jugend.
9. Aug.: Nationaler Frauentag.
24. Sept.: Tag des Erbes und Shaka Day der Zulus.
16. Dez.: Tag der Versöhnung; bis 1994 war er unter der Apartheitregierung „Gelöbnistag" in Erinnerung an die Schlacht gegen die Zulus am Blood River 1838.
25./26. Dez.: Weihnachtsfeiertage.
26. Dez. „Tag des guten Willens" – „Day of Good Will".
Fällt einer dieser Tage auf den Sonntag, so ist der folgende Montag Feiertag.

Fernsehen und Radio

Die SABC (South Africa Broadcasting Corporation, Johannesburg) strahlt drei Programme aus – in Englisch und Afrikaans, im 2. und 3. Programm auch in weiteren neun Sprachen (darunter Hindi und Tamilisch). Das 3. Programm bringt meist Unterhaltung. Der TV-Privatsender M-Net wurde 1986 gegründet und steht in direkter Konkurrenz zur SABC, ebenso wie auch der Privatsender E-tv.
Die SABC sendet daneben auch 23 Radioprogramme in den elf Landessprachen.

Fotografieren

Farbnegativfilme sind überall erhältlich und können in größeren Orten innerhalb weniger Stunden entwickelt werden. Ein umfassendes Angebot von Diafilmen findet man nur in großen Städten. Sie sind teurer als in Europa; ebenso Kameras und Objektive.
Um gute Resultate bei Tieraufnahmen zu erzielen, sollte man ein Teleobjektiv von 200 mm Brennweite oder gar mehr mitführen. Ein leichtes Stativ leistet gute Dienste. Gegen Staub helfen am zweckmäßigsten Plastikbeutel.

Fundbüro

Es gibt keine Fundbüros als staatliche Institution. In Hotels, Kinos, Theatern etc. sollte man sich an die Abteilung „Lost and Found" wenden, wenn etwas liegen geblieben ist.

Geld

Währung ist der Rand (R), eingeteilt in 100 Cents. In Umlauf sind Banknoten von 5, 10, 20, 50, 100 und 200 Rand. 1 Rand entspricht etwa 0,15 Euro (Stand November 2000). Die Mitnahme von Reiseschecks in DM oder US-Dollar ist zu empfehlen. Euroschecks werden nicht eingelöst.

Ein beliebtes Fotomotiv: die überwältigende Vielfalt der südafrikanischen Flora.

Südafrika gehört zu den Ländern in der Welt, die die höchsten Aids-Raten aufweisen.

In fast allen Hotels, Restaurants und Geschäften kann mit Kreditkarten bezahlt werden. Am gebräuchlichsten sind Eurocard/Mastercard, Diners Club und Visa. Maximal dürfen pro Person 500 Rand in bar ein- oder ausgeführt werden.

Gesundheit

Eine Malariaprophylaxe ist vor einem Besuch des Tieflandes von Mpumalanga (Krüger-Nationalpark) vor allem im südafrikanischen Sommer dringend angeraten. Das gilt auch für den östlichen Küstenstreifen von KwaZulu-Natal. Auf der anderen Seite: die Brutplätze der Moskitos werden in den Nationalparks behandelt, und die Unterkünfte verfügen über Moskitonetze und/oder Fliegengaze vor den Fenstern. Wer sich nur einen oder zwei Tage z. B. im Krüger-Park aufhält, sollte deshalb lieber auf praktischen Malariaschutz setzen (Insektenlotion, Socken, lange Hosen vor allem in der Dämmerung). Tabletten zur Malariaprophylaxe gibt es rezeptfrei in jeder Apotheke und in den Souvenirläden der Nationalparks.

In stehenden Gewässern sollte man nicht baden (Bilharziose-Gefahr). Das Leitungswasser ist von guter Qualität und bedenkenlos trinkbar.

Getränke sind oft der Auslöser für Magen-Darm-Probleme. In Südafrika werden alle Softdrinks, auch im Winter, ungefragt mit viel Eis aufgefüllt. Man sollte deshalb sein Getränk ohne Eis bestellen. Bei Magen- und anderen Problemen findet man in der nächsten Apotheke das passende Medikament.

Südafrika gehört zu den Ländern mit der höchsten Aids-Rate. Das sollte bei sexuellen Kontakten bedacht werden.

I Information

Satour, das staatliche südafrikanische Fremdenverkehrsamt, hält reichhaltiges und anschauliches Informationsmaterial über Südafrika bereit, darunter auch Broschüren zu speziellen Themen wie Unterkünfte und Restaurants, Feste und Verkehr.

In Deutschland
An der Hauptwache 11
60313 Frankfurt
Tel. 069/929 12 90
Fax 069/28 09 50
Mail: info@fra.satour.de
Web: www.satour.de

In Österreich
Bayerngasse 1
1130 Wien
Tel. 01/470 45 11 10
Fax 01/718 19 42
Mail: satour@cybertron.at

In der Schweiz
Active Marketing
Seestr. 42
8802 Kilchberg-Zürich
Tel. 01/715 10 69
Fax 01/715 18 89
Mail: mdigele@active.ch

In allen größeren Städten Südafrikas findet man lokale Touristeninformationen. Sie sind durch den Großbuchstaben „I" gekennzeichnet.Öffnungszeiten: wochentags meist 8 – 16 Uhr.
Außerdem unterhält auch Satour in vielen Orten Südafrikas ein Büro. Die Adressen und Telefonnummern des jeweils wichtigsten örtlichen Touristenbüros sind in den jeweiligen regionalen Kapiteln aufgelistet.

K Karten

Gute Karten über Südafrika bekommt man über Fachbuchhandlungen und in Südafrika selbst auch in der Zeitschriftenkette CNA. Handliche Straßenatlanten enthalten neben der Übersicht alle Regionen des Landes sowie Pläne der wichtigsten Städte, z. B. Road Atlas of South Africa, New Holland Publishers, London. Handliche Taschenkarten zu Johannesburg, Durban, Kapstadt und der Kap-Halbinsel bietet der südafrikanische Handel an. Über die wichtigsten Wanderregionen (Tafelberg, Drakensberge, Garden Route) informieren Detailkarten – zu kaufen in den Buchgeschäften des jeweiligen Gebietes und in den Shops von Nationalparks.

Kinder

Da Südafrikaner viel mit ihren Kindern reisen, findet man vor allem in den touristischen Zentren und den Nationalparks die entsprechenden Einrichtungen. In den privaten Hotels und Lodges der gehobenen Preisklasse werden Kinder jedoch oft erst ab einem Alter von 12 oder 14 Jahren gern gesehen. Während einer Safari sollte man auch unbedingt berücksichtigen, dass das Verlassen des Fahrzeugs in Naturschutzgebieten mit gefährlichen Tieren verboten (weil gefährlich) ist.

Kleidung

Luftig leichte Baumwollkleidung gehört auf jeden Fall in das Reisegepäck, aber ebenfalls ein warmer Pullover und ein Anorak. Denn auch im südafrikanischen Sommer können die Abende recht kühl werden. In den Küstengebieten von KwaZulu-Natal herrschen dann wiederum sehr heiße Temperaturen. Auch Wanderschuhe sollte man mitnehmen, zumindest jedoch Halbschuhe mit einem kräftigen, rutschfesten Profil.

Spezielle Safarikleidung lässt sich preiswert und in größeren Städten sowie den Shops der meisten Nationalparks kaufen. Vor allem ein Hut als Kopfbedeckung schützt im Sommer gegen die stechende Sonne. Nur in sehr guten Restaurants und Hotels wird abends Wert gelegt auf korrekte Kleidung („smart").

Klima

Bedingt durch die Lage Südafrikas auf der Südhalbkugel verhalten sich die Jahreszeiten „spiegelverkehrt" zu denen in Europa. In den Monaten Juli und August fällt in den Drakensbergen manchmal Schnee; die Temperaturen sinken dann nachts im Hochland bis auf zehn Grad unter Null, steigen aber auch im Winter tagsüber auf rund 20 Grad an.

Das Kapland am Schnittpunkt des Atlantischen und Indischen Ozeans besticht durch gemäßigtes mediterranes Klima; aber es regnet hier oft im Winter, während sich das Hochland eines wolkenlosen, strahlend blauen Himmels erfreut. Der warme Agulhas-Strom des Indischen Ozeans garantiert vor allem an den Küsten bei Durban Badefreuden auch im Winter und sorgt für subtropisches Klima, während der Atlantik vom kalten Benguela-Strom gut gekühlt wird. Da die kalte Luft nur wenig Feuchtigkeit aufnehmen kann, bildeten sich hinter der schroffen Küste karge Wüsten und Halbwüsten.

Im südafrikanischen Sommer steigen die Temperaturen im Tiefland auf mehr als 35 Grad. An der Küste Natals wird es dann unangenehm schwül. Wer das gesamte Land bereisen möchte, sollte am besten die Übergangszeiten bevorzugen: Mai/Juni (Herbst) oder September/Oktober (Frühling).

Das aktuelle Wetter und eine Vorschau lässt sich über das South African Weather Bureau abfragen:
Tel. 012/309 3911
Web: www.sawb.gov.za

WETTER IN JOHANNESBURG
Die monatlichen Durchschnittswerte im Überblick

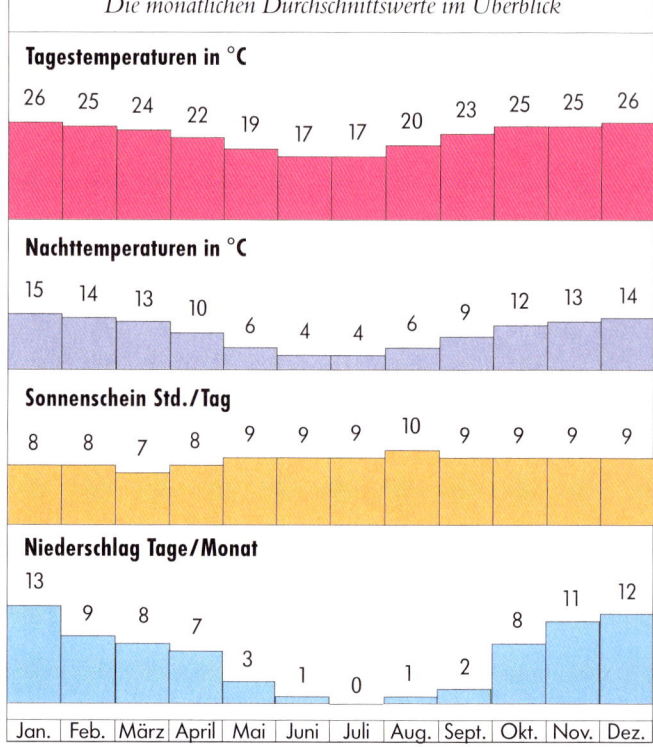

Tagestemperaturen in °C

Jan.	Feb.	März	April	Mai	Juni	Juli	Aug.	Sept.	Okt.	Nov.	Dez.
26	25	24	22	19	17	17	20	23	25	25	26

Nachttemperaturen in °C

Jan.	Feb.	März	April	Mai	Juni	Juli	Aug.	Sept.	Okt.	Nov.	Dez.
15	14	13	10	6	4	4	6	9	12	13	14

Sonnenschein Std./Tag

Jan.	Feb.	März	April	Mai	Juni	Juli	Aug.	Sept.	Okt.	Nov.	Dez.
8	8	7	8	9	9	9	10	9	9	9	9

Niederschlag Tage/Monat

Jan.	Feb.	März	April	Mai	Juni	Juli	Aug.	Sept.	Okt.	Nov.	Dez.
13	9	8	7	3	1	0	1	2	8	11	12

Ein Guide im Umfolozi-National Park informiert Besucher über die Pflanzenwelt des Parks.

L Literatur und Musik

Romane

Breyten Breytenbach: „Mischlingsherz", Hanser 1999.
Der südafrikanische Autor lebte jahrzehntelang im Exil. Dies ist sein Bericht über sein Heimatland nach der Apartheid.

Jean M. Coetzee: „Schande", Fischer 2000.
Neuer Roman des bekannten südafrikanischen Autors: Sex, Gewalt und Rassenprobleme nach dem Ende der Apartheid.

Nadine Gordimer: „Freitags Fußspur", Fischer 1996.
Frühe Erzählungen aus den 50er und 60er Jahren der Nobelpreisträgerin für Literatur vor dem Hintergrund der Apartheid.

Sachbücher

„Südafrika", Merian 2000.
Die neueste Veröffentlichung über Südafrika.

Karin Chubb, Lutz van Dijk: „Der Traum vom Regenbogen", Nach der Apartheid: Südafrikas Jugend zwischen Wut und Hoffnung, Rowohlt 1999.
Im Buch sind Aussagen von Jugendlichen gesammelt, die vor der Wahrheitskommission unter Erzbischof Desmond Tutu erstmals öffentlich über ihr Leben und ihre Probleme sprachen.

Wolfgang Faßbender: „Die Weine Südafrikas", Vinotheca/Falken-Verlag 2000.
Handliche und gute Einführung in südafrikanische Weine.

Nadine Gordimer: „Zwischen Hoffnung und Geschichte", Berlin Verlag, 2000.
Essays über das Heimatland der Autorin, Südafrika, aber auch über andere Schriftsteller, kulturelle Globalisierung und Zeitläufe.

Elke und Dieter Loßkarn: „Südafrika" – Terra Magica Spektrum, Reich Verlag 2000.
Neuestes Buch des bei Kapstadt lebenden Journalistenpaars, mit brillanten Fotos von Elke Loßkarn.

Nelson Mandela: „Der lange Weg zur Freiheit", Fischer 1998.
Faszinierende Autobiographie des ehemaligen südafrikanischen Präsidenten und Friedensnobelpreisträgers. Als gebundene sowie als Taschenbuchausgabe erhältlich.

Tony Pinchuck, Barbara McCrea: „Cape Town", Mini Rough Guide, Penguin Book, London 2000.
Handliches Format, eine Fülle aktueller Informationen: Kapstadt und Umgebung für die Hosentasche. In Südafrika in den meisten Buchhandlungen vorrätig.

CDs

„Africa Today – Best of contemporary Zulu Folk Music", Arc Music 1999.
Gute Zulu-Musik zum günstigen Preis.

„Johnny Clegg & Savuka", Album Gold Collection, EMI-Electrola 1997.
Der in Südafrika bekannte Popsänger mit seinem schwarzen Counterpart Savuka.

Miriam Makeba: „Best of Mama Africa", Edel Records 2000.
Die südafrikanische Pop- und Folk-Diva mit ihren besten Songs zum günstigen Preis.

Abdullah Ibrahim: „African Suite", Enja Records 1998.
Südafrikas legendärer Jazzpianist mit dem Jugendstreichorchester der Europäischen Gemeinschaft.

M Maße und Gewichte

Es gilt das in Europa übliche metrische System. Man rechnet als in Kilometern, Kilogramm und Litern.

Mehrwertsteuer

Die Mehrwertsteuer (VAT – Value Added Tax) von 14 % wird bei einer Kaufsumme über 250 Rand bei der Ausreise am Flughafen von Kapstadt, Durban

Nachtleben

und Johannesburg zurückerstattet. Bedingung ist neben dem Kaufbeleg und Vorzeigen der Ware ein Formular, das vom Verkäufer ausgefüllt wird. Weitere Informationen erteilt: VAT Refund Administrators, Tel. 011/484 75 30, Fax 484 29 52.

N Nachtleben

Auf ein Bier in einen „Shebeen" (Kneipe im Township) zu gehen ist sicherlich interessant, sollte aber nicht nach Einbruch der Dunkelheit unternommen werden. Nachts sollte man allgemein Vorsicht in den großen Städten walten lassen. Sicher fühlen kann man sich dagegen an der Waterfront in Kapstadt und in den Einkaufskomplexen, um die sich in der Regel auch Restaurants und Kneipen angesiedelt haben. Originelle Bars sind ebenso selten wie gute moderne Theater- und Kleinkunstbühnen, die man vor allem in Kapstadt und Johannesburg findet; auf besondere Pubs wird in den entsprechenden Kapiteln hingewiesen. Bereits am Flughafen findet man Informationen, was aktuell in Theatern und an Veranstaltungen angeboten wird; die Cape Review z. B. erscheint monatlich neu und ist auch im Internet vertreten (siehe S. 46).

Nationalparks

Überwältigende Natur und wilde Tiere sind Südafrikas wichtigste Attraktionen. Der Naturschutz genießt deshalb seit über 100 Jahren hohe Priorität. Man unterscheidet zwischen staatlichen „National Parks" (zu denen immer Unterkünfte gehören), „Game Reserves" und „Nature Reserves", die oft von den lokalen Stellen unterhalten werden. Wer zu den bekannten National Parks reisen will (vor allem zum Krüger-Nationalpark), sollte die Unterkünfte schon Monate vorher reservieren – vor allem bei einem Besuch in der Hauptsaison über Weihnachten/Neujahr, Ostern und während der großen Ferien im Juli/August.
Von Pretoria aus werden 13 Nationalparks in ganz Südafrika (außer KwaZulu-Natal und Eastern Cape) verwaltet.

South African National Parks
Tel. 012/343 19 91
Fax 012/343 09 05
Mail: reservations@parks-sa.co.za
Web: www.parks-sa.co.za

KwaZulu-Natal Wildlife
Im Oktober 2000 wurde der Conservations Service umbenannt in „KwaZulu-Natal Wildlife". Die Organisation, die in ihrem Wappen das Rhinozeros führt, verwaltet insgesamt 67 Naturschutzgebiete in KwaZulu-Natal.

KwaZulu-Natal Wildlife
Tel. 033/845 10 00
Fax 033/845 10 01
Mail: bookings@rhino.org.za
Web: www.rhino.org.za

Nationalparks, Wild- und Naturreservate

1 Krüger National Park
2 Ndumu Game Reserve
3 Itala Game Reserve
4 Mkuzi Game Reserve
5 Hluhluwe Game Reserve
6 Umfolozi Game Reserve
7 St. Lucia Game Reserve
8 Giant's Castle Game Reserve
9 Royal Natal National Park
10 Golden Gate Highlands National Park
11 Vaalbos National Park
12 Mountain Zebra National Park
13 Zuurberg National Park
14 Addo Elephant National Park
15 Tsitsikamma National Park
16 Wilderness National Park
17 Bontebok National Park
18 Karoo National Park
19 West Coast National Park
20 Tankwa Karoo National Park
21 Augrabies Falls National Park
22 Kalahari Gemsbok National Park
23 Richtersveld National Park

Souvenirs

Von fast allen Städten Südafrikas aus kann man via Satellit weltweit telefonieren.

bühr von rund 5 Rand pro Minute. Nach 20 Uhr ist Telefonieren billiger.
Inlandsauskunft: 1025,
Auslandsauskunft: 0903.

R Reiseveranstalter

Eine Liste von südafrikanischen Reiseveranstaltern ist über Satour erhältlich (siehe S. 207). South African Airways hat den umfangreichen Katalog „SAA Tours" mit Angeboten aller Reiseveranstalter für das Land herausgebracht. Dort sind die gängigen Hotels abgebildet, und man kann sich anhand der Informationen auch problemlos selbst seine Reise zusammenstellen.

Eastern Cape

Die Provinzparks in drei Regionen der Provinz Eastern Cape zwischen Port Elizabeth und Port Shepstone südlich von Durban werden „offiziell" vom Eastern Cape Tourism kontrolliert, aber es gibt verschiedene halbautonome Behörden. Entsprechende Adressen und Nummern siehe S. 106 – 112.

Notruf und Polizei

Polizeinotruf in allen Städten: Tel. 101 11.
In Johannesburg außerdem: Tel. 999.
Crime Line (zur Meldung von Strafdelikten): 0800 124 124.

O Öffnungszeiten

Eine feste Regelung für die Ladenöffnungszeiten gibt es nicht. In den großen „Shopping-Centers" schließen die Geschäfte oft schon um 17 Uhr; andere Läden sind meist bis 21 Uhr oder gar länger geöffnet. Auch Cafés sind bis 21 Uhr oder länger geöffnet. Die großen Tankstellen bieten einen 24-Stunden-Service. Banken haben ihre Schalter in der Regel an Werktagen von 9 – 15 Uhr und am Samstag meist bis 11 Uhr geöffnet.

Die meisten Postämter sind Mo – Fr 8.30 – 16.30 Uhr und Sa 8 – 12 Uhr geöffnet. Manche Postämter schließen während der Mittagszeit.
Museen öffnen im Normalfall montags bis freitags 9 – 17 Uhr und samstags 10 – 16 Uhr ihre Pforten.

P Post und Telefon

Eine Postkarte nach Europa kostet 1,90 Rand, ein Luftpostbrief 2,30 Rand. Die Beförderungsdauer beträgt ungefähr eine Woche. Briefkästen haben eine unübersehbare rote Farbe.
Mit Ausnahme ländlicher Gebiete ist Südafrika via Satellit im Direktwahlverfahren mit beinahe allen Ländern verbunden. Bei einem Anruf von Südafrika aus ist zunächst 09 zu wählen, dann der Ländercode (also Deutschland: 0949, Schweiz: 0941, Österreich: 0943), anschließend die Ortsvorwahl ohne die Null.
Die Vorwahl für Südafrika lautet 0027. Die Null der Ortskennziffer ist bei einem internationalen Anruf in Südafrika ebenfalls wegzulassen.
In Postämtern sind Telefonkarten erhältlich. Hotels verlangen für Auslandsgespräche mindestens das Doppelte der Grundge-

S Sicherheit

Da meist nur schlechte Nachrichten verbreitet werden, ist das Vorurteil weit verbreitet, ganz Südafrika und vor allem Johannesburg seien vollkommen unsicher. Die meisten Verbrechen werden in den Townships verübt, wobei leider der „schwarzschwarze Rassismus" auch eine große Rolle spielt. Johannesburg hat sich den unrühmlichen Ruf als „Murder Capital" erworben, jedoch kann man sich zumindest tagsüber auf den großen Straßen der Innenstadt sicher fühlen. (Siehe auch S.174.)

Souvenirs

Südafrika genießt als Produzent von Gold und Diamanten Weltruhm. Die „Steinchen" sind preiswerter als in Europa. Anzeigen von Schmuck-Großhänd-

Routenvorschläge

Route 1
Kapstadt – Weinland – Garden Route

Diese Route führt von Kapstadt zunächst nach Stellenbosch (48 km), der zweitältesten Stadt des Landes im südlichen Weinland. Den alten Weinort Franschhoek 20 km nördlich sollte man nicht versäumen – und möglichst hier einen Übernachtungsstopp einlegen. Nach einem Gourmet-Dinner mit den hervorragenden Kapweinen in einem der Bistros oder Restaurants fehlt es sicherlich nicht an der nötigen Bettschwere. Bei Grabouw ist die nach Osten führende N 2 erreicht. Von hier aus lohnt sich ein Abstecher nach Hermanus, dem Zentrum der Wal-Beobachtungen im südafrikanischen Winter. Ein Abstecher nach Osten führt zum Cape Agulhas, dem südlichsten Punkt des Kontinents. Die Hauptroute ist wieder in Swellendam erreicht, der drittältes-ten Stadt Südafrikas. 170 km östlich gelangt man nach Mossel Bay, dem westlichen Punkt der Garden Route. Das gut 50 km östlich gelegene George am Fuß der Outeniqua Mountains gilt als deren „Hauptstadt". Von hier kann man täglich außer sonntags in einem Dampfzug nach Knysna fahren, das über Wilderness erreicht wird. Knysna ist die reizvollste Stadt an der Garden Route. 20 km weiter weist ein Schild den Weg zum „Big Tree", einem 800 Jahre alten Baum; nach weiteren 15 Kilometern kommt die weite Bucht von Plettenberg Bay in Sicht. 55 km östlich erstreckt sich der Tsitsikamma National Park lang gezogen von den Bergen bis ins Meer.

Man fährt von hier aus wieder zurück und einige Kilometer vor Knysna auf der Nebenstraße R 339 nach Avontour. Durch Wälder und über Berge führen die Straßen N 9 und N 12 nach Oudtshoorn, dem Weltzentrum der Straußenzucht. 270 km westlich gelangt man nach Beaufort-West im Herzen der Karoo-Halbwüste und sollte einen Besuch des Nationalparks nicht versäumen.

Über Prince Albert geht es nach Matjiesfontein, einem kleinen Ort aus viktorianischer Zeit neben der N 1. Von hier aus gelangt man über Ceres in das nördliche Weinland und 30 km östlich von Kapstadt in den Weinort Paarl.

Das hübsche und gepflegte Städtchen Grahamstown besitzt in seinem Ortskern viele historische Gebäude.

Route 2
Kapstadt – Westküste – Kalahari

Diese Route in den wüstenhaften Norden der Kalahari lohnt sich vor allem während der Wildblumenblüte zwischen Mitte August und Ende September. Dann verwandelt sich das sonst öde Namaqualand der nördlichen Westküste in ein Blütenmeer.

Man verlässt Kapstadt über die N 7 nach Norden. Vom Bloubergstrand bietet sich ein schöner Blick zurück auf den Tafelberg. Die R 27 verläuft etwas landeinwärts nach Langebaan, 120 km von Kapstadt. Der West Coast National Park erstreckt sich auf beiden Seiten einer Lagune und ist ein Vogelparadies. Wieder an der N 2, gelangt man über Citrusdal (Zentrum für Zitrusfrüchte) nach Clanwilliam. Von hier aus bieten sich schöne Ausflüge in die bewaldeten Cedarberge (Sandsteinformationen). Über Kamieskroon (einem Zentrum der Wildblumenblüte) verläuft die N 7 nach Springbok mit der Hester Malaan Nature Reserve. Von hier aus führt ein Abstecher zum wilden Richtersveld National Park am Oranje River, der natürlichen Grenze nach Namibia (nur mit Geländewagen, organisierte Touren sind ab Port Nolloth möglich). Durch öde Halbwüste verläuft die N 14 nun nach Osten bis zum Augrabies National Park mit den spektakulären Wasserfällen. Obstplantagen am Oranje River bilden einen Kontrast zur kargen Umgebung. Von der Kleinstadt Upington aus führt eine sehr gute Asphaltstraße 190 km nach Norden und weitere 70 km bis nach Twee Rivieren, dem südlichen Gate des Kgalagadi Transfrontier Park, der ab 2000 zusammen mit Botswana verwaltet wird. Er

Routenvorschläge

ist für Oryx-Antilopen und Großkatzen bekannt.

Route 3
Port Elizabeth – Graaff-Reinet – East London

Von der Hafenstadt Port Elizabeth fährt man nach 65 km zum Addo Elephant National Park, in dem garantiert Elefanten zu sehen sind. Über die R 63 und Sommerset East geht es nach Graaff-Reinet, einem sorgsam restaurierten Ort mit weißen Häusern. Das benachbarte Valley of Desolation im Karoo-Naturreservat wird von bizarren Felsformationen eingerahmt. Nach 50 Kilometern auf der N 9 in Richtung Norden fährt man über die R 61 nach Cradock und zum Mountain Zebra National Park. Von hier aus geht die Reise weiter nach Süden über King William's Town, Berlin und Potsdam zur Hafenstadt East London. An deutsche Einwanderer wird man auch bei der Weiterfahrt entlang der Küste über Hamburg erinnert. An der N 2 liegt Grahamstown mit seinen vielen Kirchen. Nach 110 Kilometern ist man wieder in Port Elizabeth.

Route 4
East London – Wild Coast – Durban

Die „Wild Coast" zwischen East London und Port Shepstone gilt als die schönste Küstenstrecke Südafrikas – mit einsamen Stränden, rauen Felsen und Naturreservaten. Sie gehörte zum ehemaligen „Homeland" der Transkei und verläuft durch das Siedlungsgebiet der Xhosa. Schmale Stichstraßen führen von der N 2 hinunter ans Meer. Aufgrund der Abgeschiedenheit wird diese Strecke noch immer meist „überflogen". Luxushotels gibt es hier nicht, aber Naturschönheiten und die Freundlichkeit der Menschen sind wichtiger.

Vom Verwaltungszentrum der ehemaligen Transkei, Umtata, sollte man die Fahrt zur Coffee Bay nicht versäumen. Wenige Kilometer entfernt wird ein durchlöcherter Felsen vom Meer umspült: das Hole in the Wall. Eine andere Stichstraße führt nach Port St. John's.

Die N 2 erreicht bei Port Shepstone die Provinz KwaZulu-Natal. Von hier bis Durban (127

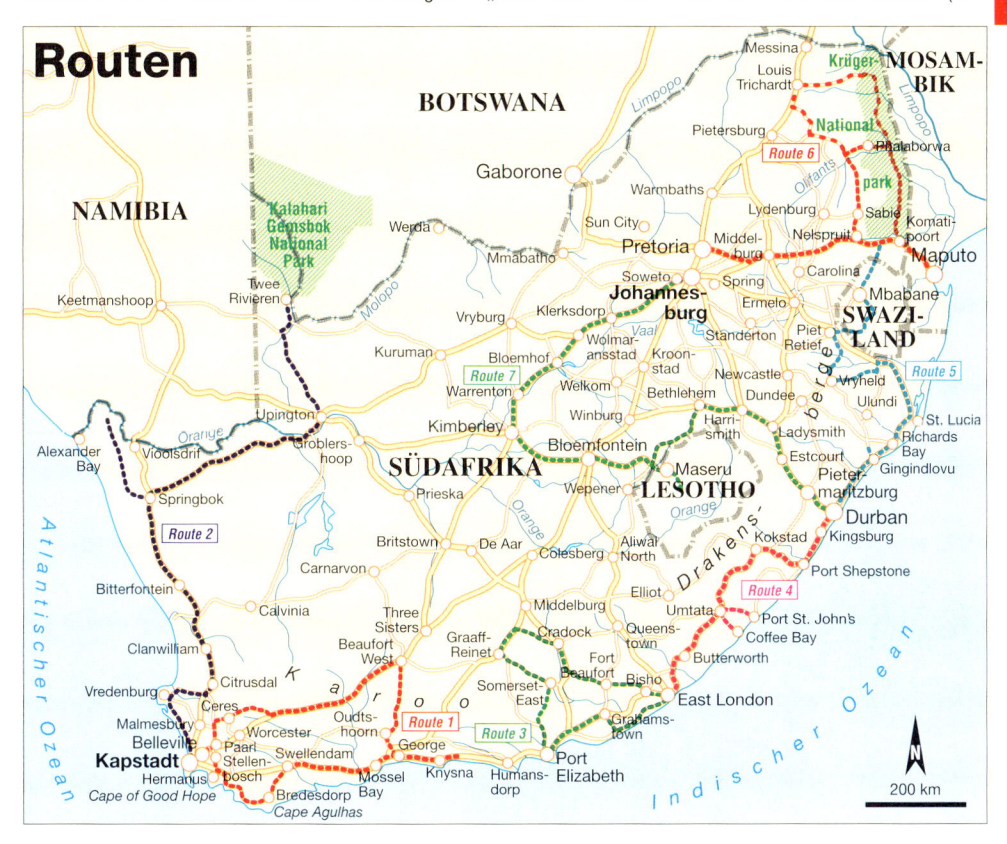

Routenvorschläge

km) säumen meist gesichtslose Badeorte die Straße entlang des Indischen Ozeans.

Route 5
Durban – Swaziland

Nördlich der Hafenmetropole Durban schließt sich die „Dolphin Coast" an; sie ist noch nicht so überlaufen wie die Südküste. In Gigindovlou, 120 km nördlich von Durban, zweigt die R 66 ab; 26 km nördlich liegt Eshowe, einer der ältesten Orte des Zululandes mit dem Fort Nongquai, in dem ein Museum untergebracht ist. Nördlich Richard's Bay beginnt die größte „Naturparkdichte" Südafrikas: Gleich westlich an der N 2 liegt der Umfolozi National Park, der in den Hluhluwe National Park übergeht; östlich liegt der Greater St. Lucia Wetland Park mit dem Binnensee von St. Lucia und Dünen am Indischen Ozean. Nördlich schließt sich das Maputaland mit weiteren Reservaten an.

Entlang der Südgrenze von Swaziland (private Naturreservate) und der Itala Game Reserve gelangt man über Vryheid und Piet Retief nach Swaziland. Im Zentrum wurde hier mit Mkhaya ein Sanktuarium für bedrohte Tierarten eingerichtet; es gibt oft „hautnahe" Kontakte mit Rhinos und Elefanten. Auch die Mlilwane Reserve nahe der Hauptstadt Mbabane sollte man nicht versäumen. Über Pigg's Peak kommt man wieder nach Südafrika und erreicht nach 41 km den Süden des Krüger-Nationalparks.

Route 6
Pretoria – Panoramaroute – Krüger-Nationalpark

Diese „klassische" Route beginnt in Pretoria und führt über die N 4 nach Middelburg, 120, mit einem Abstecher von 13 Kilometern zum Museumsdorf Botshabelo; die Siedlung wurde von deutschen Missionaren gegründet. Dazu gehört ein kleines Dorf der Ndebele mit ihren typischen, bunt bemalten Häusern. Über Nelspruit mit seinem interessanten Botanischen Garten gelangt man über die R 37 zu den Tropfsteinhöhlen der Sudwala Caves und fährt weiter nach Sabie im Süden der Panoramaroute. Ganz in der Nähe sind die ersten Wasserfälle zu bewundern. Die Panoramaroute geht weiter nach Graskop mit einem Abstecher zum historischen Goldgräberort Pilgrim's Rest und zu den Felserosionen der Burkes' Luck Potholes zum Blyde River Canyon, einem der Highlight Südafrikas. Von hier kann man über Phalaborwa 100 km nördlich in den Krüger-Nationalpark

Traditionelle Rundhütten im Manetenga Cultural Village in Swaziland.

einreisen und gelangt 50 km weiter nach Olifants, einem der schönsten Restcamps. Von hier aus empfiehlt sich die Weiterfahrt nach Süden durch den Nationalpark, wo man wieder auf die N 4 nach Nelspruit gelangt. Für diese Tour sind mindestens 5 Tage einzuplanen. Wer mehr Zeit hat, sollte vom Blyde River Canyon über Tzaneen und Louis Trichardt in den äußersten Norden reisen und den „Krüger" ab Punda Maria ganz durchqueren.

Route 7
Johannesburg – Kimberley – Bloemfontein – Lesotho – Durban

Wer von Johannesburg nach Durban fahren möchte, sollte auf jeden Fall diesen „Umweg" über Kimberley nehmen: Hier zeugt das größte von Menschenhand gegrabene Loch ebenso wie das alte Digger-Dorf vom Diamantenrausch. Das gediegene Bloemfontein besitzt ein Naturreservat mitten in der Stadt auf einem Hügel und kann mit den meisten historischen Gebäuden des Landes in einer Straße aufwarten; hier befindet sich auch der Oberste Gerichtshof.

Gerade 140 km sind es von hier nach Maseru, der Hauptstadt des Königreiches Lesotho. Es besticht durch hohe Berge und tiefe Schluchten. Hier sollte man einen Ausflug mit dem Pony unternehmen. Über Nord-Lesotho gelangt man wieder nach Südafrika und nach Harrysmith an den nördlichen Teil der steil aufragenden Drakensberge. Von der N 3 führen Stichstraßen zu Naturwundern wie dem Royal National Park und dem Cathedral Peak. Über die „britische" Stadt Pietermaritzburg mit dem Rathaus aus roten Klinkern führt die Route an den Indischen Ozean nach Durban.

Gold und Diamanten haben einst einigen wenigen viel Reichtum beschert.

lern und Diamantenschleifereien finden sich etwa in den „What's on ..."-Heften der großen Städte, die in Hotels und Touristenbüros ausliegen.

In Souvenirgeschäften, Shoppingcentern und auf Flohmärkten gilt es, Kitsch von Kunst zu unterscheiden. Typisch eigenständiges Kunsthandwerk sind zum Beispiel Flechtarbeiten und bunter Perlenschmuck der Zulu und der Ndebele. Teppiche und Pullover aus Mohairwolle sowie Hausschuhe und Westen aus Schafsfell kommen meist aus Lesotho. Die größte Auswahl von Andenken aus Südafrika und Kunst des Kontinents bieten die Geschäfte und Marktstände an der Victoria & Alfred Waterfront in Kapstadt.

Strom

Die Stromspannung beträgt 220 – 230 Volt (Wechselstrom). Die Steckdosen sind dreipolig, in die neueren Steckdosen passen aber auch zweipolige Eurostecker. Zwischenstecker (Two Pin Adapters) kann man in Südafrika überall bekommen.

Theater und Kino

Die gerade aktuellen internationalen Filme laufen zunächst in Kapstadt und Johannesburg; die nationale Filmszene ist nicht sonderlich bemerkenswert. An der Waterfront in Kapstadt werden Naturfilme auf einer Riesenleinwand im BMW-Pavillon gezeigt.

Die wichtigsten Theater findet man in Pretoria, Johannesburg, Kapstadt, Durban und Bloemfontein. Einen Besuch lohnt vor allem das Market Theatre in Johannesburg.

Ticketreservierung

In den größeren Städten lassen sich kulturelle und sportliche Veranstaltungen, aber auch Bahn- und Busfahrten kundenfreundlich zentral und schnell reservieren. Das Zauberwort heißt dabei „Computicket". Angeschlossen sind über 300 Branchen, Zehntausende von Terminen sind über Computickets gespeichert.
Telefon: 08 39 09 09 09.

Transport und Verkehr

Auto

In Südafrika herrscht wie in England Linksverkehr. Das Straßennetz weist überwiegend eine hervorragende Qualität auf. Die südafrikanischen Autofahrer verhalten sich im allgemeinen sehr höflich. Wer lieber langsam fährt, weicht auf den Landstraßen auf den breiten Seitenstreifen aus. Der Überholende bedankt sich mit kurzem Druck auf den Schalter der Warnblinkanlage oder per Handzeichen.

Wichtig: Auf Landstraßen gilt eine Geschwindigkeitsbegrenzung von 100 km/h, auf Autobahnen meist von 120 km/h.

Mietwagen

Wer das Paket „Fly & Drive" schon zu Hause bucht, kommt in den meisten Fällen günstiger weg. In allen größeren Orten bekommt man Mietwagen, sogar im Krüger-Nationalpark, meist auch von allen großen Mietwagenfirmen. Die mittelgroßen Unternehmen entpuppen sich oft als die preiswerteren, z. B. Dolphin Car Hire. Der Fahrer eines Mietwagens muss mindestens 23 Jahre alt sein (mit eigener Kreditkarte 21 Jahre) und einen Führerschein vorlegen.

Taxi

In den großen Städten sind Funktaxen verfügbar; sie haben ein Taxameter. Meist prall gefüllte und oft zu schnell fahrende Minibusse sollten nur im Notfall benutzt werden. Die Tarife differieren. Als Anhaltspunkt gilt ein Preis von etwa 4 Rand pro Kilometer plus der Grundgebühr.

Busse

Linienbusse verbinden die wichtigsten Orte Südafrikas. Zu den besten Unternehmen zählen:

Greyhound
Verbindungen werden unterhalten vor allem von Johannesburg nach Kapstadt, Durban, Kimberley, Bulawayo (Zimbabwe).

215

Transport und Verkehr

1 Adderley Street, Kapstadt
Tel. 021/4 18 34 10
Fax 021/4 18 43 15
Web: www.greyhound.co.za

Translux
Verbindungen von/nach Johannesburg, Kapstadt, Durban, Kimberley, Pietersburg – Harare (Zimbabwe), Kapstadt – Garden Route – Port Elizabeth.
Cape Town Station
Adderley Street
Tel. 021/449 33 33
Fax 021/449 25 45
Web: www.translux.co.za

Intercape
Verbindungen vor allem von/nach Kapstadt nach Pretoria, Durban, Kimberley, Upington und weiter nach Windhoek (Namibia).
Airport Industria
Bellville, Cape Town
Tel. 021/386 44 44
Fax 021/386 44 53
Web: www.intercape.co.za

Luxliner
Spezialisiert auf die Verbindung Johannesburg (Edenvale und Airport) – Durban, mit Stops in Harrismith und Pietermaritzburg.
6 Dunswart Avenue
Dunswart, Johannesburg
Tel. 011/914 43 21
Fax 011/914 24 55
Web: www.luxliner.co.za

Baz Bus
Der „Baz Bus" ist vor allem beliebt bei den Rucksacktouristen – er fährt nämlich preiswert auf verschiedenen Routen quer durch das Land und hält vor allem an Backpacker-Unterkünften. Das Ticket gilt bis drei Monate, und man kann unbegrenzt ein- und zusteigen sowie preiswerte Unterkünfte buchen.
8 Rosedene Road, Sea Point, Kapstadt
Tel. 021/439 23 23
Fax 021/439 23 43
Web: www.bazbus.com

Eisenbahn
Die staatliche Gesellschaft Spoornet fährt auf 11 Routen ab/an Johannesburg durch Südafrika sowie bis Bulawayo (Zimbabwe) und Maputo (Mosambik). Die wichtigsten Verbindungen bestehen zwischen Johannesburg und Kapstadt (Trans-Karoo), zwischen Kapstadt und Port Elizabeth (Southern Cross) und von/nach Durban bis Johannesburg (Trans-Natal). Es gibt meist drei Klassen; man sollte mit der 1. Klasse reisen, die in Südafrika nur etwa halb so viel kostet wie bei uns.

Südafrika besitzt ein dichtes und gut ausgebautes Eisenbahnnetz, auf dem gelegentlich noch Nostalgiezüge verkehren.

Spoornet
1 Adderley Street, Kapstadt
Tel. 021/449 21 25
Fax 021/449 56 42
Mail: jackiem@transnet.co.za
Web: www.spoornet.co.za

Trinkgeld
Auch wenn das Bedienungsgeld im Restaurant schon enthalten ist, wird vom Restaurantservice ein „Tip" von etwa 10 Prozent durchaus erwartet. Ein Kofferträger erhält etwa 2 Rand pro Gepäckstück; dem Zimmermädchen sollte man mindestens 5 Rand zukommen lassen.

Unterkunft
Angebot und Qualität von Unterkünften sind ebenso wie das Preis-Leistungs-Verhältnis exzellent. Ob im Luxushotel, einem Countryhouse oder im einfachen Hotel – die Preise liegen bis zu zwei Drittel unter denen vergleichbarer Häuser in Zentraleuropa (Hotel-Kategorisierung siehe S. 4).
Die Portfolio Collection informiert übersichtlich und jährlich neu über die besten Landhotels und Bed-&-Breakfast-Häuser; den schnellen Überblick erleichtern auch gute Detailkarten. Publiziert werden vier Portfolios: The Country Places Collection, The Retreats Collection (auch mit kleinen Game Lodges), The Bed & Breakfast Collection, Southern and East Africa Collection.
Informationen und Reservierungen:
The Portfolio Collection
Box 52350
Saxonworld 2132

Transport und Verkehr

Im Fokus

Eisenbahnen – Nostalgie und Luxus

Blue Train und Rovos Rail – die beiden Eisenbahnkonzepte avancierten zum Inbegriff für Luxus und Perfektion. Bei beiden Zügen sind alle Mahlzeiten und Getränke im Fahrpreis enthalten – inklusive Spitzenwein und Champagner. Man kann auch kürzere Strecken buchen und so seine individuelle Reise ab zwei Tagen Dauer höchst angenehm unterbrechen.

Rovos Rail

Rovos Rail ist privat und wurde vom Besitzer Johan Vos bis ins letzte Detail ausgebaut: Man reist und diniert in restaurierten Waggons und hat auch in der Standardsuite mehr Platz als in irgendeinem anderen Eisenbahnwagen.

Nur 46 Passagieren stehen ausschließlich Suiten mit Wohn- und Schlafraum zur Verfügung. Aufgrund fehlender Wasser- und Kohledepots wird allerdings nur etwa ein Zehntel der jeweiligen Strecke mit Dampfloks zurückgelegt (der größte Teil in Zimbabwe zwischen den Victoria Falls und Bulawayo).

Routen (und jeweils in umgekehrter Richtung):
1. Kapstadt – Kimberley – Pretoria (2 Tage). Im Anschluss daran Pretoria – Pietersburg – Victoria Falls (3 Tage). Diese Segmente können einzeln oder zusammen gebucht werden, anschließend fährt der Zug in die umgekehrte Richtung.
2. Pretoria – Krüger-Nationalpark – Hluhluhwe – Durban (2,5 Tage) und umgekehrt.
3. Pretoria – Malelane (Krüger-Nationalpark, 24 Std.) – zweites Segment Krüger-Park – Durban und umgekehrt.

Auskünfte, Broschüren, Buchungen in Deutschland:
Sales & Promotion Services
Tel. 0211/51 33 34 00
Fax 0211/51 33 34 50
Mail: info@travelpromotion.de

In Südafrika:
Tel. 012/323 60 52
Fax 012/33 08 43
Mail: info@rovos.co.za
Web: www.rovos.co.za

Blue Train

Der legendäre Blue Train ist seit 1972 in Betrieb. Die zwei blauen Züge wurden 1996 von Grund auf „geliftet". Auf maximal 84 Passagiere in 15 Waggons kommen 27 Bedienstete. Nach dem Beispiel von „Rovos Rail" fährt der Blue Train seit 1995 auch zum Krüger-Nationalpark und zu den Victoria Falls in Zimbabwe.

Routen (und jeweils in umgekehrter Richtung):
1. Pretoria – Kapstadt und umgekehrt (24 Std.).
2. Pretoria – Nelspruit – Hoedspruit (Mpumalanga) bzw. zurück.
3. Johannesburg – Victoria Falls.
4. Kapstadt – Garden Route – Port Elizabeth.

Auskünfte und Broschüren erhält in Deutschland unter folgender Adresse:

International Travel Partners
Tel. 0208/444 54 24
Fax 0208/444 54 07
Mail: itpgica@aol.com

Südafrika:
Tel. 011/773 76 31
Fax 011/773 76 43.
Mail: bluetrain@transnet.co.za
Web: www.bluetrain.co.za

Dampflok-Nostalgie

The Union Limited

Als nostalgischer „Ableger" der staatlichen Bahnlinie Transnet fährt der Zug im Gegensatz zu allen anderen volle fünf Tage mit Dampf und bietet verschiedene Klassen – von der Variante ohne Aircondition bis zur Luxussuite (Preis 2001: 4900 – 9800 Rand pro Person mit allen Mahlzeiten und Ausflügen). Der Nostalgiezug fährt von Kapstadt entlang der Garden Route bis Knysna – über Mossel Bay, den Montagu Pass und das Straußen-Zentrum Oudtshoorn. Es stehen pro Jahr etwa 30 Termine zur Verfügung; in den Wintermonaten Juni bis Mitte September ist Pause.

The Union Limited
Tel. 021/449 43 91
Fax 021/449 43 95
Mail: steamsa@transnet.co.za
Web: www.steamsa.co.za

Information T

Unterkunft

Tel. 011/880 34 14
Fax 011/788 48 02
Mail: collection@iafrica.com
Web: www.portfoliocollection.com

Die großen Hotelgruppen bieten in den meisten Fällen ein sehr gutes Preis-Leistungs-Verhältnis und zu bestimmten Terminen (meist am Wochenende) Sonderpreise:

Protea Hotels

Die Hotelkette begann 1984 mit vier Hotels und managt jetzt bereits mehr als 90 Hotels. Im Gegensatz zu den standardisierten „Kästen" wie denen von „Holiday Inn" bilden ganz unterschiedliche, zum Teil historische Hotels hier einen bunten Strauß.

Information in Deutschland:
SATC, München
Tel. 089/793 26 15
Fax 089/793 42 25
Mail: s.a.t.c.reps@t-online.de
Web: www.proteahotels.com

Southern Sun Hotels, Inns & Resorts

Zu dieser Kette gehören „5-Sterne-Intercontinental-Hotels", „Southern Sun Resorts" und „Holiday Inn Hotels". Die „Holiday Inn Garden Courts" sind komfortabel bis luxuriös, „Holiday Inn Express" präsentiert sich etwas „abgespeckt" und preiswerter. Zu der Kette gehören auch die „Budget-Hotels Formule 1".

Information in Deutschland:
International Travel Partners, Mühlheim
Tel. 0208/444 54 24
Fax 0208/444 54 07
Mail: itpgica@aol.com
Web: www.southernsun.com

Caraville Resorts

Diese privat geführte Gruppe vertritt derzeit etwa 50 Hotels quer durch Südafrika: „Resorts" mit guten Preisen (aber dafür auch oft ohne besondere ästhetische Qualität) und die besseren Häuser der „Private Collection". Übernachtungsgutscheine werden in allen angeschlossenen Häusern angerechnet. Wer auf eigene Faust in Südafrika unterwegs ist, kann auch über die deutsche Vertretung die Buchungen vornehmen lassen.
Vertretung in Deutschland:
Birgit Huester
Tel. 02903/413 46
Fax 02903/413 46
Mail: b.huester@meschede.sow.de
Web: www.caraville.co.za

Jugendherbergen

Neben Jugendherbergen gibt es überall „Backpacker's Lodges". Sie werden überwiegend von der Organisation Hostelling International (HISA) geführt:
HISA
Tel. 021/424 25 11
Fax 021/424 41 19
Mail: info@hisa.org.za
Web: www.hisa.org.za

Zeit

Während unseres Sommers besteht Zeitgleichheit. Während der europäischen Winterzeit ist Südafrika eine Stunde „voraus".

Zeitungen

Die südafrikanische Presse hat ein hohes Niveau. Die meisten Tageszeitungen berichten allerdings in wesentlich geringerem Ausmaß als gute Zeitungen hier zu Lande über Weltpolitik. In dieser Hinsicht erweist sich „Business Day" als die beste und seriöseste Zeitung.
Die führende Wochenzeitung ist „Sunday Times"; Wochen- und Monatszeitschriften haben sich auch auf Finanzen („Financial Mail"), aber mehr auf Landwirtschaft, Mode, Lifestyle und Freizeitthemen konzentriert („House & Leisure", „Cosmopolitan", „Drum" für überwiegend schwarze Leser). Das populäre, monatlich erscheinende Reisemagazin „Getaway" informiert vor allem mit südafrikanischen Reiseberichten und hat einen großen Anzeigenteil, in dem Safariveranstalter und Hotels werben.

Zoll

An den internationalen Flughäfen von Johannesburg, Kapstadt und Durban gibt es meist keine Zollkontrolle. Für den persönlichen Bedarf gelten die üblichen Zollbestimmungen (etwa die Einfuhr von 1 Liter Spirituosen, 200 Zigaretten etc.). Präparierte Tiere dürfen nur mit einer Genehmigung aus- und in Europa eingeführt werden. Sie ist durch die Bezugsquelle erhältlich. Der Export von gefährdeten Tieren, Pflanzen und Elfenbein ist verboten.
Schusswaffen dürfen nur mit einer Genehmigung eingeführt werden. Bei der Vorlage eines Nachweises über den legalen Besitz einer Jagdwaffe wird die entsprechende Erlaubnis am Flughafen von den Zollbeamten ausgestellt.
Die Einfuhr von mehr als 500 Rand nach Südafrika ist ebenfalls nicht gestattet, für ausländische Währungen gibt es keine Beschränkungen.

Register von A–Z

Folgende Abkürzungen wurden verwendet: D für Durban, J für Johannesburg, K für Kapstadt, KI für Kimberley, P für Pretoria, PE für Port Elizabeth.

Addo Elephant Park 106
Africa Museum (J) 176
African Art Centre (D) 137
Africana and Geological Museum (J) 176
Afrikaans 24
Aids 21
Aktivitäten 32
Albany Museum Complex 110
Albert Falls Nature Reserve 142
Alexandra (J) 172
Alkohol 204
Amanzimtoti 134
Amathole Museum 112
Angeln 35
Anreise 204
Apartheid 24
Apple Express 107
Arcadia (P) 173
Ärztliche Versorgung 204
Augrabies National Park 75, 82
Augrabies Falls 75, 82
Ballito 34
Banana Express 144
Banken 204
Barberton 159
Bartolomeu Diaz Museum Complex 89
Battlefield Route 145
Bay of Natal 132
Beaufort West 98
Behinderte 205
Belgravia (Ki) 196
Ben Levin Nature Reserve 164
Bethlehem 201
Bevölkerung 21
Big Hole 191
Big Tree 88
Bloemfontein 192, 199
Blyde River Canyon 156, 161
Bo-Kaap (K) 43, 48
Bo-Kaap Museum (K) 48
Botanic Gardens (D) 141
Botha, P. W. 25
Botshabelo 185
Boulders 45
Boulders Beach Coastal Park 34
Braai 27, 30
Bridle Drift Dam 115
Bultfontein Mine 192, 196
Bungee Jumping 99
Buren 23, 24
Buschmänner 194
Buschmann-Kunst 121
Bushman Trail 168
Butha-Buthe 124
Calvinia 79
Campanile Tower (PE) 104
Camping 205
Camps Bay 58
Cango Caves 98
Cape Agulhas 71
Cape Coon Karneval (K) 31
Cape Flats 45
Cape Peninsula National Park 45, 57
Cape Recife Nature Reserve 106
Cape St. Francis 107
Castle of Good Hope 46 (K)
Cathedral Peak Reserve 128
Cedarberge 74, 81
Chapman's Peak Drive 45, 58
Church Square (P) 172, 181
City Hall (D) 133, 137
City Hall (J) 176
City Hall (K) 44, 46
City Hall (Ki) 192
City Hall (P) 181
Clanwilliam 74, 78
Clarens 201
Coffee Bay 34
Colesberg 190
Columbine Nature Reserve 77
Company's Garden (K) 42, 48
Crocodile Ramble 180
Crocodile River 157
Cullinan 185
Darling 77
De Beers 193
De Wildt Cheetah and Wildlife Centre 186
Diaz, Bartolomeu 24
Dipl. Vertretungen 205
Dock Road Theatre (K) 44
Donkin Reserve 104
Donkin Street (PE) 104
Drakensberge 17, 119, 122, 127
Drogen 205
Duggan Cronin Gallery (Ki) 196
Dundee 146
Durban 132, 136
Durban Art Gallery 133
East London 103
Eastern Beach 116
Eastern Cape 101
Ecabazini Zulu Village 143
Einreise 206
Elephant Walk 96, 174
Essen 26
Ezulwini Valley 153
False Bay 45
Fauna 18, 83
Featherbed Reserve 86, 96
Feiertage 206
Fernsehen und Radio 206
Feste und Feiern 30
Fish Hoek 34, 45, 56
Fliegen 37
Flora 20
Fontjeintjieskloof Trail 88
Fort Frederick (PE) 102, 104
Fotografieren 206
Francis Farewell Square (D) 133
Franschhoek 62, 67
Free State Botanical Gardens 200
Fullers Bay 116
Fundbüro 206
Gandhi, Mahatma 135
Garden Route 85, 89
Garieb Nature Reserve 200
Geld 206
George 90
German Settlers Memorial 114
Geschichte 22
Gesundheit 207
Giant's Castle Game Reserve 122, 128
Goegap Nature Reserve 74, 80
Gold 179
Gold Reef City 181
Golden Gate Highlands National Park 193, 201
Golf 37, 37, 134
Gonobie Mouth 115
Graaff-Reinet 102, 108
Grahamstown 102, 110
Graskop 161
Greater St. Lucia Wetland Park 147
Green Market Square (K) 48, 54
Griqualand 198
Groot Constantia 44
Groote Kerk (K) 48
Große Karoo 98
Hafen (D) 137
Harkeville Trail 95
Hartbeespoort Dam 185
Herman Eckstein Park (J) 177
Hermanus 63, 70
Hibiscus Coast 134
Hilltop Camp 135
Hlotse 124
Hluhluwe National Park 135, 142
Hochveld 17
Hoedspruit 168
Hout Bay 58
Howick 138
Howick Falls 135
Humewood 107
Indian Business Quarter (D) 137
Information 207
Itala Game Reserve 145
Japanese Garden (D) 142
Jeffrey's Bay 107
Jewish Museum (K) 42
Jock of the Bushveld 159
Johannesburg 171, 175
Johannesburg Art Gallery (J) 177
Kagga Kamma 78
Kajak 35, 37
Kalahari 81
Kalahari-Gemsbok-Park 76
Kalk Bay 56
Kamieskroon 74
Kanu 99
Kap der Guten Hoffnung 57
Kap-Halbinsel 45, 54
Kap-Malaien 21
Kapstadt 39, 46
Karoo National Botanical Garden 69
Karoo National Park 88
Karoo Nature Reserve 109
Karten 207
Katse Dam 120, 124
Keurbooms Nature Reserve 93
Kgaladi Park 76, 82
Kimberley 190, 191, 194
Kimberley Mine Museum (Ki) 194
Kinder 208
King Williamstown 103, 112
King's Reach 34
King's Park (B) 199
Kino 215
Kirstenbosch 44, 48, 54
Kleidung 208
Kleinplaisie Farm Museum 69
Klerk, F. W. de 25
Klima 208
Knysna 34, 86, 91
Kommetjie 34, 45, 58
Kosi Bay Nature Reserve 149
Kranshoek Trail 95
Kriminalität 174
Kruger Museum (P) 182
Krugersdorp 180
Krüger, Paul „Ohm" 24
Krüger-Nationalpark 155, 156, 165

Südafrika

Information

Südafrika

Kuruman 83
KwaMashu (D) 132
KwaMhlanga 184
KwaMuhle Museum 138
La Cabriere 62
Ladysmith 146
Lambert's Bay 74
Landeskunde 16
Langebaan 77
Lemberg 68
Leribe 124
Lesedi Cultural Village 182
Lesotho 119, 123
Library of African Music 109
Limpopo River 17
Lion Park 180
Literatur 209
Long Beach 34
Long Street (K) 47
Loskop Dam 184
Loteni Nature Reserve 129
Louis Trichardt 163
Lydenburg 160
Madikwe Game Reserve 187
Magaliesberge 174, 185
Magersfontein 198
Malaria 161
Maletsunyane 120, 124
Malodolja 152
Mamelodi (P) 173
Mandela, Nelson 14, 20
Maputaland 147
Maputaland Marine
 Reserve 149
Marine Parade (D) 132
Market Theatre
 Complex (J) 176, 177
Maseru 120, 124
Maße und Gewichte 209
Matjiesfontein 69
Mbabane 150
Mbeki, Thabo 25
McGregor Museum
 (Ki) 192, 196
Mehrwertsteuer 209
Melrose House (P) 182
Messina Nature Reserve 164
Midlands Meander 138
Midmar Dam 139
Military Museum (B) 200
Millwood 87
Mkaya Game Reserve 153
Mkhuze Game Reserve 148
Mlawula Nature Reserve 153
Moffat Mission 83
Mohairwolle 122
Monkeyland 94
Montrose Falls 159
Morija 124
Mossel Bay 41, 86, 89
Mountain Zebra National
 Park 110

Mountainbiking 36, 99
Mouth Trail 95
Mpongo Game Reserve 115
Muizenberg 45, 57
Mzimkulana Nature
 Reserve 129
Nachtleben 210
Namaqualand 74, 80
Natal Playhouse (D) 133, 137
National Afrikaans Literary
 Museum (B) 199
National Arts Festival 31
National Museum (B) 200
National Zoological
 Gardens (P) 181
Nationalparks 210
Natural Science Museum
 (D) 133, 138
Nature's Valley 87, 91
Naval Hill (B) 199
Ndebele 21, 184
Nduli Nature Reserve 116
Ndumo Game Reserve 149
Nelson Mandela Museum 116
Nelspruit 159, 168
Notruf 211
Nuweveld Mountains 88
Observatory Museum 111
Oceanarium (PE) 104
Öffnungszeiten 211
Old Station Building (D) 132
Olifants River 157
Olifants River Weinroute 79
Olifants Trail 168
Oppenheimer, Ernest 193
Oranje River 17
Oribi Gorge 143
Orient Beach 116
Oriental Plaza (J) 180
Otter Trail 95
Oudtshoorn 86, 96
Outeniqua Mountains 90
Oxbow 125
Oyster Festival 31
Paarl 62, 66
Pan African Market (K) 54
Panoramaroute 156, 160
Paragliding 99
Parlamentsgebäude (K) 42, 48
Phalaborwa 157
Pietermaritzburg 134, 142
Pietersburg 163
Pietersburg Nature
 Reserve 164
Pilanesberg National
 Park 174, 187
Pilgrim's Rest 156, 161
Pioneers of Aviation
 Museum (Ki) 196
Playhouse (D) 141
Plettenberg Bay 34, 87, 93
Polizei 211

Polokwane 163
Pongola Game Reserve 148
Port Alfred 112
Port Elizabeth 102, 104
Port Nolloth 82
Port Shepstone 143
Port St. Johns 34, 103
Post und Telefon 211
President Brand
 Street (B) 193
Pretoria 172, 181
Pretoria Art Museum (P) 182
Prince Albert 98
Prince Alfred's Pass 91
Qunu 116
Queens Park Botanical
 Gardens (East London) 113
Rand Easter Show 31
Reiseveranstalter 211
Reiten 36, 99
Rhodes University 110
Rhodes, Cecil John
 42, 57, 190, 191
Richtersveld Experience 81
Richtersveld National
 Park 74, 82
Riebeeck, Jan van 23, 24
Robben Island 49
Robberg Nature & Marine
 Reserve 93
Robertson 70
Rocktail Bay 34
Roma 124
Rooibos-Tee 75
Rosebank Mall (J) 180
Rosenfestival 31
Rothmans Regatta 31
Routenvorschläge 212
Royal Hlane National
 Park 153
Royal Natal National
 Park 122, 127
Rustenburg 186
Sabie 160
Saldanha 77
San 23, 76, 78
Sandton (J) 172
Sandton Square (J) 179
Sani Pass 122
Schoemansdal 164
Sea World Aquarium (D) 132
Sedgefield 91
Segeln 99
Semonkong 120
Settlers Park Nature
 Reserve 104
Seven Passes Route 91
Shamwari Game Reserve 107
Sharpeville 24
Shelley Beach 116
Sicherheit 211
Signal Hill (K) 42, 48

Silvermine Nature Reserve 57
Simon's Town 45, 56
Sir Lowry's Pass 63
Skeleton Gorge 54
Skilpad Flower Reserve 80
Sodwana Bay National
 Park 149
Sotho 21
South African Museum (K)
 42, 51
South African National
 Gallery (K) 42, 51
Soutpansberg Hiking
 Trail 164
Souvenirs 211
Soweto (J) 172, 177
Spitzkop Reserve 81
Sport 32
Springbok 74, 80
Springbok Hiking Trail 88
St. Francis Bay 34
St. George's Cathedral (K) 42
St. George's Park (PE) 104
St. James 34
Stellenbosch 42, 62, 64
Sterkfontein Caves 180
Stevenson-Hamilton,
 James 158
Stock Exchange (J) 176
Storms River 87
Strandloeper Trail 117
Strauße 97
Strände 34, 116
Strom 215
Studienreisen 214
Sudwala Caves 160
Sun City 187
Surfen 33
Swartberg-Pass 98
Swartland Weinroute 79
Swaziland 150
Swellendam 63
Taal Monument 62
Tafelberg 40, 43, 50
Tauchen 35, 144
Tempe Elephant Park 149
Temple of Understanding
 (D) 141
Thaba Bosiu 124
The Crags 87
The Point 86
Theater 215
Thomas Baines Nature
 Reserve 111
Top of Africa (J) 176
Trafalgar Place (K) 41
Transkei 117
Transport 215
Transvaal Museum of
 Natural Science (P) 182
Trinken 29
Trinkgeld 216

220

Südafrika

Tsitsikamma National Park 87, 95
Tsonga 21
Tswaing Crater 185
Tswana 21
Tulbagh 68
Tutu, Desmond 25
Twee Rivieren 76
Twelve Apostles 45
Two Oceans Aquarium (K) 44, 49
Tzaneen 163
Umfolozi National Park 135, 142
Umgeni River Bird Reserve 142
Umgeni Valley Nature Reserve 139
Umhlanga Rocks 134
Umlazi (D) 132
Umtata 116
Union Buildings (P) 172, 181
Unterkunft 216
Upington 75, 81
Vaalbos National Park 198
Valley of Thousand Hills 134
Van Stadens Wild Flower Reserve 107
Vanrhynsdorp 74
Venda 21
Verkehr 215
Victoria & Alfred Waterfront (K) 44, 49, 54
Victoria Market (D) 133, 137
Voortrekker Monument (P) 181
Wale 59
Wal-Festival 31
Wandern 36, 95, 99, 117
Waterberg-Region 187
Weinfest (Paarl) 31
Weingüter 64, 65, 66, 67, 70, 79
Weinland 62
Weinrouten 55, 79
West Coast National Park 78
Wild Coast 34, 103, 116
Wild Coast Meander 117
Wilderness 91
Wilderness National Park 86
Willem Prinsloo Agricultural Museum 185
William Humphreys Art Gallery (Ki) 196
Wirtschaft 21
Witsands Nature Reserve 82
Worcester 69
World's View 135
Xhosa 21
Yeoville (J) 172
Yzerfontein 77
Zeit 218
Zeitungen 218
Zion City Moria 164
Zoll 218
Zulu 21
Zululand 138
Zuurberg National Park 108

Kartenübersicht

Übersichtskarte Südafrika	S. 18/19
Aktivitätenkarte	S. 36
Stadtplan Kapstadt	S. 47
Kap-Halbinsel	S. 57
Stadtplan Stellenbosch	S. 64
Stadtplan Port Elizabeth	S. 105
Stadtplan East London	S. 114
Drakensberge	S. 126
Stadtplan Durban	S. 136
Krüger-Nationalpark	S. 166
Stadtplan Johannesburg	S. 175
Stadtplan Pretoria	S. 183
Stadtplan Kimberley	S. 195
Nationalparks	S. 210
Routenkarte	S. 213

Der Autor

Geboren 1949 in Bremen, hat sich Werner Gartung schon früh der Fotografie und dem Journalismus zugewandt. Schon als 22-jähriger erkor er Kapstadt zum Reiseziel seiner Träume – und machte sich mit dem Fahrrad in Offenburg auf! Er kam „nur" bis zum Kongo und konzentrierte sich dann als Journalist vor allem auf Westafrika und die Sahara. Südafrika bereiste der Autor dann ganz bewusst erst nach dem Ende der Apartheid ab 1995. Seither war er mehr als zehnmal an der Südspitze Afrikas. Werner Gartung betreibt als Reiseveranstalter das Unternehmen OASE REISEN und arbeitet gleichzeitig als Journalist. Er lebt in Remagen am Rhein.

IMPRESSUM

© Mairs Geographischer Verlag, Herausgeber: Wolfgang C. Ehrnsperger „abenteuer und reisen",
WDV Wirtschaftsdienst OHG, Tegernseer Landstraße 98, 81539 München
Lektorat: Ulrich Mayer (Leitung), Dr. Heinz Vestner, Markus Stein, Dr. Klaus Boer, Hannelore Schulze
Bildredaktion: Barbara Renner (verantw.), Anuschka Dresel
Gestaltung: Studio Klaus von Seggern, München
Lithografie: Lanarepro GmbH, Lana
Alle Rechte vorbehalten
Printed in Germany,
3., völlig überarbeitete Neuauflage 2001.

BILDNACHWEIS

Fotos: Werner Gartung, außer Gabriela Staebler: Titel, 8o, 8u, 9o, 9u, 154/155, 158, 169.
Friedrich Köthe: 59, 88, 91, 93, 99, 113, 117o, 147, 151, 160, 164o, 164u, 173, 198, 199, 201, 202.
Thomas Kanzler: 16o, 29, 32o, 32/33, 33u, 38/39, 42, 44, 52, 58o, 204, 205, 212.
KZN Wildlife/Harpe: 13u, 18, 27, 121u, 122, 129, 145, 148, 209.
dpa: 20, 23, 24, 25, 135.
Jörg Lehmann: 45, 56, 60/61, 79.
AKG: 22, 191.
Satour: 55, 95u.
Tom Jeier: 188/189, 215.
Darron Raw: 30, 214.
Royal Swazi Sun: 153.
Stephen Pryke: 143.
Rainer E. Kunert: 110.
Konrad Wothe: 3.

KARTOGRAFIE

© Baedeker: 47, 57, 64, 105, 114, 126, 136, 175, 183, 195, 210, 222 – 224 sowie die Karten in den Cover-Innenseiten.
© abenteuer und reisen: 36, 166, 213 sowie alle Karten an den Kapitelanfängen (Kartographie Fischer).
© Marco Polo: 18/19, 208.

Liebe Leserin, lieber Leser!

Wir hoffen, dass unser Reiseführer „Südafrika" für Sie eine anregende Lektüre und eine große Hilfe während Ihrer Südafrika-Reise war. Sollten Sie selbst Neues entdeckt, Verbesserungsvorschläge oder Kritikpunkte zu äußern haben, freuen wir uns über Zuschriften und werden uns bemühen, sie in der nächsten Auflage zu berücksichtigen. Schreiben Sie Ihre Bemerkungen doch einfach an:

WDV-Verlag
Lektorat Edition
Tegernseer Landstraße 98
81539 München
lektorat_edition@csi.com

@ www.abenteuer-reisen.de: Storys & Features, News & Service sowie Insider Tipps weltweit. Mit interaktiver Suche.

Free State
LESOTHO
Block B
BLOEMFONTEIN
MANGAUNG
MASERU
WELKOM
THABONG
MAOKENG
Kroonstad
BOHLAKONG
Bethlehem
UMTATA
Wolmaransstad
Albertshoek
Harrisburg
Witpoort
Leeudoringstad
Makwassie
Vierfontein
Bothaville
Viljoenskroon
Vredefort
Spes Bona
Mirage
Rustig
Koppies
Rooiwal
Heilbron
Frankfort
Oranjeville
Villiers
Vegkop
Heuningspruit
Westleigh
Edenville
Petrus Steyn
Tweeling
Reitz
Koosfontein
Benadeshof
Boskuil
Kingswood
Bloemhof
BLOEMHOF DAM N.R.
Bloemhof Dam
Winkelpos
Allanridge
Geneva
Odendaalsrus
Riebeeckstad
Hennenman
Whites
Virginia
Bloudrif
Welgeleë
Ventersburg
Steynsrus
Wonderkop
Arlington
Lindley
Libertas
Paul Roux
Valsrivier
Danielsrus
Christiana
SANDVELD N.R.
Britten
Hoopstad
Wesselsbron
Tierfontein
Hertzogville
Bultfontein
Theunissen
Theron
WILLEM PRETORIUS GAME RESERVE
Allemanskraal Dam
Senekal
Rosendal
WITTEBERGE
ROOIBERG
Nouportsnek
Clarens
GOLDEN GATE HIGHLANDS
Fouriesburg
Joel's Drift
Hendrick's Drift
Libono
Qhobela
Caledonspoort
Oxbow
Butha Buthe
Khabo
Hlotse
Ficksburg
Marquard
Winburg
Eensgevonden
Boshof
Dealesville
Soutpan
Brandfort
Florisbad
Krugerdrif Dam
SOETDORING N.R.
Karee
Glen
Verkeerdevlei
Allandale
Excelsior
Clocolan
Gumtree
Peka
Corn Exchange
Kolonyama
Mamates
Koeneng
Mapoteng
Nokong
Moletsane
Matlameng
Pitseng
Kao
Lejone
Letseng-la-Terae
Mothae
Tlokoeng
Methalaneng
Bokong
Petrusburg
Modder
De Brug
Ferreira
Shannon
Sannaspos
Tweespruit
Westminster
Tweeling
Teyateyaneng
Ladybrand
Sefikeng
Mohatlane
Mateka
Thaba Nchu
Botshabelo
Kommissiepoort
Maseru Bridge
Thaba Bosiu
Matela's
Blue Mountain
Mazenod Institute
Roma
Boesmans
Marakabei
Thaba Tseka
Mantsonyane
Tlaleo
Makhaleng
Glenrock
Kaffir River
KALKFONTEIN DAM NATURE RESERVE
Austin's Post
Meadows
Dewetsdorp
Hobhouse
Reddersburg
Edenburg
Jagersfontein
Fauresmith
Jammersdrif
Wepener
Van Rooyenshek
Knellpoort Dam
Wolvepoort
Welbedacht Dam
CALEDON N.R.
Morija
Matsieng
Ramabanta
Sehonghong
Matsaile
Mafeteng
Malealea
Sepapushek
Khobotle
Morena Mpharane
Krugers
Trompsburg
Gomvlei
Breipaal
Vanstadensrus
Boesmanskop
THABAPUTSOA
Nohana
Qobong
Kubung
Mokopung
Patlong
Tsoelike
Mokopong
Qacha's Nek
Mohales Hoek
Phamong
Cutting Camp
Sebapala
Mphaki
Ongeluksnek
Lehlohonolo
Philippolis Road
Lotter
Philippolis
Waterkloof
Springfontein
Smithfield
Dupleston
Caledon
Zastron
Mekaling
Palmietfontein
Telebrug
Quthing
Tosing
Ralebona
Roamer's Rest
Thaba Chitja
Kinirapoort
Sigoga
Priors
Bethulie
GARIEP NAT. RESERVE
Gariep Dam
TUSSEN-DIE-RIVIERE GAME FARM
Koukraal
Goedemoed
Rouxville
Sterkspruit
Bluegums
Herschel
Donkerpoort
Norvalspont
Verwoerd Dam
Oviston
OVISTON NATURE RESERVE
Aftertang
Venterstad
Knapdaar
Aliwal North
Lady Grey
Karringmelkspruit
New England
Rhodes
Naudesnek
Lundean's Nek
Moshesh's Ford
Elands Height
Lower Pitseng
Mount Fletcher
Lahlangubo
Moordenaarsnek
Katkop
Vineyard
Burgersdorp
Jamestown
Clanville
Barkly East
Halcyon Drift
Triple Streams
Maclear
Clifford
Rossouw
Swempoort
Witkop
Stormberg
Steynsburg
Molteno
Dordrecht
Barkly Pass
Ugie
Ntywenka
Tsolo
Morristown
Ida
Cala Road
Elliot
Qumbu
Xalanga
Indwe
STORMBERG
BAMBOESBERG
Syfergat
Boesmanshoek
Penhoek
Sterkstroom
Gurryowen
Cala
Lufuta
Whitmore
Ntibane
Nobantu
Langdon
Engcobo
Tsazo
All Saints Nek
Coghlan
Viedgesville
Buntingville
Bityi
Clarkebury
Bashee Bridge
Nobokwe
Ncora
Southeyville
Lady Frere
Askeaton
Braunville
Qoqodala
Driver's Drift
White Kei
Qamata
Bailey
Queenstown
Bowker's Park
Rosmead
Schoombee
Tafelberg
Grassridge
Hofmeyr
Teviot
Conway
Fish River
Pitskopvlei
Grootbrak
Stormbergspruit
Middelburg
Colesberg
Tolbos
Vaal
Rhenoster
Liebenbergs Vlei
Orange
Senqunyane
Senqu
Maletsunyane
KROONVAAL TOLL ROUTE
Dover
N1
N2
N5
N6
N8
N10
N12

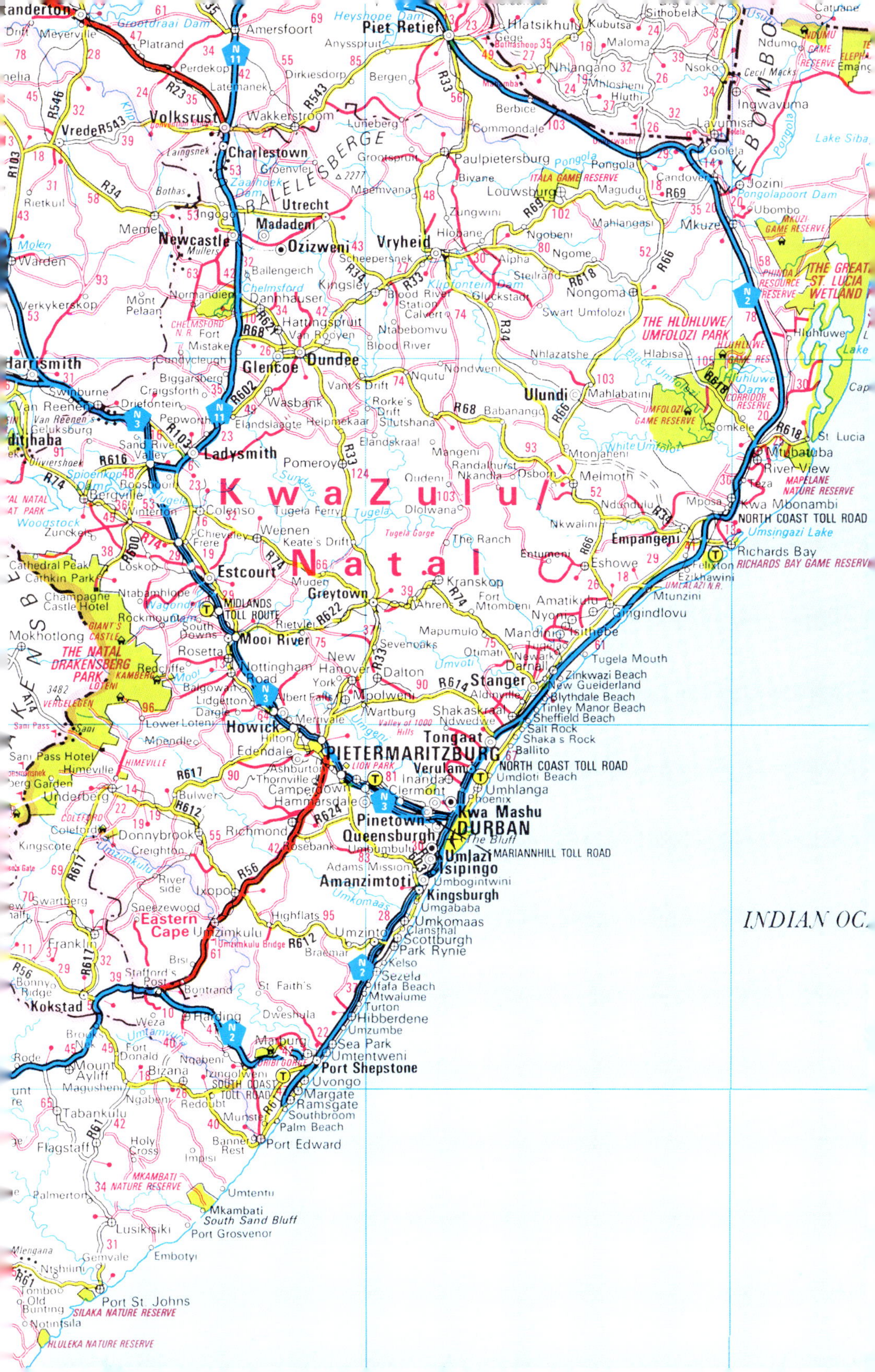

KwaZulu/Natal
INDIAN OC.
Standerton
Amersfoort
Piet Retief
Heyshope Dam
Grootdraai Dam
Meyerville
Platrand
Anysspruit
Hlatsikhulu
Kubutsa
Sithobela
Catuane
Perdekop
Dirkiesdorp
Bergen
Gege
Bothashoop
Nhlangano
Maloma
Mhlosheni
Hluthi
Nsoko
Ndumo
NDUMU GAME RESERVE
Cecil Macks
LEBOMBO
Volksrust
Vrede
Latemanek
Wakkerstroom
Luneberg
Berbice
Commondale
Ingwavuma
Lavumisa
Golela
Lake Sibaya
Pongola
Charlestown
Laingsnek
BALELESBERGE
Grootspruit
Paulpietersburg
Groenvlei
Zaaihoek Dam
Bothas
Rietkuil
Memel
Ingogo
Utrecht
Madadeni
Newcastle
Mullers
Ozizweni
Maemvana
Bivane
ITALA GAME RESERVE
Louwsburg
Magudu
Candover
Jozini
Pongolapoort Dam
Ubombo
Mkuze
MKUZI GAME RESERVE
Zungwini
Hlobane
Vryheid
Ngobeni
Ngome
Mahlangasi
Molen
Warden
Ballengeich
Scheepersnek
Kingsley
Alpha
Steilrand
Nongoma
Klipfontein Dam
Gluckstadt
Blood River Station
Calvert
Swart Umfolozi
PHINDA RESOURCE RESERVE
THE GREATER ST. LUCIA WETLAND
Verkykerskop
Mont Pelaan
Normandien
Chelmsford
Dannhauser
Hattingspruit
Van Rooyen
Ntabebomvu
Blood River
CHELMSFORD N.R.
Fort Mistake
Glencoe
Dundee
THE HLUHLUWE/UMFOLOZI PARK
Hluhluwe
Hlabisa
Nhlazatshe
Harrismith
Cundycleugh
Biggarsberg
Craigsforth
Swinburne
Van Reenen
Geluksburg
Driefontein
Wasbank
Vants Drift
Nqutu
Nondweni
Ulundi
Mahlabatini
Black Umfolozi
UMFOLOZI GAME RESERVE
HLUHLUWE GAME RES.
Hluhluwe Dam
CORRIDOR RESERVE
Somkele
Cape
Lake
Pepworth
Elandslaagte
Helpmekaar
Rorke's Drift
Silutshana
Babanango
Ladysmith
Sand River Valley
Pomeroy
Elandskraal
Mangeni
Randalhurst
Nkandla
Osborn
Mtonjaneni
Melmoth
White Umfolozi
St Lucia
Mtubatuba
River View
Teza
MAPELANE NATURE RESERVE
Spioenkop Dam
Oliviershoek
Bergville
Winterton
Colenso
Sundays
Qudeni
Dlolwana
Tugela Ferry
Tugela
Ndundulu
Mposa
Kwa Mbonambi
NORTH COAST TOLL ROAD
Umsingazi Lake
Woodstock
Zunckels
Chieveley
Frere
Weenen
Keate's Drift
Tugela Gorge
The Ranch
Nkwalini
Empangeni
Entumeni
Eshowe
Richards Bay
RICHARDS BAY GAME RESERVE
Felixton
Ezikhawini
UMLALAZI N.R.
Cathedral Peak
Cathkin Park
Loskop
Estcourt
Muden
Kranskop
Fort Mtombeni
Amatikulu
Nyoni
Gingindlovu
Mtunzini
Champagne Castle Hotel
Ntabamhlope
Wagendrift
MIDLANDS TOLL ROUTE
Greytown
Ahrens
Rockmount
Rietvlei
Mapumulo
Mandini
Isithebe
Mokhotlong
GIANT'S CASTLE
South Downs
Mooi River
Sevenoaks
Otimati
Tugela Mouth
THE NATAL DRAKENSBERG PARK
Rosetta
New Hanover
Umvoti
Newark
Darnall
Zinkwazi Beach
New Gueiderland
Redcliffe
KAMBERG
LOTENI
Nottingham Road
Dalton
York
Stanger
Aldinville
Blythdale Beach
Tinley Manor Beach
Sheffield Beach
Balgowan
Lidgetton
Dargle
Albert Falls
Mpolweni
Wartburg
Valley of 1000 Hills
Shakaskraal
Ndwedwe
VERGELEGEN
Sani Pass
Sani
Lower Loteni
Howick
Merrivale
Umgeni
Salt Rock
Shaka s Rock
Ballito
Mpendle
Hilton
Edendale
Tongaat
PIETERMARITZBURG
LION PARK
Verulam
Inanda
NORTH COAST TOLL ROAD
Umdloti Beach
Umhlanga
Sani Pass Hotel
Himeville
HIMEVILLE
Ashburton
Thornville
Camperdown
Hammarsdale
Clermont
Phoenix
Kwa Mashu
Underberg
Bulwer
Pinetown
DURBAN
Queensburgh
The Bluff
MARIANNHILL TOLL ROAD
COLEFORD
Coleford
Donnybrook
Kingscote
Richmond
Creighton
Umzimkulu
Rosebank
Umbumbulu
Umlazi
Isipingo
Adams Mission
Amanzimtoti
Umbogintwini
Kingsburgh
River side
Ixopo
Swartberg
Sneezewood
Umkomaas
Umgababa
Highflats
Eastern Cape
Umzimkulu
Umzinto
Clansthal
Scottburgh
Park Rynie
Franklin
Umzimkulu Bridge
Braemar
Kelso
Sezela
Stafford's Post
Bisi
St. Faith's
Ifafa Beach
Mtwalume
Bonny Ridge
Kokstad
Bontrand
Turton
Hibberdene
Weza
Harding
Dweshula
Umzumbe
Umtamvuna
Brooks Nek
Fort Donald
Marburg
ORIBI GORGE
Sea Park
Umtentweni
Port Shepstone
Rode
Mount Ayliff
Nqabeni
Bizana
Izingolweni
SOUTH COAST TOLL ROAD
Uvongo
Margate
Ramsgate
Southbroom
Palm Beach
Magusheni
Ngabeni
Redoubt
Munster
Tabankulu
Flagstaff
Holy Cross
Banner Rest
Port Edward
Impisi
MKAMBATI NATURE RESERVE
Umtentu
Mkambati
South Sand Bluff
Port Grosvenor
Palmerton
Lusikisiki
Gemvale
Embotyi
Ntshilini
Tombo
Old Bunting
Port St. Johns
SILAKA NATURE RESERVE
Notintsila
HLULEKA NATURE RESERVE

Western Cape
GREAT KARO
KLEIN KAROO
Gamoep
Granaatboskolk
Kareeboschkolk
Halfweg
Grootvloer
Verneuk Pan
Zwartkop
Onderstedorings
Van Wyksvlei
Stofvlei
Kamiesberg
Platbakkies
Witwater
Aalwynsfontein
Brandvlei
Riet se Vloer
Kliprand
Sak River
Tontelbos
Loeriesfontein
Bitterfontein
Nuwerus
Kootjieskolk
Sterling
Williston
Brandkop
Hantam
Nieuwoudtville
HANTAMSBERG
Calvinia
Vanrhynsdorp
Lutzville
Vredendal
Spruitdrif
Klawer
Trawal
Bloukrans
Botterkloof
Die Bos
Middelpos
Bonekraal
Fraserburg
Quaggasfontein Poort
Snyderspoort
Heerenlogement
Ratelfontein
Doringbos
Uitspankraal
Pakhuis
Clanwilliam
Graafwater
Wolfhuis
Leipoldtville
Elands Bay
Sandberg
Wuppertal
TANKWA KAROO NATIONAL PARK
Tweefontein
ROGGEVELDBERGE
Teekloof
Hondefontein
NUWEVELDBERG
Sutherland
Rooikloof
Verlatekloof
Bo Wadrif
Komsberg
KOMSBERG
Merweville
Redelinghuys
Noordkuil
Paleisheuwel
Het Kruis
Cedarberg
SEDERBERG
Citrusdal
Piekenierskloof
Eendekuil
Aurora
Velddrif
Goedverwag
Pools
Koringplaas
SWARTRUGGENS
Piketberg
Bokfontein
De Hoek
Porterville
Hopefield
Langebaan
Koringberg
Moorreesburg
Gydo
Prince Alfred Hamlet
Pieter Meintjies
Matjiesfontein
Laingsburg
Vleifontein
Koup
Dwyka
Tulbagh
Riebeek West
Riebeek Kasteel
Ceres
Die Venster
Hottentotskloof
Touws River
WITTEBERGE
Avondrust
Rouxpos
Ladismith
Seweweekspoort
Gamkapoort
Darling
Mamre
Hermon
Wolseley
Hex River
HEX RIVER MTNS
Matroosberg
Anysberg
Zoar
Calitzdorp
Huisrivier
Malmesbury
Abbotsdale
Atlantis
Wellington
Bainskloof
Worcester
Nuy
De Doorns
Burger
Plathuis
Philadelphia
Melkbosstrand
Bloubergstrand
Robben Is.
Milnerton
Windmill
Paarl
Du Toits Kloof
HUGUENOT TOLL TUNNEL
Rawsonville
Robertson
Kogmanskloof
Montagu
Ashton
Boerboonfontein
Barrydale
MARLOTH N.R.
Lemoenshoek
Van Wyksdorp
Rooiberg
Langberg
Parow
BELLVILLE
CAPE TOWN
Kuils River
Franschhoek
Hammanshof
Bonnievale
McGregor
VROLIJKHEID N.R.
Tradouws
Garcias
Llandudno
Hout Bay
Stellenbosch
Helshoogte
Villiersdorp
Genadendal
Swellendam
Suurbraak
Riversdale
Heidelberg
Kommetjie
Muizenberg
Somerset West
Berea
Greyton
Stormsvlei
BONTEBOK NAT. PARK
Scarborough
Fish Hoek
Strand
Grabouw
Houwhoek
Riviersonderend
Askraal
Albertinia
Johnson's Post
HOPE NATURE RESERVE
Simon's Town
Sir Lowry's Pass
Bot River
Caledon
Rietpoel
Protem
Malgas
Riethuiskraal
Vermaaklikheid
Still Bay East
False Bay
Kleinmond
Klipdale
Wydgelee
Port Beaufort
Witsand
Infanta-on-River
Still Bay West
Groot Jongensfontein
Cape of Good Hope
Cape Point
Pringle Bay
Betty's Bay
Hermanus
Hawston
Akkedisberg
Fairfield
Stanford
Napier
Papiesvlei
Bredasdorp
DE HOOP NATURE RESERVE
Cape Infante
Walker Bay
Gans Bay
Elim
Skipskop
Waenhuiskrans (Arniston)
Viljoenshof
Pearly Beach
Hotagterklip
Struis Bay
Quoin Point
Cape L' Agulhas
N1
N2
N7
R27
R44
R46
R60
R62
R63
R303
R307
R311
R316
R317
R318
R319
R322
R323
R324
R326
R353
R354
R355
R356
R357
R358
R363
R364
R365
R366
R399
R406